PETRA MORSBACH

DER ELEFANT IM ZIMMER

ÜBER MACHTMISSBRAUCH
UND WIDERSTAND

ESSAY

Aufklärung ist der Ausgang des Menschen aus seiner selbstverschuldeten Unmündigkeit. [...] Selbstverschuldet ist diese Unmündigkeit, wenn die Ursache derselben nicht am Mangel des Verstandes, sondern der Entschließung und des Muthes liegt.[1]

Immanuel Kant

INHALTSVERZEICHNIS

Vorbemerkung aus gegebenem Anlass 9
Vorwort 11

Die Praxis 23
    Das Buch Groër: Alte Sünden 25
    Der Fall Haderthauer: Stresstest 131
    Bericht aus einer Akademie: Sturm im Reagenzglas 219

Nachwort 297
Der Katalog: 33 Empfehlungen und Überlegungen 313
Corona-Nachbemerkung 323
Dank 326

Anhang 327
    Anmerkungen 329
    Textnachweise 356
    Zitatnachweis 357
    Detailliertes Inhaltsverzeichnis 358

VORBEMERKUNG AUS GEGEBENEM ANLASS

Den vorliegenden Essay schrieb ich zwischen Herbst 2017 und Frühling 2020, doch das Thema hatte mich schon seit Jahren bewegt. Kurz gesagt ging es um die Beobachtung, dass Menschen gegenüber Machtmissbrauch erstaunlich wehrlos sind, obwohl sie das Gesetz auf ihrer Seite haben. Warum verteidigt man mit gewaltiger Energie lieber den Anschein einer Ordnung als die Ordnung selbst? Warum verzichtet man ohne Not auf eigene Rechte, zum Schaden auch unserer kostbaren demokratischen Kultur? Offenbar wirken hier Antriebe, die alle rationalen Bekenntnisse unterlaufen, ohne dass das überhaupt bemerkt würde. Im Essay folgte ich den Spuren dieser Antriebe in der Sprache, die in realen Konflikten gesprochen wurde; denn die Sprache scheint mehr zu wissen als der Mensch.

Es hat eine gewisse Komik, dass jedes Thema, über das man gründlich genug nachdenkt, von den Zeitläuften (vorübergehend?) überholt wird. Während der Endkorrektur des Manuskripts kam die Corona-Woge und mit ihr der zivile Ausnahmezustand. Meine Frage war gewesen, warum Unmächtige ohne Not Willkür hinnehmen und sogar verteidigen, obwohl sie dadurch geschädigt werden. Mit Corona hatten wir plötzlich eine reale Notlage, die viel weitergehende Gehorsamsforderungen zu rechtfertigen schien. Das Geschehen ist immer noch zu neu und komplex für eine klare Diagnose, zudem widersprüchlich wie alle menschlichen Dinge: Einerseits werden Machteffekte durch die Krise verstärkt, andererseits gibt es endlich die Grundsatz- und Grundrechtsdiskussion, die ich in meinen Beispielfällen aus der Zeit vor Corona so schmerzlich vermisst hatte. Einerseits haben wir eine aufregende, intensive Debatte, die von pragmatischen Überlegungen (Gesundheit versus Wirtschaft) bis zu philosophischen Reflexionen reicht, andererseits wird sie durch den Protest extremistischer Kreise verzerrt. Insofern gewinnt das Hauptthema dieses Buches gerade jetzt eine zusätzliche Relevanz: Wie achtet und beachtet man Grundrechte? Wie verteidigt man sie? Und wie holt man sie zurück, wenn sie verloren gegangen sind?

Petra Morsbach,
im Mai 2020

VORWORT

> Aufklärung ist Erhellung des Bestehenden. Der Trieb zu erhellen hat in sich die Utopie der Helligkeit. Und die verborgene Energiequelle dieses Triebes wird wohl die Hoffnung sein.[2]
>
> Markus Werner

Eine Erfahrung

Vor Jahren geriet ich wegen einer Lappalie – ich war einem Hinweis nicht gefolgt, der als indirekter Befehl gemeint gewesen war – in Konflikt mit ein paar »Mächtigen« meiner Zunft. Zunächst war ich von einem Missverständnis ausgegangen, denn ich hielt Hierarchien und Gehorsamsforderungen in der Literaturszene für absurd und wäre nie auf die Idee gekommen, dass man das anders sehen könne. Die »Mächtigen« aber – ich setze sie in Anführungszeichen, weil von offiziellen Strukturen keine Rede sein konnte – reagierten mit bestürzender Vehemenz. Nachdem ich mich erholt hatte, fragte ich mich, was eigentlich geschehen war.

Zunächst war es nur ein Einzelner gewesen. Er hatte auch nicht direkt Gehorsam gefordert, sondern Einsicht in die Unterlegenheit meines künstlerischen Urteils. Ich wunderte mich. Er wurde immer aufgeregter, als hinge sein Selbstwert davon ab, dass er mir seinen Willen aufzwang. Ich fand, Unterwerfungsgesten dienten weder der Kunst noch mir noch ihm, der eigentlich ein sympathischer und begabter Mensch war. Inzwischen hatte er begonnen, Züchtigungsbriefe im Thomas-Mann-Stil zu schreiben. Auf mich wirkte er wie von einer Krankheit befallen.

Die Episode wäre keiner Erwähnung wert, wenn nicht fast alle aktiven Kollegen der Institution sich auf seine Seite gestellt hätten. Eine

Frau redete mir ins Gewissen: Er sei ein empfindsamer Mann, er brauche das halt, ich möge Rücksicht nehmen. Einige Männer ergriffen aggressiv seine Partei. Ein besonnener Kollege riet davon ab, mich »wegen so etwas« zu »exponieren«. Ein weiterer sprach eindringlich von einem Gebot des »Friedens«. Die meisten schienen sich zu wundern, wie man überhaupt in meine Lage geraten könne.

Warum verteidigten Leute, die für eine intellektuelle Elite gehalten wurden, so einmütig eine Hierarchie, die es offiziell gar nicht gab? Warum erregte sich eine Szene, deren Prestige auf der Verehrung freier, mutiger Individualität beruht, darüber, dass jemand einen Gehorsam verweigerte, den er niemandem schuldig war? Es gab kein literarisches Argument, keinen Hauch von Skepsis gegenüber Autoritätsgebärden, keinen noch so schwachen machtkritischen Reflex – als hätte der empfindsame Mann die Runde in eine Art Machtwahn versetzt.

Bald stellte sich heraus, dass das Spektakel kein gruppendynamischer Fehltritt gewesen war, sondern eine eher harmlose Einführung ins Milieu.

Kein Einzelfall

Wenn ich Bekannten davon erzählte, kamen oft ähnliche Geschichten zurück: aus Behörden und Firmen, Akademien und Bibliotheken, Instituten und Universitäten. Meine Geschichte war im Vergleich dazu nur ein Sandkastenspiel, doch die Muster ähnelten sich verblüffend.

Es begann immer ähnlich: Angehörige eines Systems wehrten sich gegen eine problematische Anweisung oder wiesen auf einzelne Fehler hin in Erwartung von Abhilfe. Sie hielten diesen Vorgang für rational: Schließlich ist jedes System so wie jeder Mensch auf Korrekturen angewiesen. Auch passive Kolleg*innen, die von den Missständen betroffen waren, schienen das so zu sehen. Die Vorgesetzten aber ignorierten den Hinweis oder ließen ihn nach einer Scheindiskussion versanden. Wer nachhakte, erlebte böse Überraschungen: ironisches Entgegenkommen ging in Spott, Einschüchterungsversuche, Drohungen und Disziplinarmaßnahmen über. Sobald die Chefs begannen, Kritik als Angriff auf die Institution auszugeben, richtete sich in der Belegschaft die Stimmung gegen den Kritiker, die Solidarität schwand, ein autoritäres, aggressives Klima breitete sich aus. Ich kenne kein Beispiel, in dem eine gekippte Betriebskultur sich danach von selbst wieder aufgerichtet hätte. Korrekturen gab es – wenn überhaupt – immer erst nach schweren Schäden, Skandalen und Sanktionen.

Die Frage

Wie können hohe soziale Standards so rasch kollabieren, ohne Druck und Zwang von außen? Woher unsere Wehrlosigkeit angesichts der immer selben Muster, und das so kurz nach der singulären Machtmissbrauchs-Katastrophe des »Dritten Reichs«? Unheimlich ist dabei weniger der Machtmissbrauch an sich – Menschen haben nun mal diese Neigung – als das verdruckste, verworrene, widersprüchliche, explosive Verhältnis der Untergebenen dazu. Warum empfinden viele Menschen schon die formelle Kritik an einer unsauberen Anweisung als Provokation? Kann es sein, dass im dritten Millennium unser Verhältnis zur Macht ein Tabu ist ähnlich dem zur Sexualität im 19. Jahrhundert? Alle sind davon betroffen, Macht bestimmt erheblich unser Leben, doch wir verdrängen oder mystifizieren sie, und je mehr wir das tun, desto hilfloser gehen wir mit ihr um. Offenbar wirken hier psychische Mechanismen, die stärker sind als die hochdifferenzierten Regelwerke zur Machtkontrolle, die nach der Nazi-Katastrophe bei uns installiert wurden.

Dabei befassen sich mit dem Thema Macht auf sehr hohem Niveau fast alle intellektuellen Disziplinen: Staats- und Rechtswissenschaft, Biologie, Ethnologie, Anthropologie, Soziologie, Psychologie, Philosophie, Kunst etc. Theoretisch scheint heute klar zu sein, dass Macht ebenso wenig wie Sexualität etwas Dämonisches ist. Man akzeptiert sie als zwingenden Bestandteil jeder höheren Ordnung und hält »nur« ihren Missbrauch für schädlich. Doch wer stellt im konkreten Fall fest, wann die Grenze zwischen Ge- und Missbrauch überschritten wurde? Und wer spricht es aus? Innerhalb der Machtapparate in der Regel keiner, und wenn es doch einer wagt, bricht ein Sturm der Entrüstung los. Kurz: An praktischem Rat für die Wirklichkeit mangelt es.

Ein Vorhaben und eine These

Das Phänomen hat mich so stark beschäftigt, dass ich es zu untersuchen begann. Eingangsfrage: Können Unmächtige mit legalen Mitteln einem Machtmissbrauch praktisch abhelfen? Falls ja, wie? Mir schwebte eine Art Leitfaden für Empörer vor, ein Know-how des legalen Widerstands. Meine Erfahrungen im kulturellen Sandkasten legten nahe, dass es dieses Know-how gibt und wir mit ihm viele Fehler vermeiden könnten. Ich wollte also das Buch schreiben, das ich selbst gern ein paar Jahre früher gelesen hätte.

Meine These: Die Verleugnung ist das Hauptproblem. Machtmissbrauch ist, für die Aktiven ebenso wie die Passiven, angstbesetzter, als den meisten Beteiligten bewusst ist. Denn er schafft eine irreguläre Wirklichkeit, in der alle so tun, als fänden keine Verstöße statt. Jeder, der Missbrauch unwidersprochen hinnimmt, wird zum Komplizen und muss sich angegriffen fühlen, wenn der Fall auf den Tisch kommt. In Gefahr reagieren wir aus dem Unbewussten und können nicht mehr differenziert wahrnehmen, was geschieht, geschweige denn vernünftig handeln.

Mit Gefahren kann man sich aber vertraut machen, indem man sie studiert. Zunächst muss man die Krise ohne Mystifizierung, Panik oder Wut betrachten. Wer ihre Mechanismen begreift, kann sie mit den übergeordneten Regelwerken abgleichen und muss sich nicht am Boden verkämpfen. Kritiker haben – in Friedenszeiten! in einer relativ hoch entwickelten Demokratie! – das Recht auf ihrer Seite.

Versuchsanordnung

Im Folgenden werde ich drei reale Fälle des Widerstands gegen Machtmissbrauch untersuchen, wobei mein Fokus nicht auf dem Missbrauch liegt, sondern auf den Krisen, die seiner Aufdeckung folgten. Kurz gesagt geht es um das Verhalten von Menschen in ethischem Stress.

Mein Beitrag ist eine *literarische* Erkundung. Literarisch heißt erstens, ich wähle die Form einer kommentierten Erzählung, um an realen Beispielen die Spuren der Macht freizulegen. Denn mein Eindruck war, dass bei allem theoretischen Wissen diese Spuren in der Wirklichkeit oft nicht erkannt werden. Erzählen beinhaltet weiterhin lebendige

Erfahrung: es kann emotionale Prozesse auslösen und besser für Krisen wappnen als theoretisches Wissen.

Zweitens, ich beleuchte die *Sprache*, in der die Konflikte geführt worden sind. Alle drei Fälle spielen in unserer gegenwärtigen Friedenszeit, das heißt, die Auseinandersetzungen verliefen weitgehend schriftlich, ohne physische Gewalt. Und sie sind vorzüglich dokumentiert. Diese Schriftwechsel speichern nicht nur die volle Energie des Konflikts, sondern offenbaren auch tiefer liegende Motive, etwa – bei den ertappten Mächtigen – Ängste, Zweifel und Verdrängungen, hinter denen sich oft ein verblüffend exaktes Bewusstsein der Rechtsverletzung zeigt, die im Schriftsatz wütend abgestritten wird. In meinem Essay *Warum Fräulein Laura freundlich war. Über die Wahrheit des Erzählens* bin ich vor Jahren dem Phänomen nachgegangen, dass die erzählende Sprache mehr zu wissen scheint als der Erzähler.[a] Die vorliegende Arbeit untersucht dieses Wahrheitspotenzial der Sprache an realen Situationen. Die Sprache kommt aus dem Innersten des Menschen und führt dorthin zurück. Insofern reicht meine Erkundung über Fragen nach Machtkontroll-Praxis und -Taktik hinaus.

Versuchsreihe: drei Beispiele

Die drei Fälle wurden nach folgenden Kriterien ausgewählt:
- Sie sind real, nicht fiktiv.
- Sie sind überschaubar und formal abgeschlossen.
- Sie sind sehr gut dokumentiert.
- Alle entstammen unserer jüngsten Vergangenheit, sodass keine historischen Kenntnisse erforderlich sind.
- Sie spielen in hoch angesehenen zivilen Institutionen, die ethische Grundsätze haben und in denen Machtmissbrauch theoretisch geächtet ist.
- Die Beteiligten sind überdurchschnittlich redegewandt und äußern sich in Taktik wie Irrtümern besonders differenziert.

Abgesehen davon bietet jeder Fall andere Schwerpunkte und Aspekte.

---

[a] Petra Morsbach, *Warum Fräulein Laura freundlich war. Über die Wahrheit des Erzählens*. München: Piper Verlag, 2006. Aktualisierte Fassung als Book on Demand, B.o.D. 2018

Erster Fall: ein Überblick

Der erste, ein Kirchenskandal aus dem Jahr 1995, ermöglicht die Vogelperspektive: Wie war der große Verlauf? Welche Entwicklungen löste die Krise innerhalb der Gemeinschaft aus, welche Wirkung hatte sie auf die Institution, welche Ergebnisse wurden erreicht bzw. nicht erreicht, gab es Spätfolgen? Täter war in diesem Fall Kardinal Groër, ein hoher römisch-katholischer Geistlicher, Vorsitzender der Österreichischen Bischofskonferenz. Die Krise kam in Gang, als er in der Zeitschrift *profil* öffentlich des sexuellen Missbrauchs beschuldigt wurde. Die Amtskirche, die von dem Vorstoß überrascht wurde, stellte sofort die »Machtfrage«: Wer so etwas behaupte, sei ein Feind der Kirche[a]. Die Maßnahme schlug diesmal fehl: Zwar verteidigte ein großer Teil des Kirchenvolks den Kardinal, andererseits meldeten sich in der Folge immer mehr Missbrauchte und auch Priester, die die Vorwürfe bestätigten. Die hochkochenden Emotionen erzeugten so viel Dampf, dass das Kernproblem der Sicht entzogen wurde. In dieser Situation beschloss der österreichische Journalist Hubertus Czernin, die Vorgänge in einer Publikation fast kommentarlos möglichst exakt zu dokumentieren, damit man später, in ruhigeren Zeiten, daraus lernen könne. Leider ist Hubertus Czernin 2006 50-jährig gestorben, sodass er die Früchte seiner Arbeit nicht ernten konnte. Doch seine Dokumentation, eine vorbildliche zivile Initiative, blieb erhalten. Sie liegt meiner Analyse zugrunde.[3] Ich freue mich, den Herausgeber, den ich leider nicht kennengelernt habe, hier zumindest postum ehren zu können.

Zweiter Fall: Taktik und Gewissen

Der zweite Fall betrifft einen politischen Skandal der jüngeren bayerischen Vergangenheit: den Fall *Modellbau* um die Ministerin Christine Haderthauer und ihren Ehemann. Anders als beim Fall Groër gilt hier: kleine Ursache, große Wirkung. Eine Ministerin versäumte, einen

---

[a] Die »Machtfrage« ist eigentlich keine Frage, und sie wurde auch nur scheinbar gestellt. »Die« Amtskirche gibt es nicht, und die öffentlichen Kirchenrepräsentanten verteidigten auch nur scheinbar den Kardinal, dessen Treiben innerhalb der Institution seit Jahrzehnten bekannt war. So kurz, so verwirrend. All das ist Teil des Themas.

(kommerziellen) Fehltritt aus ihrer vorministeriellen Karriere zu bereinigen. Frappierend ist auch hier nicht der Fehltritt, sondern die umstandslose Bereitschaft fast aller Beteiligten in Behörden, Staatsapparat, Regierungspartei und fast der gesamten Opposition, die Ministerin zu entlasten. Ein Untersuchungsausschuss wurde eingerichtet, der es fertigbrachte, an 37 Sitzungstagen bei der Anhörung von 81 Zeugen zu keinem wirklichen Ergebnis zu kommen. Hier schlugen keine Emotionen hoch, denn in der parlamentarischen Demokratie ist, anders als in der römisch-katholischen Kirche, Machtkontrolle ausdrücklich vorgesehen, ein Untersuchungsausschuss gehört also zur Routine. Entsprechend routiniert machten sich die Profis der Politik daran, die Sache unauffällig niederzukochen. Das Besondere in diesem Fall war, dass zwei Personen *nicht* mitspielten: ein Abgeordneter und sein Rechtsberater, ein pensionierter Richter. Sie stellten Beweisanträge, die nahezu ausnahmslos abgewiesen wurden, und publizierten abschließend einen Minderheitenbericht, der Zug um Zug die Vertuschungen nachwies.[4]

Oberflächlich handelt es sich um ein zähes taktisches Ringen, doch bedeutsam ist auch hier die psychische Grundierung. Warum verlieren hoch qualifizierte Ministeriale vor Untersuchungsausschüssen ihr Gedächtnis? Warum weigert sich sogar der Großteil der Opposition, das Fehlverhalten einer Regierungsbehörde wirklich aufzuklären? Kaum einer wird bewusst seinen Amtseid brechen, indem er etwa denkt: Heute gaukle ich dem Volk Gewaltenteilung vor, um eine Ministerin reinzuwaschen. Vermutlich hielten sich alle für vorbildliche Demokraten und bestätigten einander gegenseitig in dieser Auffassung. Fehlverhalten spielt sich immer in einer psychischen Grauzone ab. Erst wenn jemand die Fehler aufdeckt, wird das Gewissen aktiviert; mit dramatischen und paradoxen Folgen.

Dritter Fall: die Binnenperspektive

Der dritte Fall, ebenfalls aus der jüngeren Vergangenheit, spielt an einer kulturellen Institution und verblüfft dadurch, dass es scheinbar um überhaupt nichts ging. Am Anfang stand auch hier ein Funktionärs-Fehltritt: eine kleine Selbstherrlichkeit ohne Gewinnstreben, dem

Anschein nach sogar eine Lappalie, doch von erheblicher symbolischer Bedeutung. Auf einmal sollten in dieser Institution, der Bayerischen Akademie der Schönen Künste, keine Buchvorstellungen mehr stattfinden. Wie in allen Fällen begann die Krise damit, dass wider Erwarten jemand protestierte. Weil ich das Geschehen aus nächster Nähe erlebt habe, kann ich die üblichen Gedankengänge der Beobachter von Machtmissbrauch wiedergeben: das naive Erstaunen darüber, dass so etwas möglich ist; die Verblüffung über die wütende Abwehr der Kritisierten; die Verunsicherung: Wie wichtig ist unser Anliegen? Haben wir überhaupt eine Chance? Stehen Engagement und Risiko in einem gesunden Verhältnis? Was ist in diesem Fall »gesund«? Auch die taktischen Diskussionen der Defensive werden behandelt: Wie weit kann bzw. muss Kritik gehen? Darf man Mächtigen offen Fehler vorhalten? Falls ja, in welchem Ton? Beschädigen Kritiker den Ruf der Institution? Ist Prestige wichtiger als Prinzip? Diese typischen Zweifel, Irrtümer, Denkblockaden, instinktiven Theorien, Nestbeschmutzer- und Whistleblower-Diskussionen möchte ich einmal sorgfältig durchgehen, damit nicht jeder Kritiker bei null beginnen muss.

Relevanz

Weitere Zwischenfrage: Wie relevant sind meine Beispielfälle? Sind diese drei elitären Soziotope wirklich repräsentativ für unsere Dienstleistungs- und Wettbewerbsgesellschaft, in der viel härtere Gesetze gelten? Sind es vor diesem Hintergrund nicht Luxusprobleme, ob ein Kardinal Pädosex pflegt, eine entgleiste Provinzpolitikerin geschont wird oder Funktionäre eines Kulturvereins Kompetenzen überschreiten?

Ich meine: Die Relevanz ist gegeben, weil die Beispiele jeweils eine perfekte Laborsituation darstellen. Andere Missbräuche – es gibt sie natürlich überall: sadistische Aufnahmerituale in der Armee, Nötigung von Praktikant*innen, Bedrohung kritischer Kolleg*innen – lassen sich mit einer Portion Zynismus verteidigen, etwa so: Auch Krieg sei kein Zuckerschlecken, im kapitalistischen Überlebenskampf leide eben die Höflichkeit, Erfolg verzeihe die Methoden usw. Im Gegensatz dazu verstießen die Mächtigen »meiner« Beispielszenarien jeweils gegen den *Kern* ihres Auftrags. Der Chefkleriker verletzte nicht etwa die Haushaltsdisziplin, sondern – neben Strafgesetzen – die römisch-katholische Sexualmoral, ein Alleinstellungsmerkmal dieser Kirche. Der Untersuchungsausschuss vereitelte nicht einzelne Beweiserhebungen, sondern die Untersuchung selbst, für die er berufen worden war. Die kulturelle Organisation verstieß gegen die Freiheit und Würde der Kunst, die sie verteidigen sollte. Nur diese Eindeutigkeit ermöglicht es, Problem und Mechanismen zu isolieren, die in offenen Systemen unter Berufung auf höhere Notwendigkeiten zerredet würden. Im geschlossenen System zeigen sich auch am klarsten die Lösungsansätze. Der nächste Schritt wäre, die Lösungen auf Alltagssituationen zu übertragen.

Zielgruppe

Die Analyse richtet sich an Leser*innen, die schon Zeugen von Machtmissbrauch wurden und sich darüber empörten, auch wenn oder weil sie aus verschiedenen Gründen nicht angemessen reagierten.

Das avisierte Protest-Know-how besteht im Wesentlichen darin, die vehementen, scheinbar irrationalen Reaktionen kritisierter Mächtiger voraussehen und beantworten zu können, ohne sich auf die Solidarität der weiteren Belegschaft zu verlassen. Wer vom krisenhaften Geschehen nicht überwältigt wird, hat das Gesetz auf seiner Seite: Machtmissbrauch ist in demokratischen Friedenszeiten immer noch rechtswidrig, Machtkontrolle ausdrücklich vorgesehen, und auch die erregtesten Parteigänger der Macht sind sich dessen bewusst. Recht haben und recht bekommen ist zwar zweierlei, doch schon diesseits der rechtlichen Auseinandersetzung hat ein kritischer Diskurs Einfluss auf die Kultur.

Freilich gilt für Einzel-Empörer: Sofern sie allein bleiben, gewinnen sie am Ende nicht. Hier lässt sich nur lernen, wie man mit Überlegung kämpft und was man in der Krise auch dann erreichen kann, wenn man verliert. Und: Jeder einzelne, der sich zum Protest gesellt, verbessert die Lage. Zwei sind mehr als doppelt so viele. Drei stellen bereits eine organisierte Gegenwehr dar.

Mindestens so wichtig wie die potenziellen Kritiker sind die beunruhigten Zeugen, die sich weiterhin nicht exponieren wollen. Das sind fast alle: Lohnabhängige, die aus Sorge um Job und Familie keinen

Protest riskieren; Friedfertige, die aus Weisheit, Prinzip, Furcht oder Bequemlichkeit die andere Backe hinhalten; Funktionsträger, denen es innerlich nicht gegeben ist, sich gegen Autoritäten aufzulehnen. Anders als die aggressiven Parteigänger der Macht, die es immer gibt, sind diese Leute ambivalent, sie schwanken zwischen Vorteil und Gewissen. Wenn sie sich nicht mehr reflexhaft gegen Kritiker wenden würden, sowie die Machtfrage gestellt wird, wäre schon viel gewonnen.

Grenzen der Arbeit

Macht ist zwar vordergründig ein soziales Strukturelement, doch eines mit ungeheuren psychischen Implikationen. Denn sie betrifft den Kern der Person: das unendliche Selbstwertdrama des kurzlebigen Menschen. Entgleister Machthunger ist suchtartige, brachiale Selbstaufwertung auf Kosten anderer. Machtsucht kann beschränkt werden, wenn sie nicht auf Unterwerfung, Schmeichelei und Co-Abhängigkeit trifft. Ihre Wurzel aber, der vergängliche Kern, die Befürchtung eigener Nichtigkeit, bleibt. Oben verglich ich Macht mit Sexualität. Das möchte ich hier aufgreifen: Die Enttabuisierung der Sexualität hat die Menschheit nicht mit einem Schlag glücklich gemacht. Sie hat aber mehr Bewusstsein, Verantwortung und Selbstbestimmung ermöglicht. Das ist viel. Ein konfliktfreies Leben gibt es nicht; doch viele unnötige Eskalationen lassen sich vermeiden, wenn man die Konflikte rechtzeitig wahrzunehmen wagt.

Warum ein Essay?

Man hat mich gefragt, warum ich, die Romanautorin, das Thema nicht fiktiv behandle.

Antwort, erstens: Da ich bei diesem Thema Partei ergreife, wollte ich mich weder der Gefahr noch dem Vorwurf aussetzen, Fabeln im Sinne meiner These zu produzieren. Auch mir kann ein Balken ins Auge geraten. Falls das geschieht, bin ich durch die realen Fakten und Texte korrigierbar.

Zweitens: Das Thema Macht ist psychisch so herausfordernd und politisch so brisant, dass kritische Autoren früherer Zeiten schon zum

Selbstschutz ihre Protagonisten in historische Gewänder hüllen mussten. Unser heutiges Problem ist nicht, dass wir zu wenig wissen oder sagen dürften, sondern dass wir vieles nicht wissen wollen, weil es den aktuellen Kriterien der Eigenliebe widerspricht. Wir überschätzen wieder Autoritäten, sind zu Gehorsam bereit und nehmen auch dreisten Machtmissbrauch hin, geben das aber nicht zu und wundern uns stattdessen lieber zum tausendsten Mal über den Nazi-Irrsinn. Verleugnung aber lässt sich nicht durch Verhüllung aufdecken, sondern nur in einem Spiegel.

Drittens ist Wirklichkeit für mich eine Fortsetzung der Kunst mit anderen Mitteln. Über die moralischen Dilemmata hinaus zeigen die Szenarien vielschichtige, fesselnde Geschichten. Die erkundeten Milieus waren so exotisch und die Verwicklungen so reich an Widersprüchen und bestürzenden wie komischen Pointen, dass ich sie als Erfinderin nicht hätte toppen können. Auch hätte mir niemand geglaubt.

DIE PRAXIS

In memoriam Hubertus Czernin (1956–2006)

DAS BUCH GROËR: ALTE SÜNDEN

> Da rief Jesus sie zu sich und sprach: Ihr wisst, dass die,
> die als Herrscher gelten, ihre Völker unterdrücken und
> die Mächtigen ihre Macht über die Menschen missbrauchen.
> Bei euch aber soll es nicht so sein ...[5]
>
> Markus 10, 42–43

Vorbemerkung: Dies ist kein weiteres Kapitel über die Sexualgier von Priestern, sondern eines über die Hilflosigkeit einer ethisch hoch angesehenen Institution gegenüber eindeutigem Machtmissbrauch. Es richtet sich ausdrücklich nicht gegen die Kirche, ebenso wenig wie die späteren Kapitel sich gegen die Politik, die Justiz oder den Kunstbetrieb richten.

Untersucht wird ein allgemeines menschliches Phänomen anhand eines beispielhaften, exakt dokumentierten Falles, bei dem gerade die Eloquenz der Protagonisten besondere Einblicke in psychische und soziale Verstrickungen ermöglicht.

Der Vorgang

1995 beschuldigte ein junger Mann im Wiener Nachrichtenmagazin *profil* seinen ehemaligen Religionslehrer des sexuellen Missbrauchs. Spektakulär an diesem Fall war die Person des Beschuldigten: Dr. Hans Hermann Groër, damals 76 Jahre alt, war inzwischen Kardinal und Vorsitzender der Österreichischen Bischofskonferenz, der ranghöchste Kleriker der Republik.

Die Pädosexualität steht bei dieser Erörterung nicht im Vordergrund.

Zwar ergibt sich eine gewisse Anfälligkeit der römisch-katholischen Kirche durch deren geschlossene, streng hierarchische Betriebsstruktur und ihr groteskes Verhältnis zu Frauen. Doch Pädosexualität kommt überall vor. Zur gleichen Zeit wie Groër missbrauchten in Deutschland der Direktor der evangelischen Odenwaldschule Gerold Becker (1936–2010) und in England der BBC-Moderator Jimmy Savile (1926–2011) ebenso exzessiv jahrzehntelang Minderjährige. Ebenso wie Groër begannen Becker und Savile mit dem Missbrauch nicht an der Macht, sondern strebten möglicherweise um des Missbrauchs willen nach ihr. Alle drei prunkten mit humaner Gesinnung und verschafften sich durch gesellschaftlichen Rang Immunität.

Vermutlich hat kaum ein Kirchenangestellter die Taten gebilligt, und öffentlich hätten sämtliche Priester einschließlich Groërs erklärt, dass so etwas nicht vorkommen dürfe. Als es aber vorkam, ließ man den Täter nicht nur gewähren, sondern ermöglichte ihm sogar eine Spitzenkarriere, widersetzte sich der Aufklärung, vermied es, ihn zur Rechenschaft zu ziehen, und desavouierte die Opfer.

Selbst wenn man die Kirche nicht als Hort des Christentums, sondern als weltliche Organisation betrachtet: Fühlte sich keiner für den Schaden verantwortlich? Worum ging es den Amtsträgern? Wer hatte was gewusst? Wer profitiert? Welche sozialen und psychischen Motive mögen wirksam geworden sein? Wie äußerten sich die Konflikte zwischen Image und Auftrag, Solidarität und Verantwortung, Machtanspruch und Schuld? All das blieb ungeklärt. Damals, als Kirche und Land vom Skandal überrollt wurden, standen die Kämpfe im Vordergrund, später die Ergebnisse. Eine Aufarbeitung fand nicht statt. Die Würdenträger zeigten kein Interesse daran, dem »Volk« fehlten Einblick und Übersicht.

Dass wir heute noch aus der Geschichte Erkenntnisse ziehen können, ist dem österreichischen Journalisten Hubertus Czernin (1956–2006) zu verdanken, der damals eine Dokumentation des Konflikts erstellt hat. Czernin, als Herausgeber und Chefredakteur der Zeitschrift *profil* 1992–96 für die Enthüllungen verantwortlich, war selbst bekennender Katholik. *Das Buch Groër*, 1998 im Wieser Verlag erschienen, versammelt in chronologischer Folge die entscheidenden Zeugnisse, nahezu ohne Kommentar.[6] Diese Chronik ist eine Fundgrube. Die Hunderte Mitteilungen, Briefe, Interviews, Zeugenaussagen, Zeitungsartikel, Presseerklärungen, Aufrufe, Flugblätter, kanonischen Ermahnungen, Verdikte und Berichte ergeben nicht nur einen kollektiven Wahrnehmungs- und Deutungskrimi, sie speichern auch die Emotionen der Schreibenden. Zwischen dem Kampf um seelische Befreiung und bestürzenden Abgründen finden sich Zeugnisse der verblüffendsten Zwischenformen: naive Querulanz, bittere Kompromisse, byzantinische Unnahbarkeit, artistische Diplomatie, eisige Züchtigungsschreiben, idealistische Hoffnungserklärungen, rasante Emanzipation. Das entscheidende Drama – der Machtmissbrauch – spielte sich im irrationalen Bereich ab, in Verleugnung und Heuchelei, Selbsttäuschung und Täuschung. Ohne deren Untersuchung ist hier nichts zu lernen. Und zu ihr liefern die Dokumente den Schlüssel: Denn der Mensch sagt immer mehr, als er meint. Das bestätigt Seite für Seite das beispielhafte Projekt Hubertus Czernins.

Ein Missbrauchsvorwurf

Kurze Vorbemerkung: Einige meiner katholischen Freunde sagen, sie könnten von sexuellem Missbrauch einfach nichts mehr hören. Wem es ebenso geht, der möge die nächsten zwei Seiten überspringen und auf S. 29 weiterlesen.

Nun der Paukenschlag. Im österreichischen Nachrichtenmagazin *profil* erschien am 27. März 1995 ein Interview des Chefredakteurs Josef Votzi mit Josef Hartmann, einem ehemaligen Zögling des erzbischöflichen Knabenseminars Hollabrunn. Hartmann schilderte, wie der damalige Religionslehrer Hans Hermann Groër sich ihm als Beichtvater sexuell genähert hatte.

> *Die Beichte hat dann nur mehr fallweise im Beichtstuhl stattgefunden, sondern meistens in seiner Privatwohnung, die sich im 2. Stock des Knabenseminars befand. Seine körperlichen Zudringlichkeiten sind immer intimer geworden. […] Es hat sich so abgespielt, daß er mich stürmisch begrüßt hat, mit Umarmungen. Ich spüre diesen Körper noch immer, denn es war der erste Mensch, dem ich meine Zärtlichkeit habe widmen müssen. Ich habe diesen massigen, gedrungenen Körper noch sehr gut vor mir. […]*

> Er hat es dann so weit kommen lassen, daß er – ich kann es nicht anders sagen – mir die Zunge in den Mund gesteckt hat. Ich habe das eigentlich irrsinnig ekelerregend gefunden, war aber trotzdem so naiv, daß ich niemandem etwas darüber erzählt hätte, auch nicht meiner Mutter. Er wollte also andauernd Zungenküsse, und er hat es auch nicht unterlassen, sich mit seinem vollen Gewicht, seinen 80 oder 90 Kilo, [...] auf meinen Schoß zu setzen. [...]
> Ich war zu diesem Zeitpunkt sehr introvertiert und habe es nicht geschafft zu widersprechen. [...] Das ärgste Erlebnis [...] war, daß er mich unter folgendem Vorwand in seine Duschkabine gelockt hat: Er hätte einmal einen anderen Internatsschüler vor einer großartigen Entzündung seines Penis gerettet, weil dieser Schüler nicht informiert war, wie man sich ordentlich wäscht, Intimpflege betreibt, indem man die Vorhaut zurückschiebt und die Eichel ordentlich reinigt. Aus vorgespielter Sorge, ich könnte vielleicht auch so eine Entzündung kriegen, hat er mich gebeten, ich soll mich da ganz frei fühlen und mich meiner Kleidung entledigen. Er hat mich dann am ganzen Körper eingeseift und auch mein Glied gereinigt. Das hat er mit hochrotem Kopf getan [...]. Er war also sichtlich sehr erregt. Und seine Erektion war ja auch erkennbar.[7]

Hartmann habe sich zunehmend an Groër *gekettet* gefühlt, zumal der es verstanden habe,

> nach jeder Masturbation immer derartige Schuldgefühle weiterleben zu lassen, daß ich automatisch immer wieder zu ihm gerannt bin [...]. Er hat mir immer vorgehalten, daß das eindeutig eine schwere Sünde ist und daß es absolut nicht gottgewollt ist und daß das ›Spatzli‹ – wie er wortwörtlich gesagt hat – eben nur zum Lulu da ist. Er hat mir immer die ärgsten Vorwürfe gemacht. Dann hat er mich getröstet, das heißt auf den Mund geküsst und am ganzen Körper gestreichelt. Er wollte, daß ich dabei bei ihm im Bett liege.

An die Öffentlichkeit gehe er, Hartmann, jetzt, zwanzig Jahre danach, weil ihm klar geworden sei, dass das Scheitern seiner Ehe, sein *verklemmtes Verhältnis zur Sexualität*, sein *Ekel vor dem Körperlichen* damit zusammenhingen. Zuletzt habe er Groërs aktuellen Fasten-Hirtenbrief gelesen mit dem Bibelzitat: *Täuscht Euch nicht! Weder Unzüchtige noch Götzendiener, weder Ehebrecher noch Lustknaben, noch Knabenschänder werden das Reich Gottes erben.* Wenn ein solcher Mann solche Aufrufe erlasse, dann kann ich als verantwortlicher Staatsbürger und Christ mit meinem Wissen von diesem Mann nicht mehr länger hinter dem Berg halten.

> *Haben Sie sich als Groërs Lustknabe gefühlt?*
> Ja, ich habe mich als sein Lustknabe oder Lustmädchen erlebt. Groër hat mich sexuell mißbraucht.

Der beschuldigte 76-jährige Dr. Hans Hermann Groër war längst nicht mehr irgendein Priester, sondern geistlicher Leiter der Laienbewegung Legio Mariae,[8] Begründer und Leiter der Wallfahrt Maria Roggendorf, Benediktinermönch des Stifts Göttweig, Kardinal von Wien und Vorsitzender der Österreichischen Bischofskonferenz.

Über Josef Hartmann, der seine Aussage durch eine eidesstattliche Versicherung bekräftigt hatte, war weiter nichts bekannt.

Erste Reaktion: *Wo sind wir hingekommen?*

profil-Chefredakteur Votzi informierte Groër vorab über den geplanten Artikel. Groër antwortete nicht. Statt seiner nahmen die beiden Wiener Weihbischöfe Helmut Krätzl und Christoph Schönborn einen Tag vor Erscheinen des Interviews Stellung:

> *Wo sind wir hingekommen? Seit der Zeit des Nationalsozialismus, als Priesterprozesse unter dem Vorwand homosexueller Verfehlungen geführt wurden, hat es in Österreich derlei Verleumdungspraktiken gegen die Kirche nicht mehr gegeben. Auf das Entschiedenste muß ein sogenannter »Enthüllungsjournalismus« zurückgewiesen werden, der den Angeschuldigten wehrlos entehrenden Verdächtigungen ausliefert.*
>
> *Wir appellieren an alle recht und billig denkenden Menschen in unserem Land, gegen solche menschenunwürdige Praktiken [...] Widerstand zu leisten. Es geht um die Würde eines Menschen, die Ehrfurcht vor seinem geistlichen Amt, und es geht nicht nur um die Kirche, sondern um Österreich.*[9]

Zwei Aussagen

Wir haben hier zwei gegensätzliche Zeugnisse der Empörung.

Im ersten wird ein Missbrauch öffentlich gemacht. Der Zeuge bemüht sich um eine exakte Darstellung der Taten (Duschen usw.) und Formulierungen (*Spatzli, Lulu*). Die Schilderung ist detailliert (*hochroter Kopf*) und kontrolliert. Ganz selten bricht Sarkasmus durch (*»großartige« Entzündung*). Der Zeuge lobt sich nirgends. Er thematisiert seine Passivität (*nicht geschafft zu widersprechen*). Noch auffälliger wird seine Hilflosigkeit in verdrehten Wendungen wie: *dem ich meine Zärtlichkeit habe widmen müssen* (also war sie da?), und: *Er hat es dann so weit kommen lassen, daß [...], und er hat es auch nicht unterlassen [...]*, als hätte der Impuls, die Sache zu stoppen, von Groër ausgehen müssen. Die Persönlichkeit des Knaben scheint wie paralysiert oder vermischt mit der seines Lehrers.

Im Sprachgestus fehlt die Empörung ganz; so wie sie damals fehlte. Der Schüler war nicht imstande, sich zu wehren. Ein einziger leidlich schwungvoller Satz kommt am Ende des Interviews, wenn der inzwischen erwachsene Josef Hartmann sagt, *als verantwortlicher Staatsbürger und Christ* könne er nicht länger schweigen. Eine seltsam geschraubte, anrührende Begründung: Er, der sich selbst nicht helfen konnte, will anderen helfen, sich von Groër nicht täuschen zu lassen. Eine Befreiung hat anscheinend nicht stattgefunden; die Qual, die der Offenbarung vorausging, steckt in jedem Satz.

Das zweite Zeugnis ist in allem das Gegenteil: ohne konkreten Bezug, dafür umso schwungvoller, eine einzige herausgestellte Entrüstung. Der Gestus ist anklägerisch. Leute, die Priester homosexueller Verfehlungen beschuldigen, werden mit Nazis assoziiert. Sie schänden gewissermaßen *nicht nur [...] die Kirche*, sondern ganz Österreich. Die Temperatur des Textes ist scheinbar hoch, reich an pathetischen Wendungen (*Wo sind wir hingekommen?*), polemischen Reizwörtern (*Verleumdungspraktiken, Enthüllungsjournalismus*), Superlativen (*auf das Entschiedenste*) und Generalisierungen (*alle recht und billig denkenden Menschen*). Nur das Größte ist der Gegenstand: Ehrfurcht, Kirche, Österreich.

Das ist tatsächlich eine Sprache der Empörung, doch nur auf den ersten Blick. Auf den zweiten Blick steht nichts so da, wie es gemeint zu sein scheint. Kein Anwalt könnte die Schreiber festnageln, da jede einzelne Formulierung ein Schlupfloch hat.

Der Ankläger ein Nazi? Nein, da steht nur: *seit der Zeit des Nationalsozialismus.*

Der Ankläger ein Verleumder? Nein, da steht nur: *hat es in Österreich derlei Verleumdungspraktiken [...] nicht mehr gegeben.*

Was heißt *derlei?* Und wer das Wort *Praktiken* als unfreiwillig komische Fußnote liest, irrt: Es dient dazu, den Vorwurf der Verleumdung eben *nicht* zu erheben. Dieser wäre juristisch klar definiert. Verleumdungs*praktiken* aber kommen im Strafgesetzbuch nicht vor, denn -praktiken (im Sinne von Methoden) gab es zu jeder Zeit in jeder Zahl, die die Fantasie hergibt. Eine Methode ist keine Tat.

Verbindlich attackiert wird im ganzen Statement überhaupt niemand, nicht mal die Nazis, nur deren Zeit. Und der »*Enthüllungsjournalismus*« ist vorsichtshalber in Anführungszeichen gesetzt, weil ein Journalismus ohne Anführungszeichen keineswegs *den Angeschuldigten wehrlos entehrenden Verdächtigungen ausliefert:* Der Verdächtige *kann* sich wehren, Verleumdung ist strafbar und kostet den Verleger viel Geld, wenn nicht sogar die Lizenz. Der Angriff ist von vorn bis hinten Bluff.

Dasselbe gilt für die Verteidigung. Der dramatische Appell

Es geht um die Würde eines Menschen, die Ehrfurcht vor seinem geistlichen Amt, und es geht nicht nur um die Kirche, sondern um Österreich

bedeutet nur scheinbar ein Bekenntnis zu Groër. Nüchtern grammatikalisch gelesen ist er eine Feststellung. Natürlich *geht es* um die Ehrfurcht vor dem geistlichen Amt und um die Kirche, wenn ein Kardinal des sexuellen Missbrauchs Minderjähriger beschuldigt wird. Was den konkreten Groër betrifft, halten die Bischöfe sich raus. Das Bekenntnis zu ihm soll von all den *recht und billig denkenden Menschen* geleistet werden, an die im vorhergehenden Satz appelliert wurde. Die braven Leser werden aufgepeitscht, die Skeptiker eingeschüchtert. Die Bischöfe selbst beziehen in ihrer Stellungnahme keine Stellung, weder als Personen noch als Amtsträger, was darauf hindeutet, dass sie an die Unschuld des Kardinals nicht glauben. Sie argumentieren taktisch, raffiniert, manipulativ.

Lügen die Weihbischöfe?

In meinem Essay *Warum Fräulein Laura freundlich war* habe ich das Wahrheitspotenzial der Sprache untersucht, die mehr zu wissen scheint als der Sprecher. Meinen Thesen aus jener Arbeit folge ich auch hier, mit einer Abweichung: Dort ging es um das *Erzählen*, das eine Menge halb- und unbewusster Gestaltung verlangt und sich deshalb von keinem Erzähler vollständig kontrollieren lässt. In Auseinandersetzungen wird bewusster geredet, und in Aussagen ist leichter zu lügen, weil die Formulierungsleistung geringer ist. Allerdings gilt hier die Realitätsprüfung. Wer sagt: »Ich bin nicht bei Rot über die Kreuzung gefahren«, den überführt seine Sprache nicht. Doch rettet sie ihn auch nicht, wenn einer ihn dabei gesehen hat.

Für unser Beispiel gilt dasselbe. Hätten die Bischöfe gesagt: »Kardinal Groër hat keine Knaben missbraucht!«, wäre das sprachlich eindeutig gewesen; man hätte es glauben müssen, bis das Gegenteil erwiesen war. Wie wir gesehen haben, sagten sie das aber nicht. Man ging offenbar gegen *profil* auch nicht rechtlich vor. Die Bischöfe übersprangen gewissermaßen die Sachebene und ergingen sich in ideologischem Getöse. »Materiell« gelogen haben sie nicht. Ihre Sprache zeigt nur, dass hier ein brisanter Sachverhalt umgangen wurde, auf trickreiche Weise und mit gewaltiger Energie.

Warum wurde er umgangen? Das zeigt die Sprache nicht. Was die Weihbischöfe dachten oder fühlten, werden wir nie wissen, denn die Psyche ist kein Leib und das Gewissen kein Organ, das man herausschneiden und unters Mikroskop legen könnte. Wir können nur aus Äußerungen Rückschlüsse ziehen, wobei wir mit Modellen arbeiten müssen. Wenn wir etwa das Gewissen als psychische Instanz begreifen, die dem Menschen sagt, was jenseits vom Eigennutz richtig und falsch ist, dann darf man feststellen: Nichts in der Verlautbarung weist darauf hin, dass in den Weihbischöfen etwas wie ein Gewissen wirksam gewesen wäre.

Etwas anderes zeigt sich umso deutlicher: ein exaktes Gespür für die Machtverhältnisse, also dafür, was bei überlegenen Autoritäten (Staat, Justiz) als Unrecht galt und welches Maß an Vertuschung noch legal war.

Angriff und Gestus

Noch etwas ist augenscheinlich: Wut. Der Angriff sei von vorn bis hinten Bluff, habe ich oben geschrieben. Doch der Angriffs*gestus* ist es nicht. Die Stellungnahme insinuiert:

- Leute, die den Kardinal homosexueller Verfehlungen bezichtigen, sind Kirchenfeinde;
- sie sind nicht besser als Nationalsozialisten;
- sie sind Verleumder;
- *profil* ist ein Schmuddelblatt (»*Enthüllungsjournalismus*«);
- *profil* »entehrt« einen »wehrlosen« Mann;
- *profil* missachtet die Menschenwürde;
- *profil* zieht das Kardinalsamt, die Kirche und Österreich in den Schmutz.

Diese maßlosen, im bürgerlichen Sinn eigentlich vernichtenden Vorwürfe wurden, wie wir gesehen haben, nur suggeriert, nicht verantwortlich erhoben: die Weihbischöfe hätten leicht nachweisen können, dass sie all das gar nicht so gesagt hatten. Die Frage ist nur: Warum taten sie überhaupt so, als würden sie es sagen? War das denn klug? Ist es klug, auf Vorwürfe mit Vernichtungsphrasen zu antworten?

Eigentlich nicht. Ein unschuldig Verleumdeter hätte eine Gegendarstellung geben oder eine Aussprache anbieten können; andere Schüler hätten ihn verteidigt. Das klerikale Protokoll ist vielleicht verzwickter, doch gewiss imstande, unberechtigte Vorwürfe in manierlichem Stil zurückzuweisen.

Auch bei realer Schuld hätte es bessere Möglichkeiten gegeben. Die ehrliche Antwort – Vorwürfe prüfen, Schuld eingestehen, Missstände untersuchen, Abhilfe schaffen, System reformieren – ist einem dysfunktionalen Machtapparat nicht gegeben, doch selbst für eine unehrliche Antwort gab es elegantere Optionen. Der Kardinal hätte seinen Rücktritt anbieten können, »um Schaden von der Kirche abzuwenden«, gekränkt, doch zu vornehm, um den armen Josef Hartmann bloßzustellen. Die Bischöfe hätten erstaunt und erschüttert die Vorwürfe zur Kenntnis nehmen und eine Untersuchung in Aussicht stellen können, um Zeit zu gewinnen. Dann hätten sie Fürsprecher gesucht, die Groërs makellose Pädagogik bezeugten, und vielleicht Psychiater, die Hartmanns Zerrüttung feststellten. Sie hätten differenziert abwägend eine tragische Verstrickung mit Schuld auf beiden Seiten eingeräumt. Im allerschlimmsten Fall hätten sie die menschliche Fehlbarkeit beklagt und Besserung gelobt. Waren den Bischöfen diese Grundregeln modernen Krisenmanagements nicht bekannt?

Meine These: Ihre Selbstkontrolle versagte.[10] Die maßlose, im Impetus vernichtende Reaktion deutet darauf hin, dass Hartmanns Vorwurf als maßloser, auf Vernichtung zielender Angriff empfunden wurde.

Der narzisstische Wutbrief

Wie verträgt sich eine rhetorisch und juristisch so exakt formulierte Stellungnahme mit einer solchen Vehemenz? Wie konnten dieselben Leute, die sich so geistesgegenwärtig jeder persönlichen Fürsprache für den Kardinal enthielten, dessen Kritiker so umstandslos zu Gegnern der Kirche erklären und öffentlich beschädigen wollen?

Es muss eine Stressreaktion gewesen sein. Niemand hatte mit Hartmanns Offenbarung gerechnet, für ruhige Überlegung fehlte die Zeit. Stress kann höchste Geistesgegenwart erzeugen, also im wütenden Angriff noch eine überscharfe Wahrnehmung der Kräfteverhältnisse. (Funktionäre der Inquisitionszeit hätten im selben Affekt zu anderen Mitteln gegriffen.) Anscheinend fühlten sich die Weihbischöfe in diesem Moment auch persönlich bedroht, als Mitwisser eines Straftatbestandes ebenso wie als Repräsentanten einer kompromittierten Institution, der sie ihr Prestige verdankten. Wenn ein berechtigter Vorwurf solchen Stress auslöst, bedeutet das, dass die Vertuschung – und somit der Missstand selbst – für den Selbstwert des Betroffenen elementar geworden ist. Die Psychologie spricht hier von »narzisstischer Wut«: Die Raserei schützt kurzfristig vor dem Zusammenbruch der Identität.

Tatsächlich handelt es sich um eine klassische Reaktion kompromittierter Machtmissbraucher und Mitwisser. Jeder, der solche Leute herausfordert, muss mit ihr rechnen. Unter deregulierten Verhältnissen kann das körperliche Angriffe, Verbannung oder Haft bedeuten, unter zivilisierteren Bedingungen das einschüchternde Gebrüll im Chefbüro oder, in Schriftform, eben den narzisstischen Wutbrief. Die Lektüre eines solchen Briefs ist so unangenehm wie der Blick in ein wutverzerrtes Gesicht. Doch anders als ein Brüllauftritt, der beim Bebrüllten realen physischen Stress auslöst und nur von geistesgegenwärtigen Kämpfern zu meistern ist, frieren Wutbriefe gewissermaßen den Affekt ein, und wer sie mit kaltem Auge liest, erhält höchst wertvolles Material.

Die rhetorische Mittel des Wutbriefs sind:

- Autoritärer Stil
- Gestus der moralischen Entrüstung
- Gekränkte Unschuld (der Beschuldigte als Opfer)
- Züchtigungston (aggressiv, mit Ausrufen, Aufrufen, rhetorischen Fragen)
- Drohgebärden, ohne dass eine direkte Drohung ausgesprochen wird
- Generalisierungen
- Bezug zur Sachebene nur scheinbar vorhanden

Im Extremfall tritt Kontrollverlust (Beschimpfungen, nachweisbare Lügen, Verleumdung) ein.

Dies gilt für einfache Wutbriefe, die sich nur von einer Person an eine andere richten. Wenn der Konflikt eskaliert, wird eine zweite Stufe gezündet.

- Erweiterter Verteiler (größerer Adressatenkreis bis hin zur Öffentlichkeit)
- Etablierung einer Antithese *Kritiker versus Institution*, wobei der Machtmissbraucher die eigenen Interessen mit denen der Institution gleichsetzt

Stufe zwei ist eine Machtdemonstration. Sie dient weder der Aufklärung noch der Verständigung, sondern verhindert beides vorsätzlich in der Absicht, den Missstand aufrechtzuerhalten. Die bischöfliche Stellungnahme setzt auf diese Taktik.

Der erweiterte Verteiler stimuliert die Solidarität gleichrangiger Funktionäre und beeindruckt die Untergeordneten sowie die kleinere oder größere Öffentlichkeit, die nicht genau wissen kann, worum es geht, und es aus dem Wutbrief auch nicht erfährt. Sie wird dennoch instinktiv eher zustimmen, da Hierarchien immer auch die Funktion haben, Aggressionen zu bannen, und ein Machtwort geordnete Verhältnisse suggeriert. Die Worte des Kritikers haben keinen annähernden Aplomb; sie werden seltener gelesen und weniger ernst genommen.

Die Antithese verstärkt diesen Effekt noch. Es erfordert psychische Energie, die Fehlbarkeit einer Institution zu verarbeiten, die man eigentlich verehrt. Lieber verdrängt man die unbequeme Information. Bis heute halten manche Gläubige jeden, der Groër sexuellen Missbrauch vorwirft, für einen Kirchenfeind, was als taktischer Erfolg der Weihbischöfe zu werten ist.

Oben schrieb ich: Wer Machtmissbraucher herausfordert, muss mit solchen Briefen rechnen. Wutbriefe sollen einschüchtern, beleidigen und diffamieren, und mancher Empfänger mag versucht sein, sie in den Papierkorb zu werfen. Praktischer Rat: Tun Sie das nicht. Lesen Sie nur den Inhalt, Wort für Wort, und Sie erkennen Feigheit und Bluff – die Attacke verbirgt nackte Argumentationsnot. Bewahren Sie diese Briefe auf wie Schuldscheine. Die Absender haben gegen geltendes Recht verstoßen, und sie wissen es.

Die Frage, wie der Empfänger solche Briefe einsetzen kann, werde ich später behandeln.[11] Hier spielt sie keine Rolle, da im Fall Groër die Journalisten das Schuldscheinpotential nicht nutzten. Beide Parteien kommunizierten nicht mehr miteinander, sondern wandten sich direkt an das »Volk«. Die Journalisten recherchierten weiter und publizierten ihre Ergebnisse, die Kirchenfunktionäre appellierten an die Gläubigen, deckten den Missstand und fuhren fort, als sei nichts geschehen.

Die Kontroverse geht weiter

Und das »Volk«? Ruhige Leser konnten zwar nach diesen ersten beiden Wortmeldungen auch ohne Hintergrundwissen erkennen, dass die Weihbischöfe blufften, was die Darstellung des Josef Hartmann indirekt bestätigte. Aber wer liest ruhig, bei dem Thema? Von außen betrachtet hatte sich Folgendes abgespielt: ein unbekannter Mann mit gebrochener Biografie hatte Vorwürfe gegen einen Kardinal erhoben. Die Kirche hatte das harsch zurückgewiesen.

Der Fall hätte damit erledigt sein können. Dass er es nicht war, gehört zu den vielen Rätseln der Sozialgeschichte: Keiner weiß, warum plötzlich etwas hochkocht, das jahrzehnte-, vielleicht sogar jahrhunderte- oder jahrtausendelang hingenommen wurde. Ohne Hartmanns Outing wäre vielleicht gar nichts passiert. Aber ohne eine kritische Öffentlichkeit wäre es nicht weitergegangen.

Die Amtskirche setzte nach. Am Tag nach Erscheinen des Interviews meldete sich der Sekretär von Kardinal Groër, Michael Dinhobl, zu Wort.

Eine von gewissen Medien geführte »Lynchjustiz«, die ohne jegliche Rechtsordnung abläuft, muß als Gefährdung des Rechtsstaates mit aller Entschiedenheit abgelehnt werden. [...] Mit jeder Stellungnahme zu der jetzt gegebenen Causa würde sich der Wiener Erzbischof auf die Ebene eines solchen »Tribunals« begeben und es damit anerkennen. So würde einer unkontrollierbaren »Mediengerichtsbarkeit« Vorschub geleistet, von deren Willkür letztlich jede Person des öffentlichen Lebens vernichtet werden kann.[12]

Auch dieses Schreiben zeigt Elemente des Wutbriefs: die moralische Entrüstung, die gekränkte Unschuld, die Scheinargumente, vagen Angaben und Generalisierungen, den mangelnden Bezug zur Sachebene. Und natürlich wird das Hartmann-Interview nicht als Zeugenaussage gegen einen Priester zur Kenntnis genommen, sondern *als Gefährdung des Rechtsstaates mit aller Entschiedenheit abgelehnt*. Auch hier werden polemische Vokabeln vorsichtshalber in Anführungszeichen gesetzt (»Lynchjustiz«, »Tribunal«, »Mediengerichtsbarkeit«). Auch hier wird *vernichtende* Willkür denen vorgeworfen, die versuchen, Willkür aufzudecken. Neu ist, dass diesmal mit dem Wiener Erzbischof der Beschuldigte benannt wird, wenn auch nicht als möglicherweise fehlbarer Mensch, sondern als hoher Amtsträger, der *ein solches* [!] »Tribunal« nicht anerkennen dürfe. Sinn dieser Stellungnahme war, das Schweigen des Kardinals zu rechtfertigen. In der Theorie (Amtswürde versus »Lynchjustiz«) ist die Setzung plausibel. In der Praxis nicht: Ein Zeitungsartikel ist noch keine »Lynchjustiz«, und ein zu Unrecht beschuldigter Amtsträger, der solchen Angriffen entgegentritt, besudelt seine Würde keineswegs. Auch Dinhobl täuschte die Öffentlichkeit.

Das zeigte Wirkung, in beiden Richtungen. Als zwei weitere Tage später die Legio Mariae einen Wortgottesdienst im Stephansdom als *Gebet von Bischof und Kirche* organisierte, wurde Kardinal Groër mit minutenlangem Applaus empfangen.[13]

Auf der anderen Seite meldeten sich in den nächsten Tagen weitere ehemalige Hollabrunner Seminaristen zu Wort. Zwei erzählten von schlüpfrigen Beichtgesprächen, drei von physischen Übergriffen.[14] Von diesen sei eine Darstellung hervorgehoben, weil sie daran erinnert, dass Gegenwehr möglich ist. Man kann es nicht oft genug betonen.

> *Da spürte ich seine rechte Hand auf meinen Genitalien, seine linke auf meiner Schulter und sein Kopf näherte sich mir mit offenem Mund und herausgestreckter Zunge. Ich habe ihm eine volle Breitseite gegen seinen Körper gegeben. Er fiel hin, und ich bin davongelaufen.*[15]

profil Nr. 14 am 3. April 1995 brachte außerdem ein Interview mit Josef Hartmanns Mutter.

> **Ernestine Hartmann:** *Nur einmal, da war der Pepperl, glaube ich, 13 oder 14, da [...] hat [er] so bitterlich geweint und hat gesagt, daß ihn der Groër immer belästigt. [...] Ich habe gesagt, sag' das dem Rektor und geh' raus aus dem Seminar. Mein Mann war zu der Zeit Mesner, und der hat gesagt: Fang mir ja nichts an [...]. Du hast keine Chance da, und wenn es zum Prozess kommt, dann verlieren wir und können das nicht zahlen.*[16]

Die Kontroverse wird grundsätzlich

In derselben Nummer meldeten sich erstmals kritische Kleriker zu Wort, Pater Udo Fischer und Pater Jeremia Eisenbauer.

Pater Udo Fischer, Benediktiner im Stift Göttweig, hatte schon 1985 bei den Göttweiger Ordens-Oberen (Abt und Prior) angezeigt, dass Pater Groër versuchte, seine *eindeutige sexuelle Veranlagung [...] auch zu leben.*[17] Auch er selbst war in Hollabrunn von Groër angegangen worden, hatte aber – das war Anfang der Siebziger – mit niemandem darüber geredet.

Was war für Sie der konkrete Auslöser für das Gespräch mit den Oberen?
Die Zahl der hinter vorgehaltener Hand gemachten Andeutungen hat immer mehr zugenommen. Groër hatte sich auch immer mehr als Guru aufgespielt, der Menschen in sektenhafter Manier mit allen Mitteln an sich zu ketten versucht hat.

Die Zahl der hinter vorgehaltener Hand gemachten Andeutungen: Das klingt unbeholfen, und vorsichtig tastend wird P. Udo Fischers Ton im ganzen Interview bleiben. Das ist deswegen interessant, weil derselbe P. Udo später, unter Druck geraten, zu großer moralischer und rhetorischer Form auflaufen wird.

Seine Anzeige blieb wirkungslos:

Sie haben erstaunt und erschüttert getan. Und den Eindruck vermittelt, sie würden es zum ersten Mal hören. […] Tatsache ist, daß Groër 13 Monate danach Erzbischof von Wien wurde. Tatsache ist, daß nach dem Kirchenrecht der Obere auf jeden Fall befragt werden hätte müssen. […]

Haben Sie […] beim Abt je nachgefragt, wie und mit welchem Ergebnis Ihr Verdacht geprüft wurde?
[…] Es hieß immer wieder, man hätte versucht, das zu planieren. In etwa mit den Worten: »Wir haben reagiert, wir haben versucht, den Schaden zu begrenzen, wir haben nur dir nichts davon gesagt. Das ist eine delikate Sache, verhalte dich bitte ruhig.« […] Ich glaube, es hat nie eine Untersuchung gegeben.

Warum gehen Sie jetzt […] an die Öffentlichkeit?
[…] Ich will auch jenen Kreislauf durchbrechen, warum sich niemand getraut hat, was zu sagen. […] Alle Bischöfe machen Resolutionen […] und verurteilen das höchstwahrscheinliche Opfer und beschützen den höchstwahrscheinlichen Täter. Sie sprechen Groër das volle Vertrauen aus, obwohl keiner dabei war.

Der letzte Satz bedeutet, dass sogar der kritische Pater Udo Fischer die Simulation der Bischöfe nicht durchschaute. Wie wir gesehen haben, hatte kein Hochkleriker dem Kardinal auch nur ein Gramm Vertrauen ausgesprochen, was darauf schließen lässt, dass sie an Groërs Unschuld nicht glaubten, seiner Schuld aber weniger Bedeutung beimaßen als dem Image der Kirche. Dabei fantasierten sie ein Image der Macht, keines der Weisheit oder gar Redlichkeit. Der co-machtkranke Funktionär verbirgt sich hinter dem vermeintlichen Interesse der Institution, das in Wirklichkeit sein eigenes verborgenes Interesse ist. Ein narzisstischer Eiertanz.

Entschlossener und prinzipieller als P. Udo Fischer trat P. Jeremia Eisenbauer, ebenfalls Benediktiner (Stift Melk), auf.

Ich halte es für äußerst bedauernswert, daß durch das derzeitige Leitungssystem in der katholischen Kirche der permanente Machtmißbrauch mit pseudoreligiösen Argumenten legalisiert wird. Im Umfeld eines unkontrollierbaren kirchlichen Machtapparates, getragen von Persönlichkeiten, die emotional ausgehöhlt sind und durch die Auswirkungen eines unmenschlichen Zwangszölibates und einer dazugehörigen negativen Sexualmoral, gedeihen fragwürdige Frömmigkeitsformen, menschliche Psychoruinen, die nach Führung und Autorität lechzen, Kriechertum, Denunziantenwesen und können machtgierige Personen in Führungspositionen gelangen, um über andere Menschen Herrschaft auszuüben. Mit der Kirche Jesu Christi hat dieses System nichts mehr zu tun. [...]

Ich würde mir wünschen, daß die vielen anderen Priester, die so denken wie ich, sich auch zu Wort melden, denn alleine zu stehen in der noch zu erwartenden Schlammschlacht kann für mich sehr ungemütlich werden.[18]

profil Nr. 14/1995 zeigte also in einer einzigen Nummer drei Stufen der Eskalation:

1. Hartmanns Mutter bestätigte die Qual des jungen Josef und die Hilflosigkeit der christlichen Familie gegenüber dem Missbrauch.
2. Pater Udo Fischer problematisierte bereits das Verhalten der Ordensoberen.

3. Pater Jeremia Eisenbauer erklärte den Missbrauch für symptomatisch und stellte das ganze Leitungssystem der Kirche infrage – ein wuchtiger Vorstoß zum Kern des Problems.

Auf diese logische Folgerung werden abgeschmetterte Kritiker immer wieder kommen: Ein Apparat, der den Missbrauch eines Einzelnen verteidigt, macht sich zum Komplizen und ist selbst verdorben. Die Erfahrung zeigt aber, dass ein pauschaler Angriff – so nachvollziehbar er sein mag – meist erfolglos ist, denn er stellt das System infrage, in dem sich alle eingerichtet haben. Das menschliche Bedürfnis nach Sicherheit ist so groß, dass Menschen grundsätzliche Kritik nur schwer aufnehmen können, aus Angst, die Strukturen würden gefährdet. Pater Eisenbauers Appell ging also ins Leere. Immerhin scheint es keine Disziplinarmaßnahmen gegeben zu haben: Die Kleriker waren mit sich selbst beschäftigt.

Die Bischofskonferenz

Die Österreichische Bischofskonferenz ist das Leitungsgremium der römisch-katholischen Kirche in Österreich. Ihr gehören alle Diözesanbischöfe, die Weihbischöfe, ein Abt und ein Diözesanadministrator an.

Zuständig sind sie für fünf Millionen österreichische Katholiken. Sie besprechen gemeinsam die pastoralen Aufgaben, erarbeiten Beschlüsse, beraten einander und pflegen Verbindungen zu anderen Bischofskonferenzen. Außerdem teilen sie die Verantwortung über die vielen Agenden untereinander auf: *Ehe und Familie* einschließlich *Lebensschutz*, Pastoral, Katechese und Evangelisierung, Wirtschaft, Soziales, Landwirtschaft und Umwelt, Kirche und Sport, Polizeiseelsorge/Rettungsorganisationen, Weltreligionen, Weltkirche, Horte und Internate, Erwachsenenbildung, Bibliothekswerk, Kunst und Kultur, kirchliche Denkmalschutzkommission, kirchliche Friedensorganisation und weitere. Viel Verwaltungsarbeit. Für eine riesige Organisation.

Alle sechs Jahre wählen sie aus ihrem Kreis einen Vorsitzenden. Seit 1989 war das Kardinal Groër. Ausgerechnet jetzt, kurz nach dem Hartmann-Eklat und einen Tag nach Erscheinen des *profil*-Dossiers, am 4. April 1995, stand die Neuwahl an. Und wieder wählten die 17 Mitglieder Groër. Das Echo in Medien und Teilen der Kirche war laut Czernin so *verheerend*,[19] dass die Entscheidung bereits einen Tag später, am 5. April, korrigiert wurde.

Was intern diskutiert wurde, wissen wir nicht. Groër brauchte diesmal drei Wahlgänge: Erst beim dritten, bei dem die einfache Mehrheit reicht, kam er durch. Man darf daraus schließen, dass die Personalie umstritten war, jedoch niemand den Knabenmissbrauch erwähnte: Allein der Vorwurf hätte den Kandidaten disqualifiziert.

Noch mal in aller Deutlichkeit: Den Bischöfen müssen die Vorwürfe lange vor dem ersten *profil*-Artikel bekannt gewesen sein. Es gab seit Jahrzehnten Gerüchte. 1974 hatte der Prior des Stifts Göttweig Groër auf dessen sexuelle Übergriffe gegen Buben angesprochen.[20] Während Groërs Zeit als Religionspädagoge im Gymnasium Hollabrunn und Beichtvater im Stift Göttweig hatten sich mindestens zwei, vielleicht sogar drei seiner Schützlinge das Leben genommen.[21] Solche Vorgänge ziehen normalerweise Erkundungen nach sich. Anfang der Achtzigerjahre wurden die Weihbischöfe Florian Kuntner und Helmut Krätzl[22] beauftragt, einschlägigen Anschuldigungen gegen Groër nachzugehen.[23] P. Udo Fischer informierte seinen Prior Berthold Goossens und den Subprior Clemens Maria Reischl 1985 über Groërs sexuelle Umtriebe.[24] 1985/86 häuften sich Austritte und Klagen der Mönche über Missstände im Konvent.[25]

Man stelle sich vor, jemand zeigt den Polizeipräsidenten wegen Ladendiebstahls an. Ein solcher Vorgang bleibt nicht beim Sachbearbeiter hängen, sondern wandert die Hierarchie hinauf und verbreitet sich innerhalb jeder berührten Ebene wie ein Lauffeuer. Und hier ging es um viel Gravierenderes als einen Ladendiebstahl: eine Sünde nach katholischem Verständnis und einen Straftatbestand nach kirchlichem[26] wie weltlichem Recht.[27]

Eine Aufklärung hätte die Entfernung Groërs aus dem Klerikerstand und viele Jahre Gefängnis nach sich ziehen müssen. Stattdessen tabuisierte der Klerus die Angelegenheit; ob aus Furcht, Gehorsamszwang, Konspiration oder Kalkül, hätten vermutlich nicht mal die Beteiligten selbst beantworten können. Es scheint absurd und unglaublich, dass renommierte Leistungsträger, die so gewaltige Agenden verantworten, es nicht fertigbringen, ein entgleisendes Mitglied zur Ordnung zu rufen. Und doch ist es der Normalfall. Selbst wenn das deregulierte Mitglied sie alle und die ganze Firma gefährdet, solidarisiert sich das Gremium mit ihm, befeuert dadurch noch den Machtmissbrauch des Delinquenten, macht sich mitschuldig und wird in der Folge darauf achten, nur Leute zuzuwählen, die die verdorbene Kultur billigen. Genau dieses Phänomen ist das Rätsel, mit dem wir uns hier beschäftigen.

Wie rechtfertigen Betroffene diese pfadfinderhafte Willfährigkeit? Die Bischöfe haben es nicht kundgetan, doch eine normale individuelle Psychotechnik ist in solchen Fällen die doppelte Buchführung: *Nun ja, es gibt Gerede, doch Genaues weiß man nicht.* Jeder, der solche Informationen *nicht* bewusst verarbeitet, darf sich vor seinem inneren Gericht als Nichtwisser führen. Wenn aber Rechtslage oder herrschende Meinung sich ändern, darf er wahrheitsgemäß sagen: *Ich hab's immer geahnt.*

Unterdessen können dieselben inoffiziellen Informationen politisch genutzt werden. In einer Vorstandswahl geht es um Postenverteilung und jahrelang aufgebaute Karrieren. Seilschaften spielen eine Rolle, Ansprüche, Versprechungen, Verpflichtungen, Gefährdungen und unausgesprochene sowie ausgesprochene Drohungen: Der Kardinal war ja erpressbar. Es gab die Chance, durch Loyalität Beförderung zu erzwingen, wodurch man allerdings zum Komplizen und seinerseits erpressbar wurde. So hatte sich im Lauf der Jahre ein dichtes Gewebe aus Macht und Lüge gebildet, das auf Groër abgestimmt war, zweifellos mithilfe lähmender Schweigeabkommen; und als dem Gremium nun die Sache um die Ohren flog, gab es nicht mal einen Plan B. Zwar brachte eine Mehrheit der Bischöfe am nächsten Tag in einem dramatischen Krisentreffen Groër dazu, den Vorsitz niederzulegen, doch weitere Verantwortung übernahm die Konferenz nicht. Den Täter deckte sie nach wie vor.

Der neu gewählte Vorsitzende Bischof Johann Weber rechtfertigte in einer Pressekonferenz Groërs Schweigen:

> *Wir haben Verständnis für diese Haltung. Es ist sein Recht zu schweigen. In keiner Rechtsordnung ist Schweigen ein Schuldeingeständnis. […] Die Rufschädigung ist irreparabel. Sie ist ein schweres Unrecht.*[28]

Wir erkennen alle Bausteine des uns schon bekannten Vertuschungsstils: Humanisieren (*Wir haben Verständnis*), allgemeine Phrasen (*In keiner Rechtsordnung*), Ignorieren des realen Vorwurfs unter Verkürzung auf dessen angebliche Absicht (*Rufschädigung*), moralische Vorwürfe (*irreparabel, schweres Unrecht*).

Die Hilflosigkeit des Bischofs Weber ist unverkennbar. Natürlich durfte der angeschuldigte Kardinal schweigen, jeder Verteidiger hätte ihm dazu geraten. Doch die Kirche hätte zumindest sagen müssen, was sie nun tun würde, um angesichts des schweigenden Kardinals zu ermitteln, was wirklich geschehen war. Falls sie sich selbst zu Ermittlungen nicht in der Lage sah, hätte sie eine Strafanzeige zur Aufklärung der Vorfälle initiieren müssen. Stattdessen tat sie immer noch so, als sei die Sache gewissermaßen ihre Privatangelegenheit, extern der weltlichen Gerichtsbarkeit enthoben und intern nicht der Rede wert.

Es fällt von heute aus leicht, sich über diese Hilflosigkeit lustig zu machen. Ein Detail der Krisensitzung vom 5. April scheint mir aber wichtig. Czernin schreibt: *Mitglieder der Konferenz erzählen später, die Sitzung sei emotionell kaum zu ertragen gewesen.*[29] Ich möchte aus dieser Emotionalität einen Hoffnungsschimmer konstruieren.

Natürlich waren die Bischöfe aufgewühlt, sie blamierten sich ja gerade entsetzlich. Die Politik ihres Vereins stand auf dem Spiel, ihre eigene Autorität, das Ansehen der Kirche, für die sie verantwortlich waren. Zudem saß Groër immer noch als Kardinal in ihrer Mitte und klammerte sich an sein Amt. Die Auflehnung gegen einen Ranghöheren bedeutet für fast alle Menschen psychischen Stress, umso mehr aber für katholische Priester, in deren Reglement Machtskepsis und Kritik nicht vorgesehen sind – Priesterkandidaten versprechen bis heute bei der Weihe ihren Bischöfen Gehorsam.[30] Wer zu dieser Blanko-Erklärung bereit ist, muss eine überdurchschnittliche hierarchische Sehnsucht mitbringen, egal wie zynisch er vielleicht später wird.

Vor allem aber ist anzunehmen, dass ihnen in dieser Krise das Ausmaß ihrer Verstrickung bewusst wurde. Letztlich standen sie als Mitwisser, streng betrachtet sogar als Betrüger da, und das ist für jeden peinlich, auch wenn sein Gewissen schweigt. Einzelne mögen versucht haben, sich der Verantwortung zu stellen, andere wiesen jede Schuld zurück, doch als Gremium mussten sie einstimmig auftreten, und so – unter Zeitdruck – einigte man sich auf den genannten Kompromiss: den Kardinal aus der Schusslinie ziehen, ohne die Vorwürfe inhaltlich zu beantworten, und nach außen hochmütig auftreten, hermetisch unnahbar.

Nach innen aber wankte das Gefüge, ein neuer Vorsitzender war etabliert, Weichen waren zu stellen, Richtungsentscheidungen zu treffen, vielleicht artikulierte sich endlich das lang unterdrückte Unbehagen.

Worauf ich hinauswill: Dieselben Leute, die unter deregulierten Verhältnissen Verbrechen begehen bzw. durch deren Billigung und Vertuschung schuldig werden, können sich unter geordneten Verhältnissen anständig benehmen, und die meisten fühlen sich sogar wohler dabei. Der Mensch ist ein Bündel divergierender Impulse, er sehnt sich nach Sicherheit und Freiheit gleichermaßen, und die Dominanz dieser Impulse wechselt nach Umfeld und Situation. Wer darauf verzichtet, eine Macht, die ihm Sicherheit verspricht, zu kontrollieren, verliert neben der Freiheit auch seine Würde, sobald diese Macht missbraucht wird. Wird ihm das klar, wächst in ihm wieder die Sehnsucht nach Freiheit. Ist das Glas halb voll oder halb leer?

Wenn es aber halbvoll ist – hat das praktische Bedeutung? Wenn die Menschen sich in einer freien Atmosphäre, die ihnen ethische Selbstbestimmung erlaubt und sie *nicht* zu Tätern oder Mittätern macht, wohler fühlen: Warum lassen sie sich so leicht ihrer Freiheit berauben, und warum fällt es ihnen nach einer Episode von Zwang und Verstrickung so schwer, sie wieder in Anspruch zu nehmen? Lässt sich aus der Sehnsucht nach Freiheit eine belastbare Fähigkeit zur Freiheit entwickeln? Und da Fähigkeit mit Können zu tun hat: Worin bestünde das Know-how?

Genau das ist die zentrale Frage dieses Essays.

Hans Hermann Groër meldet sich zu Wort

Betrachten wir den konkreten Fall. Ein erzkonservativer Priester, der die von ihm gepredigte Moral jahrzehntelang obsessiv verletzt, wird oberster Katholik Österreichs und macht die Kirche zum Instrument seiner Sucht. Wie hat er das geschafft? Was war an Hans Hermann Groër Besonderes?

In folgender Wortmeldung lernen wir ihn ein bisschen kennen. Sie erschien einige Stunden nach Bischof Webers Erklärung in der *Neuen Kronen Zeitung*. Es war seine erste öffentliche Reaktion auf die Vorwürfe des Josef Hartmann.

> *Die auf breiter Front massiven, gesteigerten Attacken gegen mich verunsichern und gefährden viele Gutgesinnte und Gläubige, erzeugen Unruhe und Zweifel – auch an der Kirche. Deshalb sehe ich mich verpflichtet, Inhalt und Gestalt der gegen mich getätigten Diffamierungen und vernichtenden Kritik zurückzuweisen. In diese Zurückweisung sollen hiemit alle Pauschalverdächtigungen der Priester und der im Religionsunterricht Tätigen [...] eingeschlossen sein. Sie alle verdienen Vertrauen und Hochachtung – wie auch die im natürlichen Sittengesetz und in der göttlichen Offenbarung gründende katholische Morallehre, die für den einzelnen wie für die Gesellschaft unverzichtbar ist.*[31]

Kein defensiver Angeschuldigter tritt uns hier entgegen, sondern ein wehrhafter, wortmächtiger Kirchenfürst. Er redet nicht von einer konkreten Bezichtigung, sondern von einem Angriff, der gewissermaßen aus dem Nichts über ihn hereinbrach. *Auf breiter Front*, *massiv*, *gesteigert*, *Attacken*: Das sind Kriegsvokabeln. Der präzise Vorwurf wird rhetorisch in ein diffuses Schlachtengemälde verwandelt.

An dieser Überhöhung erkennt man den Narzissten, der zwischen sich und der Welt emotional nicht zu unterscheiden vermag. Die Welt ist dazu da, ihn zu spiegeln und zu stabilisieren, und da sie es jahrzehntelang tat, identifiziert er sich mit dieser Spiegelung. Die Kehrseite: Wer von seiner Geltung lebt, erlebt Geltungsverlust als Vernichtung.

Aber noch gibt er sich nicht geschlagen. Von Rücktritt oder Resignation ist nicht die Rede. Der heikle Sachverhalt wird nicht mal angedeutet, sondern in allgemeine Begriffe (*Inhalt und Gestalt*) aufgelöst, unter der Rubrik *Diffamierungen*, *vernichtende Kritik* im Handstreich entwertet und im selben Atemzug zurückgewiesen. Das ist manipulative Meisterschaft. Wir sehen hier auf engstem Raum eine ganze Serie solcher Kunststücke:

1. Groër weist *Inhalt und Gestalt der Diffamierungen* nicht einfach zurück, sondern fühlt sich zur Zurückweisung *verpflichtet*. Das Wort *Pflicht* enthält eine moralische Gutschrift.
2. Verpflichtet fühlt er sich nicht um seiner selbst willen, sondern wegen der Gefährdung vieler *Gutgesinnter und Gläubiger*. Damit bringt er die Gutgesinnten und Gläubigen auf seine Seite.
3. *In diese Zurückweisung sollen hiemit alle Pauschalverdächtigungen gegen Priester [...] eingeschlossen sein* – der deklarativ antiquierte Duktus (*hiemit seien*) wirft die Autorität des Predigers in die Waagschale.
4. Indem Groër vorgibt, die Priester und Religionslehrer gegen (von Hartmann nirgends vorgebrachte) *Pauschalverdächtigungen* schützen zu wollen, versteckt er, der Schuldige, sich hinter ihrer Unschuld.
5. Jetzt der Coup: Indem er auch die *im natürlichen Sittengesetz und in der göttlichen Offenbarung gründende katholische Morallehre* beschirmt, schließt er sich mit dieser Morallehre kurz, gegen die er seit Jahrzehnten chronisch verstoßen hat.

Wenn man die bisher uns begegneten Verleugnungsrhetoriker mit Geldfälschern vergleicht, produzierte Groër die größten Blüten: Nicht nur *Rechtsstaat Kirche Österreich* stehen auf seinem Schein, sondern *das natürliche Sittengesetz* und *die göttliche Ordnung* selbst.

Man kann denselben Text auch als manische Schuldabweisung lesen. Doch die konkrete soziale Absicht überträgt sich immer als Erstes, während die unbewussten Impulse sich nur der genauen Betrachtung erschließen. Groërs primärer, unbedingter Impuls ist Selbstbehauptung. An der Virtuosität seiner rhetorischen Demonstration – zumal unter solchem Beschuss – erkennt man den Machtwillen.

Eine Karriere

Hans Hermann Groër, 1919 in Wien geboren, entstammte einer k.u.k. Offiziersfamilie. Als seine Eltern 1929 nach Brünn zogen, blieb er in Wien zurück, unter wessen Obhut, geht aus dem *Buch Groër* nicht hervor. 1933 trat er als Zögling ins Knabenseminar Hollabrunn ein, maturierte dort 1937 mit Auszeichnung, studierte in Wien Katholische Theologie und wurde 1942, erst 23-jährig, zum Priester geweiht. Nach Stellungen als Kaplan in Petronell und Bad Vöslau wurde er 1946 Studienpräfekt im Erzbischöflichen Knabenseminar Hollabrunn, wo er 1953 zum Religionslehrer und 1954 zum Oberstudienrat befördert wurde. Auch als Lehrer blieb er im Knabenseminar wohnen. 1974 trat er in das Benediktinerstift Göttweig ein und bekam den Ordensnamen Hermann. Jetzt lebte er unter Novizen und Mönchen.

Währenddessen kletterte er zielstrebig die Karriereleiter empor und sammelte Ämter, Funktionen und Titel. Mit 54 Jahren war er gleichzeitig geistlicher Leiter der konservativen Legio Mariae, Wallfahrtsdirektor von Maria Roggenburg, Initiator und Vertrauenspriester des Zisterzienserinnenklosters von Maria Roggenburg, Direktor des Aufbaugymnasiums in Hollabrunn und Religionslehrer im Erzbischöflichen Knabenseminar.[32] Mit 56 Jahren wurde er Bischof, mit 67 Erzbischof: ein amts- und machtbewusster Mann von großem Fleiß und Organisationstalent, der zudem als Charismatiker und erfolgreicher Neu-Evangelisierer galt und nicht nur Jugendliche und junge Männer, sondern auch erwachsene Gläubige faszinierte.

Sein effektivstes Karriereprojekt war vermutlich die Wiederbelebung der Marienwallfahrt nach Maria Roggendorf. Er erfand dafür ein eigenes Format mit geistlicher Prominenz, das viele Gläubige anzog, während umgekehrt Kardinäle, Bischöfe und Äbte dort zelebrierten, um von Groërs Anziehungskraft zu profitieren: ein Win-win-Konzept, das Groër Verbindungen in höchste Kirchenkreise bahnte. Als konservativ marianisch Engagierter erlangte er zudem die Protektion des päpstlichen Marienverehrers Johannes Paul II.[33]

Groër entsprach, auf weltliche Maßstäbe übertragen, einem erfolgreichen Politiker mit populistischem Gespür und überdurchschnittlichen Wahlergebnissen. Als Multifunktionär hatte er ein effektives Netzwerk innerhalb der Kirche etabliert. Wäre, wieder auf weltliche Maßstäbe übertragen, die Kirche eine politische Partei gewesen, hätte er sich als Kanzlerkandidat empfohlen. Natürlich hatte er innerhalb des Apparats Widersacher, doch seine Verbindungen reichten inzwischen bis zum Vatikan. Als 1986 die Nachfolge des Wiener Kardinals Franz König zu klären war, stand Groërs Name *nicht* auf der Vorschlagsliste des Apostolischen Nuntius. Groër wurde erst auf Anweisung Roms nachnominiert.[34] Nachdem dann Papst Johannes Paul II. ihn zum Kardinal ernannt hatte, war er innerklerikal nicht mehr angreifbar.[a]

Er hatte gewonnen. Bei Spitzenkarrieren in Behörden geht es ebenso wie in Konzernen oder politischen Parteien um Systemkonformität und -kompatibilität, Autorität, Cleverness, Ehrgeiz, Fleiß, Strukturkenntnis, Taktik, rhetorisches Vermögen und PR-taugliche Visionen. Intriganz und moralische Flexibilität schaden gewiss nicht. Machtwille setzt sich durch. Zuletzt scheint Groër die Österreichische Kirche wie eine Art weltlichen Reli-Konzern dominiert zu haben.

Frömmigkeit

Kann Groër nicht auch als Reli-Manager und trotz Knabenmissbrauch ein frommer Mann gewesen sein? Ist es fair, einen verdienten Kirchenmann so stark unter dem Aspekt seines einzigen Lasters zu sehen? Und ist es umgekehrt nicht unredlich, das Fehlverhalten eines einzelnen Mannes auf die ganze Kirche zu übertragen?

Solche Fragen habe ich gelegentlich von Katholiken gehört. Es sind rhetorische Fragen, die auf Entlastung zielen, und auch wenn ich meinen – übrigens durchweg unaggressiven, ratlosen, sogar bedrückten – Gesprächspartnern keine manipulative Absicht unterstelle, höre ich die diskursive Abwehr der Kirche heraus. Die Fragen trennen Gesinnung und Tat, Mann und Amt, schließlich Mann und Kirche. Nachdem das unangenehme Paket in seine Bestandteile zerlegt ist, bleibt von dem »Fall« nur eine lästige Anekdote, auf der höchstens Kirchenfeinde herumreiten würden.

Rhetorische Fragen sind indirekte Behauptungen. Ein Konflikt wird selektiv zugespitzt auf eine Pointe hin, die die gewünschte Antwort enthält. Wer aber ohne Berücksichtigung der Pointe wörtlich antwortet, kann zu ganz anderen Ergebnissen kommen.

Also: Natürlich »kann« Groër ein frommer Mann gewesen sein. Doch wenn er es war, warum hat er seine aus katholischer Sicht sündhafte

---

[a] Kardinäle sind in der römisch-katholischen Hierarchie die höchstrangigen Kleriker nach dem Papst.

Sucht nicht bekämpft? Und wenn er nicht zur Enthaltsamkeit fähig war, warum predigte er sie lauthals? Wenn Frömmigkeit eine innere Haltung gegenüber Gott bedeutet, ist sie dann mit Heuchelei vereinbar? Lassen sich Haltung und Handlungen trennen? Ich meine, Groër hat nicht fromm *gehandelt*. Insofern führt die Frage, ob er fromm *war*, am Problem vorbei.

Weiter: Wie verdient war dieser Kirchenmann? Er hat Gläubige fasziniert und Priesterkandidaten angeworben, er war tüchtig und effektiv. Dass dieser Einsatz seine Karriere vorantrieb, spricht nicht grundsätzlich gegen ihn. Allerdings ist anzumerken, dass der klerikale Erfolg Groërs pädosexuelle Aktivitäten über Jahrzehnte hinweg schützte: innerhalb der Kirche vor Kritik, außerhalb vor Strafverfolgung, da die Kirche damals weitgehende rechtliche Autonomie genoss und Priester von der Justiz geschont wurden. Noch der Vater des kleinen Pepperl Hartmann ging ganz selbstverständlich davon aus, dass jedes Gericht zugunsten der Kirche urteilen würde: *Du hast keine Chance da, und wenn es zum Prozess kommt, dann verlieren wir und können das nicht zahlen.*[35]

Die Frage, ob der Kardinal mehr der Kirche oder sich selbst diente, stellte sich erst nach dem Outing Josef Hartmanns. Jetzt hätte Groër, indem er Verantwortung für seine Taten übernahm, die Kirche entlasten können. Doch er schwieg und beanspruchte bis zuletzt den Schutz der Institution, die er in Misskredit gebracht hatte. Ein Verdienst kann man das nicht nennen.

Und was kann die Kirche dafür? Nun, sie war für ihn verantwortlich. Mit »Kirche« meine ich in diesem Fall die klerikalen Verantwortungsträger, die Bischöfe, Repräsentanten und Verwalter. Sie hätten Groër bremsen können. Stattdessen machten sie sich zu seinen Komplizen. Es ist also keineswegs unredlich, Groërs Fehlverhalten auf sie zu übertragen.

Wir werden sehen, dass Verantwortliche anderer Institutionen und Soziotope es in vergleichbaren Fällen ähnlich hielten – oben erwähnt wurden bereits die Fälle von Gerold Becker und Jimmy Savile. Bei Delinquenz von Leitungskadern versagen die Systeme. Die Kleriker haben sich nicht schlechter verhalten als ihre weltlichen Kollegen, freilich auch nicht besser.

Das Bittere daran: Die Kirche ist ideell *eigentlich* kein Reli-Konzern. Sie lebt erklärtermaßen für das Vermächtnis Jesu Christi, einer Figur von einzigartiger ethischer Ausstrahlung. Und doch konnten ihre Lenker umstandslos sein Schicksal von Wahrhaftigkeit, Mut und Ohnmacht in ein Regime von Lüge, Macht und Feigheit verwandeln. Wie ist diese Schwäche zu erklären? Hat sie am Ende mit Pädosexualität zu tun?

Theoretischer Exkurs: Pädosexualität

Bei Pädosexualität handelt es sich um eine Störung der Sexualpräferenz, die zu 99 Prozent bei Männern auftritt: Sie bezeichnet ein (oft ausschließliches) sexuelles Interesse an Kindern und Jugendlichen und macht laut dem *Kurzlehrbuch Psychiatrie* von Borwin Bandelow gut 30 Prozent aller angezeigten Straftaten gegen die sexuelle Selbstbestimmung aus. Die Ursachen seien – schrieb Bandelow noch 2008 – *weitgehend unbekannt*.[36]

Bis zum Ende des 20. Jahrhunderts war die Störung derart tabuisiert und gesellschaftlich sanktioniert, dass sie nur wenig erforscht wurde. Immerhin entstanden seit Freud Konzepte zur allgemeinen Genese von Perversionen, auf die sich der Sexualwissenschaftler Volkmar Sigusch bezog, als er 2017 von der ZEIT befragt wurde.

> *Ich greife einmal die psychoanalytische Sicht heraus. Danach werden ängstigende, konfliktbeladene oder traumatisierende Erlebnisse in der Kindheit durch die Ausbildung einer Vorliebe oder Perversion gewissermaßen gebunden und gebannt. Nur durch die Pädophilie wird die Person zusammengehalten. Eine Theorie sagt, die Feindseligkeit aus traumatischen Erlebnissen werde durch die Sexualisierung abgewehrt, ja sogar in einen seelischen Triumph umgewandelt, sodass das Leben weitergeht.*[37]

In jedem Fall bedeutet eine pädosexuelle Veranlagung lebenslange psychische und gesellschaftliche Belastung. Diese Probleme hat der Leipziger Psychologe Horst Vogt benannt: keine Identifizierungsmöglichkeit mit einem angemessenen sexuellen Vorbild, negatives Selbstkonzept, sexuelle Frustration, gesellschaftliche Stigmatisierung, Anfeindung und Ächtung. Ein Teil der Betroffenen versuche die sexuelle Orientierung zu verdrängen, bis die *unerfüllte Sehnsucht nach Geborgenheit, Zärtlichkeit, Nähe und Sexualität mit einem Jungen oder Mädchen* so dringlich werde, dass sie nicht mehr ignoriert werden könne.[38] Folge: sozialer Rückzug, die Entwicklung von Mimikry und Verstellung, Vermeiden substanzieller Gespräche, damit man sich nicht verrät, verstärktes Erleben von Schuld, Scham, Angst; depressive Sekundärstörungen bei zwei Dritteln der Betroffenen, paranoide Tendenzen, Suizidgedanken, Alkohol- und Medikamentmissbrauch.

Ich bin in meinen Kreisen gelegentlich gefährdeten Leuten begegnet. Einer war ein Lehrer, dem ich sehr viel verdanke; er vergriff sich nicht an mir, aber an anderen. Zwei führen ein verzweifeltes moralisches Leben. Zwei weitere wirken im Umgang kryptisch und ihrer selbst ungewiss. Einer litt an Herzbeklemmung, Schlaflosigkeit und Depressionen und schien noch in seinem siebten Lebensjahrzehnt nicht zu wissen, wer er war. Alle sind bzw. waren empfindsame Leute. Es ist mit Sicherheit eine tragische Veranlagung, schlimmer als die ebenfalls jahrhundertelang verfolgte Homosexualität, weil es für Homosexuelle bei aller Bedrückung zumindest eine Chance auf gegenseitige, erfüllte Liebe gab.

Bei solcher Isolation ist nicht verwunderlich, dass Pädosexuelle in der römisch-katholischen Kirche Zuflucht suchten und fanden. Natürlich landen in Einrichtungen, die sich mit Knaben befassen, Männer, die Knaben zugetan sind. Und natürlich landen in einer Institution, die den Zölibat als Auszeichnung behandelt, Männer, die das Eheleben meiden. Der soziale Druck zu Heirat und Familiengründung war zu Groërs Zeiten ungleich stärker als heute, und die Priesterschaft bot eine ehrenvolle Möglichkeit, sich diesem Druck zu entziehen. Junge Homo- und Pädosexuelle, die unter ihrem verbotenen Begehren litten, mögen gehofft haben, es durch Gebete und ein frommes Leben in den Griff zu bekommen. Das kann in einem Teil der Fälle sogar gelungen sein. Wenn es aber nicht gelang, konnten sie eher als überall sonst darauf hoffen, von ihrem Institut geschützt zu werden. Und noch etwas: Heute gibt es für Pädophile Anlaufstellen, psychische Beratung, Gruppentherapie sowie, zur anderen Seite hin, das Internet mit Kinderpornos, Chats und Darknet. Zu Groërs Zeit aber fehlten spezifische Hilfsangebote ebenso wie virtuelle Foren. Gemeinschaft fanden die Außenseiter nur im Halbweltmilieu oder eben in der Kirche.

Die Pädagogin Claudia Bundschuh hat Ende der Neunzigerjahre, indem sie Pädosexuelle behutsam wissenschaftlich befragte, einige typische Biografien analysieren können.[39] Sie ermittelte in dieser Untersuchung drei Verlaufsformen, die zu unterschiedlicher pädosexueller Objektwahl führen (die Altersangaben sind nur Richtwerte, da die körperliche Reifung von Kind zu Kind unterschiedlich verläuft):

1. Buben zwischen fünf und acht Jahren
2. über zehnjährige Buben bis zur Vorpubertät
3. Mädchen verschiedenen Alters bis zur Pubertät.

Die erste Verlaufsform ist die dramatischste. Diese Pädosexuellen waren ungeliebt in zerrütteten, oft verarmten Haushalten aufgewachsen, meist vaterlos, bei lieblosen Müttern, ohne soziale Führung. Als emotional, körperlich und intellektuell Unterversorgte fanden sie in der Schule weder bei Lehrern noch Mitschülern Respekt. Sie sehnten sich nach Akzeptanz, schlossen sich Älteren an und waren dankbar für jede Zuwendung, auch wenn sie sexuell getönt oder angelegt war. In der Pubertät erlebten sie Zurückweisung durch Mädchen. Nur die Kontakte zu kleinen Kindern bargen keine Gefahr der Verachtung und Verletzung. An solchen Kindern, vorzugsweise ähnlich geschädigten, konnten sie selber sexuelle Handlungen vornehmen und Entlastung finden, sodass sie sich nach und nach auf diese Altersgruppe konditionierten.[40]

Bei der zweiten Verlaufsform fehlten die sozialen Katastrophen. Dort war die familiäre und materielle Versorgung gesichert, das Problem war eher ein Zuviel an Förderung und Zuwendung, die von Manipulation und emotionaler Ausbeutung – z. B. als Ersatzpartner – begleitet war. Für kindliche Wünsche und Träume blieb wenig Spielraum, für emotionale Reifung keine Zeit. Die Buben definierten sich durch Überanpassung und extreme Außenorientierung. Sie ernteten Lob und Bestätigung und bekamen Verantwortung für Jüngere übertragen. Als kleine Führungskader etwa bei den Pfadfindern kommandierten sie eine Bubenschar, der sie als Vorbild empfohlen wurden, bevor sie eine Ahnung haben konnten, wer sie überhaupt waren. Für die innere Ungewissheit wurden sie durch soziale Profite entschädigt: die Bewunderung, Beschwärmung und Zärtlichkeitswünsche der ihnen anvertrauten Jungen.

> *In Identifikation mit diesen [Jüngeren] wird es möglich, ›endlich einmal Kind zu sein‹ und jene eigenen kindlichen Wünsche auszuleben, die sie in jungen Jahren abspalten mussten und als ›richtiger Mann‹ abspalten müssen, um die Zuwendung und Anerkennung der Bezugspersonen [...] nicht zu verlieren. Die nunmehr vorhandene Möglichkeit, andere, genauer das Kind, zugunsten der eigenen Bedürfnisse zu manipulieren, gleicht im Erleben der Pädosexuellen die kindlichen Erfahrungen des permanenten psychischen Drucks zur Überanpassung aus.*[41]

Das sexuelle Interesse dieser Fallgruppe richtete sich auf die älteren, nicht mehr rein kindlichen Knaben jenseits des zehnten Lebensjahrs.

Bei der dritten Verlaufsform, die für unseren Fall keine Rolle spielt, war die Herkunftsfamilie formal weitgehend intakt, nicht gerade liebevoll, doch verlässlich, dabei stark geschlechtshierarchisch strukturiert mit dominanten Vätern und willfährigen, verwöhnenden Müttern. Diese Knaben eiferten dem väterlichen Vorbild nach, ohne es verwirklichen zu können. Sie hielten sich an kleine und junge Mädchen, weil nur der Alters- und Erfahrungsunterschied das Machtgefälle herstellte, das ihnen emotionale und sexuelle Aktivität ermöglichte.

Aktive Pädosexuelle missbrauchen eine große Zahl von Kindern, da die kleinen Favoriten schnell aus dem stimulierenden Alter hinauswachsen. Körperliche sexuelle Gewalt scheint zwar selten zu sein, Tötung der Einzelfall. Auch penetriert wird selten, weshalb viele Pädosexuelle den Vorwurf des sexuellen Missbrauchs von sich weisen.[42] Die meisten Befragten betonen ihre Sehnsucht nach Intimität. Von Verliebtheit und Einvernehmlichkeit ist die Rede.

Doch: Wie stark auch immer die Kontakte romantisiert und ideologisiert werden, ihre Sexualisierung dient nicht dem Kind, sondern der suchtartigen Selbstbestätigung des Erwachsenen.

Der amerikanische Psychoanalytiker Robert Stoller sah einen feindseligen Untergrund in jeder Perversion.[43] Er hat die Hypothese entwickelt,

> *daß eine Perversion ein erneutes Durchleben eines gezielt gegen das eigene Geschlecht (als körperliche Bedingtheit) oder gegen die Geschlechtsidentität (Männlichkeit oder Weiblichkeit) gerichteten Traumas ist und daß die Vergangenheit in der perversen Handlung ungeschehen gemacht wird.*[44]

Dabei blieben die Wut- und Rachegefühle, die aus der eigenen frühkindlichen Verletzung herrührten, immer im Spiel. Die *Entmenschlichung* des Gegenübers und der *Triumph* des Orgasmus bedeuteten die Umkehr früherer Entwertungen. In Identifikation mit dem Aggressor werde das ehemalige Opfer in seinem Erleben selbst zum Sieger.[45]

Im Repertoire *typisch männlicher* Ausdrucksformen nimmt Sexualität einen hohen Rang ein. Deswegen *werden Alltagserfahrungen, die das männliche Selbstgefühl beeinträchtigen, häufig durch Sexualität kompensiert.*[46] Schon autoerotische Betätigung kann ein Manifest des Trotzes sein, auf das Mann stolz ist.[47] Sexuelle Selbstbehauptung am lebendigen Gegenüber erhöht noch den Effekt, weil sie die »Welt« zum Zeugen macht und der eigenen Bestätigung unterwirft. Demnach ist Pädosexualität immer vor allem seelischer Missbrauch, auch wenn es dem Akteur gelingt, die kindliche Sexualität zu stimulieren.[48] Ein Kind kann von solchen individuellen Abgründen, archaischen Implikationen und Symbolisierungen nichts wissen, weshalb es zu reflektierter Einvernehmlichkeit gar nicht in der Lage ist.[49] Es kann sie bestenfalls aus Bedürftigkeit hinnehmen.

Ein Triebschicksal

Groër selbst wird das Wort *Pädosexualität* kaum über die Lippen gebracht haben. In Sexualibus bediente er sich der Kindersprache: *Spatzli, Lulu.* Zweifellos steckt dahinter eine gewaltige Verdrängungsleistung, was nach all diesen Ergebnissen nicht erstaunen kann.

Wenn wir uns Bundschuhs Fallgruppen ansehen, spricht bei Groër vieles für die zweite Verlaufsform: äußerlich geordnete Verhältnisse. Ein angepasster Knabe von hoher Intelligenz: Klosterschüler, frühe Berufung, Matura mit Auszeichnung, mit 23 Priesterweihe. Begabung kann auch eine Falle sein: Kinder, die überzogenen erwachsenen Ansprüchen nicht genügen, können schulisch versagen oder sich emotional verweigern, auch das wäre eine Art Selbstbehauptung. Wer aber allen Forderungen entspricht und dafür gelobt und gefördert wird, läuft Gefahr, sein Selbstbewusstsein nach fremden Erwartungen zu bilden und unpassende Impulse zu verdrängen. Wir wissen wenig über Groërs Eltern, dürfen aber annehmen, dass in der Familie eines gelernten k.u.k. Militärs kein liberales Klima herrschte. Als der Vater nach Brünn versetzt wurde, ließ er den zehnjährigen Hans in Wien zurück, und falls die Mutter widersprach, blieb das ohne Wirkung. Über Hans' Leben in der Gastfamilie wissen wir überhaupt nichts, doch kann der Eintritt in die Klosterschule eine Antwort darauf gewesen sein. Von seinem vierzehnten Lebensjahr an lebte Groër nur noch unter Knaben und Männern – ohne familiäre Geborgenheit, ohne exklusive Bindung, ohne Umgang mit Frauen und ohne Gelegenheit, den privaten Umgang erwachsener Männer mit Frauen zu beobachten.

Die Internatskultur jener Jahrzehnte war von Hierarchie und Gehorsam geprägt. Bis 1975 war in österreichischen Erziehungsinstitutionen die hoheitliche Prügelstrafe erlaubt.[a] Gewalt der Jugendlichen untereinander scheint im Internatsmilieu ohnehin unausrottbar zu sein. Klagen brachten nichts: Buben wurden nicht als Opfer wahrgenommen, sondern hatten sich als künftige Männer selbst zu helfen. Entfalten konnte sich diese Gewalt durch eine pubertäre Schulhofethik, deren Relikte heute noch bei würdigen Senioren anzutreffen sind: Wer petzt, verfällt dem Bann.

Sexuelle Aufklärung war im Lehrplan nicht vorgesehen. Wir kommen zum katholischen Anteil an diesem Schicksal: Klosterschüler waren traditionell kirchliche Nachwuchskader, deren Erziehung auf geschlechtliche Enthaltsamkeit zielte. Da die Sexualität Pubertierender durch keine Frömmigkeit aus der Welt zu schaffen ist, terrorisierte man sie. Da nicht mal Terror sie verschwinden lässt, waren die Zöglinge ununterbrochen erpressbar, je sensibler sie waren, desto mehr.

---

[a] Beifang: Das Züchtigungsrecht des Ehemannes gegenüber seiner Frau bestand in Deutschland und Österreich bis Ende des 19. Jahrhunderts. In Deutschland wurde es erst 1928 offiziell aufgehoben.

Das Triebleben der Buben entwickelte sich in einem System von Beichte und Buße, Drohung und Heuchelei.

Man kann sich vorstellen, dass jede Autoritätsperson, die solchen einsamen, unsicheren Knaben Zuwendung und Verständnis schenkte, auf heiße Dankbarkeit stieß. Man kann sich ebenfalls vorstellen, dass die ihrerseits im Kasernenmilieu der Internate emotional unterernährten Lehrer für diese Dankbarkeit empfänglich waren. Sicherlich gab es auch beherrschte Pädagogen, geistige Orientierung und intellektuelle Schulung. Doch moralische Ansprüche und gesellschaftliches Eliteversprechen waren untrennbar mit einem Reglement rabiat unterdrückter Erotik verbunden.

Nicht jeder Internatszögling wurde deswegen pädosexuell. Bei Groër kam Verschiedenes zusammen: eine anscheinend eher lockere Bindung an die Primärfamilie. Anpassungsfähigkeit, hohe Begabung, Ausstrahlung. Es gibt ein anrührendes Foto des jungen Hans Groër: ein sensibles, durchaus angenehmes Gesicht mit ernsten Augen und vollen Lippen. Bekanntlich war Groër hochgewachsen, von kräftiger Statur. Selbstzufriedenheit strahlt er dennoch nicht aus, eher eine verantwortungsvolle jugendliche Frömmigkeit. Vielleicht haben ältere Patres und jüngere Schüler von ihm geschwärmt. Übergriffe auf den Eleven Groër sind nicht bekannt, doch anzunehmen, da seine späteren Praktiken kindliche Initiationsrituale simulierten. Die Intensität gerade der verbotenen, seltenen, gefährdeten und jähen Befriedigung kann erhebliche konditionierende Kraft entwickeln, erst Recht, wenn Alternativen fehlen.

Von Groërs beeindruckender Karriere war schon die Rede: Studienpräfekt, Promotion, Gründer von Pfadfindergruppen, Religionslehrer, Studentenseelsorger am Bundesgymnasium, Kaplan, Oberstudienrat, Leiter der Legio Mariae. 1962 wurde ihm die Würde des Monsignore verliehen, ein päpstlicher Ehrentitel, der als Wertschätzung des Vatikans gilt.

Der erste (nachträglich) dokumentierte pädosexuelle Übergriff Groërs geschah 1962/63. Der frisch ernannte Monsignore belästigte den damals dreizehnjährigen Hollabrunner Seminaristen Alois D. monatelang sexuell, *es ging darum, wie man sich richtig wäscht*. Erst dreißig Jahre später vertraute sich D. einem Journalisten an.[50]

Das wird kaum der erste Fall gewesen sein. Doch nahm Groërs pädosexuelle Aktivität seit den Sechzigerjahren offenbar zu. Konsumsteigerung ist eine suchttypische Entwicklung, die durch ausbleibende Sanktionen und gesellschaftliche Erfolge zusätzlich gefördert wird. Insbesondere der päpstliche Titel enthob den Täter österreichischem Zugriff – nicht juristisch, doch in der Einbildung der maßgeblich Beteiligten, was aufs selbe hinausläuft. Öffentliche Anerkennung bedeutet Schutz nach außen wie innen, in gegenseitiger Bedingtheit. Wessen Frömmigkeit von der höchsten Behörde zertifiziert wird, der kann sich frömmer fühlen und aufführen, auch wenn er unfromm handelt. Da sein Selbstbewusstsein steigt, wird er nach außen überzeugender auftreten, noch mehr Erfolg haben, noch seltener kritisiert werden, sich noch mehr Freiheiten nehmen können, und so fort: Erfolg als sich selbst bestätigendes System, das Unarten so effektiv schluckt, bis sie ein Teil von ihm werden.

Groërs Lieblingspraktik war zu Beginn wohl die Intimwäsche, eine Abart der Doktorspiele, wie sie für Pädosexuelle der zweiten Verlaufsgruppe typisch sind.[51] Es folgten immer unvermittelter Zungenküsse und Griffe an Genitalien. Favoriten waren zunächst präpubertäre, dann auch ältere Jugendliche und schließlich junge Männer, als wäre die Zielgruppe proportional zum klerikalen Erfolg expandiert. Auf der Höhe seines Erfolges scheint Groër Knaben und junge Männer gleichermaßen sexuell missbraucht zu haben – in großer Zahl.

Die körperlichen Übergriffe gingen mit psychischen einher. Groër war kein ausgehungerter Zölibatär, der heimlich infantile Zärtlichkeit sucht, er suchte Herrschaft über die Seelen. Er umwarb Heranwachsende mit charismatischer Autorität und verwickelte sie in ein perfides Spiel aus Verführung und Vorwurf, Suggestion und Schweigepflicht, Glaube und Höllenangst. Dabei behauptete er, im Namen Jesu und der Kirche zu handeln, sodass die Zöglinge ihn nicht als Feind identifizieren konnten. Ungehorsame strafte er durch Ausschluss von der Kommunion und Isolation innerhalb der von ihm gelenkten Gruppe. Sein Regime war totalitär, mit sadistischen Zügen.

Beklemmend ist zu sehen, wie sich das regelmäßige weiche Gesicht des jungen Groër im Laufe der Jahrzehnte verhärtete und entstellte. Seltsamerweise wurde es asymmetrisch, mit seitlich verzurrter Kinnlade. Die Augen zusammengekniffen, der Blick lauernd. Die Lippen zu einem Knoten geschürzt. Es fällt nach allem schwer, beim Anblick dieser verriegelten Lippen nicht an die Schilderung des Schülers zu denken, dem Groër auf dem Internatsgang mit offenem Mund und erigierter Zunge entgegenkam.[52]

Introspektion und Konfrontation

Wie sieht so einer sich selbst? Das ist bei jedem Fehlverhalten die psychologisch spannendste Frage, zumal sie nach den tiefen Regionen des Bewusstseins greift, in denen Gewissen, Moral, Affekte, Sehnsucht und Begierde verarbeitet werden oder eben nicht.

Von Groër werden wir keine Auskunft bekommen. Wir können aber die Spuren, die er wie jeder Akteur hinterließ, deuten. Plausibel erscheint folgendes Modell: Die Vertuschung wurde ihm im Lauf der Jahrzehnte zur zweiten Natur. Er war ja in einem System von Tabus erzogen worden, mag in frühen Jahren noch bang den Abgrund zwischen Würde und Sünde gespürt und dann die verheißungsvolle Erfahrung gemacht haben, dass die fromme Fassade seine Pädosexualität nicht nur schützte, sondern den Zugriff auf Knaben sogar erleichterte. Schuld und Angst können seine religiöse Intensität befeuert und seinen Auftritt um fundamentalistische und hysterische Elemente bereichert haben, die ihn aus dem defensiven klerikalen Umfeld heraushoben. Wer vom Glauben nicht Selbstprüfung und Wahrhaftigkeit, sondern Führung, Exklusivität und flammende Zeichen erwartet, ist anfällig für solche Figuren. Gerade für junge Menschen ist die Variante attraktiv, erst recht, wenn sie erotisch grundiert ist. So entstand ein Sog, der Groër emporriss. Der junge Sünder wurde zum mächtigen Hochstapler. Der mutmaßlich manipulierte kleine Kirchensoldat manipulierte schließlich nicht nur Knaben und junge Männer, sondern die ganze österreichische Kirche.

Nur Sanktionen von außen hätten diese Entwicklung stoppen können, doch sie blieben aus. Anscheinend wurde Groër in den fünf Jahrzehnten vor dem Eklat nur einmal von einem Vorgesetzten auf seine pädosexuellen Übergriffe angesprochen. Von diesem Vier-Augen-Gespräch haben wir kein Protokoll, es gibt aber eine Bemerkung darüber, die viele Jahre später gegenüber einem Dritten fiel.[53]

Diese Szene spielt 1974. Damals wollte Groër sich dem Benediktinerorden anschließen, und sein Wunschkloster war Stift Göttweig, ein pompöser Barockbau, prominent auf einem Felsplateau über der Donau gelegen, 80 Kilometer von Wien und 60 von Maria Roggendorf entfernt. Groër war damals 55 Jahre alt und noch nicht Bischof, aber ein gut vernetzter Multifunktionär. In Göttweig empfing ihn Berthold Goossens, als Prior Stellvertreter des Abts. Der Prior war vier Jahre jünger als sein Kandidat und diesem außerhalb des Benediktinerordens an Rang unterlegen. Der Eintritt bedeutete einen Coup für Göttweig, nicht nur aufgrund der Prominenz des Aspiranten: Groër würde in das unter Nachwuchsmangel leidende Stift auf einen Schlag neun junge Novizen mitbringen, die er in der Legio Mariae angeworben hatte. Andererseits waren Informationen über seine sexuellen Umtriebe aus dem Gymnasium Hollabrunn nach Göttweig gedrungen, und Goossens musste sie zur Sprache bringen, um nicht später eventuell zur Verantwortung gezogen zu werden. Er fragte also delikat nach. Vermutlich hat er sich vor Peinlichkeit gewunden.

Auch Groër wird erschrocken sein. Sein Begehr war unüblich: Warum soll ein ausgewachsener 55-jähriger Karrierepriester ins Kloster eintreten? Vielleicht wollte Groër seinen Schützlingen nahe bleiben, vielleicht hoffte er, in der strikten Hierarchie eines Benediktinerklosters seine Machtimpulse umfassender ausleben zu können als bei den schwachen, aber unberechenbaren Pubertierenden. Vielleicht wollte er auch sein klerikales Portfolio mit dem Prädikat mönchischer Demut schmücken. Gleichzeitig war der Benediktinerorden weltweit vernetzt, also selbst ein Machtfaktor innerhalb der römisch-katholischen Kirche, und eine prominentere Adresse als das gewaltige Stift Göttweig war in Österreich kaum zu finden. Göttweigs Abt Dr. Clemens Lashofer war mit 33 Jahren der jüngste Abt Österreichs. Groër kannte ihn bereits und konnte sicher sein, dass er ihn dominieren würde.

Goossens' Nachfrage kam vermutlich unerwartet und war karriereentscheidend. Groër konnte nicht wissen, wie genau der Prior informiert war. Gerüchte? Konkrete Informationen? Aus welcher Ebene der Hierarchie? Eine direkte Lüge bedeutete die Gefahr, abgewiesen zu werden mit Schaden für die Karriere: Triumph der Neider, schlimmstenfalls Vermerk in Personalakte, Disqualifikation für höhere Ämter.

Groër antwortete geistesgegenwärtig, die Sache sei vorbei. Diese Bemerkung[54] klingt überzeugend beiläufig, doch wirft sie ein Schlaglicht auf das dynamische, irritierend wendige Spiel aus Wissen und Nichtwissen, pauschaler Verdrängung und präziser Verteidigung, mit dem Groër sich in Gefahr behauptete. Er gestand indirekt, indem er nicht dementierte, bagatellisierte dabei die schweren Vorwürfe als *die Sache* und verneinte sie für die Gegenwart. Das ganze vermutlich bei aller Nonchalance suggestiv, ohne zu zögern. Eine solche Abwehr, auf die man bei vielen Süchtigen stößt, ist diskursiv kaum zu durchbrechen. Wer jemals mit einem stillen Alkoholiker gesprochen hat, der »nur« um seine private Selbstachtung kämpft und noch lange nicht gegen beruflichen Absturz, strafrechtliche Verfolgung und öffentliche Schande, kann ermessen, wie viel konfrontative Autorität und welcher Mut zur unpopulären Entscheidung vonnöten gewesen wären, um gegen ein Kaliber wie Groër zu bestehen. Prior Goossens, der offensichtlich überfordert war, verzichtete auf eine Vertiefung des Themas. Groër trat unter dem Ordensnamen Hermann als Regularoblate in den Benediktinerorden von Göttweig ein und brachte die neun Novizen mit. Danach bis 1980 zwölf weitere – so gesehen war seine Aufnahme für das Kloster ein Erfolg. Von den 21 neuen Mönchen kamen siebzehn aus Maria Roggendorf. Sieben dieser siebzehn sagten zweieinhalb Jahrzehnte später aus, sie seien von Groër sexuell *belästigt*[55] worden. Goossens wusste Bescheid.[56]

Das kleine Halbgeständnis hatte sich also gelohnt. Zwölf Jahre nach seinem Eintritt ins Stift wurde Groër zum Bischof ernannt. Prior Goossens deckte Pater Hermanns sexuelle Aktivitäten bis zuletzt,[57] merkte sich aber natürlich das Geständnis. Davon musste auch Groër ausgehen. Seine Karriere wuchs auf einem gefährlichen Untergrund, und die einzige Chance auf Sicherheit bestand darin, in der Hierarchie einen unanfechtbaren Status zu erlangen. Formal ist ihm das auch gelungen. Gleichzeitig wuchs durch die öffentliche Exponiertheit das interne Interesse an seinen Umtrieben. Je größer die Fallhöhe, desto bedrohlicher der Sturz. Einen entgleisten Religionslehrer konnte man (damals) mit einer Rüge aus dem Schuldienst abberufen oder stillschweigend in eine entfernte Pfarrei verschieben. Ein Bischof aber, schon gar ein Kardinal, kann nicht einfach verschwinden. Journalisten würden nachforschen, Tabus ihre Kraft verlieren. Bei Enthüllung so maßloser und schambehafteter Delinquenz droht komplette gesellschaftliche und kirchliche Ächtung. Es ging für Groër um alles oder nichts. Zeigte er Schwäche, würden die Loyalitäten bröckeln, und er wäre zum Abschuss freigegeben. Also behauptete er sich mit aller Kraft.

Dass er umstritten war, wusste er. Auch die vatikanische Protektion war nicht ohne Risse. In der italienischen Jesuitenzeitschrift *Civiltà Cattolica* wurde 1987 vermerkt, dass bei den Ernennungen des neuen Wiener Erzbischofs, eines seiner Weihbischöfe und des Militärbischofs das Normalverfahren (vorausgehende Konsultation usw.) nicht eingehalten worden war.[58] Im selben Jahr vertraute Groër einem Mitarbeiter an, er werde erpresst: *... die haben mich in der Hand, sie geißeln mich mit ihrer Zunge ... Alles wollen sie, ich muß sie köpfen, aber ich kann sie nicht alle köpfen.*[59]

[D]*ie haben mich in der Hand* – das klingt so, als wären die Kollegen keineswegs schüchtern aufgetreten, und anscheinend waren sie auch nicht bescheiden: *Alles* wollten sie. Die Frage ist: Was? War Groër, indem er sein Karriereziel erreichte, zur Marionette seiner Unterstützer geworden? Der dramatisch-biblischen Lexik nach (*geißeln, köpfen*) empfand er den Vorgang als archaisches Verhängnis. Anscheinend fragte er sich weder, *warum* er erpresst wurde, noch, warum er *erpressbar* war. Alles drehte sich um ihn, doch er konnte nichts dafür.

Er scheint auch diese Krise gemeistert zu haben. Die nächsten acht Jahre gab er, was immer sich intern abgespielt haben mag, nach außen souverän das Kirchenoberhaupt. Dann, am Ende seines achten Lebensjahrzehnts, als niemand mehr damit rechnete, trat mit dem Outing des Josef Hartmann das Schlimmste ein.

Da Groër seit Jahrzehnten erfolgreich mit Lüge, Manipulation, Drohung und pompöser Glaubensrhetorik operierte, war er zu Ehrlichkeit nicht mehr fähig. Wie alle Betrüger vermied er um jeden Preis die Introspektion; vielleicht war da auch gar nichts mehr zu sehen. Dass plötzlich andere über ihn entschieden, deutete er als christliches Martyrium. Er begriff nicht, was man von ihm wollte, und die aufgewühlten Gläubigen begriffen nicht, warum er schwieg. Bei der Lektüre des *Buches Groër* kann man den Eindruck bekommen, als hätte Jahre hindurch halb Österreich nach Groërs Geständnis gelechzt. In den Zeitungen wurde er mit peinlichen Details bombardiert, die Opfer wollten Genugtuung, die Gläubigen Aufklärung, und er hätte alle mit einem Wort erlösen können. Doch er war dazu nicht in der Lage.

Dem *Buch Groër* nach wagte nur einmal noch, nach Jahren, ein einzelner Mönch, ihm Auge in Auge seine Taten vorzuhalten – nach einer unglaublichen kirchenpolitischen Wendung eine dramatische Konfrontation mit einer absurden Pointe, die zu den Höhepunkten dieser Geschichte zählt. Doch so weit sind wir noch nicht.

Was weiter geschah

Der letzte Stand war gewesen, dass Groër zwei Tage nach seiner umstrittenen Wiederwahl den Vorsitz der Österreichischen Bischofskonferenz aufgab. Er war nun nicht mehr deren oberster Repräsentant, aber immer noch Kardinal und Erzbischof.

Die Bischöfe hielten sich bedeckt. Einige reichten interne Informationen an den Vatikan weiter, der sich ebenfalls passiv verhielt. Der Apostolische Nuntius Donato Squicciarini, Botschafter des Heiligen Stuhls in Österreich, bekundete in einem Interview in *profil* am 10. April 1995:

> *Jeder soll an seinem Platz bleiben. Um Frieden zu haben, muß man die Grenzen eigener Kompetenzen erkennen und entsprechend handeln*[60]

– ein in seiner Direktheit verblüffendes Bekenntnis, überhaupt nicht handeln zu wollen.

Im Kirchenvolk rumorte es weiter. 50 Katholiken entwarfen am 20. Mai 1995 in Salzburg einen Reformantrag, der zur Unterschrift an die Gemeinden verteilt wurde. Gefordert wurde in diesem Schreiben, das als *Kirchenvolksbegehren* in die Geschichte einging: eine weniger hierarchische, *geschwisterliche* Kirche; volle Gleichberechtigung der Frauen; freie Wahl zwischen zölibatärer und nicht zölibatärer Lebensform für Priester; positive Bewertung der Sexualität; ein Ende der *Drohbotschaft*. Das vollständige Dokument ist im *Buch Groër* nachzulesen.[61] Binnen sieben Wochen kamen 507 930 gültige Unterschriften zusammen.

Groërs Name wird in dem Schreiben nicht erwähnt. Infrage gestellt wurde die uneinsichtige Obrigkeitskultur, die die Missstände ermöglicht hatte. Doch der Zusammenhang war klar, und aus den öffentlichen und internen Diskussionen verschwand der Name nicht. Im Laufe der nächsten Wochen scheinen sich die Bischöfe dann zu Konsequenzen entschlossen zu haben. Am 14. September 1995, dem 9. Jahrestag seiner Bischofsweihe, schied Groër aus dem Amt des Erzbischofs von Wien. Dem Dankgottesdienst im Stephansdom blieb er fern; er hatte das Erzbischöfliche Palais tags zuvor verlassen und sich ins Zisterzienserinnenkloster Marienfeld bei Maria Roggendorf begeben.

Sein Nachfolger als Erzbischof von Wien und später Kardinal wurde Christoph Schönborn, einer der Verfasser des *Wo sind wir hingekommen?*-Manifests. (s. S. 29) Kein Aufklärer, kein Reformator, sondern ein versierter Verteidiger konservativer Positionen. Er hat sich anscheinend erfolgreich als Feuerlöscher betätigt, denn die Lage beruhigte sich in den nächsten Monaten so weit, dass die Kirchenleitung auf die seltsame Idee kam, Groër wieder in ein Leitungsamt zu berufen, nämlich zum Prior von St. Joseph in Maria Roggenburg.

Ursache und Wirkung

Was in der Bischofskonferenz diskutiert wurde, wissen wir nicht. Falls in dieser Phase noch interne Informationen zu Czernin gelangten, hat er sie nicht im *Buch Groër* verwendet. Die Bischofskonferenz ist für uns eine Blackbox.

Ihr öffentliches Krisenmanagement bestand in hoheitlichem Schweigen. Auf die Kritiker musste das arrogant und zynisch wirken. Etwa so: Die Bischofskonferenz scherte sich nicht um geltende Gesetze, übernahm keine Verantwortung, leistete keine Aufklärung. Erst das Kirchenvolksbegehren zwang sie zu einer Maßnahme, ihrer einzigen: der Entfernung des Kardinals aus Wien.

Groërs Rückzug konnten die Kritiker als Zugeständnis verstehen, das aber nicht kommentiert wurde. Sie mochten sich halb befriedigt, halb ignoriert fühlen, weniger zornig, dafür zunehmend ermüdet. Da sie auch mit dem Kirchenvolksbegehren nicht weiterkamen, erlahmten sie; insofern schien die Taktik der Bischöfe aufzugehen. Wenn es eine war.

War es eine? Tatsächlich ist das Schweigen einer kompromittierten

Führungsspitze immer das erste Mittel zur Machtbehauptung, wenn Argumente fehlen. Doch wenn nicht mehr argumentiert wird und es nur noch um Macht geht, bedeutet das, dass alle höheren Erwägungen verloren gegangen sind. Insofern kann man den Auftritt der Bischofskonferenz auch kopflos nennen, im doppelten Sinne. Ihr »Kopf« war bis dahin Groër gewesen, dessen Kriminalität sie über Jahrzehnte vertuscht hatte. Natürlich mussten die Bischöfe ihn verteidigen. Als sie aber selbst unter Beschuss gerieten, ließen sie ihn fallen, bis das Feuer eingestellt war. Das alles geschah reaktiv, wie von einem kollektiven Verteidigungsinstinkt diktiert – nahe an der Schockstarre. Wir werden sehen, dass es sich um einen Gruppenautomatismus handelt, in dem ethische Überlegungen keine Rolle spielen außer der, die archaischen Affekte zu verkleiden. Aber in einer komplexen menschlichen Gesellschaft kann auch Unbeweglichkeit, sofern sie eine hierarchisch übergeordnete Gruppe befällt, wie eine Handlung wirken. Nämlich als Unterwerfung derjenigen, die unter der erstarrten Gruppe leiden.

Zwischenbilanz: die *falsche Alternative*

In diesem Stadium sind alle Beteiligten unzufrieden: die abgewimmelten oder mit Phrasen abgespeisten Opfer, das Kirchenvolk, dessen Begehren unberücksichtigt blieb, die in Misskredit geratenen Bischöfe und natürlich Groër, der seine Degradierung nicht einsieht. Wie konnte das passieren? Alle stehen vor einem Rätsel, alle fühlen sich beschädigt, und keine Vernunft scheint einen Weg zu weisen.

Dabei ist die Situation typisch, ebenso wie der ganze bisherige Verlauf. Alle dysfunktionalen Apparate reagieren auf Kritik nach demselben Muster, und fast alle Geschädigten lassen sich davon einschüchtern. Obwohl die Gründe kaum jemandem bewusst zu sein scheinen, herrscht ein instinktives Einverständnis, dass Kritik nur Scherereien verursache, das Klima verderbe und der Firma schade, weshalb sich der Unmut der Belegschaft in der Regel gegen die Beschwerdeführer richtet. Nach genau dieser Logik hatte die österreichische Kirche vor dem Eklat funktioniert: Konflikte zudecken, Anzeigen niederdrücken, Kritiker isolieren. Die Stabilität des Apparats hatte oberste Priorität. Ihr wurden alle höheren Anliegen geopfert, sie war beinah zum Selbstzweck geworden. Die missbrauchten Knaben waren so gesehen ein Kollateralschaden.

Anscheinend neigen Gruppenmitglieder in Stresssituationen dazu, Hierarchien als beruhigend und Kritik als Gefahr wahrzunehmen. Dabei ist diese Blickverengung gefährlich. Zum einen: Hierarchische Starrheit erweckt nur oberflächlich den Anschein von Stabilität. Untergründig führt sie zu einer Umverteilung der materiellen und immateriellen Güter zugunsten der Mächtigen, also eben nicht der Festigung, sondern dem *Verlust* von sozialer Balance und Sicherheit. Zum anderen: Wenn der Leidensdruck der Abhängigen zu groß wird, droht zwar wirklich eine revolutionäre Situation mit zerstörerischem Potenzial. Aber der starke Leidensdruck ist nur deswegen entstanden, weil die Fehlentwicklung nicht früher aufgehalten wurde.

Es handelt sich also um einen Denkfehler, den ich im Folgenden die *falsche Alternative* nennen werde. Stabilität ist, entgegen dem Augenschein, nicht durch pure Machtbehauptung zu gewährleisten, sondern allein durch ständige Kritik und Korrektur. Seit Menschen nachweislich über Vernunft und staatsplanerische Kreativität verfügen, gibt es Versuche, einen solchen Modus zu institutionalisieren. Das bisher überzeugendste Format ist der Rechtsstaat. Er erfordert allerdings eine hoch entwickelte politische Kultur und Selbstbeherrschung, denn er widerspricht unseren Instinkten und wird chronisch von Leidenschaften unterlaufen, die stärker sind als die Vernunft.

Wo immer – ob in Staaten, Firmen, Vereinen oder Gruppen – Mächtige ihre Macht missbrauchen, setzen sie, ob bewusst oder unbewusst, auf die *falsche Alternative*. Und fast immer fallen die Unmächtigen darauf herein. Inzwischen haben in Deutschland fast alle systemrelevanten Gruppen Satzungen entwickelt, die das verhindern sollen. Unsere ganze Gesellschaft scheint von Sicherungen durchzogen: Compliance-Regeln, Ombudsleute, Ethikräte. Das System von Kritik und Korrektur kann, auch wenn um Macht hart gekämpft wird, mit erstaunlicher Schönheit funktionieren: Ein sachkundiger Disput auf hohem Niveau erhöht Kultur und Qualität jedes Segments. Doch meist geht das nur so lange gut, wie die Chefs freiwillig mitmachen. Tun sie's nicht mehr, versagen alle für diesen Fall eingebauten Bremsen, da niemand sie zu betätigen wagt.

Automatismen

Wenn sich dieselben schädlichen Automatismen immerzu gegen jede Vernunft und Verabredung durchsetzen, sind offenbar tiefere Impulse am Werk, als uns bewusst ist.

Ein praktikables Modell scheint mir die von den Protagonisten unterschätzte Kraft unserer Gruppenbindungen zu liefern, obwohl oder weil sie unserem Erleben widerspricht. Gruppenbildung ist keine menschliche Erfindung, sondern eine uralte animalische Notwendigkeit: Der Mensch kann allein weder physisch noch psychisch überleben. Dennoch neigen wir dazu, uns als selbstständig handelnd zu begreifen. Mitteleuropäische Tradition, Individualitätskult und Leistungsgesellschaft festigen dieses Konzept. Es schmeichelt unserem Selbstwert.

Jeder Mensch gehört verschiedenen Gruppen an, seien sie konkret (Familie, Schulklasse) oder imaginär (Berufsstand, Glaube, Volk). Gruppen bieten Halt, Solidarität, Geborgenheit und Schutz nach außen; intern binden sie Aggressionen. Im Gegenzug fordern sie Loyalität, Einsatz und gegebenenfalls Opfer.

In jeder Gruppe bilden sich Hierarchien, die diese Gruppe als Funktionseinheit festigen. Diese Hierarchien, ob steil oder flach, formell oder informell, enthalten starke Wertsignale für jedes einzelne Gruppenmitglied und sind deswegen mit intensiven Fantasien behaftet. Das unlösbare Selbstwertdrama des vergänglichen Individuums hängt eng mit dessen realer oder eingebildeter Position in Gruppen zusammen. Anerkennung und Bestätigung sind für sein Selbstverständnis essenziell, denn wir leben innerlich mindestens so sehr von Bindungen und Gefühlen wie von äußeren Strukturen.

Jede Gruppe hat eigene Regeln. Dass die Ethiken einander teilweise widersprechen, ist unter geregelten Verhältnissen kein Problem: Im Gleiten von Gruppe zu Gruppe (Familie – Firma – Team – Club – Stammtisch) leben wir verschiedene Gefühle und Bedürfnisse aus. Die Frage, ob wir dabei selbst- oder fremdbestimmt sind, müssen wir nicht beantworten. Heikel wird es erst, wenn die Ansprüche verschiedener Gruppen kollidieren: Die Familie fordert mehr Präsenz, der Chef mehr Einsatz. Oder: Eine hierarchisch hoch bewertete Ethik – wir sehnen uns ja trotz oder wegen unserer Wankelmütigkeit nach »absoluten« Normen – gerät mit einem Gruppenklima in Widerspruch. Das wäre der Fall des Klerikers zwischen christlicher Moral und vertuschender Bischofskonferenz. Dissonanzen dieser Art verdrängen wir gern, denn von einer Gruppe abgewertet oder verstoßen zu werden, bedeutet Stress, von massivem Unbehagen bis zur existenziellen Krise.

Gegen Gruppenbindung ist überhaupt nichts einzuwenden, so wenig wie man etwas gegen Freundschaft und Liebe einwenden kann. Gruppen können Werte schaffen, indem sie Regeln aufstellen, die im günstigen Fall die Energien der Mitglieder so sinnvoll bündeln und eine so starke integrierende Kraft haben, dass die Gruppen auch dann noch funktionieren, wenn kein Gründungsmitglied mehr dabei ist. Doch ebenso wie Freundschaft und Liebe können auch Gruppen misslingen.

Die Frage ist, was geschieht, wenn eine Gruppenkultur ihrer eigenen Aufgabe und Ethik zuwiderzuhandeln beginnt, also kippt. In privaten Krisen kann man sich Fehler bewusst machen und aus ihnen lernen, was nie einfach, aber als Forderung logisch erscheint, da jedes Individuum letztlich für sich verantwortlich ist. In einer dysfunktionalen Gruppe hingegen wird Verantwortung gern verschoben.

Wie wird eine Gruppe überhaupt dysfunktional? Warum beschädigt sie sich selbst, indem sie die Prinzipien über Bord wirft, die sie konstituieren? Kann sie das wirklich »wollen«? Oder »geschieht« es ihr?

Eine Gruppe hat keinen Willen, sie ist das Resultat der Fantasien, Legenden und Projektionen ihrer Mitglieder. Das scheint sehr kompliziert zu sein, etwa so: Was will ich von der Gruppe? Was will sie von mir, d. h. was glaube ich, dass die anderen von mir erwarten? Was könnten sie darüber denken, was ich von ihnen erwarte? Was glaube ich, dass sie glauben? (Und eventuell eine Drehung weiter: Welche Erwartungen haben Außenstehende an uns, d. h. was glauben wir, dass sie erwarten, bzw. was erwarten wir, dass sie glauben, und wie stehen wir denn dann da?) Das Ziel solcher Akrobatik ist oft erstaunlich simpel: die Stärke der Gruppe um ihrer selbst willen. Gruppenfantasien, obwohl oder weil sie von den privaten Maximen der einzelnen Mitglieder weit abweichen können, ähneln einander in verblüffender Weise.

Nichts anderes scheint im Fall Groër mit der Österreichischen Bischofskonferenz passiert zu sein, die ungeachtet ihres Anspruchs eine ganz normale Gruppe war. Jeder Bischof hätte sich vermutlich jederzeit und vielleicht sogar zutreffend als Christ und Moralist bezeichnet. Doch keiner wagte, die pädosexuelle Aktivität ihres Häuptlings auf die Tagesordnung zu setzen. Stattdessen widmete man sich dem normalen Gruppengeschäft, das darauf hinausläuft, sich selbst durch Kraft und Prestige der Gruppe aufzuwerten, ohne Verantwortung für ihre negativen Aspekte zu übernehmen: Gewinne privatisieren, Verluste sozialisieren.

Nach Groërs Sturz aber wurden die Schäden öffentlich, und sie waren enorm. Jetzt verteidigten die Mitglieder ihre Gruppe wie eine Bastion, weil nur sie die einzelnen Bischöfe vor der Verantwortung schützte. Nach außen betonte man die hohe spirituelle Bedeutung des Christentums, um in ihr die Sünden des Einzelmitglieds verschwinden zu lassen. Kurzfristig funktionierte das, doch langfristig war nichts gewonnen, da nichts bereinigt worden war. Führungsschwäche kann ebenso schädlich sein wie psychopathische Chefs. Immobilität kaschiert die Unfähigkeit, einer Herausforderung zielgerichtet und sinnvoll zu begegnen. Wir werden später sehen, dass sogar neu gewählte Leiter dysfunktionaler Gruppen selten wagen, die verdorbenen Verhältnisse zu korrigieren, obwohl sie es könnten und die Gruppe ihnen sogar dankbar wäre. So komme ich auf den Begriff Automatismus.

Sprachliche Wege

Diese typische Gruppenfantasie ergibt sich aus dem Verhalten der Gruppe. Doch gibt es noch einen Weg zu ihr, der konkreter und erkenntnisreicher ist und die einzige Chance bietet, aus dem Automatismus der *falschen Alternative* herauszutreten. Er führt über die Sprache.

Wir Menschen sind manische Verbalisierer. Zwar sind unsere Wortmeldungen gerade in der Krise Zufallsprodukte eines Gedanken- und Affektwirbels, der zu komplex und flüchtig ist für eine abstrakte Darstellung. Doch die stärksten Emotionen schlagen durch.

Grob gesprochen sucht der Mensch im Loyalitätskonflikt eine Position zwischen seinem Gewissen[62] und den (konkreten oder fantasierten) Ansprüchen der Gruppe. Die individuelle Lösung bedeutet: sich den Konflikt bewusst machen, eine Haltung entwickeln, zu ihr stehen. Die Gruppenlösung bedeutet: Mitmachen, Gewissen an Gruppe delegieren, Kritik von außen empört zurückweisen. Auf dieser Skala wandern wir hin und her, wobei akute, verworrene Konflikte uns auf die Gruppenseite treiben – eine instinktive Reaktion auf Gefahr.

Dabei zeigt unsere Sprache deutlich, auf welchem Punkt der Skala wir stehen. Die individuell geprägte Lösung erfordert geistige, seelische und moralische Anstrengung, was sich im differenzierteren Ausdruck niederschlägt. Die Gruppenlösung zeigt sich in Standardrhetorik, also Formeln, die schon vorgeprägt sind und nicht gedanklich erarbeitet werden müssen.

Ein typisches Beispiel ist das Schlagwort *Nestbeschmutzer*.[63] Bei aller Schlichtheit bebildert es eine komplette Ideologie: Es postuliert die Primärgruppe als unverzichtbaren intimen, sicheren Rückzugsort, existenziell wie die Kinderstube (Nest). Es behauptet, dass dieser Rückzugsort beschädigt wird, wenn man etwas Schlechtes darüber sagt. Es erklärt alle Kommentare, die die Reinheit des Nests in Zweifel ziehen, zu *Schmutz*, egal ob sie zutreffen oder nicht, und fordert absolute Loyalität. Einbildung ist wichtiger als Wahrnehmung, Idealisierung wichtiger als Prüfung: Es ist ein archaisches, unreifes Konzept. Und doch hört man den Ausdruck auch in hoch angesehenen intellektuellen Kreisen, was die Wucht der Affekte zeigt, die hier im Spiel sind.

Auf der äußersten *Gruppen*seite findet sich der Scherge, der im Auftrag eines verbrecherischen Systems mordet und hinterher sagt, er habe bloß Befehle ausgeführt. Ein aufwühlendes Beispiel vom *individuellen* Ende der Skala ist die griechische Sagengestalt Antigone, Tochter des Ödipus, die ihr Gewissen über das Gesetz stellt und dafür sterben muss.[64] Zweifellos ist der Typ des Schergen unendlich viel häufiger anzutreffen als der Typ Antigone. Trotzdem – oder deswegen – verachten wir den Schergen, während Antigone uns seit zweieinhalbtausend Jahren durch ihre mutige Integrität beeindruckt. Wir ehren das Vermächtnis des Dichters Sophokles, der das existenzielle Drama zwischen Gruppenzwang und Gewissen in so klarer, moderner Weise auf den Punkt brachte, und schämen uns der Demagogen, auf die wir hereingefallen sind. Und gelegentlich hilft uns Antigone, Hetzern zu widerstehen. Denn nicht nur Angst, Opportunismus und Herdentrieb determinieren unser Verhalten, sondern auch eine Sehnsucht nach höherer Bestimmung.

Viele Konflikte sind unlösbar, und wir verdrängen sie, um nicht verrückt zu werden; schließlich ist der Mensch ursprünglich ein Tier und keine Ethikmaschine. Doch manche Konflikte sollten wir nicht verdrängen, um bei Verstand zu bleiben. Oft könnten wir gefahrlos ethischer handeln, als wir meinen. Die Frage ist, was uns hindert.

Das eingebildete Ich und die verpönte Macht

Zwei erstaunlich einförmige Illusionen gehören dazu. Die erste ist die Illusion von Selbstbestimmtheit. Der Mensch will sich stark fühlen, weil er schwach ist. In einer Gruppe fühlt er sich stärker als allein, obwohl er dort weniger selbstbestimmt handelt. Je ängstlicher er ist, desto stärker versucht er die Gruppe zusätzlich aufzuwerten, indem er ihre Größe, Bedeutung und Verdienste übertreibt. Je wirksamer er übertreibt, desto edler fühlt er sich, wobei er vergisst, wie er wirklich ist. Je mehr er sich vergisst, desto geringer wird seine Fähigkeit, die Gruppe realistisch zu sehen und ihre Fehler zu erkennen – er nährt sich ja seelisch von ihrem Kredit. Das Ergebnis ist Wahrnehmungsschwäche. Auch Wahrnehmungsschwäche führt, wie jede Schwäche, zu Angst und zu reflexhaftem Gruppenverhalten. Der stärkste Generator *falscher Alternativen* ist das eingebildete Ich.

Es ist eine paradoxe Spirale: Weil der Mensch die Illusion von Selbstbestimmtheit braucht, opfert er seine Selbstständigkeit Gruppen, die ihm ein Schein-Ich borgen. Gleichzeitig hat er das Bedürfnis, sein seltsames Treiben zwischen Außenwelt und Innenwelt, Ansprüchen und Hoffnungen, animalischen Ängsten und moralischen Sehnsüchten zum Ausdruck zu bringen. Je weiter er sich von seinem Gewissen entfernt, desto mehr Gruppenrhetorik mischt sich in seine Rede, die dadurch seine Selbstaufwertungsmanöver und Manipulationen als das entlarvt, was sie sind, als gäbe es eine Instanz in ihm, die ihn durchschaut.

Das ist schon für sich genommen ein faszinierendes Geheimnis: Sprache, die verhüllen will, enthüllt immer auch, und dieser doppelte Vorgang lässt sich wiederum mit Sprache analysieren. Zwar lösen sich Illusionen und Tabus nicht auf, wenn man sie identifiziert. Aber im Licht haben sie weniger Macht.

Illusionen nähren Tabus und umgekehrt. Das Tabu zu unserer ersten Illusion, der Selbstbestimmtheit, gründet vermutlich im Zweifel am Selbstwert und, tiefer noch, in Angst vor der kreatürlichen Nichtigkeit. Die Vergeblichkeit der Selbsterhöhung ist seit Jahrtausenden ein intellektueller Gemeinplatz (*Windhauch, Memento Mori*[65]), der zwar regelmäßig von Affekten überschwemmt, aber dann auch wieder begehbar wird.

Das zweite Tabu, größer, heikler und moderner, ist – ebenfalls paradoxerweise – moralischer Art. Wie werten uns auf, indem wir uns positive Eigenschaften (Würde, Anstand, Ehre) zusprechen und negativ bewertete Antriebe (Neid, Gier, Selbstsucht) abstreiten. Die Bewertung dieser Antriebe wechselt von Zeit zu Zeit. Sexualität wurde mal verteufelt, mal vergöttert, es gab militaristische und pazifistische Phasen usw. Ein riesiges Tabu in unserer gegenwärtigen Kultur ist nun die Macht.

Machthunger steht nach intellektuellem Verständnis für Herrschsucht, Rücksichtslosigkeit und Egoismus, ist also in der christlichen Ethik verpönt. In allen unseren Fällen werden alle Mächtigen abstreiten, jemals etwas um der Macht willen getan zu haben. Sie scheinen kaum zu wissen, was das ist, ächzen unter der Bürde ihrer Ämter und folgen selbstlos ihrem gesellschaftlichen oder göttlichen Auftrag. Das ist aber entweder Selbsttäuschung oder Camouflage, denn während sie von ihrem hohen Auftrag reden, dient ihr reales Handeln unter Kritik in jedem Zug der Stärke der Gruppe und ihrer Position darin. Ein anderes Motiv ist nicht erkennbar.

Das Gefährlichste an der Macht ist nicht, dass sie obsessiv wirkt, sondern dass sie peinlich ist und verleugnet wird. Sie füllt den Verhandlungsraum nahezu komplett aus, doch alle müssen so tun, als spiele sie keine Rolle, und diese akrobatische Heuchelei bindet einen Großteil ihrer Konzentration und Kraft. Das Englische kennt hierfür eine schöne Metapher: der Elefant im Zimmer (*the elephant in the room*).[a]

Ich übersetze hier *room* mit Zimmer, weil es so gemeint ist. Das Wort *Raum* ist im Deutschen weiter gefasst als im Englischen, wir sprechen auch von Lebensraum (engl. *habitat*) und Weltraum (engl. *space*). In

---

[a] Ihr eigentlicher Erfinder war wohl der russischen Fabeldichter Iwan Krylow (1769–1844), doch in Russland scheint sie sich nicht durchgesetzt zu haben.

Weltraum und Savanne kann so ein Elefant schon mal übersehen werden; in einem Zimmer aber eigentlich nicht.

Tabu im Licht

In der Metapher scheint die Lösung enthalten zu sein: Ein Elefant ist ein Elefant und sonst nichts, weder Gott noch Gespenst. Man kann ihn sogar mögen. Nur übersehen sollte man ihn nicht.

Das Licht des Bewusstseins lässt Antriebe nicht verschwinden, aber es entmystifiziert sie und erleichtert den Umgang mit ihnen. Wer begriffen hat, dass Sexualität nicht vom Teufel, sondern aus uns selbst kommt, muss Frauen nicht verbrennen oder anbeten, sondern kann mit ihnen normale Bekanntschaften, Freundschaften und Beziehungen führen. Ähnlich ist es mit der Macht. Macht ist zunächst Aufgabenverteilung. Man kann sie als Selbstwirksamkeit genießen, die eben mit Verantwortung und Pflicht zur Fehlerkorrektur verbunden ist. Wer sie sachlich und sinnvoll anwendet, gewinnt mehr Selbstachtung als der aufgeblähte Infantile, der jede Fehlermeldung als persönlichen Angriff empfindet.

Das scheint selbstverständlich zu sein und ist es doch nicht. Ich traf hochbegabte Leute, Angehörige intellektueller Eliten, die psychisch unfähig schienen, sich echten wie eingebildeten Autoritäten zu widersetzen. In ruhigen Augenblicken konnten sie auf hohem Niveau Missstände reflektieren – übrigens gern ironisch, was entgegen dem Anschein oft ein Ausdruck von Ängstlichkeit ist.[a] Doch sowie die *falsche Alternative* ausgerufen wurde, warfen sie sich entweder aggressiv auf die Seite der Macht oder duckten sich wie Kinder.

Vielleicht können unsere Beispiele die Muster klarer erkennbar machen? Eben schrieb ich von Selbsttäuschung oder Camouflage, wenn Menschen von ihrem hohen Auftrag reden, während sie handeln, als ginge es nur um die Macht, wobei das keinesfalls gesagt werden darf. Wenn es nun aber doch gesagt wäre: Würde es die Hörenden zum

---

[a] Die Frage, ob Ironie nicht im doppelten Wortsinn (Verstellung) wirkt, also den Ironiker nicht nur vor anderen, sondern auch vor sich selbst verbirgt, wäre eine eigene Untersuchung wert.

Nachdenken bringen? Dann wäre das Machthandeln ein wenig gehemmt. Erfahrungsgemäß sind zwar Machtgierige erkenntnisscheu. Doch in ihrem Umfeld könnte die Einsicht zünden. Es bringt schon etwas, wenn ambivalente Gruppenmitglieder in der Krise sich selbst bei typischen Rationalisierungen ertappen. Sie müssten nicht mal aufstehen; es reichte, dem Machtmissbraucher die Akklamation zu verweigern und Kritikern nicht in den Rücken zu fallen.

Am meisten hilft die Kenntnis des Elefanten denjenigen, die Kritik für notwendig halten. Das sind oft recht naive Leute, die vom Vorrang der Aufgabe und der Prinzipien des Metiers überzeugt sind. Da ich zu ihnen gehöre, kenne ich die Verblüffung über die Wut und Primitivität, mit der selbst auf lapidare Einwände reagiert wird. Wer beides antizipiert und weiß, dass er bei Kritik an der Führung nicht mit selbstbestimmten Individuen, sondern mit archaischem Gruppengeschehen zu tun hat, kann viele Fehler vermeiden.

Zwischenergebnis

Die schlechte Nachricht: Wer dysfunktionale Zustände kritisiert, bekommt es mit einem Automatismus der Macht zu tun, der weder von Sachlichkeit, noch von Klugheit, noch von Moral gesteuert wird und in dem niemand Verantwortung übernimmt.

Die gute Nachricht: Der so zynisch wirkende Automatismus speist sich aus Feigheit und Infantilität. Deshalb sind Korrekturen weniger gefährlich, als es scheint, zumal wir Gesetze haben, die Missbrauch sanktionieren, und die Missbraucher das im Grunde wissen. Ihre Empörung ist Autosuggestion und Abschreckungstheater.

Große anonyme Apparate sind schwer zu bewegen, doch in den durchschnittlichen Gruppen, die gemeinsam unsere Kultur formen, bewirkt schon eine kleine selbstbewusste Minderheit Erstaunliches. Im dritten Kapitel werde ich eine Institution beschreiben, deren Kultur sozusagen vor meinen Augen kippte. Ich bin überzeugt, dass fünf beherzte Kritiker damals eine Rückkehr zu regulären Verhältnissen bewirkt hätten.

Auch im – natürlich viel gravierenderen – Fall Groër haben wir gesehen, wie schnell die Drohgebärde der Mächtigen in sich zusammensank, als die Aufklärer nicht zurückwichen. Der *Wo sind wir hingekommen?*-Bischof Schönborn pflegte als Kardinal einen nachdenklichen, beinahe verbindlichen Ton. Jetzt lockerten sich die Blockaden, es gab Geständnisse unter Mitbrüdern und vertrauliche Korrespondenzen von Bischof zu Bischof, Diözese zu Diözese, Kloster zu Kloster. Die Dokumentation dieses Schattendiskurses gehört zu den großen Verdiensten des *Buches Groër*, denn sie zeigt die Mühsal, aber auch die kulturverändernde Kraft interner Kritik. Letztlich erwachte 1995 auch in Wien die Bewegung, die heute pädosexuelle und den Missbrauch deckende Kleriker vor Gericht bringt, was sich als einziges wirksames Mittel erwiesen hat. Nur ist es um aller Missbrauchsopfer und der christlichen Botschaft willen schade, dass das so lange gedauert hat.

Interne Korrespondenz I – Pater Emmanuel

Das früheste im *Buch Groër* aufgeführte interne Schreiben trägt das Datum 8. April 1995 – das war zwölf Tage nach dem Interview mit Josef Hartmann in *profil*. Adressaten dieses vertraulichen Briefes waren fünf Bischöfe.[66] Geschrieben hatte ihn der Rektor des Salzburger Kollegs St. Benedikt Pater Dr. Emmanuel Bauer, damals 36 Jahre alt, ebenfalls ein ehemaliger Hollabrunner und Zögling von Hans Hermann Groër. Er erklärt:

> *Da ich einerseits aus den Reaktionen und dem Auftreten des Kardinals [Groër, PM] auf ein zunehmendes Schwinden des Realitätssinns, auf die Unfähigkeit einer kritischen Selbstbeobachtung und auf eine perfekte Selbstimmunisierung durch Verdrängung und spirituelle Kompensation und Legitimation schließen muß und mir andererseits die Stellungnahmen der Bischöfe von einer gewissen Hilflosigkeit bzw. von mangelndem Hintergrundwissen gezeichnet scheinen, überlege ich schon seit Tagen, mich in einem vertraulichen Brief an den einen oder anderen Bischof zu wenden.*[67]

Eine geschickte Einleitung: Der umständliche Schachtelsatz, sozusagen eine Verkörperung des Zögerns, enthält starke Reizwörter (*Schwinden des Realitätssinns*, *Selbstimmunisierung*). Vor allem aber spricht er den

Bischöfen indirekt *mangelnde[s] Hintergrundwissen* zu und bezeichnet ihre (manipulativen, empörten, drohenden) Stellungnahmen einfühlsam als *gewisse Hilflosigkeit*. Er hilft ihnen auf diese Weise, ihr Gesicht zu wahren: Wer nichts gewusst hat, darf auch mal *hilflos* reagieren.

Kleiner Exkurs: Die Frage, in welchem Ton man sich sinnvollerweise an vertuschende Mächtige zu wenden habe, ist enorm wichtig, denn zur dysfunktionalen Macht gehören verleugnete Mitwisserschaft und verleugnete Haftung. Das gilt nicht nur innerhalb der uralten ausdifferenzierten Kirchenhierarchie, sondern ebenso in modernen säkularen Kreisen – hier scheint eine Art archaischer Byzantinismus wirksam zu sein, dem zufolge Autoritätspersonen keine bewussten Fehler machen. Wer ihnen solche zuspricht, stellt die Machtfrage, sodass die Mächtigen gar nicht anders können, als ihn niederzuwalzen. Machtmissbrauch und Infantilität scheinen zusammenzugehören wie Henne und Ei.

In Jahrtausenden wurde der »freche« Untertan zurechtgestutzt oder einen Kopf kürzer gemacht; dieses Wissen steckt uns anscheinend in den Knochen. Ich möchte aber ein weiteres Mal daran erinnern, dass unsere demokratische Zivilisation ein vernünftiges Regelwerk etabliert hat, das Machtmissbrauchern nicht nur das Köpfen verbietet, sondern auch – jedenfalls theoretisch – den Missbrauch der Macht. Das bedeutet: Derzeit rollen keine frechen Köpfe. Es kann nur wieder so werden, wenn wir zu wenige haben.

Zurück zu Pater Emmanuel, der in seinem Brief den richtigen Ton getroffen hat, ob aus Unschuld oder Diplomatie. Diesen Ton hält er durch. Der Duktus ist beschwichtigend:

> *Grundsätzlich scheint es mir von großer Bedeutung zu sein, zwischen Homo-sexualität und Homo-philie zu unterscheiden. Und es ist mir wichtig zu betonen, daß ich überzeugt bin, daß im Fall Groër ausschließlich nach all meinem Wissen kein homosexuelles Vergehen im engeren Sinn vorliegt, sondern ›nur‹ verschiedene Formen der Homo- bzw. Pädophilie.*

Auch das ist geschickt: Praktizierte Homosexualität wäre nach kirchlichen Begriffen ein Vergehen, doch (inaktive) Homophilie nicht. Ein zu direkter Angriff auf Kardinal Groër wird somit vermieden.

Ich darf damit beginnen zu erzählen, daß auch mich (einen ehem. Hollabrunner) sozusagen der Blitz gestreift hat, d.h. daß Groër auch mir gegenüber öfters homophile Annäherungsversuche getätigt und mir einmal auch einen Zungenkuss auf [sic] den Mund gegeben hat (das muß in der 7. oder 8. Klasse gewesen sein).

Mit dem Zungenkuss ist eigentlich die Grenze zur Sexualität überschritten, doch P. Emmanuel schafft es, auch weitere verbürgte pädo- und homosexuelle Übergriffe, von denen ihm Mitschüler und Mitbrüder erzählten – *Zungenküsse oder durch Drängen erzwungene gegenseitige Massage (splitternackt)*[68] –, unter Homophilie zu verbuchen. Das sprachliche Downgrade ermöglicht den Bischöfen, Groërs Treiben *nicht* als Vergehen (das sie in Mithaftung nähme) zu erkennen.

Pater Emmanuels langer Bericht hat Züge einer bürokratischen Beichte. Dass er sich Groërs Annäherungsversuchen widersetzte, habe ihm den *Vorwurf ein[gebracht], eigensinnig zu sein, deshalb sei er trotz großem Einsatz in der Legion Mariens nie von Groër protegiert* worden. (Was ergibt sich aus dieser Bemerkung für die Protegierten?)

Damals litt ich darunter, schon bald aber (während meiner Studienzeit in Salzburg), als ich langsam begann, die Strukturen zu durchschauen, war ich dankbar dafür und sah diese ›Benachteiligung‹ als Gnade an.[69]

Kontakte zu *Betroffenen hätten ihm geholfen, die Sache zunehmend klarer zu sehen, sodass das Phänomen Groër und v.a. das Clan-Wesen seiner Anhängerschaft für mich immer deutlichere und eindeutigere psychologische Strukturen annahm.*[70] Denkblockaden erzeugen Sprachblockaden: *Eindeutigere psychologische Strukturen*, das ist absolut nichtssagend, und doch spürt man den vorsichtigen Mönch um Erkenntnis ringen.

Vor 6–7 Jahren wagte ich es erstmals, dieses Problem in persönlichem Gespräch mit vereinzelten Mitbrüdern anzuschneiden und erfuhr in allen Fällen eine Bestätigung des Verdachts.[71]

1991 habe er dem Göttweiger Abt Clemens gegenüber *die homophile Atmosphäre um Groër herum und [die] damit zusammenhängenden Dialog-*

probleme innerhalb des Konvents zur Sprache gebracht. Abt Clemens beschwichtigte die Sache und betonte, daß dies ein sehr heikles Thema sei und in diesem Punkt sehr schnell jemand in Mißkredit gebracht werden könne.[72]

> *Somit stand für mich ein weiteres ›offizielles‹ Vorgeben*[a] *nicht mehr zur Debatte. Aus Rücksicht auf die Kirche, v.a. auf mein Heimatkloster, und nicht zuletzt auf meine persönliche Lebenssituation (Habilitationsstadium) und meine nicht ausreichend belastenden persönlichen Erfahrungen, beschränkte ich mich darauf, im Freundeskreise und unter Betroffenen durch persönliche Gespräche das Bewusstsein für die pathologischen Bindungen u.dgl. zu schärfen.*[73]

P. Emmanuel rechtfertigt sein Nichthandeln durch Loyalität zu Kirche und Heimatkloster – eine normale instinktive Reaktion. Interessanter sind die *nicht ausreichend belastende[n] persönliche[n] Erfahrungen* – eine pseudojuristische Formulierung, die Objektivität suggeriert, während die Erfahrung selbst – der objektiv sehr wohl belastende Zungenkuss – nur privat als *nicht ausreichend belastend* eingestuft wird. Wir sehen ein sich windendes Gewissen. Nein, P. Emmanuel will sich nicht reinwaschen: Er erwähnt auch das *Habilitationsstadium*, also ein opportunistisches Motiv.

Dann folgt ein geradezu eruptiv kurzer, deutlicher Satz.

> *Mit der Offenlegung Hartmanns hatte ich nicht mehr gerechnet.*[74]

Und wie von einem Druck befreit, fährt er fort, er müsse nach Lektüre des profil-Interviews *jedem ganz ehrlich sagen, daß ich die Geschichte Hartmanns für authentisch halte.*[75]

Seine Formulierungen werden jetzt schärfer. Von der *z.T. erschreckenden Abhängigkeit erwachsener Menschen vom Kardinal* ist jetzt die Rede, dem *Mauern seiner Anhänger gegenüber jeder Kritik an Groër*, *sektenähnlichen Verhaltensmustern* und der *Überlagerung [...] ›natürlicher‹ Interessen mit spirituellen Argumenten bei Groër*. Dieser habe Abgefallene als *bös, Judas, vom Satan befallen abgekanzelt und menschlich verachtet.*[76]

---

[a] Vielleicht ein Tipp- oder Druckfehler? M. E. muss es *Vorgehen* heißen.

> Besonders tragische Dimensionen dürfte diese Causa m. E. dahingehend
> haben, daß viele Priester(amtskandidaten) dadurch in existentielle Krisen
> gerieten oder noch geraten werden, und zwar dadurch, daß sie sich einmal
> fragen werden (müssen), ob sie in ihrer Lebensentscheidung innerlich-
> emotional wirklich frei waren oder ob ihr Ja zur Berufung primär ein
> menschlich-gebundenes Ja zu Groër war.[77]

Dann nimmt der Brief eine Wendung ins Kirchenpolitische:

> Nicht zuletzt sehe ich in dieser ganzen Angelegenheit auch den Grund für
> die auffallend defensive Amtsführung Groërs, der sich auch dort still
> verhielt, wo sein Wort als Kardinal von Wien gefragt gewesen wäre.

Und:

> Nur mit großem inneren Zögern möchte ich darauf hinweisen, daß
> natürlich nicht unterbleiben kann, die Frage zu stellen, ob nicht auch die
> eine oder andere Personalentscheidung dadurch erzwungen wurde.[78]

Das sind, bei aller rhetorischen Kringelei, zwei mutige Bescheide, denn sie bedeuten, dass Groërs *Homophilie* schon vor ihrer Aufdeckung nicht nur den Opfern, sondern der ganzen Firma geschadet habe.
Letzter Paukenschlag:

> Die moderne Psychologie weiß, daß das Opfer solcher Vorgänge erst dann
> von Schuldgefühlen und Unsicherheiten befreit und zu einem neuen
> Selbstwertgefühl geführt werden kann, wenn der Täter sein Vergehen
> einsieht und gesteht. Ansonsten bleiben die Macht- und Abhängigkeits-
> strukturen im Unterbewussten weiter bestehen. Umgekehrt würde die
> Wahrheit auch den Täter frei machen.[79]

Bedeutung und Wirkung

Wie ist dieser Brief zu bewerten? Er ist demütig im Ton, aber um Klarheit bemüht, mischt Beschwichtigungsformeln mit harten Details, schwankt zwischen Bagatellisierung und mutigen Rückschlüssen. Vielleicht ist er auch nicht ganz uneigennützig: Der Autor empfiehlt sich dem Apparat als nachdenklicher, verlässlicher und skrupulöser Funktionär, der es auf sich nimmt, den heiklen Sachstand zusammenzufassen, ohne die Mitverantwortlichen bloßzustellen.

Pater Emmanuel gibt ein gutes Beispiel des intelligenten Mitläufers. Er würde niemals den Apparat herausfordern, aber er sammelt Informationen, macht sich ein Bild, hat Skrupel. Nicht unwahrscheinlich, dass einzelne Bischöfe ähnlich empfanden, jedoch stillhielten, weil sie vom unsichtbaren Elefanten in Anspruch genommen waren.

Nachdem Machtverhältnisse sich geändert haben, werden solche Funktionäre gelegentlich, wenn auch eher im moralischen als juristischen Sinn, als Mittäter bezeichnet, auch und gerade von Leuten, die sich selbst in keiner vergleichbaren Situation bewährt haben. (Ich erinnere an das deutsche Mittätertrauma.) Die Schuldfrage ist juristisch kaum lösbar, moralisch hochkomplex und psychologisch spannend. Ich werde sie hier aber umgehen, weil sie vom eigentlichen Vorhaben ablenkt: nämlich, aus dieser Geschichte für vergleichbare Szenarien etwas zu lernen.

Und da scheint mir der Emmanuelbrief wichtig und wirksam. Denn er war eine anspruchsvolle Wortmeldung aus der Mittelschicht des römisch-katholischen Apparats, die von den Bischöfen nicht attackiert werden durfte, da sie die Institution trug. Diese Schicht kümmert sich um das Kerngeschäft. Sie hat das Wissen, sie kennt die Strukturen, sie leidet am ehesten unter den Missständen und hätte als operative Mehrheit Gewicht. Ohne sie sind die Mächtigen nichts. Es ist bedauerlich, dass sie sich von Machtmissbrauch so zuverlässig und dauerhaft lähmen lässt.

Was ein Angehöriger dieser Schicht bewirken kann, wenn er die Stimme erhebt, zeigt dieser diplomatisch höchst geschickte Brief. Pater Emmanuel hat, noch bevor sich die Fronten weiter verhärten konnten, ein Arbeitspapier erstellt, das den Bischöfen als Basis dienen konnte. Sie wurden darin gewissermaßen schuldlos informiert und konnten Groërs Treiben »erkennen« und kommunizieren, ohne es in den Mund nehmen zu müssen. Auch die kirchenpolitischen Folgerungen werden ihnen zu denken gegeben haben – nicht als Ziel, sondern als Warnhinweis. Denn nun änderten sie ihre Strategie.

Kurswechsel in Halbwahrheit

Adressat Bischof Kapellari rief am 10. April 1995, also fast sofort, doch zweifellos nach Rücksprache mit den anderen vier, P. Emmanuel an, ob man das Schreiben an Papst Johannes Paul II. und den Leiter der Glaubenskongregation Josef Kardinal Ratzinger weiterleiten dürfe.[80] Nach dem ungeschickten Auftritt des Apostolischen Nuntius' Donato Squicciarini in *profil* Nr. 15 (*Jeder soll an seinem Platz bleiben*, s. S. 63) erhielt mit P. Emmanuels Einverständnis auch dieser eine Kopie, ebenso wie Weihbischof Schönborn.[81] Im selben Monat erklärte der Göttweiger Abt Clemens Lashofer, der Groër immer gedeckt hatte, einem Mitbruder, dass der Konvent diese Angelegenheit nicht als harmlos betrachten könne; es seien auch Mitbrüder von Übergriffen betroffen.[82] Mitte Mai absolvierte der neue Vorsitzende der Bischofskonferenz Johann Weber seinen Antrittsbesuch im Vatikan und brachte bei Papst Johannes Paul II. das Problem zur Sprache.[83]

Groër selbst bekam von alldem anscheinend nichts mit. In einer Dechantenkonferenz[a] der Wiener Erzdiözese am 11. Mai 1995 wies er alle Beschuldigungen *mit Heftigkeit* zurück und sprach von einer *Medienkampagne*, die ihn *umbringen* wolle. Eine Diskussion darüber, wie es weitergehen solle, lehnte er ab.[84]

Nur vier Tage später, am 15. Mai, wurde der Kurswechsel öffentlich: Christoph Schönborn gab eine Pressekonferenz zu seinem Amtsantritt als Erzbischof-Koadjutor, also als *Beistand* Groërs, der damit inoffiziell entmachtet wurde. Schönborn wollte *zu den schweren Vorwürfen gegen den Herrn Kardinal* nichts sagen, da allein der Papst berechtigt sei, weitere Maßnahmen anzuordnen. Dann zitierte er aus der Bibel: *Richtet nicht, damit ihr nicht gerichtet werdet* und *Wer von euch ohne Sünde ist, der werfe den ersten Stein*. Diese Worte Jesu seien ihm *Weisung*.

> *In diesem Sinne entschuldige ich mich für die pauschalen und unüberprüften Anschuldigungen, die ich in meiner ersten öffentlichen Stellungnahme im Fernsehen gegen diejenigen erhoben habe, die den Herrn Kardinal beschuldigt haben.*[85]

---

[a] Dechant ist der österreichische Begriff für Dekan: in der römisch-katholischen Kirche der Vorsteher einer Gruppe von Priestern.

Gemeint war die *Wo sind wir hingekommen?*-Rede. Am Rande sei vermerkt, dass Schönborn dort ja gar niemanden *angeschuldigt* hatte, schon gar nicht *unüberprüft* – er hatte nur so getan als ob. Aber das durfte er nicht bloßlegen, denn diese Sicherung hatte einem anderen Szenario gegolten.

Pseudowahrheit

Ob der Kurswechsel mit dem Kardinal, der vier Tage zuvor noch auf der Dechantenkonferenz leidenschaftlich um sein Amt gerungen hatte, abgesprochen war, wissen wir nicht. Jedenfalls reagierte Groër einige Stunden später mit einer eigenen Erklärung, die nicht mehr kämpferisch, sondern betroffen und gequält wirkte. Er rechtfertigte sein Handeln *nach* Bekanntwerden der Vorwürfe, nicht *davor*.

> *Inhalt und Gestalt, Art und Weise der überallhin verbreiteten Vorwürfe nötigten mich, zunächst zu schweigen: Anklagen aus dem Kreis ehemaliger Schüler, erstmals und in aller Öffentlichkeit erhoben – und das nach 44 Jahren priesterlichen Dienstes in der Schule, 8 ½ Jahre nach meinem Eintritt in den Ruhestand (als Gymnasialdirektor)!*[86]

Sie haben es sicher bemerkt: Groër weist die Vorwürfe nicht explizit zurück. Er suggeriert nur dem Publikum, er weise sie zurück. Und wieder stellt er, der Nötiger, sich als Genötigten dar. Sogar das Wort taucht auf. *Genötigt* zum *Schweigen* wodurch? Von *Inhalt* und *Gestalt* der Vorwürfe. Die konkreten Vorwürfe werden durch diese Überbegriffe gleichzeitig entleert und – per zugeschriebener Nötigungskraft – dämonisiert. Das ist rhetorische Virtuosität bis in die moralische Agonie hinein. Wäre Groër im Recht gewesen, hätte er einfach sagen können, die Vorwürfe träfen nicht zu.

Er kann es nicht sagen. Und hebt seinen Fall ins Allgemeine: Nicht nur er, sondern *kein Mensch* könne sich gegen solche Anschuldigungen wirksam wehren.

> *Ohne Zweifel wird jeder ehrliche Mensch den Anspruch auf persönliche Unfehlbarkeit als anmaßend erkennen und ausschließen. Jeder ist darauf angewiesen, Gott und die Mitmenschen um Vergebung zu bitten. [...]*

> *Im übrigen wissen die meisten [...], daß unsere Kirche an den Beginn aller ihrer Gottesdienste das Schuldbekenntnis setzt und es von ihren Dienern wie vom ganzen Volk Gottes verlangt. Denn alle können miteinander in rechter Weise nur leben, wenn sie Gott um Vergebung bitten und bereit sind zu vergeben.*

Kein Mensch, Jeder, das ganze Volk Gottes, alle – als machtbewusster Mann bestimmt Groër selbst den Schauplatz des Diskurses, und er wählt die überirdische Sphäre einer christlichen Gnadenlehre, von der aus er freizusprechen ist.

In sich stimmen seine Sätze: Natürlich ist es anmaßend, sich für unfehlbar zu halten. (Überzeugungspartikel wie *Ohne Zweifel*, jeder *ehrliche* Mensch scheinen die Glaubwürdigkeit noch zu erhöhen.) Und: Ja, Schuldbekenntnis gehört prominent zum katholischen Gottesdienst. Und: Ja, man lebt am besten miteinander, wenn *alle* bereit sind, einander zu vergeben.

Groër umgeht die Wahrheit durch eine Pseudowahrheit, eine theoretische Höhe, die alle individuellen Verantwortlichkeiten nivelliert. Auf dieser Höhe konnte er öffentlich Gnade predigen, während er Novizen, die ihm nicht zu Willen waren, *bös, Judas, vom Satan befallen* nannte und *menschlich verachtete*.[87] Solche theoretische Höhe macht die Wahrheit nicht absolut, sondern hebt sie auf.

Denn: Es gibt keine »absolute« Wahrheit. Wahrheit ist eine zutiefst[88] menschliche, also individuelle Kategorie. Das Geständnis konkreten Fehlverhaltens ist nicht das gleiche wie das Einräumen eigener Fehlbarkeit. Eigene Fehler zu *erkennen*, ist im Wortsinn eine Erkenntnisleistung. Sie zu *bekennen*, ist eine moralische Leistung. *Fehlbarkeit* aber ist ein pathetisches Derivat, das den Mangel an individueller Verantwortung sozialisiert. Groër und die Bischöfe verschanzten sich in einem virtuellen System hochtrabender Begriffe, die sie zu ihrem eigenen Vorteil einsetzten, ohne ihr Verhalten nach ihnen zu richten.

Irdische Tatsachen

Wer solche Rhetorik analysiert, läuft selbst Gefahr, sich im Abstrakten zu verlieren. Deswegen an dieser Stelle ein paar Fakten zur Erdung.

Diese Zeugin, ihr Name ist Gunthild Ritschl, war einige Jahre Angestellte des Stifts Göttweig. Sie nahm sich des verstörten Josef Hartmann und eines weiteren Novizen an und stellte Kleriker, auch Groër selbst, zur Rede, worauf ihr gekündigt wurde. Daraufhin schrieb sie zornige, mit heiklen Interna gespickte Briefe an verschiedene Patres, darunter Prior Gottfried Schätz und Abt Clemens Lashofer.[89] Der Abt bestätigte in einem knappen Brief *den Eingang dieser Schreiben, [...] auch wenn wir viele Ihrer Aussagen nicht teilen können.*[90] Das alles geschah vor Erscheinen des Hartmann-Interviews, als der Abt noch glaubte, Fakten ignorieren und die lästige Zeugin einfach abschütteln zu können.

Der ausbrechende Skandal befeuerte den Korrespondenz-Eifer von Frau Ritschl, die nun die Bischöfe direkt anschrieb. Ihr Stil ist erregt, unstrukturiert, redundant, durchsetzt mit Ausrufezeichen und mehrfach-Fragezeichen [???], reich an volkstümlichen Ausdrücken (*daß der Sau graust*) und Aphorismen (*Mitleid ist besser als Mützen und Mercedes*). Gewiss war diese streitbare und furchtlose Frau eine Nervensäge. Aber sie wusste, wovon sie sprach, und nahm kein Blatt vor den Mund. Dass sie Fakten erfunden hat, darf als ausgeschlossen gelten – die Kirche hätte sie in Grund und Boden prozessiert. So erfahren wir die haarsträubenden Details, die den salbungsvollen Verlautbarungen zugrunde lagen. Und es hat durchaus Komik, wie Frau Ritschl mit ihrer naiven Moral den raffinierten Profi-Gläubigen ans Leder ging, eine irdische Nemesis. Einmal schrieb sie sogar an Groër selbst.[91] Ich zitiere stark gekürzt:

An
Hans Hermann Groër Kardinal

Sie ließen mir Schriften zukommen, in denen Sie sich möglichst gut, die anderen möglichst schlecht hinstellen. Sie hätten sich dies sparen können.

[...]

HABEN Sie, als er mit Ihnen im selben Haus lebte, Herrn H.[a], damals Novize, zu Homosexualitäten verführt? JA ODER NEIN! Haben Sie sich gegenseitig den Popo geküsst – ja oder nein? Haben Sie ihm auf den Hoden gegriffen und zu ihm gesagt: ›Lass den Samen nicht fließen‹? WAS soll denn dieser mit dem 6. Gebot SO sehr geplagte Novize machen, wenn sein kirchlicher Vorgesetzter ihn dazu verführt, was er zuerst bis zur Blödsinnigkeit immer wieder beichtet. Haben Sie nicht gesehen, daß er die Art Ihrer Behandlung nicht verkraftet? Was haben Sie getan! Herr H. hat mir und uns so vieles und so oft immer wieder erzählt, daß man daraus schließen kann, es war. [...]

Ich schreibe es, weil ich mich seit 2 Jahren (wir uns) intensiv bemüht habe, Herrn H. zu helfen, und weil ich nach all dem Erlebten zur Ansicht kam, daß seine Geisteskrankheit einen tiefen Pfeiler hat in Lügen [...].

Herr H. sagte immer wieder, Sie taten diese Sachen ›In höchster Liebe‹. WAS war denn da von Ihnen ›Höchste Liebe‹??? Wenn es das war, zumindest rein zeitlich, kam er bald darauf für längere Zeit zum 1. Mal (!) in die Nervenheilanstalt. [...] Warum wollten Sie höchste Liebe vor der Welt geheimhalten? [...] Glauben Sie wirklich, daß der Papst, sämtliche Bischöfe, die ganze Kirche SO blöd wären, daß niemand verstanden hätte, wenn es Liebe gewesen wäre??? [...]

Warum haben Sie den schwerkranken Mann, der Monate in d. Psychiatrie war, im Jahre 94 nie besucht? Ich rief Sie verzweifelt an um Hilfe: Nichts, oh doch etwas: ich erwähnte, ich hätte Herrn H. gefüttert, als er nicht selbst essen konnte unter all den schweren Medikamenten: Sie antworteten barsch: ›Tiere füttert man, nicht Menschen‹. DAS können Sie: Anderen ihre Hilfeleistungen ausstellen, was taten denn SIE in diesen Monaten für diesen Menschen, dessen liebster Freund Sie seinen Aussagen nach sind und waren? WISSEN Sie, daß er in d. Psychiatrie kam anno 94, DA er sich permanent weigerte zu guten Neurologen und Psychiatern zu gehen, die ich ihm privat zahlen wollte, da wir alle sahen, er braucht dringend Hilfe u. Medikamente. ER WEIGERTE SICH, DA ER GLAUBTE DURCH DIESE ÄRZTE KÄME DANN HERAUS, DASS SIE BEIDE HOMOSEXUALITÄTEN HATTEN!!! Das haben Sie sicher

---

[a] Es handelt sich hier nicht um Josef Hartmann. Von ihm ist in anderen Schreiben die Rede.

nicht gewusst, oder als ich Sie ein anderes Mal um Hilfe anrief, als es H. H. sehr schlecht ging, schrien Sie, bevor Sie mich überhaupt anhörten: ›Er ist triebhaft‹. Ja, hatten Sie das früher nicht gewusst? Wäre es nicht eine gerade Linie gewesen, diesen ›triebhaften‹ Novizen in die ›Welt‹ zurückzuschicken u. ihm zu sagen, er soll sich eine Frau suchen u. eine Arbeit??? […] Aber er ging als gesunder Mann ins Kloster, oder???

Gab Ihnen H. H. Schilling 100 000 (hunderttausend) von seiner Mutter im Beichtstuhl??? Die ARME Frau, die alles für ihr Kind tat, wahrsch. gab sie es, damit d. Oberen zu ihrem Sohn gut sind – was taten Sie, Sie nannten sie zu nachgiebig für ihren Sohn, das stimmt sicher, aber ihr Geld, das Geld einer armen Frau, nahmen Sie auch, UND WAS TATEN SIE MIT IHREM KIND??? […]

Eines wissen WIR aber auch, nämlich, daß Sie ihm am 6. Jan 94 ca. 15 von Ihnen bereits getragene Unterhosen schenkten, was soll denn das? […] Nachher ist uns eigefallen, Sie gaben ihm das, um ihn an Eure ›guten Zeiten‹ zu erinnern. […]

Glauben Sie, daß es im Sinn des Evangeliums ist, wenn Sie H. H. sagen, er kommt sofort in den Himmel, wenn er stirbt??? Er erzählte mir, Sie hätten ihn gestreichelt, ihm gedankt für sein Schweigen und gesagt, daß er gleich in den Himmel käme, wie kann denn dieser Mensch eine gesunde Motivation haben sich zu bemühen? […]

WARUM schwiegen Sie?

Am 1. September 1996, also knapp ein Jahr nach seinem Verzicht auf das Amt des Erzbischofs von Wien und ein halbes Jahr nach Empfang dieses Briefes von Frau Ritschl, wurde Hans Hermann Groër wieder in ein kirchliches Leitungsamt eingesetzt: als Prior von St. Josef in Maria Roggendorf. St. Josef war ein Ableger des Stiftes Göttweig, dessen Abt Lashofer und Prior Schätz die Personalie betrieben hatten. Doch ohne Billigung des neuen Erzbischofs Schönborn wäre sie kaum vollzogen worden.

Jetzt wandte sich Frau Ritschl an Schönborn direkt. Groër sei KRANK. […] Warum wird er dann Prior?[92] Sie erzählte auch von der fortgesetzten Misere des H.

Kardinal Schönborn antwortete am 21. Februar 1997:

Ich bete für Herrn H. und hoffe, daß Ihr Einsatz für ihn ihm hilft. […] Ihre beiden ausführlichen Briefe habe ich gelesen. Ich sehe mich außerstande, hier von mir aus etwas zu tun.[93]

Exkurs: Pilatus-Attitüde und *plausible deniability*

War Kardinal Schönborn wirklich außerstande, hier von sich aus etwas zu tun? Nein, und das hat er auch nicht behauptet. Er »sah« sich nur so. Zwar ist es formal nicht unkompliziert, einen Würdenträger abzuberufen (schwieriger, als ihn zu installieren), doch in diesem Fall hätte Schönborn mit Groërs erwiesener Pädosexualität ein unschlagbares Argument gehabt. Er hätte ihn schon gar nicht einsetzen dürfen.

Kurioserweise ist die Deklaration eigener Handlungsunfähigkeit eine Basisfloskel aller Machtmissbraucher. Man möchte gleichzeitig von den Missständen profitieren und daran unschuldig sein. Ich nenne es den Pilatus-Trick. Zu ihm gehört die *plausible deniability* (wörtlich: glaubhafte Abstreitbarkeit). Dieser Begriff wurde Anfang der Sechzigerjahre von der CIA geprägt und bezeichnet die Strategie, Leitungskader *vor Strafverfolgung oder sonstigen negativen Konsequenzen zu schützen, falls illegale oder unpopuläre […] Aktivitäten [des Betriebs] öffentlich werden.*[94] Doch auch ohne Begriff und Geheimdienste wird die Strategie mindestens seit biblischen Zeiten stillschweigend angewandt. Nur ihre strikte interne Beachtung ermöglicht den Pilatus-Auftritt.[95] Hilfreich ist dabei eine gewisse Darstellungskunst: Der Würdenträger muss dieses Bekenntnis, das eigentlich eines von Opportunismus und Verantwortungsscheu ist, als Machtdemonstration rüberbringen.

Abt Clemens Lashofer

Auch die mittleren Kader eines dysfunktionalen Systems üben sich gern in der Pilatus-Attitüde, denn viele Leute wollen lieber Macht als Verantwortung. Doch Macht missbraucht nicht nur derjenige, der seine Position nutzt, um anderen Schaden zuzufügen, sondern auch der, der Schaden nicht verhindert, obwohl er zuständig wäre. Ein Virtuose solchen Nichtstuns war Göttweigs Abt Clemens Lashofer, der

Groërs Umtriebe zwanzig Jahre lang deckte, während er vorgab oder glaubte, die Kirche zu schützen.

Abt Clemens Lashofer scheint der Inbegriff des klerikalen Funktionärs gewesen zu sein: mit zehn Jahren als Sängerknabe in das Stift Göttweig eingetreten, mit 18 Jahren Novize, mit 32 dort zum weltweit jüngsten Abt gewählt, 2009 im Stift gestorben. Ein Mann des Apparats durch und durch, gewandt, fleißig, ehrgeizig, dienstbar, bedingungslos aufseiten der Macht. Er richtete gern prunkvoll barocke Feiern aus (Namenstag des Abtes, Klosterjubiläen, Benediktsfest, Versammlungen der Äbtekonferenz oder Präsidessynode). Der ehemalige Göttweiger Mönch Hansjörg Schuh beschrieb ihn so:

> *Ein Abt, der es sichtbar genoss, von seinen Nachbaräbten bewundert zu werden. Ein ehemaliger Mitbruder von mir hat vor einigen Tagen formuliert, beim Namen Abt Clemens denke er immer an glitzernde Brustkreuze, Lackschuhe und rauschende Feste. Die Person dahinter kam nie zum Vorschein. Es herrschte ein geistiges und menschliches Vakuum, das von P. Hermann [Groër] gefüllt wurde.*
>
> *[…]*
>
> *Abt Clemens konnte nicht wirklich zuhören und war meist frei von Mitgefühl und menschlichen Regungen. Ich erinnere mich in diesem Zusammenhang an den Selbstmord von Fr. Placidus. Beim Trauergottesdienst weinte er, ließ sich aber durch diese offensichtliche Trauer nicht davon abhalten, um das Vermögen des Verstorbenen, der noch nicht ewiger Professe war, zu prozessieren.*[96]

Unter ihm also entfaltete der drei Jahrzehnte ältere Groër sein sektenhaftes Regiment. Abt Clemens ließ alle Hinweise und Beschwerden ins Leere laufen.

Wahrheit von unten

Hubertus Czernin stellt dem Kapitel *Die Göttweiger Revolte* ein Zitat von Augustinus voran:

> *Das Bekenntnis der schlechten Werke ist der Beginn deiner guten Werke. Du tust die Wahrheit und kommst ans Licht.*[97]

Die Mächtigen, Bischöfe ebenso wie Abt Clemens, konnten, weil sie dem Prinzip der Macht folgten, sich nicht zu ihren schlechten Werken bekennen. Dass sie kompakt und einmütig auftraten, ließ sie noch stärker erscheinen, obwohl sie es, wie wir gesehen haben, nicht waren.

Wer also soll *die Wahrheit tun*, wenn nicht die Unmächtigen? Auch hier stoßen wir auf allgemeine Probleme. Die Göttweiger Mönche waren trotz ihrer Überzahl keine kompakte Gruppe, sondern institutionell abhängig von den Bischöfen und Äbten, geistig abhängig vom theologischen System des Gehorsams, psychisch abhängig von Groër. Sofern dieser sie in scheinbar exklusive Unkeuschheit verstrickt hatte, kam noch ein Gefühl von Isolation, Scham und Sünde dazu, das sie nur ihrem Beichtvater, eben ihm, offenbaren konnten. Ein System von toxischer Stabilität.

Die Kritik Einzelner wird nicht gehört, das ist leider so. Die respektlos-hartnäckige Gunthild Ritschl wurde als Laiin, Frau und Nicht-Akademikerin nicht ernst genommen. Ein schon 1985 protestierender Göttweiger Pater, Udo Fischer, richtete nichts aus: Da er selbst kein Gespiele gewesen war, kannte er die Vorwürfe nur aus zweiter Hand und durfte nicht in eigener Sache klagen. Von ihm wird noch die Rede sein.

Die Wahrheit konnte also nur *getan* werden, indem die Opfer selbst sich bekannten, und zwar offiziell. Ein Riesenschritt – nicht nur belastet von der Hypothek der Mitschuld oder unterlassenen Gegenwehr, sondern auch sozial gefährlich: Sie mussten Beschämung fürchten, Isolation, Verlust der klösterlichen Bindung. Groërs Verteidiger haben diesen jungen Männern ein *Komplott* vorgeworfen. Das ist bar jeder Einfühlung, wenn nicht zynisch. Denn ein Komplott ist eine zweckgebundene Intrige, die Missbrauchten aber hatten durch ihre Geständnisse nichts zu gewinnen, im Gegenteil: Sie setzten ihre Würde als heilige

Männer, ihr bürgerliches Ansehen und ihre Lebensplanung aufs Spiel. 1998 erlaubten einige von ihnen, dass ihre Namen im *Buch Groër* genannt wurden – auch das, nach allem, ein Beweis großen Mutes. Ohne sie wären Ausmaß und Tragweite der Affäre nie bekannt geworden, und man hätte nichts aus ihr lernen können.

Im Jahr 1997 murrten sie noch unter der Decke. Inzwischen schwärte die Affäre Groër zwei Jahre. Der Konvent war schon zuvor aufgewühlt und gespalten gewesen, doch nach außen hin fügsam. Folgerichtig war es der gescheiterte, verstoßene Josef Hartmann, der als Erster Anklage erhob. Er tat es unter hohem Leidensdruck und nur, weil die Presse ihn schützte und die Sache öffentlich machte. Man kann sich vorstellen, mit welcher Spannung man im Stift das öffentliche Ringen verfolgte: manche empört, manche erleichtert, viele vermutlich zwischen Loyalität und Bedrückung schwankend. Seit Hartmanns Geständnis hatten weitere Mönche ihrem Abt von Groërs Übergriffen erzählt. Lashofer war wie bisher untätig geblieben, doch nun zogen Mönche sich auch gegenseitig ins Vertrauen.

Die Ernennung Groërs zum Prior am 1. September 1996 war nicht geeignet, den Schwelbrand zu löschen. Anscheinend gab es in St. Josef einen neuerlichen Übergriff.[98] Inzwischen sprachen sich solche Sachen herum. Im September 1997 bat der ausgeschiedene Subprior Rupert Dinhobl,[a] inzwischen zivil verheiratet, Abt Clemens um Rückversetzung in den Laienstand. In dem Gesuch beschrieb Dinhobl ausführlich seine sexuellen Nötigungen durch Groër und erwähnte, dass er Lashofer schon 1995 in vollem Umfang informiert habe. Lashofer verlangte, diese Passage zu streichen.[99]

Doch die Autorität des Abtes begann zu bröckeln. Als er im Oktober 1997 seinen Prior Gottfried Schätz, der Probleme mit dem zölibatären Leben gestanden hatte, auf die klösterliche Disziplin hinwies, fragte Schätz, warum er das nie bei Groër getan habe.[100]

Ende November 1997 informierte Schätz Lashofer, dass auch er von Groër sexuell belästigt und genötigt worden sei: und zwar seit seinem Eintritt in den Orden, in und außerhalb der Beichte, in Groërs Zimmer, angezogen, aber auch nackt. Er habe das zunächst für eine selbstlose

---

[a] Nicht zu verwechseln mit Groërs Sekretär Michael Dinhobl

therapeutische Handlung Groërs gehalten, bis er 1995 erfuhr, dass er nur einer von vielen war. Schätz forderte jetzt, dass Groër umgehend als Prior von St. Josef abgelöst würde. Abt Clemens stimmte zu und tat, wie bisher, nichts.[101]

Als Groër am 8. Dezember in Göttweig die Weihe zweier Diakone vornahm, weigerte sich Schätz zu konzelebrieren und übergab Abt Clemens eine schriftliche Stellungnahme zum Fall Groër. Nach der Messfeier überreichte er Groër einen Brief desselben Inhalts.

Schätz verstärkte den Druck auf Abt Clemens, der sich wand: Durch das Laisierungsverfahren Dinhobls würden die Vorwürfe ohnehin in Rom bekannt. Schätz sagte, solange der Abt nicht handle, ziehe er den Habit nicht mehr an. Erst daraufhin fuhr Lashofer die 60 Kilometer nach Maria Roggendorf, um mit Groër zu sprechen, und kehrte mit einem Brief Groërs zurück, in dem dieser Schätz um ein Gespräch bat.[102] Noch am selben Tag folgte Schätz der Aufforderung. In Maria Roggenburg kam es zu einer Aussprache. Das war am 11. Dezember 1997.

Die Aussprache

Drei Tage nach dem Gespräch, am 14. Dezember, schickte Schätz eine *Sachverhaltsdarstellung* an drei Bischöfe: den Wiener Erzbischof Christoph Schönborn, den verantwortlichen Diözesanbischof Kurt Krenn und den Kölner Kardinal Joachim Meisner.[103] Leider ist dieses Dokument im *Buch Groër* nicht abgedruckt, doch schon Czernins kurze Zusammenfassung ergibt eine absurd komische Klimax.

Groër, der bisher immer mit verblüffender Wendigkeit den Vorwürfen ausgewichen war, wurde endlich konfrontiert. Der konfliktscheue Abt Clemens hatte nicht gewagt, ihn zum Verzicht auf das Amt des Priors zu bewegen, ihn aber über die Forderung von Schätz in Kenntnis gesetzt. Schätz' Auftrag war eigentlich eine Zumutung: Er war mit 38 Jahren der jüngste der drei Beteiligten, von Groër jahrelang emotional abhängig gewesen, dem Abt formal unterstellt. Noch 1991 hatte er den Kardinal gegen die Vorwürfe in Schutz genommen, noch 1996 dessen Rückkehr nach St. Josef unterstützt. Er hatte einen weiten, zweifellos krisenhaften inneren Weg zurückgelegt. Und ausgerechnet er, sozusagen dreifach kompromittiert und ohne formelle Macht, sollte diese halsbrecherische Personalie lösen.

Das Gespräch dauerte drei Stunden. Czernins Zusammenfassung im *Buch Groër* ist so dicht und differenziert, dass ich sie vollständig zitiere.

> *Groër eröffnet das Gespräch, indem er dem Prior erklärt, wie sehr er ihn und dessen außergewöhnliche Fähigkeiten schätze. Der Kardinal bestätigt inhaltlich die Darstellung der sexuellen Übergriffe, allerdings mit zwei Einschränkungen. Er habe sich nie bei solchen Zwischenfällen entkleidet und auch Schätz dazu nicht genötigt, und er habe bei allen Akten nie Begierde verspürt – moralisch sei das daher ein Nichts. Schätz fragt Groër, zu wieviel Menschen er Kontakte dieser Art gepflegt habe 5, 10, 100 oder gar 1000? Groër: »1000? Das kann doch nicht sein!«*
>
> *Die beiden kommen auch auf den Fall Hartmann zu sprechen. Schätz sagt, er könne Groërs Schweigen nicht länger akzeptieren. Groër antwortet, Hartmann habe nichts davon gesagt, daß die Körperpflege für ihn in dieser Situation dringend notwendig war. Wegen dieses Details erklärt Groër Hartmanns gesamte Darstellung für unrichtig.*
>
> *Alle Versuche des Priors scheitern, Groër zu einem Schuldgeständnis zu bewegen. Schätz fragt: »Gibt es einen Menschen auf der ganzen Welt, dem du zutrauen würdest, ein moralisches Urteil über dein Verhalten zu fällen?« Groër: »Du.« Schätz schlägt dem Kardinal vor, sich doch dem deutschen Kardinal Meisner, der diesem angeblich persönlich nahesteht, anzuvertrauen. Groër antwortet, er glaube nicht, daß das notwendig sei, »Ich habe ja dich«.*
>
> *Zum Schluss des Gesprächs bittet Groër seinen früheren Jünger um Geduld.*[104]

Als acht Tage später Abt Clemens nach Maria Roggendorf fuhr, um von Rupert Dinhobls Laisierungsansuchen zu berichten, erklärte Groër, dass alles, was Schätz schriftlich und mündlich gegen ihn vorgebracht habe, nicht stimme. Es handle sich um ein *teuflisches Komplott*.

Der Machtmissbraucher als Betrüger

Energie und Geistesgegenwart des 78-jährigen Groër sind erstaunlich. Wieder windet er sich heraus, indem er sich zum Herrn des Verfahrens macht. Er wählt dazu zwei verschiedene Diskursebenen, zwischen denen er unmerklich hin- und herwechselt. Erstens die des Beichtenden, der den Prior lobt und bestätigt und zur höchsten Vertrauensperson erklärt, auf deren Milde und Geduld er hoffe. Zweitens die Ebene der entscheidenden moralischen Instanz. Indem Groër sagt, seine Übergriffe seien *moralisch ein Nichts*, weil er *keine Begierde verspürt* habe, spricht er sich selbst frei. Und indem er Hartmanns Körperpflege als *in dieser Situation dringend notwendig* bezeichnet, macht er sich zum Über-Arzt, der zur Therapie verpflichtet sei. Beachtlich auch die kontrollierten Euphemismen und Verwischungen: *Körperpflege* für Penismassage, *in dieser Situation* als angeblicher medizinischer Notfall.

Der junge Prior kam ihm nicht bei, und wie sollte er auch, ohne Haus- und Ermittlungsmacht? Fragen: Wenn keine Begierde, warum dann Tat? Ein Strafrichter hätte gesagt: Mangelnde Begierde ist kein Argument. Kein Mörder kann sich freisprechen mit dem Argument, dass er ohne Mordlust getötet habe, kein Tierquäler mit der Erklärung, er habe gleichmütig gequält. Zu Hartmanns *Körperpflege* hätte der Richter vermutlich gefragt: Um was für eine Pflege handelte es sich? In welcher Situation? Bei medizinischer Indikation wäre ein Arzt gefragt gewesen. Bei psychischer Not ein Psychologe, keuscher Beichtvater oder vertrauter Freund (Freundin), aber gewiss kein masturbierender Kardinal.

Dennoch ist es nachträglich ein Glück, dass die ängstlichen Oberkleriker P. Gottfried Schätz vorgeschickt haben, denn ohne ihn wären Groërs frappierende Entfesselungstricks nicht überliefert worden. Vielleicht waren das die intimsten Rechtfertigungen, die Groër finden konnte, und er fand sie auch nur im Gespräch mit einem ehemaligen Zögling, dem er sich überlegen fühlte. Vor Bischofskonferenz oder Öffentlichkeit hätte er nicht wagen dürfen, seine Handlungen mit mangelnder Begierde zu entschuldigen, und er hat es ja auch nicht gewagt: Bei diesem Publikum wählte er die theologische Gnadenebene, mit der er wiederum Schätz nicht beeindrucken konnte.

Vermutlich wollte er den Prior auf seine Seite bringen. Dass dies misslang, muss der erfahrene Manipulator gespürt haben. Deswegen konnte er kurz darauf Abt Clemens unumwunden erklären, Schätz' Vorwürfe stimmten nicht, es handle sich um ein Komplott; ein teuflisches sogar. Das Adjektiv *teuflisch* nimmt den Einwand vorweg, dass Schätz nichts zu gewinnen hatte. Groër wusste vielleicht oft nicht, was er tat, aber er wusste immer genau, was er sagte. Und so kaltblütig, wie er eben noch Schätz zur vertrauenswürdigsten Person der Welt erhoben hatte, denunzierte er ihn jetzt als teuflischen Intriganten.

Diese Verbindung aus Wahrheitsunfähigkeit und haarfeinem Gespür für das jeweilige Publikum ist die Schlüsselqualifikation des Betrügers. Groër entspricht dem Vollbild dieser Pathologie: mit seinem Charisma, seiner gesellschaftlichen Kompetenz und Intelligenz, seiner Geistesgegenwart und Furchtlosigkeit, aber auch mit der Sucht, andere zu übertölpeln, auszunutzen und zu erniedrigen. Betrug ist ein eminent psychischer Vorgang, der weit über normalen Eigennutz hinausgeht. Er hat Zwangscharakter. Vor Gericht wähle der Typus immer dieselbe Strategie: Lügen, Drohen, Mitleid Erregen, erzählte mir ein Strafrichter. Die Kriminologie hält Betrüger für kaum heilbar.[105] Deswegen ist es fast unmöglich, sie zu konfrontieren. Mit gleichem Erfolg kann man versuchen, einen Pudding an die Wand zu nageln.

Korrekturen

Manipulation ist Teil des Menschen. Schon Kinder sind instinktiv dazu in der Lage: gegenüber Eltern, Geschwistern, Tieren. Eltern gegenüber Kindern. Geliebte können ihre Macht über Liebende missbrauchen. Es gibt den zynischen Missbrauch um des eigenen Vorteils willen im Geschäftsleben und den naiven Missbrauch, der einem unterläuft, wenn man die Wirkung eigener Macht falsch einschätzt oder sich zu einer Selbstherrlichkeit hinreißen lässt. Vermutlich ist kein Mensch dagegen gefeit. Aber es gibt auch Sicherungen: Gewissen, Reue, ein Umfeld, das Grenzen setzt. Nicht jeder, der seine Macht missbraucht, ist ein Betrüger.[106]

Für Betrügerpersönlichkeiten vom Kaliber Groërs aber ist der Missbrauch Lebenselixier. Deswegen streben sie so leidenschaftlich nach Macht. Haben sie es in eine Spitzenposition geschafft, sind sie so gut wie in Sicherheit, denn in einem von Status und Insignien berauschten Milieu sind alle so erpicht auf Anerkennung, dass nicht nach Substanz gefragt wird. Aus den wechselseitigen Bestätigungen erwachsen sogar Loyalitätszwänge, weil offensichtliches Fehlverhalten eines Menschen auf diejenigen abfärbt, die ihn gewürdigt haben.[107]

Inzwischen hat man begriffen, dass solche Milieus zur Selbstkontrolle nicht in der Lage sind, und Compliance-Regeln und Ombudsgremien eingeführt. Die gab es zu Groërs Zeit nicht. Dennoch war auch damals Kontrolle möglich, und als Abt Clemens auf Druck von unten und gestützt von den Schilderungen des tapferen Schätz endlich wagte, von Groër den Rücktritt als Prior zu verlangen, beugte sich Groër. Das war am 19. Dezember 1997.[108]

So einfach kann alles sein. Groër wurde Pensionär im Zisterzienserinnenkloster Marienfeld in Maria Roggendorf. Als im Januar 1998 ein Journalist des Wiener Wochenmagazin *News* für ein Groër-Interview nach Marienfeld fuhr, trat ihm ein halb erfreuter, halb wehleidiger Greis entgegen.

> ›Mein lieber junger Freund‹, hält er entgegen und ergreift die Hand seines Besuchers, ›Ich will und soll ja darüber nicht sprechen.‹ Anders gefragt: ›Müssen die Autoren der Akte Groër ein schlechtes Gewissen haben?‹ – ›Nein, nein‹, sagt er allzu schnell. ›Aber ich will darüber ja nicht sprechen.‹ Ob das als Eingeständnis zu werten ist? Er zögert. [...] ›Ich möchte Ihnen ein paar Mon Cheri geben, als Wegzehrung, und ein Bild vom heiligen Josef.‹ Er muß sich, meint er zum Abschied, wegen der Schmerzen sehr im Griff haben. ›Ist's die Seele?‹ – ›Ich will ja nicht reden, ich kann doch nichts dazu sagen.‹[109]

In dieser weiteren Rolle entschwindet Groër unserem Blick: als demütiger Mönch im einfachen Habit, der Pralinés und Heiligenbildchen verschenkt und kindlich wie ein Schüler, dem man den Mund verboten hat, wiederholt, dass er nichts sagen dürfe.

Einmal konnte er sich noch in Szene setzen. Am 20. Februar 1998 tauchte er unerwartet in Rom auf zu einer mittäglichen Privataudienz bei Papst Johannes Paul II. Erzbischof Schönborn, der am 21. Februar im Vatikan zum Kardinal kreiert werden sollte, war verärgert, denn bei einem Gespräch wenige Tage zuvor hatte Groër von diesem Reisevorhaben nichts erzählt. Am Konsistorium nahm Groër teil, und Schönborn musste protokollgemäß den Kardinalsring des Alt-Erzbischofs küssen.[110]

Das war Groërs letzter Streich. Von Mai bis Oktober lebte er in einem Nonnenkloster der Nazarethschwestern in Goppel bei Dresden; offiziell *kein endgültiges Exil*, sondern ein *Genesungsurlaub*,[111] vermutlich aber eine Strafmaßnahme, die nebenbei verhindern sollte, dass er während der Österreichreise von Johannes Paul II. im Juni 1998 im Umfeld des Papstes auftauchte. Denn am 25. Mai erklärte er einem Journalisten: *Ich kann ja hier nicht weg. Es geht ja nicht von mir aus, daß ich hier bin.*[112]

Interne Korrespondenz II – Pater Udo Fischer

Nach Groërs Rückzug beantragte Abt Clemens in Rom eine Apostolische Visitation[a] des Stiftes Göttweig. Die Presse hatte ihm schwerwiegende Versäumnisse vorgeworfen, und er übergab vorsichtshalber die Verantwortung an Rom.

> *Den intensiven Gesprächsvorgang zur Aufarbeitung und Klärung, den ich bereits vor Wochen begonnen habe, setze ich unvermindert fort. Während diese Gespräche im Gang sind, können darüber keine Mitteilungen gemacht werden.*[113]

Wie es aussieht, hatte Abt Clemens nichts gelernt, wusste aber, wie er das, was er nicht tat, verkaufen musste. In der nächsten Zeit war er bemüht, seine verärgerten Mönche unter Kontrolle zu bringen. Vor allem Pater Udo.

Auch in hierarchisch geprägten Milieus gibt es immer wieder Menschen, die sich von Macht nicht beeindrucken lassen, ohne selbst welche zu wollen. Sie sind in jedem Machtgefüge Außenseiter, können wichtige Impulse geben, wenn man auf sie hört, werden aber meistens

---

[a] Eine Visitation (von lateinisch *visitatio* = Besichtigung) ist die Untersuchung einer kirchlichen Einrichtung durch einen hohen Amtsträger. Apostolisch: in diesem Fall kamen Ordensobere der Benediktinerkongregation aus Rom.

ignoriert und, wenn es kritisch wird, bekämpft. Ein schönes Beispiel ist der Benediktinerpater Udo Fischer, Jahrgang 1952. Er war ebenfalls Groër-Eleve: 1962–71 Knabenseminar Hollabrunn, Mitglied der Legio Mariae, 1974 Eintritt in das Stift Göttweig. Nach einiger Zeit begann er sich von der Göttweiger Kultur zu distanzieren. Seit 1981 war er Pfarrer in Paudorf, einem Dorf mit etwas über zweitausend Einwohnern in der Nähe von Göttweig. Er lebte weiterhin im Stift, genoss aber als Seelsorger eine gewisse Unabhängigkeit.

1985 machte er Abt Clemens auf Groërs Treiben aufmerksam und wurde abgewimmelt. Doch er blieb bei seiner Kritik. Als 1991 bei Konventexerzitien unter der Leitung eines hausfremden Moderators über die interne Kultur von Göttweig gesprochen werden sollte, schrieb Pater Udo auf ein Flipchart: *Groër ist unser zweiter Abt*. Der Satz löste eine heftige Kontroverse aus, bis Abt Clemens jede weitere Diskussion über Groër verbot.[114]

Pater Udo ließ sich nicht imponieren und bildete als angesehener Beichtvater im Stift Göttweig ein Gegengewicht zum Star-Beichtvater Groër. Allmählich erregte er den Unwillen des konservativen Diözesanbischofs Kurt Krenn. 1994 warf Krenn Fischer eine Lüge[a] vor, derentwegen im Stift ein *Kapitel*[b] einberufen wurde, das P. Udo entlastete.[115] Im selben Jahr gab es in Göttweig eine Visitation, an der P. Udo nicht teilnahm, weil er *die derzeitigen Visitationen für sinnlose Rituale* hielt. Im Abschlussbericht wurde er als Problemfall geschildert, dem es an *Kreuzesnachfolge und Versöhnungsbereitschaft* ermangele.[116]

P. Udo ließ sich immer noch nicht einschüchtern. Das Hartmann-Interview im März 1995 mag ihn beflügelt haben, denn er war einer von zwei Mönchen, die gleich danach in *profil* das Verhalten des Klerus im Fall Groër kritisierten.[117]

Offenbar geriet P. Udo in dieser Zeit intern so stark unter Druck, dass seine Entfernung aus dem Stift Göttweig diskutiert wurde. Im Sommer 1995 ergriff er in einem Rundbrief an seine Mitbrüder die Initiative und stellte als Befürworter der *Demokratie in der Kirche* die Vertrauensfrage. Er skizzierte kurz, aber deutlich seine Positionen und bat

---

[a] Welche, wird im *Buch Groër* nicht erklärt.

[b] Versammlung von Repräsentanten

die Brüder, sich klar für oder gegen seinen Verbleib im Konvent auszusprechen.[118]

Leider steht im *Buch Groër* nicht, ob und was für Antworten es gab. Ich kann mir nicht vorstellen, dass es viele waren. Abt Lashofer hat, wenn überhaupt, nicht schriftlich reagiert. P. Udo blieb Mitglied des Konvents. Anscheinend wagte während der öffentlichen Turbulenzen um Groër keiner, den kühnen Mönch für diesen Affront zur Verantwortung zu ziehen.

Dem zuständigen Diözesanbischof Kurt Krenn aber scheint P. Udo ein Dorn im Auge gewesen zu sein, was auf Gegenseitigkeit beruhte.[119] 1998 fand Krenn eine neue Gelegenheit zur Disziplinierung, und wieder war der Vorwurf erfunden. Von Bischof Krenn – einem konservativen Polemiker, der es mit der Wahrheit nicht genau nahm – wird später ausführlicher die Rede sein. Doch die Taktik, unliebsame Angestellte mit unbegründeten harschen Vorwürfen zu überfallen, wurde nicht von ihm erfunden. Sie gehört zum Basisrepertoire der Machtmissbraucher.

Diesmal ging es um ein Radiointerview in ORF 2, in dem P. Udo die Katholiken gebeten hatte, nicht aus der Kirche auszutreten, sondern *aufzustehen* und *Widerstand zu leisten gegen vieles, was von oben kommt*.[120] Bischof Krenn, der absichtlich oder unabsichtlich *aus Rom* statt *von oben* verstanden hatte, nahm dies zum Anlass für eine *kanonische Ermahnung*. Hier eine kurze Kostprobe aus dem klerikalen Züchtigungsschreiben:

> [...] Durch diese Äußerung [...] haben Sie [...] zum Ungehorsam gegen den Apostolischen Stuhl aufgefordert.
>
> Damit haben Sie vermutlich den Tatbestand nach ca. 1373 CIC[a] verwirklicht. Ich erteile Ihnen hiemit eine kanonische Ermahnung, fordere Sie auf, diese Aussage zu widerrufen, und zwar in geeigneter öffentlicher Art und Weise, sodaß die Massenmedien die Möglichkeit haben, diesen Widerruf zu veröffentlichen.[121]

---

[a] CIC: Codex Iuris Canonici, in der katholischen Kirche maßgebliche Gesetzessammlung des Kirchenrechts

P. Udo widersprach unbeeindruckt:

> Es ist mir zwar peinlich, aber ich komme nicht umhin, Sie darauf aufmerksam zu machen, daß das zweimal am Anfang und in der Mitte Ihres Schreibens angeführte Zitat nicht der Wahrheit entspricht. [Er erklärt, dass er *von oben* und nicht *aus Rom* gesagt habe, PM] Zentraler Bestandteil Ihrer Argumentation war jedoch das verfälschte Zitat. [...]
> Ich bin der festen Überzeugung, daß Sie in nicht allzu ferner Zukunft auch einen weiteren Irrtum erkennen [...] und sogar dankbar sein werden, daß ein in Ihrer Diözese tätiger Priester 1985 allen Widerwärtigkeiten zum Trotz den Mut aufgebracht hat, der Wahrheit zu dienen.
> Entsprechend meinem Wissen, meiner Zuständigkeit und meiner Stellung habe ich nicht nur das Recht, sondern die Pflicht, in der ›causa Groër‹ meine Meinung zu sagen, da das Wohl der Gläubigen und die Glaubwürdigkeit unserer Kirche auf dem Spiel steht. Das Kirchenrecht ist mir dabei eine Ermutigung. Mehr aber noch unser Herr Jesus Christus, der im Rahmen seiner Religionsgemeinschaft in voller Abschätzung der daraus folgenden Konsequenzen bisweilen sehr harte Kritik gegen ›oben‹ vorgebracht hat. Es ging ihm um das Heil der Menschen sowie um die glaubwürdige Auslegung und Verkündigung der Heiligen Schrift.[122]

Zwei Wochen später erhielt P. Udo eine weitere Mahnung, diesmal von Abt Clemens Lashofer, der P. Udo ausdrücklich *auf den von Dir in der Profeß gelobten Gehorsam [...] (vgl. RB 5; Satzungen der österr. Benediktinerkongregation 13; CIC c. 601)* hinwies. Es ging um die Apostolische Visitation des Stifts Göttweig, die Abt Clemens beantragt hatte. Zur Visitation wurden Einladungen an die einzelnen Mönche verschickt.

> *Damit die Visitation in Ruhe vorbereitet und durchgeführt werden kann, trage ich Dir auf, daß Du mit niemandem außerhalb des Konvents irgendetwas über die Abtei Göttweig und ihre Klostergemeinschaft [...] und auch nicht über diese von mir gemachte Anordnung, die gemäß CIC c. 49 ›Verwaltungsbefehl‹ zu betrachten ist, besprichst oder veröffentlichst. [...]*

> Wenn Du diesen im Kirchenrecht genannten ›Verwaltungsbefehl‹ nicht
> befolgst, muß ich Dir leider ankündigen, daß ich den kanonischen Prozess
> zur Entlassung aufgrund hartnäckigen Ungehorsams gemäß CIC c. 696
> § 1 einleiten werde.[123]

P. Udo konterte auch diese Drohung.

> Sehr geehrter Abt!
> Mit Erstaunen habe ich heute Dein Rede- und Schreibverbot eingeschrieben erhalten. Es ist wohl eine Reaktion auf mein Schreiben an Bischof Krenn, das dieser nicht zur Grundlage einer Maßnahme gegen mich zu verwenden vermochte.
> Ich wundere mich sehr, daß Du den Canon 49 [...] erst jetzt und im Zusammenhang mit meiner Person entdeckt hast.
> Mir ist nicht bekannt, daß Du Groër gegenüber kirchenrechtlich eingeschritten wärst. Sogar zuletzt, als die Last der Beweise gegen ihn erdrückend geworden ist, hast Du ihn nicht abgesetzt, sondern nur einen Rücktritt ›vereinbart‹.
> Ich habe christlichen, nicht militärischen Gehorsam gelobt. Nur allzu lang habe ich das in meinem Leben unter Groër mißverstanden, worunter ich heute noch leide. [...]
> Ohne Gespräch hast Du vorliegendes Schweigegebot erlassen, Du, der Du nicht bereit warst, auf ausgesprochene tiefe Not zu hören, willst mich des ›hartnäckigen Nichthörens‹ anklagen? Du hast lange Geduld geübt? Wir Groër-Betroffenen haben viel zu lange Geduld geübt. [...]
> Hätte ich nicht 1985 gesprochen und anschließend immer wieder vor Groër gewarnt, dann hätten sich wahrscheinlich später andere Mitbrüder nicht gegen sexuelle Perversionen zu wehren getraut. [...]
> Im Gegensatz zu einigen anderen in der Kirche habe ich immer wieder versucht, der Wahrheit zu dienen; zu schreiben, was ich sagte, und zu reden, was ich dachte. Das ist im Sinn des Jesus von Nazareth. Oder?[124]

Ob und was Abt Clemens darauf antwortete, steht nicht im *Buch Groër*. Dafür zwei Wochen später ein offiziöses Schreiben des Erzbischöflichen Ordinariats, unterschrieben von Bischof Kurt Krenn:

Sehr geehrter P. Udo!
Hiermit enthebe ich Sie nach Inkenntnissetzung des hochwürdigsten Herrn Abtes von Göttweig Dr. Clemens Lashofer OSB[a] im Sinne can. 682 § 2 CIC von Ihrem Amt als Pfarrer der Stiftspfarre Paudorf-Göttweig mit sofortiger Wirkung. [...]
Die Maßnahme soll im Lichte besonders der Ereignisse der jüngsten Zeit dazu dienen, den religiösen Frieden in der Pfarre Paudorf-Göttweig zu wahren, insbesondere, da der Sitz des Stiftes in der Pfarre gelegen ist. Überdies soll Ihnen die Gelegenheit gegeben werden, sich voll auf die kurz bevorstehende Apostolische Visitation zu konzentrieren und zu dieser Visitation Ihren von Ihnen ja in der Öffentlichkeit mehrfach angekündigten Beitrag zu leisten.[b]

Solidarität

Pater Udo war im Rahmen dieser Affäre um jahrzehntelangen Machtmissbrauch mit hundert- bis tausendfacher sexueller Nötigung die einzige Person, die kirchenrechtlich bestraft werden sollte. Leider entspricht das dem normalen Verlauf. Neu war diesmal, dass es nicht stillschweigend hingenommen wurde. Die Apostolische Visitation stand bevor, und der angekündigte Abtprimas Marcel Rooney wurde mit Briefen vor allem ehemaliger Göttweiger Mönche überschüttet. Auch die *nicht zu rechtfertigende Methode der ›Verdrängung‹* von Abt Clemens Lashofer kam in diesen Berichten zur Sprache. Abt Clemens habe Pater Udo *in die Rolle des ›Sündenbocks‹ gedrängt, weil dieser den Konflikt [um Groër] offen auf den Punkt brachte.*[125]

Am 1. März 1998, also einen Tag vor Beginn der Visitation, gab es in Pater Udos Pfarre eine Solidaritätskundgebung. Hauptredner und Autor einer temperamentvollen Stellungnahme war Mag. Hansjörg Schuh, ebenfalls Ex-Mönch von Göttweig und ehemaliger Kaplan derselben Gemeinde.

---

[a] OSB: Abkürzung von Ordo Sancti Benedicti (lat. für Orden des heiligen Benedikt). Namenszusatz für Angehörige des Benediktinerordens

[b] Einschreiben des Bischöflichen Ordinariats St. Pölten an Pater Udo Fischer vom 17.02.1998, zit. nach *Das Buch Groër*, S. 176

> ›Die Wahrheit wird euch euer Amt kosten!‹, ist man fast versucht zu sagen,
> wenn man sich die Amtsenthebung von P. Udo ansieht.
> Jemand, der aus Ehrlichkeit und aus Sorge um das Ansehen der Kirche
> und der von Kardinal Groër mißbrauchten Menschen die Wahrheit sagt,
> darf nicht einfach, weil er dadurch unbequem wird, zuerst mit Redeverbot
> und dann sogar mit Amtsenthebung [...] bestraft werden. Damit hat sich
> Bischof Krenn, ›Der Hammer Gottes‹, wie er sich in seiner Biographie
> bezeichnen ließ, ins Out gestellt. [...]
> Dagegen stehen aber viele positive Erfahrungen: Die erste sind Sie alle,
> die heute gekommen sind: Sie zeigen damit P. Udo, daß es Ihnen nicht
> gleichgültig ist, wenn ein kritischer Geist – den brauchen wir in der momentanen Situation unserer Kirche dringend – mundtot gemacht wird.[126]

Hansjörg Schuh schrieb auch an Kardinal Schönborn, der eine Anlaufstelle für Missbrauchsopfer in Aussicht gestellt hatte:

> Ich denke, daß es nicht genügt, zu warten, bis solche Opfer sich melden.
> Menschen, die sexuell mißbraucht wurden, können sich nur schwer öffnen.
> P. Udo Fischer hat in den letzten Wochen unzählige Briefe von Mißbrauchsopfern erhalten. Vielleicht wäre es im Sinne der Aufarbeitung dieser
> Geschichte und der Hilfe für die Opfer eine überlegenswerte Idee, diese
> Kontakte zu nutzen, um die tiefen Wunden zu heilen![127]

Die Bedeutung von offener Solidarität kann kaum überschätzt werden. Gerade in einer Situation des Unrechts macht sie mehr Eindruck, als man meint, vielleicht weil hinter jedem, der unerwartet Solidarität äußert, weitere Unzufriedene vermutet werden, die noch – aber wer weiß, wie lange – schweigen. Kritiker ohne Unterstützung werden beiseitegeschoben, das wäre auch P. Udo passiert. Doch Opportunisten wissen immer, was sie gegebenenfalls zu befürchten haben. Insofern war es klug von Magister Schuh, den Kardinal nebenbei auf die *unzähligen Briefe von Mißbrauchsopfern* in den Händen von P. Udo hinzuweisen: Warf man P. Udo ganz hinaus, konnten diese Briefe eine Waffe werden.

Die Sache wurde dann betrieblich so gelöst: Abt Clemens schlug den abgesetzten Pater Udo am 18. März 1998 neuerlich als Pfarrer von Paudorf vor. Auf diese Weise führte P. Udo ohne den Segen des Bischofs

Krenn das Amt weiter, bis dessen Nachfolger Klaus Küng ihn am 21. Februar 2005 mit einem bischöflichen Dekret wieder zum Pfarrer von Paudorf-Göttweig ernannte.

Interne Korrespondenz III – Die Göttweiger Revolte

Im Vorfeld der Visitation schrieben zwölf ehemalige Göttweiger Mönche an ihre im Stift verbliebenen Mitbrüder einen Brief, in dem sie ihr Ausscheiden aus dem Konvent begründeten. Nicht die sexuellen Übergriffe nannten sie als Hauptproblem,

> *sondern daß in eklatantem Maß geistliche Autorität dazu mißbraucht wurde, Abhängigkeiten zu schaffen, Menschen nicht zur persönlichen Reife, sondern in innere Unfreiheit zu führen und sie in ihrer Entwicklung zu manipulieren. [...] Schmerzhaft und unverständlich war für viele von uns dabei immer die Art und Weise, wie mit den Ausgetretenen und dem Schritt des Austritts umgegangen wurde, daß es nie zu einem offenen Gespräch bzw. einer Analyse darüber kam und das Leben im Konvent weiterging, als ob nichts geschehen wäre. [...] Nur wenn die Kirche als Kirche Schuld bekennen kann und Vergebung übt, kann sie diesen Dienst auch den Menschen anbieten! Wir alle kennen die einschlägigen Schriftstellen, die uns dazu ermuntern und auffordern: [...] ›Hütet euch ... vor der Heuchelei. Nichts ist verhüllt, was nicht enthüllt wird, und nichts ist verborgen, was nicht bekannt wird. Deshalb wird man alles, was ihr im Dunkeln redet am hellen Tag hören, und was ihr einander hinter verschlossenen Türen ins Ohr flüstert, das wird man auf den Dächern verkünden‹ (Lk 12. 1-3).*[128]

Die zwölf boten den Mönchen von Göttweig das Gespräch an, das im Stift immer unterdrückt worden war. Eine Kopie ging an Abt Clemens mit der Bitte, bei der Apostolischen Visitation gehört zu werden.

Abtprimas Michael Rooney war der Adressat detaillierter Aufklärungsbriefe. Sie beschreiben die Göttweiger Kultur einer sektenhaft geführten Schar von Groër-Anhängern, die eine Art Kloster im Kloster bildeten, und das Zaudern und Verdrängen von Abt Clemens. Sie schilderten anschaulich das Gebaren von Groër, der *die Beichte als ›Herrschaftsinstrument‹ mißbraucht,*[129] absoluten geistigen Gehorsam gefordert und missliebige oder andersdenkende Personen geächtet habe, worauf diese auch von den Mitbrüdern geschnitten wurden. Das *Leben unter permanentem psychischem Druck* sei auf die Dauer unerträglich geworden.[130] Einer erzählte, wie seine anfängliche *Verehrung* Groërs Risse bekam. Beim (berechtigten) Rausschmiss eines Schülers habe ihn der wütende und grausame Stil dieses Rausschmisses schockiert.[131] Groër habe im Kreis der Brüder abfällig über den damaligen Kardinal König gesprochen und diesen kurz darauf bei der Monatswallfahrt *überaus freundlich begrüßt.* Nachdem der Knabe seine Verliebtheit in eine Mitschülerin gebeichtet hatte, habe Groër das Mädchen angehalten, jeden Kontakt mit dem Verliebten zu meiden – eine Verletzung des Beichtgeheimnisses. Des Weiteren geht es um den Terror wegen Selbstbefriedigung, auf der einen Seite Kommunionsverbot, auf der andern ein Groër, der bei der Beichte die Hand des Knaben an seinen Penis führte und flüsterte, *daß Gott auch diesen Teil des Körpers liebt.*[132]

Und so weiter. Beeindruckend ist, dass diese Schilderungen an keiner Stelle wütend und vorwurfsvoll, sondern bemüht sachlich, sogar staunend vorgetragen werden, als würde den Autoren erst in der Schilderung die Bedeutung ihrer Erfahrungen bewusst. Schlimmer als der körperliche scheint im Nachhinein der seelische Missbrauch gewesen zu sein: Groërs scheinbar exklusive und dann kalt entzogene Liebe, die den beschämten Knaben erst deutlich machte, dass sie manipuliert und benutzt worden waren. Einer fragte sich, ob er durch sein langes Schweigen sich nicht mitschuldig gemacht habe.[133]

Interne Korrespondenz IV – Die Bischöfe

Ein Wortführer der zwölf abgesprungenen Mönche, Magister Hansjörg Schuh, sandte weitere Kopien ihres Briefes an alle Mitglieder der Bischofskonferenz sowie an alle Benediktineräbte in Österreich und bat in persönlichen Schreiben, sie mögen Groër zu einem Geständnis bewegen, auch wenn es hart sei, den Kardinal bloßzustellen. *Ich kann mir nicht vorstellen, daß sein Schweigen weiter akzeptiert werden kann, da es die gesamte Kirche und damit auch Sie diskreditiert.*[134]

Magister Schuh schien anzunehmen, dass die Bischofkonferenz Groër aus reiner Solidarität schützte. Oder tat er nur so? Da alle Bischöfe seit Jahren Bescheid wussten, war Groërs Geständnis für sie noch gefährlicher als sein Schweigen; keinem von ihnen lag daran, als Mitwisser aufzufliegen. Dass Groër direkt gedroht hat, ist zwar unwahrscheinlich. Doch fällt auf, wie sehr ihn die Bischöfe bis zuletzt verteidigten und lobten und seine Verdienste um die österreichische Kirche priesen. Auch die so unkluge Wiederernennung Groërs zum Prior von St. Josef scheint ein Beschwichtigungsversuch gewesen zu sein. Aber das konnten sie dem Magister Schuh nicht sagen. Sie antworteten also mit größter Vorsicht.

Bischof Johann Weber:

> *Grüß Gott!*
> *Ich danke Ihnen für Ihre Mitsorge, die Sie im Brief vom 26. Jänner 1998 bezeugen. Für Ihren weiteren Lebensweg wünsche ich Ihnen alles Gute!*
>
> *Ihr*
> *Johann Weber*
> *Bischof*[135]

Weihbischof P. Dr. Andreas Laun:

> *… so empfindlich ich gegen Vorverurteilungen […] bin, so stehe ich auf der anderen Seite für eine christlich-wahrhaftige Klärung jener Verletzungen, die geschehen sein mögen. Daß ich, weil ohne wirkliche Information und ohne Auftrag, mich jedweden Urteils zu enthalten habe, ist selbstverständlich.*[136]

Dr. Egon Kapellari, Bischof von Gurk in Klagenfurt:

> *[…] Ob der begonnene Weg zu einem Ziel führen wird, das Ihren Intentionen und Hoffnungen entspricht, bleibt noch offen. Versuche, den von Ihnen genannten Bischof zu einer Erklärung zu bewegen, waren bisher ohne Erfolg – sie wurden mehrmals unternommen.*[137]

Man kann gut sehen, wie hier zwei Ethiken sich kreuzen: Die öffentlichen Moralisten waren gleichzeitig Mitglieder einer Machtgruppe, die den straffälligen Kumpel schützt, um sich selbst zu schützen. Bei allen schlägt die Machtethik durch. Nur der Gestus der Verlautbarungen ist unterschiedlich. Bischof Weber und Weihbischof Laun halten sich völlig bedeckt. Bischof Kapellari liefert eine Leerformel (*Ob der begonnene Weg zu einem Ziel führen wird …*), als habe die Sache nichts mit ihm zu tun, und stellt kontextual bedauernd fest, der *genannte Bischof* – als habe auch der nichts mit ihm zu tun – sei nicht *zu einer Erklärung zu bewegen*, was bedeuten soll: Man habe getan, was man konnte. Die Passivkonstruktion (*wurden unternommen*) suggeriert, die Bischöfe selbst hätten es bei Groër versucht.

Erzbischof Dr. Christoph Schönborn, als Kardinal der Ranghöchste, antwortet nicht so verbindlich:

> *Viele bitten u. bestürmen den Herrn Kardinal um klärende Worte. Eine Bloßstellung meinerseits kommt nicht in Frage. Der Sünder hat ein Anrecht auf die Achtung seiner Person; das gilt auch dann, wenn seine Schuld erwiesen u. offenkundig ist.*[138]

Dieser Ton ist autoritär: *Eine Bloßstellung meinerseits kommt nicht in Frage.* Man beachte den hochfahrenden moralischen Stolz. *Der Sünder hat ein Anrecht auf die Achtung seiner Person*: Hier verkauft jemand seine Feigheit als christliche Fürsorge. Nebenbei öffnet er unauffällig eine Hintertür: [A]*uch dann, wenn seine Schuld erwiesen ist* bedeutet: *dann, wenn* und nicht, *dass* die Schuld erwiesen sei. Die Opfer fallen unter den Tisch. Das kurze Statement enthält kein ehrliches Wort.

Der Einzige aus der Bischofsriege, der, vielleicht in einer schwachen Minute, halbwegs offenherzig antwortete, war Dr. Georg Eder aus Salzburg, und der sollte es bald bereuen. Er schrieb am 29. Januar 1998:

> *Ja, ich muß Ihnen recht geben, jetzt – und ich betone, erst jetzt – erhielten die Bischöfe die eigentlichen Beweise für die Anklagen, die gegen den Alterzbischof von Wien erhoben wurden. Deshalb kann auch ich nicht mehr in irgendeiner Weise eine Entschuldigung aussprechen.*[139]

Grund zur Reue bekam Bischof Eder zwei Wochen später, als dieses Schreiben an die Öffentlichkeit gelangte. Am 17. Februar 1998 beschwerte er sich bei Hansjörg Schuh:

> *Sehr geehrter Herr Magister!*
> *Sie haben sofort mein Vertrauen mißbraucht und meinen persönlichen Brief an die Medien übergeben. Ich bedaure den Bruch des Briefgeheimnisses sehr.*
> *Sie haben damit auch Ihren Mitbrüdern einen denkbar schlechten Dienst erwiesen. Denn nun ist erwiesen, dass man Ihren Aussagen keineswegs trauen kann.*
> *+ Georg Eder*

Schuh antwortete am nächsten Tag: Er habe sich die Sache keineswegs leicht gemacht und nahezu zwei Wochen mit sich gerungen.

> *Letztendlich bin ich, auch nach Beratung mit anderen involvierten Personen, zum Schluß gekommen, daß das gewichtige Zeugnis des Erzbischofs von Salzburg in dieser Kirchenkrise mehr zählt als ein (wie auch immer zu interpretierendes) Briefgeheimnis. Es steht für die Kirche einfach zuviel am Spiel, als daß man sich […] hinter […] erfolglosen Versuchen, Kardinal Groër zu einer Aussage zu bewegen, und einer offensichtlich schon jetzt zur Farce gewordenen Visitation der Abtei Göttweig verstecken könnte. […]*
> *Sie schreiben […], daß es nun erwiesen sei, daß man meinen Aussagen nicht trauen könne – ich bin mir keiner Aussagen bewusst!*[140]

Der erste Schuh-Brief hatte keine Vertraulichkeitszusage enthalten, doch der Bischof hatte ihn als persönlich aufgefasst. Auch hier kreuzen sich verschiedene Ethiken. Vermutlich achtete Dr. Eder selbst die Vertraulichkeit hoch. Es mag ihn erleichtert haben, einmal kurz ehrlich zu sein, wobei er den Ex-Mönch Schuh fahrlässig zur eigenen Gruppe rechnete, die gegenüber der Gesellschaft dichthielt. Jetzt flog ihm die Sache um die Ohren. Bedauerlich, dass damit der einzige Bischof, der sich zu einer (halben) Aufrichtigkeit hatte hinreißen lassen, in Turbulenzen geriet. Andererseits konnte ihm nicht wirklich etwas passieren, und Bischof Eder gewann auch gleich seine professionelle Wehrhaftigkeit zurück. Indem er schrieb: *Denn nun ist erwiesen, daß man Ihren Aussagen keineswegs trauen kann*, erklärte er, der als Mitglied der Bischofskonferenz jahrelang Groërs Kriminalität vertuscht hatte, Schuh zu einem unehrenhaften Menschen – wegen der Publikation eines Briefes.

In einem Fernsehinterview[141] versuchte er sich durch eine Lüge zu reinzuwaschen: Er habe die Beweise für Groërs Schuld dem Schreiben der zwölf ehemaligen Mönche (s. S. 103) entnommen, das ihm in Kopie zugegangen war. Aber dieses Schreiben enthielt erstens keine *Beweise*, zweitens wurde es erst am 2. Februar verfasst, während Eders Brief über *die eigentlichen Beweise für die Anklagen*, die die Bischöfe *jetzt* erhalten hätten, vom 29. Januar stammt.

Hansjörg Schuh setzt ihm diese *Ungereimtheit* kühl auseinander und fährt fort:

> *Ihnen und allen Bischöfen liegen Beweise vor, das ist mir bekannt!*
> *Hochwürdigster Herr Erzbischof, ich ersuche Sie daher dringend, Ihre Darstellung öffentlich richtig zu stellen! Widrigenfalls werde ich mich um eine öffentliche Berichtigung bemühen müssen. Ob Bischof oder nicht, wir sind alle der Wahrheit verpflichtet!*[142]

Erzbischof Eder war damals siebzig Jahre alt. Auch das ist nicht untypisch, und wir werden dem Indiz noch öfter begegnen: Wenn würdige ältere Herren lügen wie Schulbuben, ist immer ein Elefant im Zimmer.

Das Phänomen ist weder neu noch exklusiv katholisch; es handelt sich um eine notorische Schwäche idealistischer Systeme. Der französische Orientalist Abraham Hyacinthe Anquetil-Duperron (1731–1805) schrieb über die Verbindung von Enthusiasmus und Betrug (damals den persischen Priester und Philosophen Zoroaster betreffend):

> *Zuerst zieht der Enthusiasmus einen Schleier über die Übertreibungen, die man sich gestattet, um sie annehmbar zu machen. Bald aber [...] nimmt die Eigenliebe den Platz der Wahrheit ein, und der Mensch kämpft nur noch, um der Schande zu entgehen, als Betrüger oder Betrogener entlarvt zu werden.*[143]

Bischöfe in der Zwickmühle

Zum Druck der Kritiker kam der Druck der konservativen Funktionäre und Gläubigen. Deren Wortführer war der ausgerechnet für Göttweig zuständige Bischof Kurt Krenn.

Figuren wie Bischof Krenn (1936–2014) melden sich in vielen Machtmissbrauchsfällen als unbedenklich auftrumpfende Parteigänger der Macht, und er gibt ein gutes Beispiel dieses energischen, alerten und geltungsbedürftigen Typus. Krenn war konservativ, aber nicht bedächtig, sondern provokant, machthungrig, schlagfertig; öffentlich umstritten von der Bischofsweihe an, dadurch populär. Anders als die steril taktierenden Bischofsfunktionäre sprach er in kurzen, knalligen Sätzen, übertreibend oder bagatellisierend je nach Bedarf, also unterhaltsam, ein häufiger Gast in Talkshows. Er polemisierte gegen das Kirchenvolksbegehren, bekämpfte P. Udo Fischer (der ihn seinerseits ein *Symbol von in die Kirche eingezogener Lüge und Verwirrung* nannte[144]) und verteidigte bis zuletzt Kardinal Groër. Hier eine Stilprobe aus einem Interview in *profil* Nr. 17 vom 21. April 1998.

> KRENN: *Ich möchte diesen Leuten, die sich Opfer nennen – ich nenne sie nicht so –, nicht nahetreten. [...] Ich kann diesen Menschen nur raten, zu verzeihen und selber Verzeihung zu suchen. Ich glaube nicht, daß jemand in etwas involviert ist, ohne auch selber ein Sünder zu sein.*
>
> **Sind die Kläger für Sie also Lügner?**
> *Das weiß ich nicht. Aber ich gebe niemandem einen Persilschein, nur weil er sich Opfer nennt.*
> *[...]*
> *Viele Menschen erliegen längst übelsten Vorurteilen und haben Kardinal Groër abgeurteilt. Ihm werden heute die elementarsten Menschenrechte verweigert. Die Kirche kann es sich nicht leisten, einen Menschen zu verurteilen, weil er schweigt.*[145]

Im Radio-Mittagsjournal am 20. April 1998 erklärte er:

> *Ich folge hier dem normalen Rechtsdenken – wenn man jemanden schuldig spricht, muß man das auch beweisen.*

Im Fall Groër sei dies nicht geschehen.[146]

Solche Rhetorik schöpft aus dem Arsenal der Populisten. Der erste Teil der Aussage mischt geschickt Scheinheiligkeit und Beleidigung. Indem Krenn sagt, er *möchte diesen Leuten, die sich Opfer nennen, nicht nahetreten* und ihnen *nur raten, zu verzeihen und selber Verzeihung zu suchen*, tritt er ihnen natürlich doch nahe: Er hält sie für der Verzeihung bedürftig, also schuldig. Das Wort *Sünder* folgt gleich darauf. *Persilschein* bringt eine Nazi-Assoziation ins Spiel. Der zweite Teil arbeitet mit Superlativen: Die Vorwürfe seien *übelste Vorurteile*; Groër würden die *elementarsten Menschenrechte* verweigert. Eine aberwitzige Verdrehung der Tatsachen. Und was den Mangel an Beweisen für Groërs Schuld angeht, so weigert er sich einfach, die entsprechenden Zeugnisse zur Kenntnis zu nehmen; sofern er nicht bewusst lügt.

Skrupel scheint er nicht gekannt zu haben. Er entschuldigte sich nie. Auch das entspricht dem Phänotyp. Solche Leute neigen selber zu Machtmissbrauch. Fünf Jahre später musste Krenn als Bischof zurücktreten, weil St. Pöltener Priesterseminaristen große Mengen Kinderpornografie auf ihre PCs geladen hatten. Dieser Priesternachwuchs war dazu bestimmt, demnächst in die katholische Jugendarbeit einzusteigen. Krenn sprach von *Bubendummheiten*. Ein früher Virtuose der selbstherrlichen Urteile und Fake News – heute würde er twittern.

Bischöfliche Erklärung

Ende Februar, kaum zehn Tage vor der groß angekündigten Apostolischen Visitation, wandten sich vier Bischöfe in einer *Bischöflichen Erklärung* an die Öffentlichkeit. Vielleicht wollten sie dem rechts agitierenden Krenn den Wind aus den Segeln nehmen. Oder sich die Blamage ersparen, das Offensichtliche erst von den Apostolischen Visitatoren aussprechen zu lassen. Jedenfalls brachen sie öffentlich ihr Schweigen. Es wurde immerhin ein halber Befreiungsschlag.

Unterzeichnete waren die Bischöfe Georg Eder, Christoph Kardinal Schönborn, Johann Weber und Egon Kapellari:

> *Wir, die unterfertigten Bischöfe, wenden uns im Einvernehmen auch mit anderen Bischöfen an die Katholiken Österreichs und bekunden unsere*

besondere Verbundenheit mit jenen, die an den jetzigen Problemen der Kirche schwer zu tragen haben.[147]

Die *anspruchsvolle Sexualmoral* der Kirche gelte auch für Bischöfe, schrieben sie. Bei Verfehlungen sei es mit Beichte nicht getan, der Schuldige müsse sich entweder als unschuldig oder schuldig erklären. Man bedauerte, dass Kardinal Groër weder das eine noch das andere getan habe.

> *Die Einzigartigkeit dieser Situation hat sowohl die Österreichische Bischofskonferenz wie auch die Leitung der Weltkirche in Rom so unvorbereitet getroffen, ja gelähmt, daß es bisher zu keinem die Öffentlichkeit überzeugenden Handeln gekommen ist.*
>
> *Wir sind nun zu der moralischen Gewissheit gelangt, daß die gegen Alterzbischof Hans Hermann Groër erhobenen Vorwürfe im wesentlichen zutreffen. Sein Schweigen haben wir zu ertragen, können aber selbst nicht schweigen, wenn wir unserer Verantwortung für die Kirche gerecht werden sollen.*

Dieser Teil der Erklärung richtete sich an die Kritiker und Skeptiker. Aber auch die Rechtskonservativen wurden bedacht:

> *Jene Katholiken, die der Meinung sind, daß wir Bischöfe durch eine solche Erklärung vor den Gegnern der Kirche sozusagen in die Knie gegangen sind und einen Mitbruder im Stich gelassen hätten, erinnern wir an das Wort Christi: Die Wahrheit wird euch frei machen.*

In die Knie gehen, das antwortet auf Machtrhetorik und ist selber welche. Die Bischöfe erklärten auch sogleich beschwichtigend, die Kirche Österreichs *vor einer geistigen Verflachung durch ein ›Christentum zu herabgesetzten Preisen‹ bewahren zu wollen.* Das ›Christentum zu herabgesetzten Preisen‹ war ein Kampfbegriff der Rechten; vermutlich galt dieser Hinweis Krenn, der zwar nicht namentlich erwähnt, aber in der *besonders leidenden* Diözese St. Pölten angesprochen wird. Ihr rät man dringend zum *Dialog mit allen Menschen und Gruppen, denen die Kirche am Herzen liegt. Wer ein solches Gespräch verweigert, […] setzt [die Kirche] einer Zerreißprobe aus.*

Am Rande sei vermerkt, dass das Eingeständnis von Missbrauch weder mit *geistiger Verflachung* noch mit *Christentum zu herabgesetzten Preisen* zu tun hat. Der Kurzschluss ist eine klassische *falsche Alternative*.

Der Brief illustriert, wie schwer es ist, aus einer Situation des Missbrauchs herauszukommen. Alle Verantwortlichen hatten sich viele Jahre lang durch Vertuschung kompromittiert. Sagten sie die ganze Wahrheit, mussten sie um ihre bischöfliche und bürgerliche Ehre fürchten (ein ethisch verkleidetes Machtelement, das eigentlich geringer wiegen sollte als christliche Wahrheit). Leugneten sie weiter, drohte öffentliche Blamage. In der Regel bleiben Mächtige bei der Lüge, so lange es geht; auch die Kirche hielt es seit Jahrhunderten so. Doch diesmal hatten die alten Rezepte versagt. Der zivile Aufruhr war ein Novum. Menschen wie Josef Hartmann, die Patres Eisenbauer, Fischer, Bauer, die zwölf Ex-Mönche um Rupert Dinhobl, Pfisterer und Schuh, die eifrige Gunthild Ritschl hatten ihre Briefe und Zeugenaussagen an die Medien weitergegeben, sodass die Kirche die Kontrolle über die Informationen verlor und Kritiker nicht mehr isolieren konnte. Die kritische Presse hatte sich nicht einschüchtern lassen. Hubertus Czernin stellte bereits seine Dokumentation zusammen.

Die Bischöfe saßen in einer historischen Klemme: Sie mussten erstens den Gläubigen eine plausible Fabel (schweigender Sünder) liefern, zweitens die Kritiker von links wie von rechts befrieden, drittens den unberechenbaren Groër ruhigstellen, viertens den zündelnden Krenn bändigen, fünftens eine neue Dialogebene schaffen, ohne Autorität einzubüßen, und sechstens ihre eigenen Köpfe aus der Schlinge ziehen. Wenn man die Schuldfrage außer Acht lässt – anscheinend gibt es in der Praxis keine radikale Lösung –, kann man ihre Diplomatie bewundern. Der Ton ist glaubhaft bedrückt, von edler Dringlichkeit, ohne Arroganz. Die Öffentlichkeit reagierte erleichtert. Sogar Kritiker dankten und spendeten Lob.

Aber eine richtige Befreiung leistete der Brief nicht. Er war zu vage und enthielt zu viele feine Lügen. Die *Einzigartigkeit der Situation* hätte sich ohne das jahrelange Vertuschen durch die Absender gar nicht ergeben. Und die *Lähmung* von Bischofskonferenz und Weltkirchenleitung lag nicht an einem schweigenden Kardinal, sondern an einem beschwiegenen Elefanten.

Weiter: Noch in ihrer demonstrativen Demut versuchen sich die Bischöfe aufzuwerten, indem sie von ihrer *moralischen* Gewissheit sprechen. Was soll das sein? Eine unmoralische Gewissheit gibt es schließlich nicht. Das Adjektiv suggeriert einen Mut des Bekennens bei nicht vollständig geklärter Sachlage, verkehrt also die Tatsachen ins Gegenteil: Denn die Sachlage war vollständig geklärt, und die Bischöfe wagten nicht, das auszusprechen. Frappierend, dass sie sich exakt durch das Adjektiv *moralisch* moralisch entlarvten.

Ist also das Glas halb voll oder halb leer? Die Erklärung war ein Schritt in die richtige Richtung. Und sie zeigt, wie stark die Unmächtigen an der Historie mitschreiben, wenn sie sich nicht ducken.

Die Apostolische Visitation

Eine Visitation ist in der römisch-katholischen Kirche eine Art geistliche Betriebsprüfung. Apostolisch bedeutet in diesem Fall, dass die Visitation nicht von einer landeskirchlichen Aufsichtsperson, sondern von einem hohen Würdenträger aus dem Umfeld des Heiligen Stuhls vorgenommen wird. In diesem Fall kam aus Rom Abtprimas Marcel Rooney selbst, der höchste Repräsentant der Benediktinischen Konföderation. Da er, ein gebürtiger Amerikaner, möglicherweise des Deutschen nicht ausreichend mächtig war, wurde er von einem deutschen Benediktiner begleitet, Franziskus Frhr. Heereman van Zuydtwyck, dem Abt der Benediktinerabtei Neuburg bei Heidelberg.

Rooney und Heeremann sprachen am 1. März 1998 in Salzburg mit dem früheren Göttweiger Subprior Rupert Dinhobl; weitere Gespräche führten sie am 2.–7. März in Göttweig. Die zwölf Ex-Mönche hatten Abt Clemens und die Bischofskonferenz bestürmt, ebenfalls von den Visitatoren angehört zu werden, und man hörte sie auch an. Der Abtprimas beendete die Exkursion am 7. März 1998 mit einer Presseerklärung:

> *Diese Visitation ist als erster Schritt auf einem Weg der Heilung der Wunden, die in der Gemeinschaft entstanden sind, und der Normalisierung der Situation anzusehen. […]*
>
> *Angesichts der Bedeutung, die diese große Abtei in der österreichischen*

> *Kirche hat [...], dürfen wir hoffen, daß ein Heilungsprozess [...] über die Abtei hinaus seine Wirkung zeitigen wird.*
>
> *Als nächstes wird ein Bericht für den Hl. Stuhl erarbeitet werden, bei dem alle weiteren Schritte in den Angelegenheiten liegen, um die es in der Visitation ging.*[148]

Es ist verständlich, dass der Abtprimas nach sechs angespannten Gesprächstagen nicht sofort Ergebnisse präsentieren konnte. Er machte aber nicht mal den Versuch, die Göttweiger Situation anzusprechen. Sein Schreiben besteht aus diplomatischen Leerformeln, die er auch ohne Visitation hätte verkünden können. *Wunden, die irgendwie entstanden sind*, als habe niemand sie verursacht, sollen auf den Weg einer *Heilung* gelangen, die dank der schieren Größe der Abtei ins Weite ausstrahlen möge. Angekündigt wird ein interner Bericht für den ohnehin seit drei Jahren informierten und untätigen Heiligen Stuhl. Ganz offensichtlich war die Visitation ein symbolischer Akt, der aus sich selbst heraus wirken sollte.

Die Protokolle landeten in den Archiven des Vatikans. Am 7. April 1998, einen Monat nach Beendigung der Visitation, schickte die vatikanische Ordenskongregation zwei Briefe nach Göttweig, einen an den Konvent, den zweiten an Abt Clemens. Am 9. April fasste *Kathpress* den Brief des Präfekten der Ordenskongregation folgendermaßen zusammen: Man nehme keinen Bezug *auf die Person von Kardinal Dr. Hans Hermann Groër und die gegen ihn existierenden Vorwürfe [...], weil die Kompetenz für weitere Schritte allein bei Papst Johannes Paul II. liegt.* Dr. Lashofer werde der Dank für seinen Dienst als Abt ausgesprochen. Ausdrücklich bekunde der Heilige Stuhl sein *Vertrauen* in die Fähigkeit des Abtes, den *Schwierigkeiten zu begegnen* und die Probleme um P. Udo Fischer zu beheben. Der *gute monastische Geist des Klosters* werde bezeugt.[149]

Der dem internen Gebrauch vorbehaltene Teil des Briefes wird differenzierter gewesen sein, doch von der operativen Tendenz her nicht anders: unauffällige Befriedung. Der Satz zu P. Udo Fischer bedeutete, dass man Lashofers Lösung, den von Krenn verstoßenen Seelsorger in der Pfarrei Paudorf zu halten, billigte.

Das war alles. Für den Teil der katholischen Öffentlichkeit, den die Kirche mit der Aussicht auf *Klärung und Heilung*[150] durch diese Visitation ruhiggestellt hatte, müssen die kargen Kommuniqués wie ein Witz gewirkt haben. Der Vatikan kreißte und gebar eine Papiermaus.

Aufräumen nach der Visitation

Im *Buch Groër* finden sich kaum Reflexe auf die Visitation. Eine deutlich größere Wirkung hatte die zuvor veröffentlichte Bischöfliche Erklärung. Magister Schuh dankte den Bischöfen und Äbten im Namen seiner Mitunterzeichner und äußerte den *Wunsch, daß die eingeschlagene Richtung tatsächlich beibehalten wird.*[151] Erzbischof Eder schrieb am nächsten Tag *Mit meinen Segenswünschen und freundlichen Grüßen* zurück: *Von meiner Seite her werde ich mich bemühen, alles zu tun, um den Betroffenen so weit wie möglich zu helfen und zur Heilung der vielen Wunden beizutragen.*[152] Der Abt von Michaelbeuern antwortete, *wir sind gerne bereit, Ihr Anliegen in unser Gebet einzuschließen.*[153]

Konkrete Vorschläge oder Maßnahmen artikulierte keiner der Geistlichen, zumal es auch Proteste von rechts gab. Eine Gruppe konservativer Katholiken schrieb in einem offenen Brief an jene vier *Hochwürdigste[n] Herren Erzbischöfe und Bischöfe*:

> *Mit großer Sorge wollen wir Ihnen unsere Befürchtungen unterbreiten, daß Sie an Ihrem Mitbruder Kardinal Groër schweres Unrecht begangen haben. […] Sie haben sich ein Richtertum angemaßt, das Ihnen nicht zusteht. […] Wenn österreichische Bischöfe diesen Weg weitergehen, Ihr Handeln danach auszurichten, daß sie ›von allen gelobt werden‹, dann wird unser Land bald und für lange Zeit ins Heidentum zurückfallen.*[154]

Von Behördenkennern höre ich, dass in solchen Situationen die internen Drähte glühen, vergleichbar vielleicht dem Gehirn eines Schachspielers, der hundert Varianten durchrechnet, während er schweigend vor dem Brett sitzt. Doch anders als in einer Schachpartie, bei der die Zeituhr tickt, muss die Behörde nicht ziehen und tut es auch nicht, deswegen bleibt, nachdem die Drähte ausgeglüht haben, alles wie zuvor: eine typische Elefantensituation. Unbewegliches Eigengewicht vermittelt Macht; das beruhigt die Konservativen. Die Kritiker aber bekommen, falls ihr Ersuchen nicht abgelehnt werden kann, halbe Eingeständnisse, die Anteilnahme signalisieren, ohne juristische Anhaltspunkte zu bieten.[155]

Allgemeine Lehre: Teilzugeständnisse bieten eine verführerische scheinbare Entlastung. Sie ändern aber an den Missständen wenig oder nichts. Jetzt kommt es auf Nerven und Ausdauer der Kritiker an. In diesem Fall taten katholische Laien immerhin noch einen wichtigen Schritt: Sie baten nämlich Kardinal Schönborn zu verhindern, dass Groër in ihren Pfarreien weiter Firmungen durchführte.[156] Schönborn nahm Rücksprache mit dem Kardinalstaatssekretär Angelo Sodano und bekam den Hinweis, Groër möge keine bischöflichen Handlungen mehr setzen. Man hatte also in Rom akzeptiert, dass Groër nicht zu halten war. Schönborn gab die Bitte schriftlich an Groër weiter. Wir halten fest: Die einzige personelle Konsequenz des Skandals ist der Energie der Unmächtigen zu verdanken.

Nun musste die österreichische Kirche in den Alltag zurückfinden. Ihr neuer Chef, der vor wenigen Wochen zum Kardinal erhobene Christoph Schönborn, widmete sich dieser Agenda mit großem diplomatischem Geschick. In einem Interview im April 1998 – einen Monat nach der Apostolischen Visitation – warb er um die erschütterten Katholiken mit folgenden Worten:

> *Wir sind in der letzten Zeit viel mit Fehlern von Menschen in der Kirche konfrontiert worden. [...] Umso wichtiger ist es, daß wir bewusst versuchen, den Weg der Heilung zu gehen. Das heißt: Bekennen des Versagens, Benennen von Schuld, aber auch das Wissen, daß Vergebung heilt und neuen Anfang ermöglicht. Heilung und Vergebung, das heißt auch, daß nicht alle auf einen zeigen und dabei ihre eigenen Fehler übersehen, sondern die Bereitschaft, auch bei sich selber anzufangen, andere um Vergebung zu bitten und umzukehren. Das ist die beste Versicherung gegen Doppelmoral.*[157]

So etwas muss man können: Starke Stichworte (*Fehler von Menschen in der Kirche, Bekennen des Versagens, Benennen von Schuld, Vergebung auch bei sich selber suchen, Versicherung gegen Doppelmoral*), eingebettet in ein weiches Gewebe von unverbindlichen Aussagesätzen. Eine solche Erklärung passt für alle Seiten: Die Kritiker können darin kirchliche Selbstkritik lesen, die Konservativen Kritik an den Kritikern, und alle werden irgendwie besänftigt von der einleuchtenden Moral.

Die diplomatische Qualität ist zugleich der Mangel. Nichts Konkretes wird gesagt, nichts verarbeitet, die Erklärung trifft auf alles irgendwie und auf nichts wirklich zu. Dass die Bereitschaft, Schuld nicht nur bei anderen, sondern auch bei sich selbst zu suchen, die beste Versicherung gegen Doppelmoral sei, ist Scheinlogik, denn es verkürzt Moral auf die Verteilung von Schuld. Zu Moral gehört aber mindestens so sehr Ehrlichkeit, und Ehrlichkeit gibt es nur in Bezug auf konkrete Dinge, nicht pauschal. Schönborns Rede spart Ehrlichkeit aus, sie will vor allem die Gemüter beruhigen.

Entsprechend wird im selben Interview auch Groër gewürdigt [Hervorhebungen PM]:

> Ich habe Kardinal Groër gebeten, **vorerst** von bischöflichen Handlungen, wie Firmungen, Abstand zu nehmen. Trotz allem – trotz dieses **persönlichen Dramas** – möchte ich aber an dieser Stelle auch sagen: Kardinal Groër gilt auch Dank für das viele Gute, das er gewirkt hat und das bleibt.[158]

Man beachte das Wörtchen *vorerst*, das Groër-Anhänger (und wohl auch Groër selbst) beruhigen sollte, sowie das vieldeutige *persönliche Drama*, das hier wie eine Privatturbulenz wirkt. Schönborn hatte ein feines Gespür für sein Publikum. In einem Brief an Magister Schuh, der wortgleich an viele Katholiken gegangen sein dürfte, verteidigte er sich:

> *Die Bischöfe haben nicht drei Jahre einfach geschwiegen, sondern nach Maßgabe ihrer zunehmenden Informationen gesprochen. […]*
> *Eine durch Dr. Robert Prantner im Fernsehen getätigte Aussage, er wisse aus verlässlicher Quelle, daß der Heilige Vater voll hinter dem Alterzbischof stehe, hat schließlich zu einer Flut von Protesten und Kirchenaustritten geführt. Die Frage, ob man Hunderttausende Katholiken so ärgernisgebend provozieren dürfe, hat schließlich zur Entscheidung der vier Bischöfe geführt.*

Und an die Konservativen gerichtet:

> *Jenen, die ihre Trauer und Empörung über die ›Bischöfliche Erklärung‹ zum Ausdruck gebracht haben, darf ich sagen: Ich achte Ihre Sicht, möchte aber darauf hinweisen, daß in fast allen diesen Briefen keine Rede davon ist, welche Schäden jungen Menschen (es handelt sich um eine Mehrzahl) durch das Fehlverhalten von Kardinal Groër erwachsen sind. Ich weiß, wie schmerzlich es ist, an der Person meines in vielem hochverdienten und segensreich wirksamen Vorgängers solche Schattenseiten zu entdecken. Aber müssen wir nicht um der Wahrheit willen bereit sein, das Bild, das wir uns von einem Menschen gemacht haben, zu ergänzen?*[159]

Techniken der Entschuldigung

Am 14. April 1998 veröffentlichte die Apostolische Nuntiatur in Wien ein Kommuniqué, in dem sie als »Folge« der Apostolischen Visitation eine Erklärung von Kardinal Groër zitierte:

> *In den vergangenen drei Jahren hat es zu meiner Person zahlreiche oft unzutreffende Behauptungen gegeben. Ich bitte Gott und die Menschen um Vergebung, wenn ich Schuld auf mich geladen habe.*[160]

Eine allgemeine Entschuldigung im Konditional (Vergebung, *wenn*) ist keine. So viel zu Groër.

Kardinal Schönborn machte es besser. In einer *Klärenden Stellungnahme* schrieb er zwei Tage später:

> 1. *Als Bischof dieser Diözese entschuldige ich mich für alles, wodurch mein Vorgänger und andere kirchliche Amtsträger sich an ihnen anvertrauten Menschen verfehlt haben. Wir sind in der Erzdiözese Wien bereit, all denen Hilfe anzubieten, die dadurch Schaden genommen haben.*
> 2. *Ich gehe davon aus, daß Kardinal Groër der klaren Bitte des Papstes – seinen bisherigen Wirkungskreis aufzugeben – nachkommen wird. Das bedeutet, daß er nicht mehr als Bischof oder Kardinal in Erscheinung treten und Österreich verlassen wird. [...]*
> 3. *Als Mensch und als Bischof spreche ich eine dringende Bitte aus: Lassen*

wir bitte ab von weiteren Diskussionen um die Person meines Vorgängers. Wie oft im Leben bleibt vieles offen und unbeantwortet. […][161]

Diese *Klärende Stellungnahme* klärt weniger, als sie behauptet. Schönborn entschuldigt sich selbst, statt um Entschuldigung zu bitten. Und indem er sich gleich *für alles* entschuldigt, *wodurch mein Vorgänger und andere kirchliche Amtsträger sich an ihnen anvertrauten Menschen verfehlt haben*, nimmt er den Anklägern den Wind aus den Segeln. Pauschale Geständnisse wirken auf den ersten Blick umfassender als konkrete, indem sie scheinbar großzügig auch unbekannte Vergehen auf ihre Kappe nehmen. Doch verbunden mit rhetorischen Reuebekundungen verweigern sie dem Opfer das Wort. Die Einigung auf eine verbindliche materielle Wahrheit wird vermieden. Die Opfer bleiben auf Scham und Ungewissheit sitzen, während die Täter sich durch Pauschalreue entlastet und durch die verwischende Sprachregelung freigesprochen fühlen dürfen. Hierzu passt auch die kleine sprachliche Fehlleistung, die Erzdiözese Wien sei *bereit, Hilfe anzubieten*. Eigentlich hätte es heißen müssen: *bereit, Hilfe zu leisten*.

Das Ende ist Philosophie. *Wie oft im Leben bleibt vieles offen und unbeantwortet*: Hier wird eine Strategie der Kirche als Bedingung des Lebens verkauft. Die Bischofskonferenz schloss sozusagen als Richterin über ihre eigenen Vergehen einen Deal mit sich selbst und bezahlte mit Binsenweisheiten.

Der Diplomat: Kardinal Schönborn

Kardinal Christoph Schönborn war der große Gewinner der Affäre Groër. Zu deren Beginn 1995 war er noch Weihbischof gewesen. Weihbischöfe sind Hilfsbischöfe ohne eigene Diözese, die für ihre Bischöfe gelegentlich unangenehme Aufgaben erledigen müssen. Eine solche war das Niederwerfen des Aufruhrs nach dem Hartmann-Interview in *profil*. Zusammen mit Weihbischof Helmut Krätzl formulierte Schönborn das wütende *Wo-sind-wir-hingekommen?*-Manifest (s. S. 29). Als die Attacke misslang, hielt er sich öffentlich für einige Wochen zurück. Nach der Lektüre weiterer Enthüllungen in *profil* und dem Brief des Paters Emmanuel, insbesondere aber nach der Vatikanreise des Bischofs

Johann Weber ergriff er die Initiative und sprach die erste öffentliche Entschuldigung aus (s. S. 81). Von da an scheint er für das Krisenmanagement der Bischofskonferenz verantwortlich gewesen zu sein. Die Belohnung war eine Blitzkarriere: 1995 wurde er Koadjutor des Erzbischofs und kurz darauf selber Erzbischof, 1998 Kardinal und noch im selben Jahr von der Österreichischen Bischofskonferenz zum Vorsitzenden gewählt, mit nur 53 Jahren. Schneller kann es kaum gehen.

Wodurch empfahl er sich? Nun, durch Redekunst. Im *Buch Groër* erscheint er konzentriert, geistesgegenwärtig und geschmeidig. Er fand in Medien und Krisenkorrespondenz die intelligentesten Worte: gesetzt, nachdenklich, bei Bedarf autoritär, dann wieder werbend, scheinbar offen, doch nie greifbar. Im Vergleich zur expressiven Rhetorik des alten Groër war diejenige Schönborns blass, dafür gewinnend durch klare Ansprache und Vernunft. Allerdings war sie nicht weniger doppelbödig.

Materiell gelogen hat er anscheinend nie, nur falsche Tatsachen suggeriert. 2011, viele Jahre nach der Groër-Krise, erklärte er seine *Wo sind wir hingekommen?*-Rede von 1995 so:

> Ich hatte vor meiner Ernennung zum Weihbischof im Ausland gelebt und nie einschlägige Gerüchte gehört. Ich war daher zunächst ehrlich überzeugt, daß es sich um Verleumdungen handeln müsse.[162]

Das soll bedeuten, er habe die Wutrede sozusagen guten Glaubens verfasst. Es kann aber so nicht stimmen, denn er schrieb diese Rede zusammen mit Weihbischof Krätzl, der schon Anfang der Achtzigerjahre Anschuldigungen gegen Groër wegen sexueller Übergriffe auf Schüler untersuchen sollte.[163] Kaum vorstellbar, dass Schönborn angesichts des heiklen Themas seinen ortskundigen Co-Autor nicht nach dessen Kenntnisstand gefragt hat. Die insinuierte Lüge versteckt sich im Wörtchen *zunächst*: Objektiv kann es, unwahrscheinlich genug, die Zeitspanne zwischen der ersten Hartmann-Lektüre und dem ersten Gespräch mit Krätzl bedeutet haben. Das Publikum aber sollte glauben, diese Zeitspanne habe sich mindestens bis zur Wutrede erstreckt.

Interessant ist – wir stoßen schon zum zweiten Mal darauf –, dass jene Rede Groërs Unschuld ja gar nicht behauptete, sondern nur so tat.

Was bedeutet das? Dass Schönborn selbst den alten Bluff inzwischen glaubte? Oder dass er nur vorgab, ihn zu glauben, weil er die Täuschung der Gläubigen aufrechterhalten musste, um sich durch die nachgeschobene Fiktion reinwaschen zu können? Ein schöner Beweis, dass wirklich nur die Wahrheit frei macht, die Lüge nie.

Welcher ist nun der wahre Schönborn – der Drohende, der Lauernde, der Werbende? Vermutlich keiner. Ein persönlicher Kern zeigt sich in keiner seiner Verlautbarungen, dafür ein hoch präsenter Machtinstinkt: Es gibt im *Buch Groër* keinen einzigen ohne Kalkül gesprochen Schönborn-Satz.

Der Kardinal als Manager

In der Krise bewährte sich Schönborn insofern, als er früh begriff, dass ein neuer Ton gefordert war, und Verantwortung für die anscheinend gelähmte Bischofsgruppe übernahm. Da er, anders als Groër, keine kriminelle Energie hatte, brachte er die Kirche wirklich wieder in ruhige Gewässer. Er scheint sogar den Reformbedarf erkannt und zumindest einige Kollegen dafür gewonnen zu haben. Das steht nicht im *Buch Groër*. Aber einem Artikel von *SPIEGEL online* aus dem Jahr 2007 zufolge hat Schönborn seinerzeit zusammen *mit der Spitze der österreichischen Amtskirche in Rom Reformvorschläge der Kirchenbasis vorgelegt*.[164] Handelt es sich um das Kirchenvolksbegehren? Oder um ein Thesenpapier, das dessen Wünsche diplomatisch andeutet? Jedenfalls lehnte Johannes Paul II. ab. *SPIEGEL online* berichtet:

> *Daraufhin ließ es Krenn auf einen Machtkampf ankommen. Er behauptete, er sei beim Verfassen des Berichts nicht beteiligt gewesen. Dieser Kritik widersprach Schönborn – was Krenn vom Leder ziehen ließ:* »Lügner sollen das Maul halten.«[165]

Zumindest in diesem Streit hat Schönborn sich exponiert. Ob um der Sache oder um seiner selbst willen, ist unmöglich zu klären. Halten wir fest, dass er unter verschiedenen Optionen eine vergleichsweise fortschrittliche wählte und, als er damit kirchenpolitisch nicht durchdrang, eben beim konservativen Kurs blieb. Es sieht so aus, dass von solchen

Figuren, wie vertrauenerweckend auch immer sie auftreten, eine strukturelle Beseitigung von Missständen nicht zu erwarten ist. Ihr Interesse zielt auf den Erhalt der Macht. Es bringt nichts, hier die Schuldfrage zu stellen; anscheinend können sie nicht anders. Man sollte das nur wissen.

Anders als es scheint, ist nämlich ihr Handlungsspielraum erstaunlich gering. Betrachten wir einmal den Kardinal als Spitzenmanager. Er ist Repräsentant einer Behörde, politisch mehr gefordert als inhaltlich. Wir neigen dazu, Leitungsfiguren besondere einschlägige Kompetenz zuzusprechen, doch das ist falsch. Auch ein BMW-Chef muss kein Spitzeningenieur sein, sondern bestimmte Autos verkaufen, wozu vor allem Produktmystifizierung gehört. Deswegen machen fachliche Argumente auf solche Leute wenig Eindruck.

Bei einem Kardinal ist es nicht anders. Heiligkeit ist nicht seine Hauptqualifikation. Spiritualität verlangt Ruhe, Hingabe und Demut, die Verwaltung eines Apparats hingegen Fleiß, Übersicht, Präsenz, gesellschaftlichen Einsatz, politisches Gespür. Bei einem solchen Pensum leidet zwangsläufig die Spiritualität. Eine Lösung gibt es nicht. Die Kirche kann nicht einen weltlichen Manager einsetzen, der den Laden schmeißt, während die Bischöfe meditieren. Erstens bliebe das Problem der Machtkontrolle ungelöst, zweitens nähme die Symbolik Schaden. Der Kardinal muss den höchsten Glauben im Gottesdienst darstellen, in traditioneller Weise. Ihm hilft ein machtvolles künstlerisches Arrangement: monumentale Architektur, Orgelklang, Weihrauchschwaden, ein Gefolge von Bischöfen und Domkapitularen beim feierlichen Einzug und, nicht zu vergessen, großartige Texte. Anders als der BMW-Chef braucht er nicht mal Innovationen. Er administriert, technisch gesprochen, eine seit Urzeiten tradierte Software, deren bedeutendstes Update zweitausend Jahre zurückliegt.

Er muss der Organisation ein Gesicht geben und sie überzeugend vertreten. Das Alltagsgeschäft leistet ein gut ausgestatteter Verwaltungsapparat. Da Menschen vergänglich sind, gibt es innerhalb dieser Bürokratie eine natürliche Fluktuation, die von Rang-, Kompetenz-, Verteilungs- und Karriereinteressen begleitet wird. Man benennt, betont oder ignoriert Qualifikationen, stützt und belauert einander. Den Machtmissbrauch eines Einzelnen duldet man, solange die eigene

Macht nicht tangiert wird. Wenn sie aber zusammen mit der des Missbrauchers wächst, deckt man ihn bereitwillig. All das rechtfertigt man mit der Bedeutung der Firma, vielleicht in der Hoffnung, dass sie ihre Hierarchen automatisch ins Recht setzt. Gerät die Firma in Misskredit, fühlen sich alle in Gefahr und üben den Schulterschluss. Von ihrem obersten Vertreter erwarten sie dann, dass er sie schützt. Tut er das, hat er die Belegschaft hinter sich. Kritisiert er sie, hat er sie gegen sich. Nicht mal ein wirklich seelenreiner, unbescholtener Kardinal könnte seine fehlbaren Bischöfe hinauswerfen. Denn über ihm gibt es noch einen Supermanager, den Papst, mit einer Superbehörde, dem Vatikan, der seinem Österreich-Leiter strukturelle Eigenmächtigkeit nicht gestatten würde.[166]

Noch komplizierter wird die Aufgabe des Kardinals, wenn das Problem systemisch ist. Ich habe mich hier auf den Einzelfall des großen Machtmissbrauchers Groër beschränkt und die allgemeine klerikale Pädosexualität, da sie inzwischen auf vielen kompetenten Foren verhandelt wird, ignoriert. Ein Kardinal aber darf sie nicht ignorieren. Es gab und gibt jede Menge interne Verfahren. Die Kirche hat bisher keine Lösung gefunden. Und kein Kardinal kann die pädosexuelle Priesterschaft einfach verschwinden lassen.

Der Kardinal ist also nicht nur weniger heilig, sondern auch weniger mächtig, als es scheint. Seine Aufgabe besteht darin, aufrecht zu stehen wie ein Surfer in der Welle, der in jeder Sekunde die Dynamik der Wassermassen antizipieren muss. Schönborn hat in dieser Hinsicht eine akrobatische Leistung abgeliefert.

Aber kann das alles sein? Selbst wenn das Christentum wirklich nur eine Software mit Spezial-Update wäre, hätte die Bischofskonferenz sie schlecht verwaltet. Denn die ursprüngliche Idee war eine andere: der Funke Gottes in jedem Menschen, unabhängig von Rang und Status, und die Anerkennung des Einzelnen mit seinen Talenten, seiner Verantwortung und seinem Gewissen, das eher vor Gott bestehen sollte als im irdischen Wettbewerb. Zum Sinn dieser Botschaft gehört ein milderer Umgang miteinander im Bewusstsein einer höheren Bestimmung als der, einander zu manipulieren, auszubeuten und plattzumachen. Eine Kirche mit unendlichen Reichtümern, die sie noch vermehrt, indem sie Moral propagiert, während sie spirituellen und sexuellen

Missbrauch duldet und eigene Fehler mit Hochmut und Heuchelei deckt, unterscheidet sich kaum von einem kapitalistischen Software-Konzern. Wenn es aber im Christentum nur um Macht ginge, bräuchten wir es nicht.

Bilanz

Was hat der epische Aufruhr denn nun gebracht? Äußerlich wenig: Ein achtzigjähriger Kardinal wurde aus dem Verkehr gezogen, das war alles. Keine Aufklärung, keine Sanktionen, keine Reform, keine persönlichen Entschuldigungen, keine Entschädigungen.[167] Immerhin eine informelle Selbstverpflichtung, Priesteraspiranten auf Unreife und Sekundärmotivation zu prüfen. Aber gute Vorsätze sind noch keine Maßnahme: Ungeeignete Kandidaten, die etwa in Wien abgewiesen wurden, bewarben sich erfolgreich bei Bischof Krenn im Seminar St. Pölten.

Trotzdem waren die Proteste nicht vergeblich. Ein innerer Prozess war in Gang gekommen, der in kleinen Schritten einen Kulturwandel bewirkte. Immer mehr Priester, Mönche, Journalisten und Gläubige erkannten, dass die christliche Botschaft auch von ihren höchsten Repräsentanten missbraucht werden kann und dass die Unmächtigen gefordert sind, diesen Missbrauch zu verhindern. Sie machten die Erfahrung, dass das Aussprechen der Wahrheit wirksamer ist als das Machtgetöse des Apparats. Sie gaben die ersten Impulse zu Reformen, und dass sie zu früh damit aufhörten, kann man ihnen aus verschiedenen historischen Gründen nicht vorwerfen. Das Ausmaß der Pädosexualität auch in höchsten römisch-katholischen Kreisen war der Öffentlichkeit noch unbekannt, denn bisher hatte die Kirche diese Informationen zwar gesammelt, aber für sich behalten. Weiter: Es gab eine jahrhundertealte katholische Tradition des Gehorsams, dagegen gar keine Übung in Demokratie: keine Plattform für Verhandlungen, keine Ombudsgremien und runden Tische, keinen Wortführer, der die kritischen Kräfte gebündelt hätte. Spontaner demokratischer Protest besticht durch individuelle Erkenntnis, Emanzipation, Exposition, also durch eine schöne Unschuld. Sein charakteristischer Nachteil ist der Mangel an politischer Struktur und Effizienz.

Dennoch hat er schöpferische Kraft. Er bringt die Oberen zum Nachdenken, selbst wenn sie es nicht zeigen. Und er bietet den Opfern Solidarität. In den folgenden Jahren setzten sich auf allen Kirchenkontinenten immer mehr Betroffene und Bürger zur Wehr. Die Dynamik dieser Aufklärung ist ausschließlich der Initiative und Beharrlichkeit der Unmächtigen zu verdanken; die Kirchenleitung bewegte sich nur auf öffentlichen Druck, in Zentimetern. Da sie nicht imstande war, das Problem zu lösen, übernahm schließlich die weltliche Gerichtsbarkeit. In den USA wurden die Kirchen zu riesigen Entschädigungssummen verurteilt, die Staatsanwaltschaft selbst zog die systematische Aufklärung an sich.[168] Eine Untersuchungskommission in Deutschland kam, obwohl ihr kein freier Zugang zu den Kirchenarchiven gewährt wurde, zu ähnlichen Ergebnissen.[169] In Australien wurden 2018 zwei hohe Geistliche verurteilt. Dort forderten sogar die Bischöfe selbst vom Vatikan ein hartes Vorgehen gegen Täter und Vertuscher.[170] In Deutschland blieben den meisten Tätern strafrechtliche Folgen erspart.[171]

Dass nach 1998 in Österreich die Woge nicht folgenlos in sich zusammensank, verdanken wir zu einem Gutteil Hubertus Czernin und dem Wieser Verlag. *Das Buch Groër* liefert erstklassiges Anschauungsmaterial, eine Art lebendigen Anatomieatlas mit Herzschlag, Nerven und Reflexen. Es bietet mehr Stoff, als in diesem Essay zitiert wird; in meiner Arbeit habe ich mich auf ein Thema, den Widerstand, konzentriert.

Ergebnis: Der zwingende Verlauf der Krise ergibt sich daraus, dass der Konflikt ein einfacher Machtkampf war, ohne dass dies den Beteiligten bewusst gewesen wäre. Die einen dachten, es gehe um eine bestimmte Entgleisung eines bestimmten Kardinals, die anderen, es gehe um das Ansehen der Kirche. Beides verfehlte den Kern. Schon die einzelne bestimmte Entgleisung ist nicht Fehltritt oder Havarie, sondern ein direkter Ausdruck von Machtmissbrauch. Und wer diesen verteidigt, verteidigt die Macht um ihrer selbst willen, ganz gleich wie edel die Gründe sind, die er zur Verteidigung vorbringen mag. Wenn dieser Irrtum nicht aufgedeckt wird, gewinnen in der Regel die Mächtigen mit Mitteln, die wir hier studieren konnten: Ausrufen der *falschen Alternative* mit Wut Drohung Arroganz, und im nächsten Stadium, wenn der Bluff nicht wirkt, Scheinverständnis Scheinverbindlichkeit Scheinentschuldigungen.

Erkennen lässt sich der Irrtum an der Sprache, mit der der Kampf geführt wird. Denn sie bildet nicht nur bewusste, sondern auch halb- und unbewusste Antriebe ab: von unterdrückter Mitwisserschaft über die Kenntnis der jeweiligen zivilen Schranken bis zu noch tieferen archaischen Affekten. Und sie entlarvt elementare Leidenschaften, zu denen man sich aus gesellschaftlichem Konsens nicht einmal dann bekennt, wenn man vollkommen von ihnen beherrscht wird.

Die moralische Ohnmacht, die sich daraus ergibt, hat mich am meisten erstaunt. Wie können 17 intelligente, gebildete Bischöfe, die eine Elite religiöser und ethischer Bestimmung darstellen, als Gruppe denselben Automatismen unterliegen wie Konzernchefs, Hells Angels und Paviane? Bei den letzteren Gruppen gehört Dominanz sozusagen zum Anforderungsprofil. Aber bei Stellvertretern Christi? Und doch ist es so. Und es wäre fahrlässig, in Konflikten von etwas anderem auszugehen.

Den Elefanten im Zimmer wahrzunehmen, dürfte für den Einzelnen in solchen Gruppen schwirig sein. Den Unmächtigen aber ist geholfen, wenn sie die Spur des Elefanten in rhetorischen Tricks und Ablenkungsmanövern erkennen. Wer das lernt, lässt sich nicht mehr so leicht täuschen und kann besser auf seinem Recht bestehen. Damit ist nicht alles, aber einiges gewonnen.

Überraschender Nachsatz

Während ich dieses Kapitel schrieb, berichteten die Medien von einer weiteren Variante spirituellen und sexuellen Machtmissbrauchs, diesmal an Nonnen durch Priester. Ursachen und Abläufe sind weitgehend dieselben: absolutistische Betriebsstruktur, mangelnde Vorkehrungen zur Machtkontrolle, Intransparenz, eine absurde Sexualmoral; Kollektivverteidigung um jeden Preis fern jeder verkündeten Ethik. In diesem Fall kommt noch traditionelle Frauenverachtung hinzu.

Inzwischen aber hat – Zeichen der Erneuerung? – sogar der gegenwärtige Papst Franziskus die Vorwürfe eingeräumt.[172] Und ein aktueller Dokumentarfilm des Bayerischen Rundfunks[173] beschert uns ein unverhofftes Wiedersehen mit Kardinal Christoph Schönborn. Wir sehen ihn im Gespräch mit Doris Wagner, einer ehemaligen Nonne, die priesterlichen Missbrauch an Leib und Seele erfahren und ein Buch darüber geschrieben hat.[174] Schönborn sagt zu ihr, dass er ihr glaube. Wie gewohnt wägt er seine Worte und gibt keine Zusagen. Aber er erzählt Interna, die er nicht erzählen müsste. Er beklagt die Obsession der Kirchenmänner vom 6. Gebot. Ungefragt kommt er wieder auf seine Rolle im Groër-Skandal zu sprechen, vor allem auf seine anfängliche Fehleinschätzung, die ihn immer noch umzutreiben scheint.

Neben dem klaren, offenen Lächeln der jungen Frau wirkt das des Kardinals maskenhaft; man erkennt die Routine des Kirchenfürsten und Politikers. Aber er hört aufmerksam zu. Er musste dieses Gespräch nicht führen; er war der einzige Kardinal, der auf Frau Wagners Briefe geantwortet hat. Und das seltsame Format – die mediale Inszenierung einer vergleichsweise intimen Aussprache – hat seine Berechtigung: Es ist öffentlich verbindlich und verweigert sich zumindest verzerrenden Darstellungen, wenn auch nicht Interpretationen.

Zwischengeschnitten sind Schnappschüsse der schüchternen, immer lächelnden jungen Schwester Doris bei nonnentypisch niedrigen Arbeiten. Nonnen mussten dienen, während die männlichen Novizen studierten; auch das ist Teil des Problems. Schönborn nennt im Ton des Bedauerns die Abfälligkeit von Patres gegenüber Nonnen eine *Uraltsünde* der Kirche. Es klingt so, als habe ihn das immer schon bekümmert; dass er sich mit dem Problem nicht befasste, weil er nicht musste, ist klar. Kurze Wiederholung unserer Grundlektion: Wenn Geschädigte keine Abhilfe fordern, ändert sich nichts.

Andere Zwischenschnitte zeigen Schönborn: keine Schnappschüsse diesmal, sondern offizielle Fotos des Kardinals in Audienzen drei verschiedener Päpste, außerdem Fernsehbilder vom feierlichen Einzug in den Stephansdom mit großem Gefolge. Schönborns Rang und internationale Bedeutung werden mehrfach betont; der Film wirkt stellenweise wie eine Papstbewerbung. Kann das Gespräch mit Frau Wagner für ihn auch oder vor allem eine PR-Maßnahme gewesen sein? War der aufklärerische Impetus ehrlich oder opportunistisch? Oder eine Mischung aus beidem?

Kommt es darauf an? Für unsere Fragestellung nicht. Menschen reagieren auf Verhältnisse. Liberale Verhältnisse geben ihnen die Möglichkeit, sich liberal zu verhalten. Und das ist viel. Niemand kann den

Menschen »an sich« verbessern. Aber jeder von uns kann zur Verbesserung der Kultur beitragen. Ich bin ziemlich sicher: Ohne Josef Hartmann, Frau Ritschl, die Patres Fischer, Eisenbauer et al. hätte Schönborn bis heute nicht mit Frau Wagner gesprochen und die Notwendigkeit eingeräumt, an der kirchlichen Binnenkultur zu arbeiten.

Für Dr. Peter Bauer und Dieter Eckermann

Diesen Abschnitt hätte ich ohne juristischen Rat nicht schreiben können. Mein Dank gilt

Prof. Dr. Benno Heussen
Dr. Bernd Hüpers
Dr. Winfried Maier
Dr. Birgit Reese
Dr. Wilhelm Schlötterer
Prof. Dr. Birgit Schmidt am Busch und
Prof. Dr. Tonio Walter,

die mich fachlich unterstützt haben, auch wenn nicht alle in jedem Punkt meine Meinung teilten.

DER FALL HADERTHAUER: STRESSTEST

> Bürokratie ist die Herrschaft des Niemand.[175]
> nach Hannah Arendt

Dieser Fall stammt aus der aktuellen professionellen Politik. In der Politik geht es, anders als in der Kirche, ganz unverdruckst um Macht; genau deswegen gibt es (bei uns, derzeit) differenzierte Kontrollinstrumente, die allen Beteiligten bekannt sind. Funktionieren sie? Ich habe mit Absicht einen kurzen, überschaubaren Fall der jüngeren Vergangenheit ausgesucht, bei dem das ganze Instrumentarium zum Einsatz kommt.

Vorausgeschickt sei, dass es zu diesem Fall keine verbindliche, von allen Seiten akzeptierte Version gibt. Er handelt von einer bayerischen Sozialministerin namens Christine Haderthauer, die mutmaßlich von der Arbeit straffälliger Psychiatriepatienten finanziell profitierte und trotz öffentlicher Vorwürfe zur Chefin der Staatskanzlei ernannt wurde. Sie musste 2014 von ihren Regierungsämtern zurücktreten, behielt jedoch ihr Mandat als Landtagsabgeordnete. Ein parlamentarischer Untersuchungsausschuss, der die Hintergründe aufklären sollte, fand letztlich nichts Wesentliches heraus, das nicht schon vorher bekannt gewesen wäre. Die Frage ist: Gab es nichts, oder wollte er nichts herausfinden? Drei Schlussberichte kamen zu verschiedenen Ergebnissen: ein Mehrheitsbericht, der den Interessen der damals allein regierenden CSU folgte; ein Minderheitenbericht von SPD und Grünen; und noch ein zweiter Minderheitenbericht der Freien Wähler. Die Version der Freien Wähler zeigt den stärksten Aufklärungswillen, deswegen halte ich mich im Sinne meines Essays vor allem an sie. Doch alle drei Berichte sind im Internet abrufbar, sodass jeder Leser sich ein eigenes Bild machen kann.[176]

Aufklärung ist in der menschlichen Praxis nicht immer das Mittel der Wahl. Auch in Ehen, Familien und Freundschaften kann es sinnvoller sein, zur Tagesordnung überzugehen, als in Wunden zu wühlen. Doch ist auch Frieden um jeden Preis keine überlegene Maxime, denn er kann verhindern, dass Konflikte gelöst werden, und geht oft zulasten der Schwachen. In der Politik gilt dasselbe in größerem Maßstab. Wie findet man die richtige Balance? Gibt es sie? Wie verlief die Suche im vorliegenden Fall? Was ist überhaupt passiert?

Sapor Modellbau GbR – eine kurze Firmengeschichte

Ursache dieser eigentlich unkomplizierten Affäre war ein historischer Zufall: die Begegnung eines jungen Assistenzarztes mit einem genialischen Psychiatriepatienten 1988, im bayerischen Bezirkskrankenhaus Ansbach, Abteilung forensische Psychiatrie.

Der Patient Roland Steigerwald, damals fünfzig Jahre alt, war soeben wegen drei sexuell motivierter Morde an jungen Männern vom Landgericht Nürnberg-Fürth in ein psychiatrisches Krankenhaus eingewiesen worden.[177] Von Beruf Ingenieur, hatte er zuletzt Oldtimermodelle gebaut: Auto-Nachbauten im Maßstab von 1:8, die wegen ihrer ästhetischen und technischen Perfektion in Liebhaberkreisen geschätzt wurden.[178] Er war als einer von drei Teilhabern einer Firma namens *Sapor Modellbau*[179] vorgesehen, die solche Werkstücke herstellen und vertreiben sollte. Allerdings war die Finanzierung ungeklärt, auch fehlte ein Konzept für die Einbindung des psychiatrisierten Steigerwald, der als Konstrukteur wie als Feinmechaniker für den Modellbau unersetzlich war.

Der Arzt, Dr. Hubert Haderthauer, war 33 Jahre alt und mit der Rechtsreferendarin Christine Haderthauer, damals 26, verheiratet. Ein ehrgeiziges Paar: Christine Haderthauer wurde nach Abschluss ihrer juristischen Ausbildung Rechtsanwältin und Politikerin und brachte es als CSU-Mitglied zur Generalsekretärin, Staatsministerin und Leiterin der Staatskanzlei. Hubert Haderthauer wurde 1991 Landgerichtsarzt in

Ingolstadt, eine weniger spektakuläre Position, die ihm aber große Freiheiten ermöglichte.

Patient Steigerwald, der in Ansbach mit 27 Patienten einen Schlafsaal teilte und damit rechnen musste, sein weiteres Leben bis zum Rentenalter bei stumpfsinniger Handarbeit zu verbringen, zeigte dem Arzt ein selbst gebautes Automodell und regte an, im Bezirksklinikum eine Modellbauwerkstatt einzurichten. Die Idee war bestechend: nicht nur eine innovative und kreative Arbeitstherapie, sondern auch wertvolle Erzeugnisse. Und eine verlockende Gewinnspanne: Arbeitskräfte für 150 bis 200 DM im Monat, überschaubare Materialkosten, Handelspreise pro Werkstück vermutlich im fünfstelligen Bereich.[180] So kam die *Arbeitstherapie Modellbau* zustande, die fast ein Vierteljahrhundert produktiv blieb.

Die Vorgänge um ihre Etablierung und Organisation sind außerordentlich schlecht dokumentiert,[181] doch im Wesentlichen laufen sie darauf hinaus, dass das Ehepaar Haderthauer über die Ende 1989/Anfang 1990 gegründete Firma *Sapor Modellbau GbR* die Gewinne der Arbeitstherapie abschöpfte.[182] Zuerst arbeitete man mit den Ur-Gesellschaftern Roger Ponton und Friedrich Sager zusammen, wobei Dr. Hubert Haderthauer bei der Gründung offiziell nicht als Gesellschafter, sondern als Vertreter des Bezirks Mittelfranken auftrat – wohl unbefugt, da er bei Abschluss des Vertrags am 9.2.1990 gar nicht mehr in der Forensik tätig war. Dr. Haderthauer handelte also die erste und – soweit ersichtlich – einzige dokumentierte schriftliche Vereinbarung zwischen dem Bezirk Mittelfranken und (damals noch) Roger Ponton aus und unterschrieb sogar für den Bezirk diese Vereinbarung, die *Sapor Modellbau* deutlich begünstigte: Er ließ sich sozusagen als Vertreter des Bezirks Mittelfranken von der Firma, die bald zu einem Teil seiner Frau gehören würde, über den Tisch ziehen.[183]

Laut einer Gewerbemeldung vom Mai 1990 hatte die *Sapor Modellbau GbR* ihre Tätigkeit bereits am 2.1.1990 mit Christine Haderthauer als Mitgesellschafterin aufgenommen.[184] Im Juli 1991 stellten Christine Haderthauer, Sager und Ponton eine Geschäftsführungsvollmacht für Dr. Hubert Haderthauer aus.[185] 1992 trennte man sich von Kompagnon Sager u. a. mit der Begründung, er sitze wegen einer Drogensache im Gefängnis.[186] 1993 bevollmächtigte Roger Ponton, der im Elsass lebte,

Christine Haderthauer, für ihn die Geschäfte der in Bayern ansässigen *Sapor Modellbau* mitzuführen.[187]

Ab Ende 1995 betrieb das Ehepaar die Firma allein. Er kümmerte sich um die Werkstatt, hielt Steigerwald bei Laune und vertrieb die Modelle, sie besorgte die Geschäftsführung,[188] und beide setzten die Ausgaben[189] möglichst hoch und die Einnahmen möglichst niedrig an, wie Unternehmer das bisweilen so machen. Was die Firma wirklich abwarf, blieb im Dunkeln. Der Anwalt von Christine Haderthauer behauptete später ein Verlustgeschäft,[190] doch Dr. Hubert flog bis nach Kalifornien und Hongkong, um Werkstücke abzuliefern, und machte Betriebsausgaben von bis zu 93.370,31 Euro im Jahr geltend.[191] Zu den Einnahmen der Sapor Modellbau gibt es kaum belastbare Erkenntnisse. Fest steht: Der Teilhaber und Geldgeber Ponton bekam vom Gewinn nichts ab. Und Dr. Hubert Haderthauers Arbeitgeber, damals wohl das Bayerische Umweltministerium mit der Zuständigkeit Gesundheit, wurde vorschriftswidrig über die Nebentätigkeit des Landgerichtsarztes nicht unterrichtet.

Anscheinend stießen die beiden nirgends auf Widerstand, was angesichts solcher Sonderwege erstaunen mag. Vielleicht lässt es sich aus ihren Persönlichkeiten erklären. Fotos im Internet zeigen ein lebhaftes, charismatisches, sogar glamouröses Paar. Sie eine frische, vitale Brünette mit Grübchen und einem bestrickend offenen Lächeln, er etwas zurückhaltender, doch ebenso gewinnend, ein attraktiver Mann mit vollen Lippen und treuen blauen Augen. Nur manche schicke Anzüge und exzentrische Halsbinder verleihen ihm einen hochstaplerischen Akzent. Beide Haderthauers konnten auch arrogant, gerissen und wehrhaft auftreten, wie ihre Korrespondenz zeigt. Doch selbst wer das weiß, muss den Charme ihrer Schauseite anerkennen.

Man bedenke außerdem, dass das Paar vor allem mit Behörden zu tun hatte: mit Klinikverwaltungen, Finanz- und Gewerbeämtern, später Parteiapparaten und Ministerien. In diesem Umfeld, das von engmaschigen Vorschriften und belastender Bürokratie bestimmt wird, mag die farbige, persönliche Ausstrahlung der Haderthauers, nobilitiert durch akademische Abschlüsse und CSU-Parteizugehörigkeit, besonders einnehmend gewirkt haben. Halten wir fest, dass im ersten Jahrzehnt der *Sapor Modellbau* Machtmissbrauch nur eine geringe Rolle spielte.

Der psychiatrisierte Roland Steigerwald war froh über seine anspruchsvolle Arbeit, trotz des geringen »Lohns«.[a] *Das war besser als Tütenkleben.*[192] Im September 1990 berichtete die *Fränkische Landeszeitung*, durch die neue Arbeitstherapie gebe es bei den *Rechtsbrecher[n] des Ansbacher Nervenklinikums [...] viel weniger Konflikte.*[193] Chefkonstrukteur Steigerwald besaß einen Werkstattschlüssel und bekam relativ oft begleiteten, aber auch unbegleiteten[194] Ausgang. Er fuhr zu Oldtimer-Museen, um Pläne von Ausstellungsstücken anzufertigen, und leitete andere Patienten an, Tausende filigrane Komponenten herzustellen, aus denen die Modelle zusammengesetzt wurden. Mit Dr. Haderthauer reiste er zu Spielzeug- und Automessen, er war mindestens einmal beim Ehepaar Haderthauer in Ingolstadt zu Gast[195] und einmal sogar in Roger Pontons Jagdhütte im Elsass. Dr. Haderthauer, der 1991 aus dem Klinikum Ansbach ausgeschieden war, um Landgerichtsarzt in Ingolstadt zu werden, führte seinen Ex-Patienten alle paar Wochen für drei Stunden zum Essen aus.

Allerdings gab es im Laufe der Jahre Probleme innerhalb des heruntergekommenen und personell unterbesetzten Bezirkskrankenhauses Ansbach. Die *AT [Arbeitstherapie] Modellbau* trug dazu bei. Steigerwald machte, indem er selbst die Mitarbeiter aussuchte, Patienten von sich abhängig, spielte seine intellektuelle und organisatorische Überlegenheit gegenüber dem Personal aus und spaltete die Belegschaft.[196] Es gab betriebliche Zwischenfälle: Ein Patient unternahm mit einem Skalpell, das er aus der Werkstatt entwendet hatte, einen Selbstmordversuch. Mehrmals wurden Gitterstäbe mit *Sapor Modellbau*-Sägeblättern angesägt. Patienten der Station 9 beklagten sich per Petition über das schlechte Klima. Auch *Entweichungen* gab es. Ärzteschaft und Pflegepersonal warfen einander wechselseitig Versagen, Mobbing und Verleumdung vor. Steigerwalds Verlegung wurde erwogen. Diskutiert wurde hierfür das Bezirkskrankenhaus Straubing in Niederbayern.[197]

Das BKH Straubing ist eine forensisch-psychiatrische Hochsicherheitsklinik. Während Ansbach auch geriatrische und jugendpsychia-

---

[a] In der Forensik gibt es keinen »Lohn« für geleistete Arbeit, eher eine Art Taschengeld – über den fraglichen Zeitraum hinweg durchschnittlich etwa 1,– DM bis 1,50 € pro Stunde. *Schlussbericht*, S. 30 ff., Minderheitenbericht SPD/Grüne in *Schlussbericht*, S. 102

trische Abteilungen führt, ist Straubing eine reine Maßregelvollzugseinrichtung für psychisch kranke und suchtkranke Straftäter. Dort herrscht ein ungleich strengeres Regime: wenig Hofgang, lückenlose Überwachung, harte Disziplinarstrafen, keine Vollzugslockerungen. Dr. Haderthauer hatte schon 1989 bei der Klinikleitung Ansbach interveniert, um Steigerwald vor Straubing zu bewahren: Die Bedingungen dort seien unzumutbar, der Patient würde suizidal.[198]

Doch die Ansbacher Probleme nahmen zu, und am 14.8.2000 wurde die *AT Modellbau* von der neuen Chefärztin Dr. Baur abrupt geschlossen.

Am Tag danach fand bei Dr. Baur im BKH Ansbach ein Krisentreffen statt. Im Protokoll[199] ist zwar von Kündigung die Rede. Allerdings bleibt offen, wer wem gegenüber auf welche Weise welchen Vertrag gekündigt hatte. Das Fehlen jeglicher Dokumentation zu diesem Vorgang ist höchst ungewöhnlich.

Ebenso ungewöhnlich ist, dass Dr. Haderthauer zu dem Treffen mit einem Anwalt erschien. Warum mit einem Anwalt? Haderthauer wollte unbedingt die Werkstatt retten, obwohl sie angeblich keinen Gewinn abwarf. Und dann fand sich wie von Zauberhand[200] binnen weniger Tage eine Lösung: ausgerechnet das strenge BKH Straubing! Der Chefarzt der Psychiatrischen Klinik Straubing, Dr. Ottermann, war Ende der Achtzigerjahre als abteilungsleitender Arzt im BKH Ansbach gewesen, kannte seitdem Dr. Haderthauer und war dem Modellbau wohlgesonnen. Er erschien sogar gemeinsam mit Dr. Haderthauer beim Patienten Steigerwald, um diesem Straubing schmackhaft zu machen.[201] Derselbe Haderthauer, der bisher Straubing für Steigerwald unzumutbar gefunden hatte, lockte Steigerwald jetzt dorthin, was nur bedeuten kann, dass seine Fürsorge immer mehr dem Modellbau als dem Patienten gegolten hatte. Erzwingen konnte Haderthauer diese Lösung nicht: Steigerwald hatte sich, erfüllt von der Modellbauerei, gut geführt und war sogar von einem Alleinausgang nach Ansbach zurückgekehrt.[202]

Im Oktober 2000 also wurde der Patient mit dem gesamten Werkstattinventar nach Straubing transferiert. Erst 15 Jahre später kehrte er nach Ansbach zurück.

In der Geschäftsführung von *Sapor Modellbau* gab es danach noch zwei Änderungen. Nachdem Christine Haderthauer 2003 Landtagsabgeordnete geworden war, übertrug sie ihren Gesellschaftsanteil auf den Gatten, wohl um den Eindruck zu vermeiden, sie treibe mit einer staatlichen Einrichtung Handel.[203] Sie verdiente aber durch ihren Mann weiterhin mit und unternahm auch noch als CSU-Generalsekretärin (nach dem Oktober 2007) Geschäftshandlungen.[204]

Der letzte Wechsel an der *Sapor Modellbau*-Spitze geschah 2008. In diesem Jahr wurde Christine Haderthauer Staatsministerin für Arbeit und Sozialordnung, Familie und Frauen. Die Ernennung übertrug ihr nebenbei die Fachaufsicht über alle bayerischen Bezirkskliniken, sodass sie durch ihren Ehemann jetzt ausgerechnet von derjenigen Klientel finanziell profitierte, für die sie verantwortlich war. Ein interner ministerialer Vermerk vom 31.10.2008 rügte diese Interessenkollision scharf. Eine Woche später teilte Frau Haderthauer dem Ministerium mit, dass *Sapor Modellbau* an den Ingolstädter Messeveranstalter Heinrich Sandner verkauft worden sei.

Das konnte so nicht stimmen. Denn der Teilhaber Ponton war von diesem Verkauf nicht unterrichtet und schon gar nicht um Erlaubnis gefragt worden. Außerdem verhandelte Dr. Hubert Haderthauer noch bis in die zweite Jahreshälfte 2009 hinein mit Sandner um Provisionen,[205] sodass ein rechtswirksamer Vertrag erst weit nach dem 31.10.2008 zustande kam.[206]

Inzwischen wurde Roland Steigerwald der Modellbauerei müde, und insbesondere wurde er Straubings müde. 2010, mit 72 Jahren, beantragte er die Rückverlegung nach Ansbach. Sein Arzt willigte ein. Daraufhin drohte der neue *Sapor Modellbau*-Prinzipal Sandner[207] dem Klinikum Straubing mit rechtlichen Schritten[208] – als habe er neben der Firma auch ein Recht auf den Patienten erworben und könne dessen Leistung, für die er Haderthauer bezahlt hatte, vom BKH Straubing einklagen. Und auf einmal hieß es, Steigerwald könne doch nicht nach Ansbach, er müsse erst noch in Straubing eine bestimmte neue Therapie für Sexualstraftäter abschließen, die allerdings auch in Ansbach angeboten wurde.[209] Steigerwald blieb in Straubing und baute – mit einer Unterbrechung von anderthalb Jahren[210] – Modellautos, bis er 76 Jahre alt war.

Der neue Eigentümer Heinrich Sandner starb im Juni 2017 70-jährig bei einem Pfingsturlaub auf den Kanaren an einem Herzinfarkt. Die

Firma *Sapor Modellbau* scheint noch zu existieren, denn sie bietet auf ihrer Website weiterhin *Exklusive Automodelle im Maßstab 1:8* an mit dem Slogan: »SAPOR MODELLBAU Modelle sind ein Beweis dafür, dass echter Wille zur Perfektion noch lebt, auch wenn er fast nicht mehr zu finden ist.«[211]

Das Problem

Anders als bei Groër mit seinen sexuellen Obsessionen und seiner pathologischen Mimikry war Freude am Machtmissbrauch wohl nicht das originäre Motiv der Haderthauers. Im Vordergrund scheint bedenkenloses Gewinnstreben gestanden zu haben. Die AT-Modellbau-Geschichte lässt sich durchaus als habituelle bürgerliche Gaunerei lesen: Profitieren von fremder Zwangslage, nicht genehmigte Nebentätigkeit, Austricksen des Teilhabers, Steuerhinterziehung. Erst die CSU-Karriere von Frau Haderthauer macht daraus einen politischen Fall.

Denn: Dass Geschäftsleute die Grenzen des Legalen ausreizen und gelegentlich überschreiten, gehört zum Wirtschaftswettbewerb, ähnlich wie Doping zum Sport. Erfolg ist das Hauptkriterium, und solange weder Finanzämter noch Geschädigte protestieren, lässt der Staat die Leute machen. Staatsministern aber sind Privatgeschäfte nach Artikel 57 Satz 1 Halbsatz 1 der Bayerischen Verfassung und dem nachfolgend zitierten Artikel 3 Absatz 1 des Bayerischen Ministergesetzes (BayMinG) grundsätzlich untersagt:

> *Die Mitglieder der Staatsregierung dürfen während ihrer Amtsdauer ein anderes besoldetes Amt, einen Beruf oder ein Gewerbe nicht ausüben; sie dürfen nicht Mitglieder des Aufsichtsrats oder Vorstands einer privaten Erwerbsgesellschaft sein.*[212]

Ich hörte die Frage: Warum soll eine Ministerin denn nicht ein bisschen dazuverdienen? Nun, es gibt Gründe. Zunächst: Regierungsmitglieder legen einen Amtseid auf die Bayerische Verfassung ab und sollen sich um ihre Agenden kümmern, nicht um Privatgeschäfte.[213] Zudem befeuert eine nicht mit persönlichen Leistungen korrelierende, erst durch Staatsämter ermöglichte Bereicherung die Korruption.

Korruption beginnt oft schleichend. Eigentlich gehört sie zum archaischen Gruppenverhalten: Gebe ich hier, gibst du dort, gebe ich hier nach, kommst du mir dort entgegen. In übersichtlichen Zusammenhängen schafft sie ein freundliches, großzügiges Klima und festigt die Beziehungen. In komplexen sozialen Gebilden hilft sie den Bürgern bisweilen, sich zwischen den allgegenwärtigen bürokratischen Zwängen Luft zu verschaffen. In Zusammenhang mit politischer Macht aber ist sie gefährlich, denn sie erzeugt in den Machtetagen eine Win-win-Illusion auf Kosten derjenigen, die nicht mit am Tisch sitzen. Eine Kultur der Bereicherung in Führungskadern geht immer zulasten des Gemeinwesens, kennt keine Sättigungsgrenze und kann zur Verelendung ganzer Völker führen.[214]

Korruption gehört wie Machtmissbrauch zum Menschen und ist unausrottbar. Moderne Zivilgesellschaften versuchen sie zu beschränken. Das beste Mittel, das bisher gefunden wurde, ist der Rechtsstaat. Rechtsstaat bedeutet, dass auch Regierende und staatliche Organe sich an die Gesetze zu halten haben. Eine Ministerin, die an einer staatlichen Einrichtung mitverdient (das BKH Straubing war eine zentrale Modelleinrichtung des Freistaats Bayern), verletzt nicht nur den Art. 57 Abs. 1 der Bayerischen Verfassung, sondern macht sich auch erpressbar, wie wir später sehen werden (S. 177).

So weit die Theorie. Was passiert aber, wenn ein solcher Regelverstoß tatsächlich eintritt? Dann müssten Behördenangehörige das Problem ansprechen, sobald der Verstoß innerhalb der Behörde bekannt wird. Wer, wenn nicht sie? Aber auf welche Weise? Und schafft es wirklich Abhilfe?

Ein Vermerk

Am 31.10.2008 schrieb tatsächlich eine Beamtin des *Bayerischen Staatsministeriums für Arbeit und Sozialordnung, Familie und Frauen* (intern StMAS oder Sozialministerium genannt) einen kritischen Vermerk und machte damit ihre Bedenken aktenkundig. Tags zuvor war Frau Haderthauer zur Ministerin und Chefin ebendieser Behörde ernannt worden; die Beamtin nimmt darauf Bezug.[215]

Dr. Christine Bollwein, eine ausgebildete Ärztin, acht Ränge unter der Ministerin, stellvertretende Leiterin des Referats IV 5 für Psychiatrie und Maßregelvollzug, berichtete: Im Oktober 2008 sei man bei Budgetverhandlungen mit dem Bezirk Niederbayern auf die Verkaufserlöse der Straubinger Modellbaufertigung aufmerksam geworden, bei der *die Firma SAPOR des Ehemanns der damaligen CSU-Generalsekretärin (und seit dem gestrigen 30.10.2008: neuen Sozialministerin) Christine Haderthauer* Modellautos für rund 3000 € vom BKH Straubing erwerbe und für 20.000–40.000 € weiterverkaufe. Vom Verwaltungsleiter des BKH Straubing habe die Verfasserin *folgende Informationen* erhalten, *etliches davon allerdings ausdrücklich als Wissen hinter vorgehaltener Hand und ohne Garantie auf Wahrheit* bezeichnet.

Es folgt eine Auflistung der Informationen, die trotz *vorgehaltener Hand* und fehlender Garantie ein verblüffend deutliches Bild ergeben, auch wenn der Katalog sachliche Fehler aufweist: Dort steht z. B. ein falscher Name für den Modellbauer (Steigenberger statt Steigerwald), eine falsche Jahreszahl für den Umzug der Werkstatt nach Straubing (1999 statt 2000) etc. Der wesentliche Inhalt fand aber durch nachträgliche Erkenntnisse Bestätigung.

Frau Dr. Bollwein erwähnt etwa die Verlegung Steigerwalds nach Straubing ohne erkennbare *medizinische* Gründe, einen Dachstuhlausbau für die Werkstatt in Straubing, einen vergeblichen Versuch des Verwaltungsleiters Bemmerl, *mit Herrn Dr. Haderthauer einen höheren Abnahmepreis auszuhandeln,* den Widerstand des Straubinger Chefarztes Dr. Ottermann gegen Veränderungen *in Sachen Organisation und Vertrieb der Modellbauautos,* den dürftigen Internet-Auftritt der Firma *Sapor Modellbau* ohne Impressum.

Letzter Punkt:

— nach überschlägiger Hochrechnung der Gewinnspannen durch Hr. Bemmerl hat Dr. Haderthauer durch den Weiterverkauf von Modellautos seit 1999 eine Summe von ca. 1,5 Mio Euro verdient, davon ist für die Klinik, die schließlich die Arbeitskraft des Patienten zur Verfügung stellt und den Patienten kostenlos unterbringt, verpflegt und therapiert, nichts abgefallen.

Fazit
Der Ehemann der seit gestern neuen Sozialministerin Christine Haderthauer treibt (eher undurchsichtige) Geschäfte mit »der« Hochsicherheits-Maßregelvollzugseinrichtung des Freistaats Bayern, die auch noch als einzige im Eigentum des Freistaats steht.

Diese Geschäftsbeziehungen scheinen weit überwiegend zum finanziellen Vorteil von Dr. Haderthauer zu sein, [...] während der AT-Bereich der Klinik in Straubing sogar Defizite erwirtschaftet. [...]

Es ist unklar, ob der Patient S. überhaupt so gefährlich ist, dass ein weiterer Verbleib in der Hochsicherheitsklinik unter den dortigen hohen Tagessätzen erforderlich ist. Im günstigsten Fall belegt er dort nur »zu unrecht« einen hoch gesicherten und teuren Unterbringungsplatz, im ungünstigsten Fall wird er seit Jahren zu Unrecht im Maßregelvollzug festgehalten und seiner Freiheit beraubt.

Es sollte unbedingt darauf hin gewirkt werden, dass Herr Dr. Haderthauer die Geschäftsbeziehungen zum BKH Straubing u m g e h e n d einstellt und dass – wenn die Modellbaufertigung fortgesetzt wird – der Vertrieb künftig vom BKH selbst organisiert wird.

Referat IV 5
Dr. Christine Bollwein

II. Hinweis: Vermerk ist strikt vertraulich zu behandeln.

Dieser für ministeriale Verhältnisse außerordentlich forsche Vermerk richtete sich an *Herr RL IV 5* (Referatsleiter IV 5), den unmittelbaren Vorgesetzten der Unterzeichnerin.

Wenige Tage später, Anfang November 2008, wurde Frau Dr. Bollwein zu einem Gespräch mit diesem Vorgesetzen, dem Leitenden Ministerialrat Arians, und dem Amtschef Seitz gebeten. Herr Seitz wies sie darauf hin, dass die Angelegenheit *sensibel* zu behandeln sei, und gab zu verstehen, dass er die Angelegenheit durch ein Gespräch mit der Ministerin in Ordnung bringen werde. Frau Dr. Bollwein wurde von der weiteren Bearbeitung der Angelegenheit ausgeschlossen und von ihrer Position als stellvertretende Referatsleiterin abgezogen.[216] Sie hat das Ministerium inzwischen verlassen.

Der Vermerk verschwand aus den Akten, sofern er je dort gelandet ist, und die beiden Vorgesetzten konnten sich später nicht erinnern, ihn damals zu Gesicht bekommen zu haben.[217]

Dennoch warnte Amtschef Seitz umgehend in einem Vieraugengespräch Frau Haderthauer vor politischem Schaden. Wenige Tage später, am 6.11.2008, teilte ihm die Ministerin mit, dass ihr Mann die Firma verkauft habe.[218] Dass so ein Firmenverkauf nicht von heute auf morgen durchzuführen ist und im konkreten Fall auch nicht durchgeführt wurde, scheint die Ministerialen nicht weiter beschäftigt zu haben; aus ihrer Sicht war die Angelegenheit bereinigt. Ein vermutlich seit den ersten Ansbacher Zwischenfällen im Ministerium geführter Leitzordner *Arbeitstherapie Modellbau* verschwand 2009 (wohl auf dem Weg vom Abteilungsleiter zum Amtschef) für gut dreieinhalb Jahre,[219] sodass die primär zuständigen Sachbearbeiter keine Einsicht mehr nehmen konnten. Das jahrelange Unterbleiben einer – an sich zwingend gebotenen – Rekonstruktion des Akteninhalts bedeutet wohl, dass der Ordner für »auserwählte« Angehörige des Sozialministeriums nach wie vor zugänglich war.

Das Beamten-Dilemma

Versuchen wir, die Beamten zu verstehen.

Ein Beamter steht zum Staat in einem Sonderrechtsverhältnis. Während ihrer Dienstzeit sind Beamte *einer gesteigerten Bindung an den Staat ausgesetzt, welche in ihrer Intensität über die normale Bindung des Bürgers an den Staat hinausgeht.*[220] Infolgedessen können die Grundrechte von Beamten eingeschränkt werden.

Wichtig: Beamte sind ausdrücklich nicht den Regierenden, sondern dem Staat verpflichtet. Das Bundesverfassungsgericht hat zum Berufsbeamtentum ausgeführt [Hervorhebungen PM]:

Die Entwicklung des Berufsbeamtentums ist historisch eng mit derjenigen des Rechtsstaats verknüpft: War der Beamte ursprünglich allein dem Regenten verpflichtet, wandelte er sich mit dem veränderten Staatsverständnis vom Fürsten- zum **Staatsdiener**. *Seine Aufgabe war und ist es,* **Verfassung und Gesetz im Interesse des Bürgers auch und gerade** *gegen die Staatsspitze zu behaupten. Das Berufsbeamtentum als Institution gründet auf Sachwissen, fachlicher Leistung und loyaler Pflichterfüllung. Es soll eine stabile Verwaltung sichern und damit **einen ausgleichenden Faktor gegenüber den das Staatswesen gestaltenden politischen Kräften bilden.*** [221]

Bayerische Beamte legen einen Treueeid auf das Grundgesetz der Bundesrepublik Deutschland und die Verfassung des Freistaats Bayern ab.[222] Sie werden wie alle Beamte nicht angestellt, sondern nach einer Probephase auf Lebenszeit ernannt. Beamte haben besondere Pflichten: gegenüber dem Dienstherrn eine Dienst- und Treuepflicht, die bedeutet, dass sie den Weisungen von Vorgesetzten grundsätzlich folgen müssen, und außerhalb des Dienstes eine Wohlverhaltenspflicht, da sie in gewisser Weise den Staat repräsentieren. Im Gegenzug sorgt der Staat umfassend für sie: Alimentierung, Beihilfe im Krankheitsfall, komfortable Pension. Beamte sind unkündbar. Ihre Karrieren entwickelten sich damals nach dem Laufbahnprinzip, das eine steigende Besoldung nach Dienstjahren vorsah und Regelbeförderungen entsprechend der dienstlichen Beurteilung.

Die meisten Beamten bleiben bis zur Pensionierung beim Staat, denn eine vergleichbare Sicherheit bei soliden Bezügen hat der freie Arbeitsmarkt nicht zu bieten. Höhere[223] Ministerialbeamte, wie man sie auf der Etage der Herren Seitz und Arians trifft, haben ein abgeschlossenes Hochschulstudium, die meisten sind Juristen mit überdurchschnittlich guten Examina. Diese Examina bestätigen Fleiß, Akkuratesse und die Fähigkeit, auch komplizierte Sachverhalte zu durchdringen und Gesetze zu verstehen und korrekt anzuwenden.

Auch selbstständiges Denken ist gefragt. Referatsleiter sind auf die Sachkenntnis ihrer Mitarbeiter angewiesen, und viele Fachprobleme werden im kollegialen Gespräch gelöst. Heikel wird die Kommunikation bei politisch motivierten bzw. gewünschten Verstößen. Dann hat der Beamte nicht nur das Recht, sondern die Pflicht, aus seiner Sicht unrechtmäßige Weisungen zu beanstanden (in der Beamtensprache nennt man das *remonstrieren*).

Beamtenstatusgesetz (BeamtStG), § 36
[*Hervorhebungen PM*]

(1) *Beamtinnen und Beamte tragen für die Rechtmäßigkeit ihrer dienstlichen Handlungen die volle persönliche Verantwortung.*
(2) *Bedenken gegen die Rechtmäßigkeit dienstlicher Anordnungen haben Beamtinnen und Beamte **unverzüglich** bei der oder dem unmittelbaren Vorgesetzten **geltend zu machen**. Wird die Anordnung aufrechterhalten, haben sie sich, wenn ihre Bedenken gegen deren Rechtmäßigkeit fortbestehen, an die nächsthöhere Vorgesetzte oder den nächsthöheren Vorgesetzten zu wenden. **Wird die Anordnung bestätigt, müssen die Beamtinnen und Beamten sie ausführen und sind von der eigenen Verantwortung befreit.** Dies gilt nicht, wenn das aufgetragene Verhalten die Würde des Menschen verletzt oder strafbar oder ordnungswidrig ist und die Strafbarkeit oder Ordnungswidrigkeit für die Beamtinnen und Beamten erkennbar ist. **Die Bestätigung hat auf Verlangen schriftlich zu erfolgen.***[224]

Der Passus klingt sinnvoll, berücksichtigt aber kaum die Probleme des Menschen mit der Macht. Eine gewisse Verlegenheit scheint aus ihm zu sprechen: Die Vorlage für diese Regelung stammt von 1953 und zollt wohl den Erfahrungen des »Dritten Reichs« Tribut, als *von der eigenen Verantwortung befreite* Beamte zu Handlangern schwerster Verbrechen wurden. Doch wirkt es nur wie ein Pflichttribut, der hier gezollt wird: Über die praktische Anwendung scheint man sich wenig Gedanken gemacht zu haben. Denn die psychische Situation des remonstrierenden Beamten ist ja die, dass er seinem Vorgesetzten vorwirft, rechtswidrig oder sogar strafbar zu handeln. Wer traut sich das? Vielleicht soll der letzte Satz (*Die Bestätigung hat auf Verlangen schriftlich zu erfolgen*) helfen. Er bedeutet, dass der Remonstrierende von seinem Vorgesetzten eine schriftliche Bestätigung der zweifelhaften Anordnung verlangen kann. Aber was tut er, wenn ihm der Vorgesetzte diese Bestätigung schuldig bleibt?[225]

Wie gesagt: Im fachbezogenen Behördenalltag ist Remonstrieren meist unnötig. Wichtig wird das Instrument in Fällen von politischer Brisanz. Und hier entspricht die Praxis selten der Theorie. Wer Maßnahmen infrage stellt, stört. In den höheren Etagen sammeln sich besonders strebsame und machtbezogene Mitarbeiter. Ehrgeizige Leute hüten sich, ihre Vorgesetzten herauszufordern. Kritische Leute aber behindern die ehrgeizigen und werden aus deren Kreisen ausgeschlossen. Das hält kaum einer aus, der sich auf ein Dienstverhältnis bis zum Pensionsalter eingerichtet hat. Ob der *nächsthöhere Vorgesetzte* ihn unterstützt, kann er nicht wissen, zumal viele Vorgesetze Insubordination gegen einen ihrer Leute immer auch als Insubordination gegen sich selbst empfinden.

Remonstriert wird also selten. Was hat der kritische Beamte noch für Möglichkeiten? Aus der Hierarchie heraustreten und sich an die Öffentlichkeit wenden darf er nicht, weil er zur Verschwiegenheit verpflichtet ist.[226]

Ab und zu gelangen zwar interne Skandale an die Öffentlichkeit. Dann lesen die Beamten in der Zeitung über pflichtbewusste kritische Kollegen, die mit Disziplinarverfahren oder staatsanwaltlichen Ermittlungen überzogen wurden wie die Kriminalhauptkommissare Sattler und Mahler im Fall Schottdorf.[227]

Ein kritischer Beamter, der wirklich Widerspruch einlegen will, braucht also Mut, großes Selbstbewusstsein und starke Nerven. Praktikable Skripten zum Widerspruch liegen nicht vor. Psychische und institutionelle Umstände und Folgen des Remonstrierens gehören nicht zum Lernstoff. Diese Ungewissheit nützt den Mächtigen. Deswegen sind die Ministerialbüros voller Elefanten.

Beamten-Dilemma II: der konkrete Fall

Was die Firma *Sapor Modellbau* betrifft, so hätte das dürftige Instrument der Remonstration ohnehin nicht gegriffen. Denn eine formell unrechtmäßige Weisung gab es bis zum Zeitpunkt des Bollwein-Vermerks wohl nicht. Es gab nur eine Ministerin, die es mit dem Artikel 3 des Bayerischen Ministergesetzes (BayMinG) nicht so genau nahm. Was sollte der Amtschef tun?

Er konnte nichts tun. Der Amtschef muss mit seinem Minister klarkommen, sonst wird er kaltgestellt. Charakterfehler Vorgesetzter sind rechtlich nicht angreifbar. Ob der Untergebene seinen Chef für geeignet hält, spielt keine Rolle.

Für den Fall, dass der Chef wirklich ungeeignet ist und sein Verhalten die Firma schädigt, sieht die hierarchische Theorie vor, dass jeder Vorgesetzte seinerseits einen Vorgesetzten hat, der ihn korrigieren kann. Sie funktioniert in der Praxis allerdings nur, wenn der Betrieb eine liberale Kultur pflegt, in der die Unteren sich trauen, auf Missstände hinzuweisen. Das heißt, sie funktioniert selten. Im nächsten Fall werden wir sehen, dass sogar hoch privilegierte Leute lieber auf ihre Rechte verzichten, als sich mit vermeintlichen Autoritäten anzulegen.

Auch die Betriebsgröße spielt eine Rolle. Kleine Unternehmen können sich anhaltende Missstände nicht leisten; Kunden und Aufträge würden wegbleiben. In großen Apparaten und starren Hierarchien sind Ursache und Wirkung nicht so leicht aufeinander zu beziehen. Dort neigen die Menschen dazu, eigenes Fehlverhalten nach oben zu verbergen, während sie durch Druck nach unten dafür sorgen, dass niemand es zu melden wagt. Die oberen Vorgesetzten erfahren von den Fehlern der mittleren Vorgesetzten nichts und sind vermutlich ganz froh darüber, weil das Unwissen ihnen die Verlegenheit, handeln zu müssen, erspart. Oberste Vorgesetzte erscheinen vollends unkorrigierbar. So auch Frau Haderthauer.

Der Fall ist ein gutes Beispiel für die Unvereinbarkeit zweier Ethiken, ähnlich wie in der Bischofskonferenz zu Zeiten Groërs (s. S. 68 f.). Die Beamten sind einerseits der Bayerischen Verfassung und dem Grundgesetz, andererseits der Ministerin verpflichtet. Folgen sie der Ministerin, verstoßen sie gegen die Verfassung. Folgen sie der Verfassung, beschädigen sie die Ministerin und zusätzlich den Ministerpräsidenten, der sie installiert hat. Die Verfassung ist das theoretisch höhere Gut, doch sie ist nur eine Idee und rettet niemanden, während die Ministerin über Karriere und Schicksal entscheiden kann.

Dass die Ministerialen sich im konkreten Fall über den Konflikt zwischen Rechtsstaatlichkeit, Loyalität und Gehorsam den Kopf zerbrochen hätten, ist übrigens wenig wahrscheinlich. Sie waren mit der Organisation des Alltags beschäftigt, und insbesondere im Bereich Maßregelvollzug ging's drunter und drüber. Die Ärztin Dr. Bollwein, die dort knapp 17 Jahre tätig war, hat später vor dem Untersuchungsausschuss ein lebendiges Bild geliefert. Kliniken und Abteilung waren personell dramatisch unterbesetzt. Statt Lösungen oder neue Konzepte zu suchen, musste man tagesaktuell reagieren: auf akute Überbelegungen, Sicherheitsmängel, untragbare bauliche Zustände, Ausbrüche gefährlicher Straftäter. Dazu kam der Kampf um Haushaltsgelder.[228]

Welche Reaktion mochte ein Amtschef, der die Verantwortung für eine so chaotische Abteilung trägt, von seiner Ministerin erwarten, wenn er sie kritisierte? Mindestens indirekte, vielleicht sogar direkte Vorwürfe: wegen schwachen Managements, entwichener Straftäter, schlechter Außendarstellung durch Zeitungsberichte, Illoyalität, nach der Devise: Kümmere dich erst mal um deinen Laden, bevor du mir am Zeug flickst.[229] Das Vieraugen-Gespräch hingegen bot die Gelegenheit, sich der neuen Chefin als loyaler Mitarbeiter zu präsentieren und sie sich, vielleicht sogar zum Vorteil der Abteilung, zu verpflichten. Niemanden wird erstaunen, dass Herr Seitz diesen Weg wählte.

Die Missstände werden vertuscht I

Erstaunlich ist aber, dass es nicht bei diesem Entgegenkommen blieb. Tatsächlich schossen fast alle involvierten Beamten mit ihrer Minister-Loyalität über das Ziel hinaus.

Hier ist die Schlüsselstelle. Die Beamten können Minister nicht daran hindern, Fehler zu machen, sie können nur warnen. Ansonsten sollten sie Vertuschungswünschen widerstehen und entsprechenden Forderungen entgegentreten, indem sie schriftliche Weisungen verlangen und ggf. remonstrieren. Wie heikel das in politischen Fällen sein kann, wurde eben beschrieben. Und dass die Kultur im Sozialministerium eine solche Haltung nicht förderte, sondern erschwerte, zeigt die Geschichte der Beamtin Dr. Bollwein.

Der Leitzordner *AT Modellbau* verschwand also 2009, der Bollwein-Vermerk möglicherweise schon bald nach seiner Abfassung am 31.1.2008.[230] Die übrig gebliebenen *AT-Modellbau*-Akten im BKH Ansbach wurden unter Verschluss gehalten.[231]

Ahnte die Behörde, dass die Ministerin auch als Geschäftsfrau Gesetze übertrat? Der Leiter des Rechnungsprüfungsamtes Niederbayern Eugen Lutz, der um 2008/2009 im BKH Straubing eine Kassenprüfung vornahm, berichtete später vor dem Untersuchungsausschuss von seinem Eindruck, die Bezirkskliniken Mittelfranken hätten gegenüber seinen Recherchen gemauert.[232] *Was hilft mir da ein großes Controlling, wenn nichts aktenkundig gemacht wird oder wenn nichts festgehalten wird?*[233] Insbesondere die genaue Zahl der produzierten Autos war nicht feststellbar. An dieser Zahl hing aber der anzunehmende Gewinn. Zwar hatte der akribische Künstler Steigerwald seinerseits von Beginn an über seine Werke Buch geführt. Doch im Herbst 2008 nahm man ihm seine Unterlagen mit fadenscheiniger Begründung ab und gab sie trotz mehrfacher Nachfrage nicht zurück.[234] Sie sind bis heute verschwunden.

Aus Beamtensicht sprach einiges dafür, die Sache stillschweigend in Ordnung zu bringen: Das Ansehen von Ministerin und Regierung wurde geschont, das *Sapor Modellbau*-Ärgernis durch den Verkauf der Firma beseitigt, und man konnte zur Tagesordnung übergehen. Was spricht dagegen?

Nun, dagegen spricht, dass eben nichts in Ordnung gebracht, sondern nur der Schein gewahrt war. Die Ministerin war an der *Sapor Modellbau* immer noch als Gesellschafterin beteiligt, auch wenn sie dem Amtschef Seitz gegenüber etwas anderes behauptet hatte. Das Ehepaar kann auch einbezogen gewesen sein, als Sandner drei Jahre später die Rückverlegung Steigerwalds nach Ansbach verhinderte, denn Sandners Anwalt berief sich auf sein Wissen betreffend die frühere Leitung des Geschäfts durch »Christine« und seine Bekanntschaft mit deren Ehemann.[235] Frau Haderthauer verstieß möglicherweise aufgrund ihrer fortbestehenden Beteiligung als geschäftsführende Gesellschafterin an der *Sapor Modellbau* weiterhin gegen das Ministergesetz.[236] Verteidigt man aber jemanden, der in seinem Amt ohne Not Dinge falsch macht, die er auch richtig machen könnte, wird dieser weiterhin falsch handeln und alle, die ihn einmal gestützt haben, zu weiterem falschen Handeln zwingen.

Warum die Sache aufflog

Wie im Fall Groër erwies sich die Chefetage als unfähig, den Missstand zu beseitigen. Wiederholung der Grundlektion: Ohne Widerstand von unten gibt es keine Korrektur.

Dass die Haderthauers aufflogen, verdankt sich einem Zufall von historischer Ironie. Er lohnt einen kleinen Umweg.

Im BKH Straubing war nämlich zeitweise[237] auch Gustl Mollath untergebracht, der 2013 als Justizopfer bundesweit bekannt wurde. Mollath war wie Roland Steigerwald ein Autofan und vor seiner Verurteilung Inhaber einer Werkstatt gewesen, die Oldtimer – echte, keine Modelle – restaurierte. Seine Vorgeschichte: Mollaths Frau hatte als Angestellte der Hypovereinsbank jahrelang Bargeld in Millionenhöhe in die Schweiz geschmuggelt, um es der Steuer zu entziehen – Geld von Kunden der Bank mit Wissen der Bank. Als die Ehe zerbrach, machte Gustl Mollath diese Schwarzgeld-Aktivität dafür verantwortlich und zeigte sie bei Staatsanwaltschaft und Steuerfahndung an. Seine Frau beschuldigte ihn im Gegenzug der Körperverletzung bei einem Ehestreit. In einem dramatischen Prozess am Landgericht Nürnberg-Fürth im August 2006 schnitten die Richter Mollath das Wort ab, wenn er von Schwarzgeld-Geschäften sprechen wollte, und ordneten wegen paranoider Wahnvorstellungen seine Unterbringung in der Psychiatrie gemäß § 63 StGB an.

Diese epische Geschichte wird hier maximal verkürzt wiedergegeben. Inzwischen ging sie bundesweit durch die Presse, und fast jeder hat sich eine Meinung gebildet. Oft hört man, dass Mollath vermutlich ein schwieriger Charakter und an seinem Schicksal *nicht unschuldig* sei. Ich will das an dieser Stelle nicht diskutieren, halte aber fest, dass

– Mollaths Schwarzgeld-Vorwürfe sich als begründet erwiesen, also keine Wahnvorstellungen waren,

und

– die einmalige Körperverletzung der Frau, selbst wenn sie wirklich stattfand (Mollath bestreitet sie), niemals einen Aufenthalt im Maßregelvollzug gerechtfertigt hätte. Die rechtlichen Voraussetzungen für eine Unterbringung in der Psychiatrie fehlten.[238]

Für den inzwischen geschiedenen Mollath bedeutete Straubing den Verlust seiner bürgerlichen Existenz: Er wurde faktisch enteignet, entmündigt, isoliert. Jahr für Jahr bestätigten Psychiater seine mentale

Störung. Bei jedem Transport Hand- und Fußfesseln. Bei einer Disziplinierungsmaßnahme jede Nacht alle zwei Stunden den Lichtkegel einer Taschenlampe im Gesicht.[239] Zu Einsamkeit und Erniedrigung kam eine trostlose, stupide Arbeitstherapie, das Einklicken von Vorhangrollen. Mollath wandte sich an Steigerwald, ob er nicht beim Modellbau mitwirken dürfe: Als ehemaliger Oldtimer-Spezialist, Tüftler und Bastler wäre er prädestiniert gewesen. Steigerwald hatte nichts dagegen, doch die Klinikleitung ignorierte sämtliche Anträge. Vielleicht wollte man verhindern, dass der wache, kritische Mollath Einsicht in das zweifelhafte Geschäftsmodell bekam. Mollath verarbeitete weiterhin eimerweise Vorhangrollen; nebenbei ein eklatanter Verstoß gegen den Zweck der Therapie, die Krankheiten und Verletzungen positiv beeinflussen soll. Wer kreatives Talent ignoriert und behindert, will nicht heilen, sondern krank machen. Nachdem der Bundesgerichtshof das Urteil gegen ihn bestätigt hatte,[240] war Mollaths Lage aussichtslos.

Im fünften Jahr seiner Haft erfuhr er von dem Buch *Macht und Missbrauch*,[241] in dem der ehemalige Ministerialrat Dr. Wilhelm Schlötterer die Korruptionspraxis bayerischer Ministerpräsidenten seit Franz Josef Strauß beschreibt. Mollath schilderte dem Autor in einem Brief seine Lage. Dr. Wilhelm Schlötterer fand die Ausführungen des angeblich Wahnsinnigen geordnet und plausibel. Er erkannte die haarsträubenden Verfahrensmängel und Rechtsverstöße bei Mollaths Verurteilung und machte die Presse darauf aufmerksam. Das ARD-Format *Report Mainz* widmete dem Fall Mollath einen Bericht, der am 13.12.2011 ausgestrahlt wurde,[242] weitere ARD-Berichte folgten. Nun kam eines zum anderen: Eine Bloggerin namens Ursula Prem sah diese Doku im Fernsehen, rief Mollath an und forschte auf eigene Faust über das BKH Straubing. Mollath erzählte ihr vom Alltag in Straubing, der Arbeitstherapie und nebenbei von seinen vergeblichen Versuchen, im Modellbau mitzuwirken. Ein anderer Psychiatriepatient wusste, dass der Chef der Modellbau-Firma Dr. Hubert Haderthauer war, der Gatte der Sozialministerin. Als Ursula Prem ihre Recherchen in einem Blog beschrieb,[243] stiegen die Printmedien ein: *Süddeutsche Zeitung*, *Stern*, *Spiegel* und *Focus*.

Der *Modellbau*-Skandal war also ein Beifang des Mollath-Skandals. Mollath saß damals seit über sieben Jahren in der Psychiatrie. Die *Sapor Modellbau* existierte seit 23 Jahren.

Die Vierte und die Fünfte Gewalt

Schon der Fall Groër wäre ohne Einsatz der Presse nie aufgeklärt worden, und auch bei Mollath und *Sapor Modellbau* spielte die Vierte Gewalt eine bedeutende Rolle. Noch wichtiger aber waren dort, zumindest im Anfangsstadium, Blogger und soziale Netzwerke. Der Journalist Richard Gutjahr beschreibt in einem spannenden Blog vom 5. 11. 2015 unter dem Titel *Die Fünfte Gewalt*, wie die Netzaktivisten Ursula Prem, *Nixe Muschelschloss* und *Ernst von All*[a] sowie der freie Journalist Helmut Reister die *Sapor Modellbau*-Verwicklung von Frau Haderthauer weiter aufklärten, nachdem das Interesse der großen Zeitungen wieder erloschen war.[244]

Warum erlosch es? In Kürze war es so, dass Christine Haderthauer bei den Landtagswahlen im Herbst 2013 in ihrem Ingolstädter Wahlbezirk ein Rekordergebnis erzielte. Der selber aus Ingolstadt stammende Ministerpräsident Seehofer schloss wohl daraus, dass der Modellbau seiner Sozialministerin nicht geschadet habe, und machte sie am 10. 10. 2013 zur Leiterin der Staatskanzlei und Staatsministerin für Bundesangelegenheiten und Sonderaufgaben. *Es gibt nicht viele Medienhäuser, die es auf einen Krieg mit der Staatskanzlei ankommen lassen*, weiß der Journalist Helmut Reister, dessen *Sapor Modellbau*-Artikel in dieser Phase nur noch von der kränkelnden *Münchner Abendzeitung* gedruckt wurden.[245]

Dass die großen Zeitungen dann doch wieder einstiegen, führt Richard Gutjahr auf Taktikfehler der Haderthauers zurück. Der SPIEGEL-Journalist Jürgen Dahlkamp bemerkte: *Politiker fallen selten über den Skandal selbst, sie scheitern viel öfter daran, wie sie hinterher damit umgehen.*[246]

Lügen – Drohen – Mitleid Erregen

Die Haderthauersche Taktik ähnelt verblüffend derjenigen Kardinal Groërs. Es war das Arsenal des Betrügers.

Sie beginnt meist mit Schweigen.

> Pressemitteilung des Ministeriums:
> *Frau Haderthauer hat zu dem gesamten Sachverhalt bisher keine Stellungnahme abgegeben und wird dies auch künftig nicht tun.*[247]

---

[a] Es handelt sich um Pseudonyme.

Das ist die Sprache der Macht, die sich unkontrollierbar wähnt. Groër hatte sich jahrzehntelang auf sie verlassen können. Die Haderthauers aber handelten in Strukturen, die Kontrolle theoretisch vorsahen, und in einer Zeit sozialer Netzwerke, die einspringen konnten, wenn die sogenannten Leitmedien schwächelten. Deswegen währte diese Phase nur kurz.

Beispiele für Ausflüchte, Halbwahrheiten, Lügen: Dr. Hubert Haderthauer erklärte, seine Frau habe sich *nie für die Modellautos interessiert oder in irgendeiner Weise für Sapor Modellbau engagiert.*[248] Christine Haderthauer, als Antwort auf einen Fragenkatalog des SPIEGEL: *In dem Zeitraum, der stets dem öffentlichen Gewerberegister zu entnehmen war, bestand eine Beteiligung an der Firma Sapor Modellbau, deren Geschäfte mein Mann geführt hat.*[249] War der Ministerin nicht bewusst, dass diese Geschäfte des Mannes nie seiner Behörde angezeigt, geschweige denn von ihr genehmigt worden waren? Eine klare Dienstpflichtverletzung.

Klagen: der Opfergestus. Christine Haderthauer in Facebook:

Wer sich weigert, Antworten der Staatsregierung zu Landtagsanfragen zur Kenntnis zu nehmen, dem geht es nicht um die Sache sondern nur noch um das Betreiben von Diffamierungskampagnen. (23. 07. 2014)

Morgen kann man Vorwürfe in der Zeitung lesen, die mein Anwalt bereits gestern widerlegt hat. (30. 07. 2014)

Es ist tatsächlich ungeheuerlich,[250] *was man jeden Tag so über sich erfährt! Nein, ich bin niemals mit Herrn R.S. [Roland Steigerwald] essen gewesen.* (05. 08. 2015)

Drohen: Beide Haderthauers versuchten, kritische Volksvertreter und die Presse einzuschüchtern. Dazu gehörte eine Unterlassungsaufforderung von Frau Haderthauer gegenüber zwei Abgeordneten der Freien Wähler (mehr dazu im Kapitel *Die Organklage*, s. S. 206 ff.). Hier zunächst andere Beispiele, die die Medien betrafen, weil eine solche Drohung die Wende brachte: Der Anwalt der Haderthauers, ein bekannter Medienrechtsanwalt,[251] verlangte von den Medien, bestimmte Behauptungen nicht mehr aufzustellen; bei Zuwiderhandlung werde ein Ordnungsgeld von bis zu 250.000 Euro beantragt. Mit Absender Bayerische Staatskanzlei erhielt die *Süddeutsche Zeitung* eine an andere

Medienhäuser gerichtete Klageschrift des Dr. Hubert Haderthauer zugeschickt, unaufgefordert als E-Mail-Anhang, was als Warnung aufgefasst wurde. Die *Süddeutsche Zeitung* hielt sich daraufhin vorsichtshalber zurück. Die Aktivisten aber recherchierten unbeeindruckt weiter und stellten Dokumente ins Netz, die die Behauptungen der Haderthauers Zug um Zug widerlegten.

Dann ging Haderthauers Anwalt wohl einen entscheidenden Schritt zu weit: Nach einer Sitzung im Rechtsausschuss des Bayerischen Landtags am 3.7.2014 ließ er an die Landtagskorrespondenten von *dpa*, *SZ*, *BR* sowie *ZDF* ein *Informationsschreiben* mit dem *Fazit* verteilen, *dass eine Berichterstattung über Dr. Hubert Haderthauer nicht zulässig sei*.[252] Da das ein unverhohlener Angriff auf die Pressefreiheit war, mussten die Medienhäuser reagieren.

Von nun an ging es Schlag auf Schlag. Die Zeitungen stiegen wieder ein. Der inzwischen 85-jährige Ex-Teilhaber Roger Ponton erfuhr aus der überregionalen Presse von den Preisen für *Sapor* Modellautos und verklagte die Haderthauers auf Schadensersatz wegen arglistiger Täuschung.[253]

Am 21. Mai 2014 durchsuchte die Staatsanwaltschaft München II das BKH Straubing und das Ingolstädter Privatanwesen der Haderthauers.[254] Im Juni 2014 gab es mehrere parlamentarische Anfragen durch alle Oppositionsparteien (SPD, Freien Wähler, Grüne). Haderthauers Rechtsanwalt verschickte noch am 30.6.2014 eine Unterlassungsaufforderung an den *Bayerischen Rundfunk*: Die Behauptung, dass Christine Haderthauer die Geschäfte der *Sapor Modellbau* geführt habe, sei unzutreffend.[255]

In einem Fernsehbeitrag des *Report Mainz* nannte Christine Haderthauer die *Sapor Modellbau*

ein von Idealismus getragenes Engagement finanzieller Art, aber auch mit viel Einsatz meines Mannes für psychisch kranke Straftäter[256]

– ein schönes Beispiel hoheitlichen Abstreitens, das bereits durch seine Form offenbart, was es verbergen will. Die Anhäufung von Substantiven klingt anspruchsvoll und gravitätisch, während gleichzeitig die Richtung der Handlungen verschleiert wird. Das Publikum soll glauben, dass Herr Haderthauer sich uneigennützig für Straftäter eingesetzt habe. Frau Haderthauer, die dabei keine Rolle gespielt haben will (warum eigentlich nicht?), bringt die richtigen Reizwörter (*Idealismus, Engagement, Einsatz*) und suggeriert durch den Zusatz *finanzieller Art*, dass es sich um eine Art Spende für die Straftäter gehandelt habe. Dass der Profit aus dem Engagement in Gegenrichtung floss, nämlich von den Straftätern zu den Haderthauers, geht aus der konkreten Formulierung nicht hervor, nur aus dem Stil. Verräterisch ist nebenbei das Wörtchen *aber*: warum *aber auch* mit viel Einsatz? Gibt es einen Gegensatz zwischen Einsatz und Engagement?

Erfahrung: Wer die Wahrheit sagen will, bemüht sich um Klarheit. Eine unschuldige Frau Haderthauer hätte sagen können: Mein Mann hat sich aus Idealismus für psychisch kranke Straftäter eingesetzt, ohne daran zu verdienen, und ich habe ihn gern dabei unterstützt.

Diesmal hatte Frau Haderthauer mit ihrer Formulierung bei den Medien kein Glück. Der Druck verstärkte sich, und am 1. September 2014 trat sie als Leiterin der Staatskanzlei und Staatsministerin für Bundesangelegenheiten und Sonderaufgaben von allen Staatsämtern zurück. Sie blieb aber Mitglied des Landtags.

Der Untersuchungsausschuss

Wenn ein Führungskader öffentlich des Fehlverhaltens bezichtigt wird, verteidigt ihn seine Organisation reflexhaft, selbst wenn keiner an seine Unschuld glaubt – und gelegentlich bis zur Handlungsunfähigkeit, wie der Fall Groër zeigt. Ein Rechtsstaat, der sich Handlungsunfähigkeit nicht leisten kann, hält für solche Fälle ein ziviles Format bereit, das eine Untersuchung von Fehlverhalten erzwingt, sofern eine sogenannte qualifizierte Minderheit – in Bayern: 20 Prozent der Volksvertreter – dies fordert.

Diese qualifizierte Minderheit fand sich im Bayerischen Landtag nach dem Rücktritt von Frau Haderthauer, obwohl die CSU damals[257] allein regierte. Und so wurde im November 2014 ein parlamentarischer Untersuchungsausschuss eingesetzt, der sich den Namen *UA Modellbau* gab. Neun Abgeordnete wurden von ihren Parteien beauftragt, u. a. ein *mögliches Fehlverhalten* erstens der verantwortlichen bayerischen

Bezirkskliniken (einschließlich Staatsministerien) und zweitens der Staatsministerin a. D. Christine Haderthauer zu untersuchen. Auch die regierende CSU schloss sich dem Antrag an, weil sie die Untersuchung einerseits nicht verhindern konnte und andererseits nicht der Opposition überlassen wollte. Das ist normal. Damit stellte die CSU, da die Parteizugehörigkeit im Gremium der Sitzverteilung im Landtag entsprechen soll, auch im Ausschuss die absolute Mehrheit: fünf von neun Mitgliedern. Die übrigen vier stammten aus drei Parteien: SPD (zwei), Freie Wähler und Grüne (je eins).

Ein Untersuchungsausschuss demonstriert Transparenz und hat insofern eine hohe symbolische Bedeutung, die sich der Staat auch viel kosten lässt. Für den UA Modellbau sichteten die neun Abgeordneten über zwei Jahre hinweg etwa 700 Akten und hörten 81 Zeugen und mehrere Sachverständige. In 37 Sitzungen entstanden 5000 Seiten an Protokollen.

Jede Fraktion durfte mindestens einen Berater beschäftigen. Fast alle diese Berater, die von den Fraktionen extra honoriert wurden, waren Juristen. Der Ausschuss hat nämlich Ermittlungsbefugnisse wie ein Gericht, und nicht jeder Volksvertreter ist mit dem Prozessrecht vertraut.

Die Sitzungen fanden im Münchner Maximilianeum statt, einem Repräsentationsbau aus dem 19. Jahrhundert im Stil der Renaissance, weithin sichtbar am östlichen Hochufer der Isar gelegen. Schon der imposante Ort bezeugt Anspruch und Würde des Formats. Jeder Sitzungssaal hatte einen Zuschauerbereich, sodass Pressevertreter und interessierte Bürger die Anhörungen verfolgen konnten.

Am 4. Dezember 2014 fand die erste, am 23. Februar 2017 die siebenunddreißigste und letzte Sitzung statt.

Am 14. März 2017 berichteten die Abgeordneten der verschiedenen Parteien dem Plenum des Bayerischen Landtages über die Ermittlungsresultate.

Am 23. 2. 2017 wurde der Abschlussbericht des Untersuchungsausschusses an den Landtag fertiggestellt. Man kann ihn bis heute im Netz in einer am 23. 5. 2017 berichtigten Fassung nachlesen.[258]

Er listet auf 198 eng beschriebenen Seiten sämtliche Antragsteller, Mitarbeiter und Mitarbeiterinnen sowie Beauftragte, Zeugen, rechtliche Beistände und Sachverständige auf; ebenso alle Fragen und Unterfragen, die zu klären dem Gremium mit dem Einsetzungsbeschluss aufgegeben worden war. Er benennt Umfang und Herkunft der Akten sowie den Umgang damit während und nach Abschluss der Untersuchungstätigkeit. Er fasst die Zeugenaussagen zusammen und bewertet sie. Dem offiziellen, von der CSU-Mehrheit bestimmten Bericht ist auch ein gemeinsamer Minderheitenbericht von SPD und Grünen[259] sowie die Inhaltsangabe eines damals noch nicht fertiggestellten weiteren Minderheitenberichts der Freien Wähler beigefügt. Eine formal vertrauenerweckende Dokumentation.

Ergebnisse

Nach dieser Materialschlacht aber sagten beide Seiten im Wesentlichen das, was sie schon vorher gesagt hatten; das heißt, beide Seiten behaupteten, dass das, was sie schon vorher gesagt hatten, durch die Untersuchung bestätigt worden sei. In der robusten, polemischen Sprache der Politik klang das so [direktes Zitat aus einer Zusammenfassung des Bayerischen Landtages]:

> CSU:
> *Die gegen Christine Haderthauer erhobenen Vorwürfe hätten sich »als haltlos herausgestellt« und seien »in sich zusammengebrochen«. Der eigentliche Skandal sei, »wie hier mit Christine Haderthauer umgegangen wurde, wie versucht wurde, ihren Leumund und ihre persönliche Integrität möglichst vollständig zu zerstören«.* Dr. Florian Herrmann, stellvertretender Vorsitzender des Untersuchungsausschusses[260]

> OPPOSITION (Minderheitenvotum SPD und Grüne):
> *»Die Betroffene hätte niemals Ministerin werden dürfen. Sie hatte keine Eignung für ein Ministeramt und handelte uneinsichtig, anmaßend und repressiv gegenüber Kritikern und Medien.« Was die Spekulationen um eine Rückkehr Haderthauers in ein hohes politisches Amt betreffe, so könne man dazu »die CSU nur ermutigen, wenn sie sich partout in der Öffentlichkeit lächerlich machen will«.* Ulrike Gote, Abgeordnete der Grünen[261]

Der Abgeordnete der Freien Wähler, Dr. Peter Bauer, problematisierte die Arbeit des Ausschusses selbst:

> Freie Wähler:
> Man sei immer wieder »auf eine Mauer des Sich-Nicht-Erinnerns, des Nicht-Wissens und des Nicht-Beteiligtgewesenseins« gestoßen. Relevante Vorgänge seien zudem nur mangelhaft dokumentiert gewesen. Zahlreiche Anträge der Freien Wähler seien von den anderen Fraktionen im Untersuchungsausschuss geschlossen abgelehnt worden. Prof. (Univ. Lima) Dr. Peter Bauer[262]

Was war passiert? Weigerte sich eine Seite, die Wahrheit anzuerkennen? Waren die Fakten nicht eindeutig? Hatte man nichts herausgefunden oder nichts herausfinden wollen? Die entscheidenden Punkte blieben offen, ohne dass erklärt worden wäre, warum. Zum Beispiel die Gewinne der Firma *Sapor Modellbau*:

> *Schlussbericht* der CSU:
> Auch stimmt der im [Bollwein-]Vermerk gemutmaßte Verdienst des Zeugen Dr. Haderthauer nicht. Insgesamt erwirtschaftete die Firma Sapor Modellbau Modelltechnik GbR nur unbeachtliche Gewinne. (S. 73, Nebenbemerkung im Fließtext)

> Minderheitenbericht SPD und Grüne:
> Für die Firma Sapor Modellbau haben Forensik-Insassen jahrelang hochwertige Modellautos hergestellt, die international zu Höchstpreisen verkauft wurden.[263]

Die gegensätzlichen Bewertungen wurden weder aufgelöst noch kommentiert. Erstaunlich, dass diesem so wichtigen Aspekt im *Schlussbericht* nicht mal ein eigener Abschnitt gewidmet wird.

Auch die Kernfrage, ob Ministerin Haderthauer als Geschäftsführerin der *Sapor Modellbau* aufgetreten sei, wurde nicht überzeugend beantwortet. Ein Vorgang bot sich als direkter Beweis an: Hatte die CSU-Ministerin im Januar 2009 persönlich Roger Ponton im Gewerbeamt Ingolstadt aus dem Gewerberegister löschen lassen? Diese Auskunft erhielt der Leiter des Rechnungsprüfungsamts Niederbayern Eugen Lutz, als er am 23.3.2009 telefonisch beim Gewerbeamt nachfragte. Am selben Tag schickte ihm das Amt per Telefax eine nicht unterzeichnete Gewerbeabmeldung vom 23.1.2009 mit der Vollmachtsurkunde für Christine Haderthauer vom 7.10.1993 als Beleg. Am 14.6.2013 tauchte eine weitere Version der Gewerbeabmeldung vom 23.1.2009 mit einer Unterschrift auf, die an diejenige Dr. Haderthauers erinnerte.[264] Dieser Version nach hätte Hubert selbst, nicht Christine, die Abmeldung vorgenommen. Doch warum hätte er im Januar 2009 eine Vollmachtsurkunde von Christine vorlegen sollen? Das ergab keinen Sinn. Es spricht somit viel für eine nachträgliche Manipulation. An einer Abklärung war die Mehrheit des Untersuchungsausschusses nicht interessiert.[265]

Schlussbericht wie *Minderheitenbericht SPD/Grüne* wiesen auf die nach so vielen Jahren löchrige Aktenlage und die ungenügende Dokumentation in Kliniken und Ministerium hin – die CSU gewissermaßen bedauernd, SPD und Grüne sarkastisch, aber gefasst. Für sie alle, mit Ausnahme des einen Abgeordneten der Freien Wähler, schien der Fall damit erledigt.

Bei der Abschlussdiskussion im Landtag am 14. März 2017 betonten die Sprecher von CSU wie SPD und Grünen ihre gute Zusammenarbeit. Der Vertreter der Freien Wähler blieb unerwähnt. Noch bevor die Berichte schriftlich vorlagen, erklärte Ministerpräsident Seehofer öffentlich, dass Christine Haderthauer rehabilitiert sei und nichts mehr gegen ihre Rückkehr in die Politik spräche.[266] Die Kandidatin selbst hatte schon vor Beginn der Untersuchung in einem TV-Interview prophezeit, dass dies ein *Haderthauer-Entlastungsausschuss* werden würde.[267]

Ich hörte nicht nur einmal, dass das doch eine vernünftige Lösung sei: Fehler passierten eben. Da sei es besser, sie gemeinsam zu begraben und zur Tagesordnung überzugehen, anstatt einander zu zerfleischen und den loyalen Apparat zu blamieren.

Gegenfrage: Wozu dann aber der ganze UA-Zirkus? Er wäre dann nur hoch subventioniertes Rechtsstaatstheater. War er so gedacht?

Die Rolle der Opposition

Nein, so war er nicht gedacht. Das Format des Untersuchungsausschusses ist ein Instrument parlamentarischer Kontrolle der Exekutive. Es reagiert auf die Erfahrung, dass Menschen an der Macht die Fähigkeit zur Selbstkritik und Selbstkontrolle verlieren können, und gilt als scharfes Schwert der Opposition, weil hier schon die besagte qualifizierte Minderheit von 20 Prozent des Parlaments Aufklärung erzwingen kann.

Bedenke aber, höre ich sagen: Auch Demokratie ist letztlich ein politisches Spiel, und jedes Format erweitert nur das Repertoire der Finten. In der Politik geht es erklärtermaßen und vorsätzlich um Macht, da gibt es keine Elefanten, jedenfalls keine unsichtbaren.

Aber was wird aus einem Spiel, wenn die Regeln nicht eingehalten werden?

*Der **Zweck der Verfassung** besteht darin, die politischen Machthaber durch **verfassungsrechtliche Kontrollmechanismen** konsequent **an die Interessen der Bevölkerung zu binden**.*
Jeremy Bentham [Hervorhebungen PM]

Das darf durchaus Spaß machen. Allerdings braucht es Akteure, die diese Bindung einfordern. Und wer soll das sein, wenn nicht die Opposition?

Nun: Im UA Modellbau hat sich für die entscheidenden Anträge keine qualifizierte Minderheit gefunden. Zwei von neun Stimmen hätten gereicht. Der Opposition gehörten vier Abgeordnete an. Aber nur einer von ihnen, der Beauftragte der Freien Wähler, hat wirklich unbequeme Beweiserhebungen gefordert. Er wurde von SPD und Grünen gemeinsam mit den fünf Vertretern der CSU überstimmt.

Wie ist das zu erklären? Im Vorfeld hatten die Sprecher von SPD und Grünen ebenfalls überzeugend Krach geschlagen und dadurch der Affäre staatspolitisches Gewicht gegeben. Ohne sie wäre der Ausschuss nicht zustande gekommen. Während der Zeugenvernehmungen hatten sie scharf gefragt und kritisch kommentiert. Warum vermieden sie es, den Sack zuzumachen? Überlastung? Taktik? Kompromisssucht? Karrierehoffnungen? Fürchteten sie plötzlich die Konsequenz, oder sahen sie den Untersuchungsauftrag als Mittel zu fremden Zwecken: Remmidemmi, um auf die Minderheitenpartei aufmerksam zu machen; Selbstdarstellung, um auf sich selbst aufmerksam zu machen?

Oder eben doch ein unbemerkter Elefant?

Wäre das so überraschend? Die Beauftragten der Machtseite haben einen komfortablen Part. Als absolute Mehrheit bilden sie im Ausschuss eine kompakte Fraktion und strahlen Stärke aus. Sie müssen einfach Vorwürfe abstreiten und die Aufklärung behindern, um ihre Macht zu sichern.

Die Oppositionellen haben zwar – sofern die Vorwürfe berechtigt sind – moralische Vorteile, aus denen sich öffentlich Funken schlagen lassen. Doch im Ausschuss sind sie zahlenmäßig, also schon physisch, unterlegen. Und je kleiner das Gremium, desto stärker greifen die bekannten Gruppenautomatismen: Binnenhierarchie, Machtbindungen, das Bedürfnis nach Akzeptanz durch Mehrheit und dominante Figuren. In diese Gruppendynamik mischen sich weitere gegenläufige Motive: Fraktionssolidarität, Verfassungsauftrag, Gewissen, Karriere, Bequemlichkeit.

Auch ein habituell-professioneller Aspekt ist hier wohl zu beachten. Abgeordnete sind keine Politikmaschinen, sondern Menschen mit Leidenschaften; ihr Handwerk gelingt am besten, wenn sie es lustvoll betreiben. Sie wollen Interessen durchsetzen – ihre eigenen sowie die der Partei. Während sie im Plenum eher en bloc agieren, stehen sie im Untersuchungsausschuss als Solisten unter besonderer Beachtung. Sie üben und profilieren sich dort in einer komplexen Art des politischen Nahkampfs.

Eitelkeit und Ehrgeiz können wesentliche Energiespender sein. Das spricht nicht gegen das Spiel; es kann ihm sogar nützen. Es kann im Übermaß aber auch schaden. Und das Maß ist in menschlichen Dingen immer schwer zu bestimmen, erst recht, wenn die soziale Kontrolle fehlt. Oft spüren die Betroffenen nicht, dass sie die Grenze überschreiten. Oder sie deklarieren die Überschreitung als Akt der Vernunft. Etwa so: Es nützt meiner Partei, wenn ich hier nachgebe. Oder: Wenn die CSU bei den nächsten Wahlen die absolute Mehrheit verliert und koalieren muss, kommen wir jetzigen Oppositionellen für Parlaments- oder Regierungsämter infrage: Landtagsvizepräsidentin … Staatssekretär ... vielleicht sogar Justizminister? Um das werden zu können, darf ich's mir aber mit den CSU-Kollegen nicht verderben. Vor allem darf ich den Apparat nicht gegen mich aufbringen. Nebenbei: Schone ich ihn, käme seine offensichtliche Überloyalität auch mir zugute.

Eine Ausnahme

Man sagt: So sei eben Politik. Dagegen komme man nicht an. Man spare viel Kraft, wenn man es hinnehme.

Ich weiß es nicht besser. Dass ich dennoch von dem Fall erzähle, liegt an dem einen Abgeordneten, der sich gegen den pragmatischen Konsens sperrte, und an dessen Rechtsberater, der sein Bemühen um Aufklärung düpiert sah. Beide widerstanden dem Konsensdruck in den Sitzungen und legten später einen eigenen Minderheitenbericht vor, in dem sie grundlegende Zweifel an der Aussagekraft der Beweiserhebungen anmeldeten: Verdacht auf uneidliche Falschaussagen, Aktenkosmetik, Aktenschwund, irreguläre Behandlung behördlicher und privater Dokumente.

Offiziell wurde dieser Bericht weitgehend ignoriert. Doch ist er in mehrfacher Hinsicht verdienstvoll: als Zeugnis zivilen Einsatzes, als scharfsinnige Analyse unzulänglichen Materials und als Muster demokratischer Hartnäckigkeit und Zivilcourage. Er legt die informellen Spuren der Macht bloß und zeigt uns den Elefanten, dem elementare rechtsstaatliche Prinzipien geopfert wurden. Deswegen lohnt es sich, von der Sache zu erzählen.

Zwei Widerständler

Der Solist ist Dr. Peter Bauer, Mitglied der Freien Wähler für den Kreisverband Ansbach-Land. Er kommt aus der bayrischen Provinz: geboren 1949 in Schönwald/Oberfranken, war er bis 2008 Zahnarzt mit eigener Praxis in Sachsen bei Ansbach, seit 1987 in Mittelfranken dazu kommunalpolitisch aktiv.[268] In den Landtag gewählt wurde er erst 2008, mit 59 Jahren. Vielleicht deswegen hat er immer noch den Habitus eines ernsthaften Volksvertreters. Er wirkt uneitel, durch unspektakulären Auftritt und starken Akzent volkstümlich. Er strahlt Gutmütigkeit und Aufrichtigkeit aus, keine aufgesetzte Eleganz oder Schneidigkeit. Aber er beeindruckt durch Klarheit in Haltung und Ausdruck und das Talent, schnell auf den Punkt zu kommen. Und er handelte konsequent so, wie er sprach.

Und, ein wichtiger Zufall: Der Rechtsberater, den ihm die Fraktion zur Seite stellte, teilte Dr. Bauers demokratische Leidenschaft. Dieter Eckermann, Jahrgang 1946, war vor seiner Pensionierung 37 Jahre in der bayerischen Justiz tätig gewesen u. a. als Mitglied einer Strafkammer, Staatsanwalt, Strafrichter, Ermittlungsrichter und Vorsitzender eines Schöffengerichts. Er hatte mehrfach offen die Justizverwaltung und das Auftreten der Polizei gegenüber dem Bürger kritisiert und sich in letzterem Fall auch einmal an den Landtag gewandt, wodurch der seinerzeitige parlamentarische Geschäftsführer der Freien Wähler, Florian Streibl, auf ihn aufmerksam wurde. Eckermann war nie Mitglied einer Partei gewesen und erklärte sich zur Mitarbeit nur bereit, wenn er als Berater nicht weisungsgebunden wäre. Das sagte man ihm zu. So kamen Dr. Peter Bauer und Dieter Eckermann zusammen und verstanden sich auf Anhieb: als beseelte, vielleicht sogar naive Demokraten, denen an einer radikalen Aufklärung des Skandals gelegen war.

Hinter den Kulissen

Parlamentarische Untersuchungen werfen eine Fülle von Rechtsfragen auf: formale, verfassungsrechtliche, strategische, beweistechnische, vor allem strafprozessuale, weil die Beweisaufnahmen im Untersuchungsausschuss an strafprozessuale Vorschriften angelehnt sind. Deswegen sind fast alle Ausschussmitarbeiter Juristen: Staatsanwälte, Richter oder Rechtsanwälte, im Amt oder beurlaubt. Sie sind mit ministeriellen Abläufen, Kommunikationsstrukturen und Geheimhaltungspflichten vertraut und im Studium umfangreicher Akten geübt. Im Grunde planen diese Mitarbeiter federführend die eigentliche Ausschussarbeit, da die Abgeordneten mit innerparteilichen und sonstigen parlamentarischen Aufgaben sowie der Stimmkreisbetreuung beschäftigt sind. Später bereiten die Mitarbeiter die einzelnen Sitzungen vor, was nicht weniger aufwendig ist als die Sitzungen selbst, sodass die Fraktionen ihnen eigene Büros zur Verfügung stellen. Der Staat lässt sich, wie gesagt, die Sache was kosten.

Sowie der Ausschuss konstituiert war, wandte sich Eckermann an eine Mitarbeiterin der Grünen: Man könne sich doch mal zusammensetzen und eine gemeinsame Oppositionsstrategie entwickeln.[269]

Ebenso wie im Strafprozess kommt es im Untersuchungsausschuss auf eine sinnvolle Gestaltung der Beweisaufnahme an: Wie gelangt man an die entscheidenden Informationen? Welche zusätzlichen Akten sind beizuziehen, welche Sachverständigengutachten anzufordern, welche Zeugen zu laden? In welchem Abstand und welcher Reihenfolge (d. h., welcher Zeuge muss früher befragt werden, damit man seine Aussagen bestimmten späteren Zeugen vorhalten kann)? Die Terminierung schafft die Dramaturgie des Verfahrens und kann über seinen Ausgang entscheiden. Der Ermittler braucht Erfahrung, um das einschätzen zu können, vor allem aber braucht er eine solide Ermittlungsbasis.

Hier bot sich, geradezu ein Glücksfall, der Fundus von Unterlagen an, den die Staatsanwaltschaft am 21. Mai 2014[270] im Privathaus der Haderthauers und im Bezirkskrankenhaus Straubing bei Durchsuchungsaktionen beschlagnahmt hatte. Die Staatsanwaltschaft ermittelte gegen Dr. Hubert Haderthauer wegen Steuerhinterziehung, interessierte sich also für die gleichen Dokumente. Natürlich durfte man den Staatsanwälten nicht vorgreifen: Die Erste Gewalt (Volksvertreter) durfte nicht den Ermittlungserfolg und damit einen sachgerechten Einsatz der Dritten Gewalt (unabhängige Richter) gefährden. Doch das wäre durch entsprechende Koordination zu gewährleisten gewesen.

Die Grünen-Mitarbeiterin schien zunächst angetan, zog dann aber zurück: Man wolle ohne die SPD-Fraktion, die den Ausschuss-Vorsitzenden stellte, nichts forcieren. Na klar, sagte Eckermann, die SPD gehöre einbezogen. – Ja nein, sie hätten alle nicht so viel Zeit, und man könne doch dann auch gleich den CSU-Mitarbeiter dazunehmen. Eckermann sagte, er habe kein Problem damit, seine Auffassung auch vor dem CSU-Mitarbeiter zu vertreten, doch eine Oppositionsstrategie ergebe sich daraus nicht.

Eine zeitnahe Beiziehung der sichergestellten Unterlagen kam auf diese Weise nicht zustande, weder mit noch ohne CSU. Seltsamerweise wollte die Mehrheit des Ausschusses diese Unterlagen nicht, Monat für

Monat verging mit Ausweichmanövern. Ausschüsse sollen ihre Ermittlungen jeweils innerhalb der Legislaturperiode abschließen, doch da die letzten Landtagswahlen erst 2013 gewesen waren, nahm man sich Zeit: eine Sitzung im Monat, höchstens zwei, und vor allem beschäftigte man sich ausführlich mit Teil eins des Auftrags, nämlich den Missständen in der bayerischen Psychiatrie, was natürlich wichtig war, aber auch von den Modellbau-Ermittlungen ablenkte.

Ab April 2015 standen die wichtigen Zeugenvernehmungen zur Haderthauer-Causa an, und die Unterlagen der Staatsanwaltschaft waren noch nicht mal angefordert. Eckermann sprach mit Dr. Bauer, man müsse jetzt unbedingt an diese Schätze. Es gehört zum Grundwissen der Ermittlungstechnik, dass es besser ist, den Zeugen gleich präzise Vorhalte zu machen, als sie ein zweites Mal zu laden. Konnte es wirklich sein, dass der Ausschuss das nicht hinbekam, obwohl sein Vorsitzender, der eigentlich oppositionelle SPD-Abgeordnete Arnold, gelernter Richter und Staatsanwalt war?

Als Dr. Bauer im Ausschuss auf Beiziehung dieser Akten drängte, stimmte der Untersuchungsausschuss dem Antrag zu, aber nur scheinbar. Das sah so aus: Ja, die Akten der Staatsanwaltschaft seien beizuziehen, und zwar die kompletten Akten; doch erst nach Abschluss der Ermittlungen.

Unglaublich: Damit gab der Untersuchungsausschuss ohne Not die Terminierung aus der Hand! Denn die Staatsanwaltschaft ist dem Ministerium gegenüber weisungsgebunden. Jetzt konnte die Regierung dem Ausschuss Informationen vorenthalten, indem sie die Ermittlungen verzögerte.[271]

Eine Schlüsselsituation

Dr. Bauer und Eckermann schlossen aus all diesen Manövern, dass der Ausschuss nicht wirklich aufklären wollte.[272] Welche Konsequenzen waren daraus zu ziehen? Diese Schlüsselsituation hat wohl jeder Einzelkritiker in dysfunktionalen Gruppen schon erlebt: den Eindruck, dass alle gegen ihn sind und sein Einsatz vergeblich ist. Beharrt er auf der ursprünglichen Aufgabe, reibt er sich auf. Passt er sich an, wird er zum Mitwirkenden einer Gaunerei und verrät seine Prinzipien.

Dr. Bauer und Eckermann gaben nicht auf. Man wollte, wenn man schon nichts erreichte, die Stunden im Ausschuss nutzen, um zumindest auf sinnvolle Weise nichts zu erreichen. Ab diesem Zeitpunkt betrieben sie die Modellbau-Aufklärung als gewissermaßen unqualifizierte Minderheit und beobachteten die Arbeit des Untersuchungsausschusses als Fortsetzung des Skandals.

Auf diese schöne Idee sind Leute immer wieder gekommen: ein bedrückendes Geschehen einfach möglichst genau zu beschreiben. Im Nachhinein hat die Methode der Menschheit bedeutende Erkenntnisse beschert, und sie sei hier ausdrücklich gewürdigt und empfohlen. Doch ist sie anspruchsvoll und kräftezehrend, denn sie fordert geistige Präsenz und Konzentration in einer Situation ständiger Ohnmacht. Eine Garantie, dass sie eines Tages fruchtet, gibt es nicht. Nur Hoffnung. *Not everything that is faced can be changed, but nothing can be changed until it is faced.* (James Baldwin)

Weitermachen

In der Folge stellte Dr. Bauer weiterhin Beweisanträge. Eckermann warb nicht mehr im Vorfeld um Unterstützung; das sparte Kraft und ermöglichte konzentriertes Arbeiten. Fast alle Anträge wurden von der Mehrheit der anderen abgelehnt, doch man wollte sich nicht hinterher vorwerfen lassen, sie nicht gestellt zu haben.

Für Eckermann wurde eine Art grimmiger Sport daraus, detaillierte und überzeugende Anträge auszuarbeiten, die möglichst schwer abzulehnen waren. Denn nur so konnte man die Aufklärungsdefizite deutlich machen. Je schwerer sie abzulehnen waren, desto mehr Unmut erregte Dr. Bauer innerhalb des Gremiums. Viele Ablehnungen waren fadenscheinig: Brauchen wir nicht, wieso noch mehr Zeugen, wir haben schon genug Akten, bindet unnötig Arbeitskräfte in der Geschäftsstelle, die müssen ja alles kopieren. Manche Juristen im Ausschuss machten sich über Dr. Bauer lustig: Das sei doch kein richtiger Beweisantrag, da habe man wohl diese und jene juristische Feinheit übersehen. Als Nichtjurist konnte Dr. Bauer die Angriffe nur schwer parieren; Wortmeldungen der Berater aber galten als unzulässig, Eckermann durfte dem Abgeordneten gerade ins Ohr flüstern oder Zettel zuschieben. Manche Begründungen hatte Eckermann bewusst an Beweisbeschlüsse in Untersuchungsausschüssen des Bundestags angelehnt, die besonders überzeugend formuliert waren. Aber auch diese Begründungen wurden angegriffen, und es hätte eines Juristen bedurft, sie zu verteidigen. Dr. Bauer hatte die Statur, den Spott hinzunehmen, ohne ihn seinem Berater vorzuwerfen.

Bei der Anhörung der Zeugen lief es ähnlich. Es traten auf: ehemalige oder aktuelle Angehörige der psychiatrischen Kliniken Ansbach und Straubing, vom Pfleger bis zum Chefarzt; Sachbearbeiter des Gewerbeamts Ingolstadt; der Leiter des Rechnungsprüfungsamtes in Niederbayern; etliche Ministeriale. An manchen Zeugen kam man nicht vorbei, es gab aber auch wesentliche Zeugen, die die Ausschussmehrheit *nicht* hören wollte, obwohl ihr Bericht die Angelegenheit in einem ganz anderen Licht hätten zeigen können. Eine junge Beamtin, Zeugin eines brisanten Details,[273] ließ sich per Attest wegen momentaner Vernehmungsunfähigkeit entschuldigen. Dr. Bauers Antrag, sie ein weiteres Mal vorzuladen, wurde abgewiesen.

Auch die Haderthauers kamen nicht, was ihnen eigentlich nicht erlaubt war. Beide sagten kurzfristig unter Berufung auf ihr Recht ab, keine Angaben zur Sache zu machen – sie als Quasi-Beschuldigte, er als deren Ehemann.[274] Der Ausschuss, mit Ausnahme von Dr. Bauer, nahm es hin. Zwei Zeugen, deren Vernehmung gemeinsam beschlossen worden war, wurden nachträglich von der Zeugenliste gestrichen, ohne dass man Dr. Bauer dazu angehört hätte.

Die meisten übrigen Zeugen konnten oder wollten sich nicht an brisante Vorgänge erinnern, bagatellisierten, erklärten sich für unzuständig. Einige logen offensichtlich oder verstrickten sich in Widersprüche. Der Ausschuss zog letztlich keine Konsequenzen.

Und während er in dieser Art ermittelte, wurde er von der Justiz links überholt: Plötzlich waren beide Prozesse gegen die Haderthauers abgeschlossen, Christines in Ingolstadt mit einem Schuldspruch per Strafbefehl wegen Steuerhinterziehung mit einer Geldstrafe von 30 Tagessätzen,[275] Huberts beim Landgericht München II mit einem Schuldspruch wegen Steuerhinterziehung und versuchtem Betrug mit einer Geldstrafe von 270 Tagessätzen zu 70 €,[276] und da beide Gatten ihre – geringen – Strafen akzeptierten, war der Abschluss rechtskräftig.

Wenn aber ein Abschluss rechtskräftig ist, müssen die beschlagnahmten Asservate grundsätzlich an die letzten Gewahrsamsinhaber zurückgegeben werden, das ist rechtsstaatliches Gebot. Letzte Gewahrsamsinhaber waren überwiegend die Bezirkskliniken Ansbach und Straubing sowie die Haderthauers selbst, die diese Unterlagen jetzt vernichten durften. Jeder ernsthafte Ermittler hätte sofort versucht, mit allen rechtlich zur Verfügung stehenden Mitteln diese Unterlagen für den Untersuchungsausschuss zu sichern, nachdem die entsprechenden FW-Anträge im April und Mai 2015 unterlaufen oder abgelehnt worden waren. Die Ausschussmehrheit war aber nur an einigen wenigen der sichergestellten Unterlagen interessiert und beantragte im März 2016 noch für einzelne Asservate eine Anschlussbeschlagnahme beim zuständigen Amtsgericht. Als der Ausschuss-Vorsitzende Arnold bedauernd kundtat, dass es wohl knapp werden würde mit diesen Asservaten, konnte Eckermann sich nicht enthalten, Dr. Bauer vernehmlich zuzuflüstern: »Man hat's versemmelt!«, was formal natürlich nicht in Ordnung war und den Vorsitzenden empörte.[277]

Psychologische Zwischenbemerkung

Beide, Dr. Bauer wie Eckermann, berichten von der Erfahrung einer kompakten Ablehnung, die ihnen im Gremium entgegenschlug.[278] Diese Erfahrung scheint typisch zu sein, weshalb ich ihr einen Abschnitt widme, obwohl sie schwer greifbar ist und sich durch Rückfragen an die andere Seite kaum verifizieren lassen wird. Ein Zeuge eines ähnlichen Verfahrens nannte sie *Immunreaktion* – eine tiefe, wie organisch wirkende Abstoßung, die sich aus dem rationalen Disput nicht ergibt.

Woher könnte sie rühren, in einem so ritualisierten Geschehen? Schließlich ist der Untersuchungsausschuss ja erklärtermaßen ein Beschwerdeformat, das kritische Intervention legitimiert und fordert.

These: Das Format funktioniert nur, solange die Mehrheit der Beteiligten sich an die Regeln hält, also sachlich und themenbezogen verhandelt. Wenn nun im Hintergrund ein anderes Thema dominiert, das nicht beim Namen genannt werden darf, wird die Gruppe dysfunktional.

Der unsichtbare Elefant auch in diesem Zimmer ist: die Macht. Nicht benannt wurde sie, weil sie anscheinend diejenigen, die sie zu kontrollieren vorgaben, vollkommen beherrschte. Offiziell sollte aufgeklärt werden, ob Fehlverhalten einer Ministerin vorlag. *Fehl* ist ein moralischer Begriff. Der Auftrag zieht eine moralische Kategorie in das politische Dominanz-Spiel ein, nach innen, indem er sich an das Gewissen richtet, nach außen, indem er Anhaltspunkte für soziale und politische Prüfung setzt. Ein Ausschussmitglied, das laut gesagt hätte: *Ich hintertreibe die Aufklärung, weil mir das nützt*, wäre aus dem Gremium geworfen worden. Also sagte es keiner, und weil es ja auch irgendwie ehrenrührig war, hat es vermutlich auch keiner klar gedacht.

Je mehr Gremiumsmitglieder aber einen solchen Gedanken unterdrücken, desto virulenter wird er, bis er als Popanz das Setting beherrscht. Auf einmal haben wir eine ganze Gruppe, die Aufklärung nur darstellt, ohne sie wirklich leisten zu wollen, und das auch noch unter den Augen von Presse und Öffentlichkeit: ein hochgradig artifizielles Stück, bei dem der legale Anschein unbedingt gewahrt werden muss, weil sonst alle blamiert sind. Dieses Stück verlangt entweder beträchtliches schauspielerisches Vermögen oder ein ordentliches Maß Verdrängung; vor allem aber verlangt es Konsens – Konsens gern in Form eines Schlagabtausches, doch eben eines Schlagabtausches, der die geheime Orientierung nicht verrät. Eine Verweigerung dieses Konsenses wird in solchen Gruppen als Bedrohung gesehen: Je abwegiger eine Gruppe handelt, desto mehr Solidarität fordert sie ein.

Und: Je höher der Einsatz, desto größer gegebenenfalls die Blamage. Einem bei Unregelmäßigkeiten ertappten Geschäftsmann wird man möglicherweise ein Versehen zugestehen. Ein Abgeordneter aber, der die Aufklärung, zu der er öffentlich angetreten ist,[279] vereitelt, verrät das Volk. Bloßstellung, also Scham, gehört zu den schlimmsten menschlichen Erfahrungen, und je falscher einer nach aktuellen Begriffen handelt, desto mehr muss er sie fürchten. Die äußeren Maßstäbe ersetzen hier die inneren: Selbst wenn er vielleicht nicht weiß, was richtig *ist*, weiß er doch, was in den Augen der anderen als richtig *gilt*, und je weniger innere Maßstäbe er besitzt, desto stärker ist er auf äußere Anerkennung angewiesen.

Noch etwas: Menschen haben immer mehrere Motive, die nebeneinander herlaufen. Ihr Hauptmotiv kann von Umfeld zu Umfeld wechseln. Viele Motive sind gesellschaftlich determiniert, doch es gibt auch intrinsische Antriebe, und nur sie festigen das Individuum. Begriffe dafür sind Selbstachtung, Gewissen, Sehnsucht nach Integrität. So schwer sie allgemein wie im Einzelfall fixierbar sind, so präsent sind sie im täglichen Leben. Zum Beispiel fiel mir in allen hier angesprochenen Kreisen auf, dass opportunistisches, also prinzipienlos egoistisches Handeln von niemandem gebilligt wird. Man billigt es bei anderen nicht und bei sich selbst nicht. Nicht mal die Opportunisten selbst wollen sich für opportunistisch halten, je opportunistischer sie sind, desto weniger. Das führt zu abenteuerlichen Rationalisierungen. Empfindliche Opportunisten können sich schon durch die pure Gegenwart eines Menschen provoziert fühlen, der in derselben Situation unopportunistisch handelt. Auch das könnte die genannte *Immunreaktion* begründen.

Ich hörte den Einwand: Das seien doch *nur* Befindlichkeiten und Einbildungen, die ein so hartes Spiel nicht wirklich beeinflussten. Dem widerspreche ich: Empfindungen und Einbildungen bestimmen wesentlich unser Leben, und je weniger sie uns bewusst sind, desto mehr. Gerade die Vorgänge um Machtmissbrauch und seine Verteidigung sind ein eminent psychischer Vorgang: moralisch strapaziös und deswegen von hoher irrationaler Energie.

Praktisch bedeutet das: Wohl jeder, der in und an einer dysfunktionalen Gruppe Kritik äußert, wird diese kompakte Ablehnung zu spüren bekommen. Je besser er die Gründe der Ablehnung begreift, desto besser kommt er damit zurecht. Ich habe Leute getroffen, die von dieser *Atmosphäre* (genauer beschrieben sie's nicht) so schockiert waren, dass sie sich ihr nie mehr aussetzen wollten. Dabei hätten sie sich sagen können: So unangenehm sie wirkt, sie meint nicht dich. Sie ist ein Ausdruck von Fremdbestimmung, Unsicherheit, Angst und Scham. Dieselben Leute, die dir jetzt zornig und argwöhnisch begegnen oder dich sogar meiden, können später unter anderen Umständen sagen, sie seien insgeheim immer deiner Meinung gewesen.

Symptome: Vorwürfe und Wutbriefe

Wie eine solche Fremdbestimmung sich auf die Psyche der Beteiligten auswirkt, zeigen drei Vorfälle aus dem Untersuchungsausschuss.

Zum Ersten sei vorab erklärt, dass die Beweisanträge jeweils im nicht öffentlichen Teil der Sitzung besprochen wurden. Danach, im öffentlichen Teil, verkündete der Vorsitzende alle Beschlüsse, die Beweisanordnungen enthielten, und nur sie. Abgewiesene Anträge erwähnte er in der Regel nicht. So erfuhr das Publikum nichts von offenen Fragen und Kontroversen; ihm präsentierte man eine scheinbar reibungslos und kraftvoll schnurrende Maschine. Einmal wandte sich Dr. Bauer deswegen an die Medien, und die *Süddeutsche Zeitung* zitierte seinen Satz, er fühle sich im Gremium *ausgebremst*.[280]

Die Kollegen scheinen das als Verrat empfunden zu haben. Warum nur? Selbstverständlich durfte der Abgeordnete sich an die Presse wenden. Er musste es sogar, wenn er Schaden für den Rechtsstaat befürchtete, denn er war seinem Auftrag und seinem Gewissen verpflichtet, nicht der Gruppe. Umgekehrt hätte eine transparent arbeitende und redlich argumentierende Gruppe von seiner Initiative nichts zu fürchten gehabt.

Am selben Morgen aber schickte der Ausschussvorsitzende, immerhin Angehöriger der oppositionellen SPD, an Dr. Bauer eine kurze, scharfe E-Mail,[281] in der er ihm vorwarf, den *rechtlichen Rahmen* für den Untersuchungsausschuss und entsprechende Beweisanträge nicht zu kennen, obwohl er, der Vorsitzende, ihm das alles *bis zur Erschöpfung erläutert* habe. *Von der Mehrheitsfähigkeit der Antragsrudimente ist hier gar nicht zu schreiben.* Dr. Bauers Äußerungen in der Presse seien *unverschämt,* *[...] aus meiner Sicht bewusst der Wahrheit zuwider* und *eigensüchtig*. *Aus bislang persönlicher Verbundenheit* sei man aber *bereit*, ein klärendes Gespräch zu führen.

Kann der Vorsitzende recht gehabt haben?

Nein, keinesfalls; schon der Ton disqualifiziert die Botschaft. Offenbar weiß der Vorsitzende, dass er dem Abgeordneten nichts verbieten darf, und will ihn ins Unrecht setzen, indem er Dr. Bauers mangelndes Rechtswissen rügt und sein Vertrauen in den juristischen Berater zu erschüttern versucht. Dieser Teil der Mail ist Bluff. Erstens ist für Beweisanträge durch Abgeordnete keine juristische Form vorgeschrieben, zweitens wird der Vorwurf der Stümperei (*Antragsrudimente*) nur suggeriert, nicht verantwortlich erhoben (denn da steht nur: Von der *Mehrheitsfähigkeit* – nebenbei kein Argument – *gar nicht zu schreiben*). Man erinnere sich an die Pseudovorwürfe der Weihbischöfe zu Beginn des Groër-Skandals (s. S. 33) – es ist die gleiche Methode. Auch in der Vorsitzenden-Mail werden Sachargumente nur angedeutet (*rechtlicher Rahmen*). Und ebenso wie damals die Weihbischöfe argumentiert auch der Vorsitzende moralisch (*der Wahrheit zuwider, eigensüchtig*). Anders als sie aber baut er keine Sicherungen ein: Sein Ton ist ad personam beleidigend und herabsetzend. Es handelt sich um ein selten unbeherrschtes Exemplar des Wutbriefs (s. S. 34).

Ist es legitim, aus dieser E-Mail zu zitieren? Ich meine: Ja. Denn sie war nicht privat, sondern ein Element des Aufklärungsprozesses. Vornehmes Verschweigen würde solche Verhaltensweisen schützen, außerdem gilt es, aus dem Fall etwas zu lernen. Dass unbotmäßige Gremienmitglieder eingeschüchtert werden, geschieht regelmäßig, wenn auch nicht immer so explosiv wie hier. Wer darauf gefasst ist, muss nicht erschrecken und kann in Ruhe weitermachen. Denn die Vorwürfe sind leer. Und sie deuten darauf hin, dass man den richtigen Nerv getroffen hat.

Zwei weitere Vorfälle hatten mit den unermüdlich vorgebrachten Beweisanträgen der Freien Wähler zu tun. Einmal, Wochen nach jenem Wutbrief, fuhr eine Abgeordnete Dr. Bauer an: »Können Sie überhaupt noch in den Spiegel schauen?«[282] Dr. Bauer war baff, denn das war damals in diesem Ausschuss fast das Einzige, was er noch konnte. War die Szene ein Symptom der Spannung, unter der die Abgeordnete stand? Oder zeigt sie nur, wie locker die zivilisatorischen Konzepte sitzen?

Eine Erklärung lieferte der Vorsitzende Arnold in einer weiteren Wut-Mail an Dr. Bauer kurz darauf.[283] Er beklagte die [Hervorhebungen PM] *von allen anderen Mitgliedern so wahrgenommene* **grundsätzliche Pflege der Misstrauenskultur** *von Seiten der Freien Wähler gegenüber den übrigen Beteiligten.*

Mir [...] drängt sich zuweilen der Verdacht auf, dass die Freien Wähler **das Ethos der alleinigen unbedingten Aufklärung** *für sich* **reklamieren**

> wollen und dabei *vorsätzlich auf die Berücksichtigung rechtlichen*[a] *Grundlagen* und Gegebenheiten *verzichten*, um ALLE andern als Bremser, Bedenkenträger und Lakaien oder Hilfslakaien der Staatsregierung zu attackieren. Dagegen wehre ich mich.

Hier wird wohl moralisches Unbehagen in eine moralische Attacke verwandelt. Vielleicht sah der Vorsitzende sich selbst als Lakai oder Hilfslakai der Staatsregierung? Dr. Bauer kann sich nicht erinnern, diese Ausdrücke gebraucht zu haben,[284] Eckermann schließt es für sich klar aus.[285] Übrigens gehört der Trick, eine Kritik zugespitzt mit Empörung zurückzuwerfen (Untertext: *Du willst doch nicht etwa behaupten …*) zum Grundrepertoire von Machtmissbrauchern, denn er zwingt den Kritiker durch die Richtigstellung (*Nein, ich meinte doch bloß …*) in den Rückwärtsgang. Ein weiteres rhetorisches Mittel ist das manipulative abwertende Zitieren: *Misstrauenskultur* (statt *Misstrauen*) suggeriert Fanatismus, *Ethos der alleinigen unbedingten Aufklärung* (statt *Aufklärung*) Hybris.

Die Nadelstiche scheinen dem Absender aber nicht gereicht zu haben. Dr. Bauer wollte unbedingt aufklären, und er war damit allein – genau. Weil beides in einem Untersuchungsausschuss keinesfalls gegen ihn sprach, warf Arnold ihm vor, *vorsätzlich auf die Berücksichtigung rechtlicher Grundlagen und Gegebenheiten zu verzichten*. Diese Einfügung zeigt den Kontrollverlust, denn als ehemaliger Richter und Staatsanwalt musste der Vorsitzende wissen, dass die Beweisanträge der Freien Wähler korrekt und präzis ausgearbeitet waren. Entsprechend liefert er weder ein Beispiel noch einen Beweis für einen Rechtsverstoß.

Ein neues Element ist bei diesem etwa drei Seiten langen Wutbrief der Einsatz von Zuckerbrot zwischen den Peitschenhieben. Arnold drückt sein Bedauern aus, dass er *den 10. 3. nicht als Deinen Geburtstag wahrgenommen* habe, und fährt fort [Hervorhebung PM]: *Deine Wahl zum Stellvertretenden Fraktionsvorsitzenden erfuhr* **auf meine Anregung** *hin die allgemeine Gratulation des Untersuchungsausschusses.* Er versichert den Abgeordneten seiner *höchste[n] Wertschätzung*.

Am Ende erklärt er, dass *eine kompakte Stellungnahme aus oppositioneller*

---

[a] Flüchtigkeitsfehler im Original

Sicht [...] in unserem gemeinsamen Interesse liege, und bittet darum, *bei künftigen Misshelligkeiten oder auch grundsätzlich, den mündlichen oder telefonischen Kontakt zu suchen*, was mit Überlastung erklärt wird, aber wohl das Ziel hat, den Juristen Eckermann auszuschalten, um den juristischen Laien Dr. Bauer zu übertölpeln.

Dr. Bauer fiel nicht darauf herein. Exklusiver mündlicher Kontakt mit solchen Leuten ist gefährlich. Man stelle sich den vorliegenden Brief als »Aussprache« vor: eine inszenierte Standpauke, die den Kritiker mit disqualifizierenden Anwürfen unter Stress setzt und dann schmeichelnd scheinbar auffängt. Selbst ein geistesgegenwärtiger Kritiker, der die Zeichen von Bluff und Selbstverrat im intensiven Redestrom bemerkt, kann sie nicht beweiskräftig festhalten.

Übrigens scheinen die beiden Wutbriefe Dr. Bauer nicht weiter beschäftigt zu haben; er erwähnte sie nur auf Rückfrage, unaufgeregt. Er zeigte sie aber damals seinem juristischen Berater, der den Vorwurf von Rechtsverstößen auf sich beziehen musste. Eckermann verwahrte sich in einem Schreiben an Arnold mit aller Deutlichkeit.[286] Danach gab es keine weiteren Invektiven.

Ende, aber kein Abschluss: Der *FW-Minderheitenbericht*

Die Arbeit des UA Modellbau endete in der beschriebenen Weise: nach außen für die Wähler laute Positionen, nach innen Befriedung. Hinsichtlich der Ex-Ministerin demonstrierte man Dissens, das musste sein. Die Vertuschungen im Ministerium wurden nicht ausgewertet.

Wenn eine solche Prozedur formal abgeschlossen ist, kehren die Beteiligten zum Tagesgeschäft zurück. Vermutlich sind alle erleichtert, die Sache hinter sich zu haben, doch nicht mal die Unzufriedenen hätten die Möglichkeit und Energie, das Ergebnis kritisch aufzuarbeiten.

In diesem Fall lief auch das anders. Dr. Bauer und Dieter Eckermann entschlossen sich zu einem eigenen Minderheitenbericht. Besorgniserregend fanden sie nicht primär die Modellbau-Affäre, sondern die Bereitschaft fast aller Politiker und Behörden, die Ministerin zu decken, und den ungeheuren Aufwand, den man betrieb, um dies zu verschleiern.

Eckermann nahm sich die Zeit. Zwar arbeitete er seit seiner Pensionierung als Rechtsanwalt, stellte diese Tätigkeit aber zurück, um im Sinne des parlamentarischen Untersuchungsauftrags rechtsstaatliche Grundsätze zu verteidigen, also nicht ein subjektives, sondern das allgemeine objektive Recht. Die geringen Erfolgsaussichten waren ihm klar. Dennoch: »Wenn man nichts tut, verbessert sich nichts. Wenn man was tut, verbessert sich vielleicht etwas.«[287]

Schwer genug war die Aufgabe. Der Untersuchungsausschuss ist zwar ein Aufklärungsformat, sodass die zielführenden ebenso wie die zielvermeidenden Schritte Spuren hinterlassen, dennoch war enorme Übersicht gefordert. Hunderte umstrittene Details, Erklärungsvarianten und Ablenkungsmanöver waren zu überblicken und abzugleichen, Akten, Protokolle, Vermerke, Schriftsätze, Notizen, Korrespondenzen. Zudem erfordert es viel Kraft und Moral, gegen den Konsens zu argumentieren. Um Konsens zu verteidigen, reicht allgemeine Zustimmung. Wer ihn aber angreift, muss detailliert und präzise vorgehen. Es spricht nicht gegen einen Untersuchungsausschuss, dass ein Verdacht nicht bestätigt wird: sofern Klarheit ernsthaft angestrebt wurde. Wurde keine Klarheit angestrebt, spricht das ebenfalls nicht gegen das Format, doch gegen die Untersucher. Wer das Ergebnis bezweifelt, greift vor allem sie an und darf keinen Fehler machen. Denn die Angegriffenen werden seine Erkenntnisse mit allen Kräften abwehren und sich auf jede Ungenauigkeit stürzen, um das Ganze infrage zu stellen.

Der *FW-Minderheitenbericht*, fertiggestellt im April 2017, hat 193 eng beschriebene Seiten, die ca. 300 Buchseiten entsprächen, und 640 Fußnoten. Er beschreibt ausführlich die Behinderung der Aufklärung durch staatliche und kommunale Stellen, die mangelhafte Dokumentation relevanter Vorgänge, das Abhandenkommen von Akten(teilen) und sonstigen Schriftstücken und Daten, die Hindernisse bei Vorlage von Akten an den Untersuchungsausschuss, die verzögerte und unvollständige Vorlage der Strafakten, den Verdacht der vorsätzlichen Falschaussage von 13 Zeugen. Er prüft die Beteiligung der Eheleute Haderthauer sowie staatlicher und kommunaler Amtsträger an etwaigen Falschaussagen. Ein eigener Teil ist der Behinderung der Aufklärung durch den Untersuchungsausschuss selbst gewidmet: verzögerte Beiziehung von Strafverfahrens- und Steuerfahndungsakten,

Verzicht auf Auswertung von Asservaten mit potenzieller Beweisbedeutung, abgelehnte Einvernahme bestimmter Zeugen und Sachverständiger.

Zusammenfassend wird das Fehlverhalten verantwortlicher kommunaler und staatlicher Stellen analysiert, die Tabuisierung des Modellbau-Komplexes innerhalb des Ministeriums, das politisch relevante Fehlverhalten der Staatsministerin Christine Haderthauer vor und nach Publikwerden der *Modellbauaffäre*.

Fazit:

Die der Volksvertretung [...] präsentierten Untersuchungsergebnisse sind ein parlamentarisches Armutszeugnis.

Vorschläge zur Verbesserung der rechtlichen Strukturen macht der FW-Minderheitenbericht nicht. Nicht die Normen seien das Problem, sondern ihre Anwendung.

Da es unmöglich ist, die Beweisführung umfassend wiederzugeben, hier nur zwei Beispiele.

Minikrimi I: Verschwundene Aufzeichnungen

Der Patient Steigerwald hatte seit Beginn des Modellbaus im Jahr 1989 detaillierte Aufzeichnungen über sämtliche in Ansbach und Straubing hergestellten und ausgelieferten Modelle geführt. Diese Unterlagen waren sein Eigentum: für ihn selbst Nachweis seines künstlerischen Lebenswerks, also von hoher emotionaler Bedeutung, und für die Ermittlung der *Sapor Modellbau*-Geschäftsergebnisse von erheblichem Beweiswert. Im Herbst 2008 nun erbat der Straubinger Arbeitstherapeut Strell von Steigerwald diese Aufzeichnungen, angeblich für die Verwaltung, nahm sie mit und gab sie nie zurück. Steigerwald bat mehrfach vergeblich darum. Sie blieben verschwunden.[288]

Als Zeuge vor dem Untersuchungsausschuss bestritt Strell bei seiner ersten Vernehmung am 22. Februar 2016, diese *angeblich* existierenden persönlichen Aufzeichnungen erhalten zu haben. Er habe sie nie gesehen. Er erinnere sich nur, von Steigerwald auf ihren Verbleib angesprochen worden zu sein.

Dann tauchte der Aktenvermerk eines Steuerfahnders zu einem Telefongespräch mit Strell vom 24. November 2015 auf. Diesem Mann, sein Name war Stiglmeir, hatte Strell laut Vermerk nur drei Monate vor seiner Anhörung im Untersuchungsausschuss gesagt, er habe die Aufzeichnungen von Steigerwald entgegengenommen und unmittelbar an seinen Vorgesetzten Bemmerl weitergereicht.

Bemmerl, der seinerzeitige Verwaltungsdirektor des BKH Straubing, hatte in einer ersten Vernehmung erklärt, keine vom Patienten Steigerwald stammenden Unterlagen erhalten zu haben. Er habe auch keine angefordert; er wisse gar nicht, warum dies hätte geschehen sollen.

Am 14.7.2016 wurden beide Zeugen erneut vernommen. Strell räumte jetzt ein, den Leitz-Ordner mit den Aufzeichnungen in der Hand gehalten und gesehen zu haben, dass die Aufzeichnungen auch Auskunft darüber gaben, wohin die Modelle verkauft wurden. Allerdings habe er, Strell, sie nicht mitgenommen, sondern Steigerwald an die *ärztliche Schiene* verwiesen. Das erscheint nicht plausibel. Warum sollten Ärzte Botenaufgaben für die Verwaltung übernehmen? Steigerwald hatte ausdrücklich gesagt, Strell habe die Aufzeichnungen für die Verwaltung erbeten und mitgenommen. Welchen Grund hätte er gehabt, das zu erfinden? Gewiss hat er genau hingesehen und -gehört, er gab die Werkaufzeichnungen ja nur ungern heraus. Strells frühere Auskunft an den Steuerfahnder, er habe die Aufzeichnungen direkt Bemmerl übergeben, bestätigt Steigerwalds Erinnerung.

Bemmerl aber blieb bei seiner Aussage: Er wisse nichts von einer solchen *Liste*, habe keine Anweisung gegeben, sie beizuziehen, und sie auch nicht von einem Arzt oder Strell bekommen.

Was könnte Strell und Bemmerl an den Aufzeichnungen interessiert haben? Beide betonten, dass die Modellproduktion in Straubing ausreichend dokumentiert worden sei.[289] Die Notate aus Steigerwalds Ansbacher Zeit aber waren für Straubing bedeutungslos. Offenbar brauchte die Verwaltung den Ordner nicht, um darin zu lesen, sondern um ihn zu beseitigen.

Wer konnte im Herbst 2008 ein solches Beseitigungsinteresse gehabt haben? Eigentlich nur Christine Haderthauer, deren Ernennung zur Sozialministerin damals entweder bevorstand oder schon erfolgt war, und ihr Ehemann. Zeitgleich lief im BKH Straubing eine Kassenprüfung durch das Rechnungsprüfungsamt. Steigerwalds Straubinger Produktion war gut dokumentiert, doch die Ansbacher nicht: Die dortigen Unterlagen waren angeblich[a] turnusmäßig nach zehn Jahren vernichtet worden, was bedeutete, dass es für die Produktion vor 1998 keine Belege mehr gab. Außer eben dem Ordner von Steigerwald. Wer dieses Beweismittel aus der Welt schaffte, konnte viele Spuren verwischen.

Warum hätten Strell und Bemmerl sich dafür hergeben sollen? Bei Strell gibt es die Erklärung, dass er von Bemmerl angewiesen wurde und aus inneren oder Karrieregründen keinen Einspruch erhob. Aber warum behauptete er bei seiner ersten Vernehmung im Untersuchungsausschuss, er habe diese Aufzeichnungen nie gesehen, nachdem er sich drei Monate zuvor bei dem Telefonat mit dem Steuerfahnder Stiglmeir noch an den damals etwa sieben Jahre zurückliegenden Vorgang erinnert hatte? Er war doch nur Befehlsempfänger. Hatte er etwas zu erhoffen? Oder zu befürchten?

Bei Bemmerl lag die Sache anders. Dass er seine Beteiligung auch bei der zweiten Vernehmung abstritt, war verständlich, denn er hätte andernfalls ja über den Verbleib des Ordners Auskunft geben müssen. Die Frage ist: Warum nahm der Ausschuss das hin?

Bemmerl spielte nicht nur in dieser Geschichte eine fragwürdige Rolle: Ab 2012 wurde gegen ihn wegen dienstlicher Unregelmäßigkeiten, die mit der *AT Modellbau* nichts zu tun hatten, ermittelt. Damals deutete er vor verschiedenen Amtsträgern sein Insiderwissen zum Komplex Haderthauer/*AT Modellbau* an,[290] obwohl im Jahr 2012 längst Sandner als Alleininhaber von *Sapor Modellbau* auftrat[291] und die Staatsanwaltschaft sich in Bemmerls Verfahren gar nicht für den Modellbau interessierte. Die Andeutungen können durchaus als latente Drohung an Funktionäre verstanden werden, die die Haderthauers deckten oder gedeckt hatten. Die Episode illustriert die Gefahr der Trittbrettfahrerei als Sekundärfolge von Machtmissbrauch. Bemmerl kam 2014 mit einem arbeitsrechtlichen Vergleich und Einstellung der strafrechtlichen Ermittlungen aus der Sache heraus. Und offenbar vertraute er

---

[a] Sie sind wider Erwarten in diesem Fall doch nicht vernichtet worden. Ein eigener Minikrimi.

auch noch 2016, zwei Jahre nach Abschluss seines eigenen Verfahrens, darauf, dass der Untersuchungsausschuss ihn schonen und seine Version hinnehmen würde. Und kam damit durch.

Der offizielle *Schlussbericht* gibt nur kurz die Aussagen dieser Zeugen wieder, ohne zu interpretieren.[292] Der Minderheitenbericht SPD und Grüne fasst zusammen:

Der Zeuge Bemmerl als damals zuständiger Krankenhausdirektor konnte sich an den Vorgang nicht erinnern. Insofern konnte der Untersuchungsausschuss den Verbleib der Unterlagen nicht aufklären.[293]

Worin liegt die Bedeutung dieses Krimis auf Grundlage der vorliegenden Erkenntnisse?

- Das Verschwindenlassen der Akten war allem Anschein nach eine Vorsatztat, denn fahrlässig *verlegte* Unterlagen wären wohl spätestens bei der Durchsuchungsaktion der Staatsanwaltschaft am 21. 5. 2014 gefunden und als Beweismittel sichergestellt worden. Wer Akten verschwinden lässt, will etwas vertuschen.
- Das vorsätzliche Verschwindenlassen von Akten wäre ein Eigentumsdelikt. Persönliche handschriftliche Aufzeichnungen solcher Art sind ungeachtet ihres realen materiellen Werts höchste private Güter und unersetzbar. Nebenbei gehört ein erheblicher Zynismus zu dieser Tat an einem Psychiatriepatienten, der keine anderen positiven Lebensnachweise besitzt und sich nicht wehren kann.
- Da Strell und Bemmerl kaum als Initiatoren infrage kommen, müssten sie im Auftrag, zumindest im Interesse anderer gehandelt haben. Die Täter müssten ihr Begehr in eine Befehls- oder Gefälligkeitskette eingespeist haben, in der jemand Steigerwalds Notizen händisch in den Schredder schob, verbrannte oder versteckte. Dass zuständige Landtagsabgeordnete nicht mal ansatzweise etwas über solche verborgenen, mutmaßlich illegalen Vorgänge herauszufinden versuchen, ist erstaunlich.

Welche Möglichkeiten hätte der Untersuchungsausschuss gehabt? Nicht viele; doch er hätte die Zeugen Strell und Bemmerl durchaus ein bisschen kneten können. Neben den Tatbeständen der Unterschlagung und der Sachbeschädigung stand inzwischen auch der Tatbestand der uneidlichen Falschaussage im Raum.[294] Dafür wäre die Staatsanwaltschaft zuständig gewesen. Gut möglich, dass zumindest der Zeuge Strell sich angesichts dieser Perspektive besonnen hätte.

Minikrimi II – Der Geheimhaltungsbeschluss Nr. 48

Von den späteren Bestandteilen oder Asservaten der Straf- und Steuerakten, die die Staatsanwaltschaft am 21. Mai 2014 bei einer Durchsuchung des haderthauerschen Privatanwesens und im BKH Straubing konfisziert hatte, war oben schon die Rede. (s. S. 163) Dr. Bauer und Eckermann hielten diese Beweismittel für höchst bedeutsam. Dabei ging es ihnen nicht um das Ergebnis des Steuer- und Strafverfahrens, sondern um Aufklärung zu der Frage, ob, gegebenenfalls wann und inwiefern Christine Haderthauer für *Sapor Modellbau* geschäftsführend tätig war, und um eine Einschätzung der Geschäftsergebnisse (*Verlustgeschäft* oder *enorme Gewinne?*). Dr. Bauer regte also direkt nach Untersuchungsbeginn Ende 2014/Anfang 2015 wiederholt die Beiziehung der Ermittlungsakten an.[295] Eile war geboten, weil Widerstand seitens der Staatsregierung sowie der Haderthauers absehbar war; man brauchte eine Zeitreserve. Im Ausschuss aber geschah nichts. Am 10. April 2015, fast ein Jahr nach der Beschlagnahme, stellte Dr. Bauer einen förmlichen Antrag, in dem auch die Persönlichkeitsrechte der Eheleute Haderthauer diskutiert wurden: Deren Individualinteresse stand dem öffentlichen Aufklärungsinteresse entgegen. Dass das Aufklärungsinteresse höher zu bewerten sei, wurde von Dieter Eckermann ausführlich juristisch begründet.

Daraufhin beschloss der Untersuchungsausschuss am 16. April 2015 die Beiziehung der Ermittlungsakten *spätestens nach Abschluss der Ermittlungen*.[296] Ein trickreicher Zusatz, der Dringlichkeit suggeriert (*spätestens*), aber das Gegenteil bezweckt, nämlich: den Herausgabezeitpunkt der Staatsanwaltschaft zu überlassen.

Als die Vernehmung mehrerer wichtiger Zeugen anstand, auf die man sich vorbereiten musste, stellte Dr. Bauer Mitte Mai 2015 einen neuen Antrag mit dem Hinweis, dass man nicht länger auf diese Akten warten könne. Die Ausübung des Rechts auf Aktenvorlage gehöre zum Wesenskern des Untersuchungsrechts.

> *Da das Gedächtnis von Zeugen aus mancherlei Gründen unergiebig werden kann und Akten gegenüber Zeugenaussagen in der Regel einen höheren Beweiswert haben, würde der Untersuchungsausschuss mit einem Verzicht auf [...] die rechtzeitige Beschaffung entsprechender Akten und [...] Beweismittel [...] seine Aufklärungspflicht in gravierender Weise verletzen.*[297]

Der Antrag führt aus, welche Beweismittel man sich erwartete:

- Gesellschaftsverträge, Vollmachten
- Kommunikation mit Behörden und anderen Personen im Zusammenhang mit Gesellschaften, an denen Christine Haderthauer MdL und Dr. Hubert Haderthauer beteiligt waren oder sind
- Vorgänge, die Aufschluss über Art und Zahl der im Rahmen der »Arbeitstherapie Modellbau« hergestellten Produkte, deren Verbleib, Herstellungsaufwand und etwaige Erlöse geben können
- Vernehmungsprotokolle betreffend Christine Haderthauer MdL und Dr. Hubert Haderthauer zu hier relevanten Vorgängen, sonstige Einlassungen und Erklärungen sowie Zeugenaussagen und sonstige Erklärungen Dritter
- Aktenvermerke und Berichte (insbesondere über Ermittlungsergebnisse) von Staatsanwaltschaft, Polizei und sonstigen – einschließlich vorgesetzten – Behörden
- möglicherweise auch: Sachverständigengutachten

Der Antrag geht auch auf einen Beschluss Nr. 34 des Untersuchungsausschusses vom 23.4.2015 ein, der die Einschätzung der Staatsregierung zu Art. 3 Abs. 1 StRMitglG in allgemeiner Hinsicht erfragt hatte.[298] Er empfiehlt die Einholung eines neutralen Gutachters zu dieser Frage, da die Staatsregierung hier gewissermaßen Partei sei.[299]

Zuletzt thematisiert er den Unwillen der Staatsanwaltschaft, die kompletten Akten herauszurücken. Da man keine hinreichend konkreten Informationen über das Aktenmaterial habe, sei eine *Bezeichnung* einzelner Aktenstücke kaum möglich.

Da es

> im Übrigen nicht Sache der die Akten führenden Stellen sein kann zu beurteilen, welche Aktenstücke der Untersuchungsausschuss als aufklärungsrelevant ansieht, sind die angeforderten Akten nebst etwaigen Beweismittelordnern auf der Grundlage des aktuellen Ermittlungsstands komplett vorzulegen (Art. 25 Abs. 3 S. 4 BayVerf[300]).[301]

Der Antrag fand keinen weiteren Fürsprecher und wurde gemeinsam von CSU, SPD und Grünen abgelehnt.

Am 26.11.2015 unterwarf der Untersuchungsausschuss die gesamten Akten zum Ermittlungsverfahren gegen Hubert Haderthauer der Geheimhaltung – und zwar noch bevor man überhaupt wusste, was drinstand. Der Ausschuss erhielt die Akten erst, *nachdem* er sie für geheim erklärt hatte.

Dieser Beschluss Nr. 48[302] zeigt anschaulich, wie Geheimhaltung organisiert wird, deswegen ein ausführlicheres Zitat [Hervorhebung PM]:

> *I. Die mit Beschluss Nr. 27 vom 16. April 2015 beigezogenen Akten der Staatsanwaltschaft München II [...] werden der Geheimhaltung gem. Art. 9 Abs. 2 UAG[303] unterworfen. [...]*
>
> *II. Aufgrund des Geheimhaltungsbeschlusses gem. Ziff. I. besteht im Hinblick auf den Inhalt dieser Akten die Pflicht zur Verschwiegenheit. Auf § 353b Abs. 2 Nr. 1 StGB wird hingewiesen.*
>
> *III. Bei der Verwertung dieser Akten wird Beweis nur in nichtöffentlicher Sitzung erhoben.*
>
> *IV. Die entsprechenden Teile der Sitzungsniederschriften werden der Geheimhaltung gem. Art. 9 Abs. 2 UAG unterworfen. Die Einsichtnahme erfolgt nur in ein gedrucktes Exemplar, das in den Räumen des Landtagsamts verwahrt wird [...]*
>
> *IX. Die unter Ziff. I. genannten Akten stehen den [...] Berechtigten nach*

Absprache mit dem Ausschussbüro während der Dienstzeiten in den Räumen des Landtagsamts auf einem oder mehreren nicht an das Internet oder andere Datennetze angeschlossenen passwortgeschützten Laptop des Landtagsamts (bloßes Lesegerät) unter Aufsicht des Landtagsamts zur Einsichtnahme zur Verfügung. Ausdrucke sowie Bild- und Tonaufnahmen der Akten sind nicht gestattet. Sämtliche elektronischen Geräte und Datenträger (insbesondere Laptop, Handy, Digitalkamera, Diktiergerät, USB-Stick etc.) sind von den [...] Berechtigten vor der Einsichtnahme abzugeben und werden für die Dauer der Einsichtnahme durch das Ausschussbüro verwahrt. Vom Ausschussbüro werden der Name des Einsichtnehmenden sowie die Dauer erfasst.

X. Bei der Einsichtnahme können handschriftliche Notizen gemacht werden. Diese sind nach der Einsichtnahme dem Ausschussbüro zu übergeben und werden vom Ausschussbüro wie das Lesegerät aufbewahrt.

XI. Durch weiteren Beschluss des Untersuchungsausschusses können **einzelne, nicht dem Steuergeheimnis gem. § 30 AO unterfallende Teile** *der unter Ziff. I genannten Akten sowie entsprechende Teile der Sitzungsniederschriften* **freigegeben** *werden.*

Fünf Anmerkungen zu diesem Beschluss. Er bedeutet

- eine physische Behinderung: Aufsuchen eines beaufsichtigten Raums, Abgabe privater Handys, USB-Sticks, keine Möglichkeit, Notizen im Büro etwa mit sonstigen Unterlagen abzugleichen – schon das Arrangement war eine Belastung und wird die Bereitschaft zum Studium dieser Akten verringert haben.
- eine Verunsicherung: Der § 353 b Abs. 2 Nr. 1 StGB,[304] auf den in II hingewiesen wird, droht mit einer Freiheitsstrafe bis zu drei Jahren. Nicht mal mit Vertrauenspersonen (auch Rechtsanwälten oder sonstigen Fachleuten) darf man über die Inhalte sprechen: Sollten sie etwas weiterplaudern, ist man dran.
- eine Selbstfesselung. In Ziffer XI wird der gleiche Trick wie schon im Beiziehungsbeschluss vom 16. 4. 2015[305] angewandt:

kann freigegeben werden suggeriert, der Untersuchungsausschuss habe hier eine Hintertür offen gehalten. Tatsächlich hat er sie durch die Einfügung

> *einzelne, nicht dem Steuergeheimnis gem. § 30 AO unterfallende Teile*

verschlossen. Denn in dem Verfahren der Staatsanwaltschaft München II gegen Dr. Hubert Haderthauer ging es neben Betrug vor allem um Steuerdelikte, sodass die Akten nahezu komplett dem Steuergeheimnis unterlagen.

– Damit wurde auch ein Teil der Sitzungen nicht öffentlich, nämlich alle, in denen für geheim erklärte Dokumente diskutiert wurden.
– Diese nicht öffentlichen Sitzungen durften auch in den Schlussberichten ohne Zustimmung betroffener Personen und Behörden nicht geschildert werden.

Vermutlich ahnten die Regie führenden Ausschussmitglieder, dass dieser Beschluss Nr. 48 bei Dr. Bauer und Dieter Eckermann auf Unverständnis stoßen würde, denn man stellte ihnen den Entwurf erst am Spätnachmittag des 25.11.2015 zu, am Vortag der Abstimmung. Dr. Bauer wies in der Sitzung am 26.11. darauf hin, dass es bisher zu den ungeschriebenen Regeln des Ausschusses gehört hatte, neue Anträge mehrere Tage vor der Sitzung einzureichen, damit alle Ausschussmitglieder Zeit hatten, sie zu überprüfen. Mehr konnte er nicht tun. Der Beschluss wurde trotz Dr. Bauers Einwänden in der ursprünglichen Form gefasst.[306]

Indem das Gremium die Haderthauer-Unterlagen wie ein Staatsgeheimnis behandelte, stellte es das Privatinteresse einer der Steuerhinterziehung, des Betrugs und eines Verfassungsverstoßes verdächtigen Ministerin über das Interesse des Volkes, von dessen Vertretung es zur Aufklärung berufen worden war. Mit diesem verfassungsrechtlichen Aspekt beschäftigt sich der FW-Minderheitenbericht:

> *Die Ausschussmehrheit hat [sich] mit den Geheimschutzregeln des Beschlusses Nr. 48 vom 26.11.2015 in einem Akt »vorauseilender Demut«*

> [...] den Weg zu einer Mitwirkung bei einer Gewichtung der in Betracht kommenden Interessen verbaut.
>
> Die einschlägige Rechtsprechung der Verfassungsgerichte sieht demgegenüber vor, den Umfang etwaiger Geheimschutzmaßnahmen von einer Abwägung des Steuergeheimnisses, dem übrigens als solchem kein Verfassungsrang zukommt,[307] und (sonstiger) Individualrechte gegenüber dem öffentlichen Aufklärungsinteresse im Einzelfall abhängig zu machen.[308]
>
> Gleiches gilt für die Beachtung des Öffentlichkeitsgrundsatzes in den Sitzungen, dem hier keine geringere Bedeutung zukommt als der Öffentlichkeit der Hauptverhandlung im Strafprozess.[309]

An dieser Stelle sei noch kurz ein weiterer Freie-Wähler-Antrag auf Aktenbeiziehung erwähnt. Er betrifft jene Notiz eines Steuerfahnders aus dem vorigen Kapitel über ein Telefonat mit dem Straubinger Arbeitstherapeuten Strell (s. S. 176). Zum Zeitpunkt dieses Telefonats waren die *strafrechtlichen* Ermittlungen zumindest gegen Dr. Hubert Haderthauer schon abgeschlossen. Die *Steuer*ermittlungen (möglicherweise auch gegen Christine Haderthauer) wurden aber anscheinend fortgesetzt. Dr. Bauer und Eckermann regten daraufhin an, wenigstens die Akten der Steuerfahndungsstelle anzufordern. Auch dieser Antrag vom 21.9.2016 fand keine qualifizierte Minderheit, also auch bei SPD und Grünen keinen einzigen Fürsprecher.

Der *FW-Minderheitenbericht* auf dem Prüfstand

Natürlich durften die Freien Wähler ihren Bericht nicht einfach so ins Netz stellen, da viele Informationen als geheim galten. Etliche offizielle Stellen haben den Entwurf im Zeitraum März / April 2017 geprüft:

- Staatskanzlei
- Sozialministerium
- Justizministerium
- Innenministerium und Landeskriminalamt
- Finanzministerium
- Wirtschaftsministerium

- Gesundheitsministerium
- Bezirk Mittelfranken
- Bezirkskliniken Mittelfranken
- Bezirk Niederbayern
- BKH Straubing
- Landgericht München I (Vorsitzende von 2 Zivilkammern)

Laut Eckermann, der diese Korrespondenz federführend erledigte, umfasste sie weit über hundert E-Mails. Die meisten Sachbearbeiter seien kooperativ gewesen, hätten dankenswerterweise auch auf Unklarheiten und Fehler hingewiesen und, manchmal nach einigem Hin und Her, die meisten Zitate freigegeben.[310] Da das gerichtliche Verfahren gegen Dr. Hubert Haderthauer öffentlich gewesen war, konnten die in öffentlicher Sitzung zur Sprache gekommenen Vorgänge keinen Geheimschutz mehr beanspruchen. Man beachte aber: Ohne den *FW-Minderheitenbericht* wären sie weitgehend geheim geblieben.

Was hat es gebracht?

Wer hat diesen Minderheitenbericht gelesen? Vermutlich niemand außer den Behördenangehörigen, die ihn geprüft haben. Die Politiker*innen und Mitarbeiter*innen der anderen Fraktionen haben sich zumindest öffentlich nicht geäußert, mit Ausnahme des Ausschussvorsitzenden Horst Arnold, der im *Donaukurier* den Freien Wählern *Verschwörungstheorien* vorwarf.[311] Am 5. Oktober 2019 habe ich bei den seinerzeitigen Ausschussmitgliedern Arnold (SPD), Gote (Grüne) und Dr. Herrmann (CSU) per E-Mail nachgefragt, ob sie sich mit den im *FW-Minderheitenbericht* erhobenen Vorwürfen auseinandergesetzt hätten und wie sie dazu stünden. Die ersten beiden haben nicht reagiert. Dr. Herrmann ließ die Sprecherin der Staatskanzlei antworten, dass die Staatsregierung alle Berichte zur Kenntnis genommen habe, aber nicht kommentieren werde.[312]

Auch aus der Öffentlichkeit gibt es keine wesentlichen Rückmeldungen. Sicherlich ist dieser Minderheitenbericht, da mit umständlicher Akkuratesse im klassisch verschachtelten Justiz-Stil geschrieben, für Nichtjuristen keine leichte Lektüre.

Was hat er also gebracht?

Äußerlich nichts. Das ist immer so bei unerwünschten, gewissermaßen ohnmächtig angefertigten Dokumentationen. Wer einen solchen Bericht schreibt, muss damit rechnen, dass er ohne Echo bleibt. Vielleicht verändert er die Lage immateriell. Doch das ist kaum messbar und, solange es nicht aufgegriffen wird, schon gar nicht nachweisbar.

Es gehört zu den ermutigenden Geheimnissen unserer Sprache, dass auch eine nach außen wirkungslose Verteidigung der Wahrheit für den, der sie ausspricht, Befreiung bedeutet. Das gilt nicht nur für die Kunst, die davon lebt. Auch Dieter Eckermann sagt: Alle Mühe, die ihn diese Zusatzarbeit gekostet habe, sei immer noch leichter gewesen als schweigende Hinnahme. Und er betont: Ohne Dr. Bauers klare und aufrichtige Haltung im Untersuchungsausschuss wäre der *FW-Minderheitenbericht* nicht möglich gewesen.

Eckermann glaubt nicht mal, dass der Bericht die CSU-Karriere der Frau Haderthauer beendet habe. Obwohl für diese These einiges spricht: Denn obwohl Frau Haderthauer vom offiziellen Votum der CSU-Ausschussmehrheit und sogar vom damaligen Ministerpräsidenten Horst Seehofer rehabilitiert worden war, zog sie sich im September 2017 aus der Landespolitik,[313] im Dezember 2018 auch aus der Kommunalpolitik[314] zurück. Vielleicht, weil der offiziell nicht zur Kenntnis genommene, aber im Internet verfügbare *FW-Minderheitenbericht* in einem Konfliktfall zu viel Munition gegen sie bereitgestellt hätte?

Eckermann sagt: Das sei Spekulation, und um Frau Haderthauer sei es ihm auch nicht gegangen. Er mache sich zivile Sorgen. Wenn Verwaltungsangehörige scheinbar reflexhaft Akten aus dem Weg räumen und ein Untersuchungsgremium täuschen, um der Regierung zu gefallen, und wenn fast alle Mitglieder des Untersuchungsgremiums dies in Missachtung ihres Auftrags bereitwillig hinnehmen: welche Machtkontrolle ist dann in unserem Staat überhaupt möglich?

Nun, er kannte die Gesetze. Uneidliche Falschaussage vor einem Untersuchungsausschuss ist ein Straftatbestand (§ 153 StGB). Unter Falschaussage fallen auch Dinge, die verschwiegen werden, obwohl sie erkennbar zur Sache gehören. Das Gericht muss Zeugen die behauptete Nichterinnerung nicht abnehmen.[315] Weiter: Die irreguläre Behandlung behördlicher und privater Dokumente und Daten kann strafbar sein, sei es durch Täterschaft einschließlich mittelbarer Täterschaft (§ 25 Abs. 1 StGB) und Mittäterschaft (§ 25 Abs. 2 StGB) und oder durch Teilnahmehandlungen wie Anstiftung (§ 26 StGB), Beihilfe (§ 27 StGB) und Verleitung eines Untergebenen zu einer Straftat (§ 357 StGB).

Deswegen stellte Eckermann am 11. 4. 2017 bei der Staatsanwaltschaft München I Strafanzeige gegen eine ganze Reihe von Zeugen und Amtsträgern wegen des Verdachts solcher Straftaten. Jetzt nicht mehr im Auftrag der Freien Wähler, sondern auf eigene Verantwortung als Bürger dieses Landes.

Eine Strafanzeige

Diese Strafanzeige umfasste vier Seiten. Ihr beigelegt war der FW-Minderheitenbericht. Eckermann verwies auf die Fundstellen für die konkreten Anhaltspunkte und Verdachtsgründe: in der Internetfassung über 20 doppelspaltige Seiten.[316] Die entsprechenden strafrechtlichen Bestimmungen wurden genannt.

Auch weitere Ermittlungsansätze wurden geliefert. Das liest sich so:

<u>3. Zu möglichen Straftaten betreffend »Bollwein-Vermerk«[317] vom 31. 10. 2008 und die Unauffindbarkeit des Leitzordners »Arbeitstherapie Modellbau« im StMAS von Ende 2009 bis 14. 06. 2013 (II. B. 1., C. 3., D. 8. bis 12. 14. des FW-Minderheitenberichts)</u>
[…]
c) Vernehmung – eventuell auch Einholung einer schriftlichen Darstellung – der Zeugin D***[a] (ehemalige Ministerialbeauftragte für den Untersuchungsausschuss) zu den Fragen,
 – ob es zutrifft, dass sie selbst von dem »Bollwein-Vermerk« Anfang/Mitte Februar 2015 Kenntnis erhielt,
 – wann welche verantwortlichen Amtsträger im StMAS – insbesondere die Zeugen Si***, R***, Se*** und H*** – von der Existenz und dem Verbleib des »Bollwein-Vermerks« vom 31. 10. 2008 Kenntnis erhielten,

---

[a] Dieser Name und die folgenden sind verschlüsselt, weil es auf die Klarnamen im Essay nicht ankommt.

- *aus welchen Gründen dieser Vermerk dem Untersuchungsausschuss bis zum 13. 05. 2015 vorenthalten wurde,*
- *ob und ggf. von welcher Seite Anfang 2015 auf die Zeugin Dr. Bollwein eingewirkt wurde, einen nicht ihrem Kenntnisstand entsprechenden Vermerk zu unterzeichnen*

In Deutschland gilt grundsätzlich das *Legalitätsprinzip*, das Strafverfolgungsbehörden zur Eröffnung von Ermittlungsverfahren verpflichtet, wenn sie Kenntnis von Straftaten erlangt haben oder ein Verdacht auf Straftaten vorliegt. Eine Juristin erzählte mir, dass während ihres Referendariats der Abteilungsleiter in der bayerischen Provinz morgens das Kreisblatt las, Berichte von Wirtshausschlägereien und Taschendiebstählen umkringelte und die jungen Staatsanwälte anfuhr: »Ich erwarte die *sofortige* Einleitung von Ermittlungen!« So kann das aussehen.

Normalerweise führt eine Anzeige zur Prüfung des Sachverhalts, die im Fall eines Anfangsverdachts in Ermittlungen mündet. Wenn eine Verurteilung des Beschuldigten *überwiegend wahrscheinlich* ist, wird Anklage erhoben. Dabei darf – ein ganz wichtiger Punkt! – die Staatsanwaltschaft juristische Streitfragen nicht selbst entscheiden und keine Verfahren einstellen, in denen die *nicht geringe* Möglichkeit besteht, dass ein Richter den Angeklagten schuldig spricht. Weiterhin ist der Artikel 3 Absatz 1 Grundgesetz zu beachten: Alle Menschen sind vor dem Gesetz gleich. Und natürlich muss zügig gearbeitet werden, damit keine Verjährung eintritt.

Eckermann rechnete nicht wirklich damit, dass seine Anzeige zu einem Strafverfahren führen würde, und ich habe mit keinem Juristen gesprochen, der das anders gesehen hätte. Warum?

Vor dem Gesetz sind nur theoretisch alle Menschen gleich. Untersuchungen im Umfeld einer ehemaligen Ministerin zum Beispiel sind *Berichtssache*. Berichtssache bedeutet [Hervorhebungen PM]:

Die Staatsanwaltschaften **berichten dem Staatsministerium der Justiz** *in allen Strafsachen, die* **wegen der Persönlichkeit oder der Stellung eines Beteiligten**, *wegen der Art oder des Umfangs der Beschuldigung oder aus anderen Gründen* **weitere Kreise beschäftigen oder voraussicht-**

lich beschäftigen werden, oder die zu Maßnahmen der Justizverwaltung oder der Gesetzgebung Anlass geben können.[318]

Das Ministerium überlässt prominente Fälle also nicht einfach der originär zuständigen Staatsanwaltschaft, sondern will jeweils vorab erfahren, welche Maßnahmen von ihr geplant sind. Denn es möchte gegebenenfalls Einfluss nehmen können. Diesen Einfluss billigt ihm das sogenannte *Weisungsrecht* grundsätzlich zu [Hervorhebungen PM]:

§ 146 GVG (Gerichtsverfassungsgesetz):
Die Beamten der Staatsanwaltschaft haben den dienstlichen Anweisungen ihres Vorgesetzten nachzukommen.[319]

Wegen der *Persönlichkeit und Stellung* der beteiligten Christine Haderthauer war Eckermanns Strafanzeige nach den justizinternen Regelungen selbstverständlich als Berichtssache zu behandeln, was nahelegt, dass in diesem Fall auch die Regierung einbezogen war. Kann ein Justizminister, der ja selbst Mitglied der Regierung ist, Interesse daran haben, dass Beamte angeklagt werden, die ein anderes Regierungsmitglied übereifrig geschützt haben?

Dieses sogenannte Einzelweisungsrecht[a] ist ein justizpolitischer Dauerbrenner. Wenn nämlich die Regierung per Weisung an die Staatsanwaltschaft entscheidet, auf welche Bürger sie die Gesetze anwendet und auf welche nicht, entsteht ein rechtsfreier Raum, der nicht nur Korruption fördern kann, sondern auch die Kontrolle der Exekutive durch die Judikative hemmt.[320] Deutschland ist eines von wenigen europäischen Ländern, die auf diesem Weisungsrecht bestehen, obwohl der Europarat seine Abschaffung fordert.[321]

Dieses Weisungsrecht ist sozusagen ein offizieller Elefant. Denn in der Praxis erklären die Minister und Generalstaatsanwälte gern, sie wendeten es nicht an, insofern existiere es ja eigentlich gar nicht. Und tatsächlich wird es ex officio kaum angewendet: Telefonate oder

---

[a] Einzelweisungsrecht bedeutet, dass nicht generelle Direktiven ausgegeben werden, wie z. B. die mildere Bestrafung bei Marihuanabesitz unter soundso viel Gramm, sondern in einzelne, konkrete Fälle eingegriffen wird.

Bemerkungen zwischen Tür und Angel in Form von Wünschen, Anregungen, Hinweisen sind formal keine Weisungen, faktisch aber doch. Denn sie beziehen aus dem im Hintergrund stehenden Weisungsrecht ihre Kraft und aus dem Berichtswesen ihre Präzision.[322]

Allgemein gehen Juristen davon aus, dass in einer Berichtssache niemand Erfolg haben wird, dessen Anliegen den Interessen der Regierung zuwiderläuft. Dieses informelle Justizwissen ist eine Variante des Gruppenautomatismus:[323] Wenn alle denken, es würde so laufen, dann läuft es so, wie alle denken, auch wenn sie Juristen sind und wissen, dass die Gesetze anders lauten. Das Resultat ist vorauseilender dienstlicher Gehorsam. Dieser Gehorsam nützt den Mächtigen, denn sie kriegen, was sie wollen, ohne sich die Hände schmutzig zu machen. Im Zweifelsfall können sie glaubhaft rufen: Aber das wussten wir doch nicht! Warum nur hat man uns nichts gesagt?

Da das informelle Justizwissen machtkritische Entwicklungen behindert, machte Eckermann den Versuch, es in ein formelles Justizwissen zu überführen. Das ging aber nur auf dem Weg eines förmlichen Verfahrens. Deswegen die Strafanzeige.

Ihr Sinn war die korrekte Durchführung von Ermittlungen und die Einschaltung der *Dritten Gewalt*, also eines gesetzlichen Richters. Denn Richter sind unabhängig und nur dem Gesetz unterworfen,[324] ihnen kann theoretisch niemand Weisungen erteilen. Zwar hängt ihre Beförderung »von oben« ab, und Urteile, die dem angenommenen Regierungsinteresse zuwiderlaufen, gelten als nicht karrierefördernd. Doch gibt es Richter, deren Gesetzesbindung stärker ist als ihr Ehrgeiz.

Die Taktik der Überkomplexität

Mit Eckermanns Strafanzeige wird der Fall überkomplex. Ich kann dieses Stadium nicht weglassen, denn es ist für Machtmissbrauchsfälle charakteristisch. Ich fasse mich aber so kurz wie möglich.

Mit überkomplex meine ich: Ein Fall wird komplizierter, als es vordergründig seiner Bedeutung entspricht, sodass die Aufklärungsmühe in keinem vernünftigen Verhältnis zum Aufklärungsergebnis mehr zu stehen scheint. Überkomplexität kann sich schon bilden, wenn ein Alltagskonflikt nicht rechtzeitig geklärt wurde; sie nützt im größeren

Rahmen aber insbesondere Betrügern und Machtmissbrauchern. Groër ebenso wie die Haderthauers verwischten Spuren, blieben Antworten schuldig, stellten in Abrede, lenkten ab, manipulierten, verwirrten durch widersprüchliche Angaben. Alle drei hätte man in einem frühen Stadium leicht stoppen können. Alle drei ließ man gewähren, bis die Apparate selbst kompromittiert waren und, weil sie zu viel zu verbergen und zu verlieren hatten, selbst die Taktik bedrängter Betrüger übernahmen.

Schon »normale« Betrüger kommen, obwohl sie deutlich mehr Schaden anrichten können als etwa Diebe, vor Gericht in der Regel günstiger davon, weil sie so intensiv Überkomplexität herstellen, dass die Richter den Fall nur noch vom Tisch haben wollen.[325] Machtmissbraucher, die im öffentlichen Leben stehen, kommen sogar noch besser weg, weil sie ungleich mehr Menschen in den Betrug hineinziehen und einen ungleich größeren Vertuschungs- und Ablenkungsaufwand betreiben (können) – so lange, bis keiner sich im Dickicht von Gegendarstellungen und Versionen mehr auskennt.

Der Modellbau-Fall verlief atypisch, weil hier jemand die Überkomplexität nicht scheute. Eckermann war nicht auf ein »realistisches« Ergebnis angewiesen, er hatte die Übersicht und die Kraft und ein Motiv.

Für die Essayistin allerdings wird die Affäre zunehmend schwer darstellbar, denn mit Eckermanns Strafanzeige kommt zum überkomplexen Fall die hochkomplexe juristische Methodik hinzu. Der Fall liegt jetzt in den Händen der Justizjuristen, Spezialisten mit einer eigenen Sprache, die in ihrem Facettenreichtum nur Spezialisten zugänglich ist. Die Justizsprache neigt als formelle Konfliktsprache bereits in sich zur Überkomplexität. Sie ist abstrahierend, taktierend, wehrhaft, rhetorisch, formelhaft, geknüpft an ein verzweigtes System von Normen und Fachbegriffen, die ihrerseits interpretierbar und umstritten sein können. Spuren von Täuschung, Scheinpräzision und Bluff sind auch in dieser Sprache zu entdecken, allerdings meist juristisch maskiert. In einem normalen Zivilverfahren prüfen gegnerische Anwälte diese Äußerungen wechselseitig, günstigenfalls mit Scharfsinn, Präzision und Leidenschaft, ungünstigenfalls mit Manövern, die vom Kern wegführen, um Überkomplexität zu schaffen. Glück hat, wer mit seinem

Recht vor einem gerechten Richter landet, der zwischen Taktik und Substanz zu unterscheiden vermag.

Das Richter-Dilemma

Vermutlich wäre kein Richter scharf auf einen solchen Fall. Versuchen wir, uns seine Situation vorzustellen. Was soll er tun? Erste Möglichkeit: Er kann eine Schneise durch das Sozialministerium schlagen. Aber was ist die Folge? Schon eine milde Bestrafung werden die Kader ihm übel nehmen, denn subjektiv haben sie aus einer Art Treue gehandelt. Die Kollegen anderer Ressorts werden sich mit ihnen solidarisieren. Betroffene werden teure Anwälte engagieren, sofern sie sich das leisten können, oder laut ihre Verbitterung kundtun. Ziemlicher psychischer Stress für den Richter, ganz abgesehen davon, dass die Verurteilten wohl in die nächste Instanz gehen werden.

Zweite Möglichkeit: Soll er alle freisprechen? Schließlich sind die Gesetze für die Menschen da, nicht umgekehrt. Andererseits kann ein Staatsjurist sich eine solche Begründung nicht leisten: Er ist *nur dem Gesetz unterworfen* (Art. 97 Abs. 1 GG) und keinem Gutdünken, weder dem der Obrigkeit noch seinem eigenen. Was tun, wenn Menschen und Gesetze nicht zusammenpassen?

Dritte Möglichkeit: Er kann Fakten und Gesetze scheinjuristisch zu Freisprüchen zurechtdrehen, obwohl er überzeugt ist, dass falsch ausgesagt wurde. Er würde damit sein Gewissen, falls er eins hat, einer irgendwie angenommenen Staatsräson opfern, so wie die Bischöfe im Fall Groër. Doch muss er damit rechnen, dass die nächste oder übernächste Instanz seine Argumentation pulverisiert, und wie steht er dann da?

Normalerweise gibt es keinen Ausweg aus diesem Dilemma: Der Richter muss eine Entscheidung wagen. Vielleicht ist er ja im guten Sinne kreativ. Oder die nächste, vermutlich eher übernächste (überregionale) Instanz findet eine Lösung und schreibt politische oder sogar Rechtsgeschichte.

Das Regierungs-Dilemma

Ganz unabhängig von den denkbaren Entscheidungen der Instanzen: Für die CSU wäre jede Gerichtsverhandlung ein PR-Desaster gewesen. Bestrafte Beamte hätten sich als Märtyrer gefühlt, während die parteipolitisch geführte Regierung als jemand dagestanden wäre, der je nach Perspektive entweder die Beamten nicht im Griff hat oder seine loyalen Mitarbeiter verrät. Schlimmstenfalls hätten die beschuldigten Beamten *Hinweise* von oben preisgegeben und damit die Regierung bloßgestellt.

Und selbst wenn es keinerlei Weisungen gab: Spätestens seit dem Rücktritt von Frau Haderthauer müssen die obersten Verantwortungsträger über die Vorgänge unterrichtet gewesen sein. Theoretisch hätten sie die Sache in Ordnung bringen können und müssen: Fehler einräumen und Korrekturmaßnahmen deklarieren, eine Peinlichkeit zwar, aber keine Katastrophe. Stattdessen vertuschten die großen Verantwortungsträger die Vertuschungen der mittleren und kleinen[326] und machten sich dadurch mitschuldig.

Da also einerseits kein Verantwortlicher eine Klärung wagte und man[327] andererseits diese Klärung auch nicht unabhängigen Richtern oder der Öffentlichkeit überlassen wollte, musste man verhindern, dass es zum Prozess kam.

Die Staatsanwaltschaft antwortet

Am Ende übernahm der Leiter der politischen Abteilung und stellvertretende Behördenleiter der Staatsanwaltschaft München I, Oberstaatsanwalt W***, diese Aufgabe. Er erklärte Eckermanns Anzeige in einem 18-seitigen Schreiben für gegenstandslos, entlastete alle Zeugen, erkannte nirgends Anhaltspunkte für strafbares Verhalten, und falls doch, stellte er fest, dass es verjährt sei. In der Justizsprache nennt man das: einen Fall totmachen.

Bescheid der Staatsanwaltschaft München I an Dieter Eckermann mit Datum 11.8.2017 (das war knapp vier Monate nach Eingang der Anzeige):

Von der Einleitung eines Ermittlungsverfahrens wird nach § 152 Abs. 2 StPO abgesehen.[328]

Bemerkenswert: Ende Mai 2017 hatte die Sprecherin der Staatsanwaltschaft in einer Pressemitteilung noch bestätigt, dass gegen mehrere Zeugen ein Ermittlungsverfahren eingeleitet worden sei (vgl. S. 348, Endnote 338). Schon die Prüfung eines solchen Bescheids ist aufwendig, die Darstellung dieser Prüfung erst recht. Darüber hinaus ist die Darstellung so unangenehm und deprimierend, wie der Vorgang selbst es nun mal ist. Wer das nicht so genau wissen will, möge zum Kapitel *Wirkung* (S. 201) springen.

Für Leute, die die Exotik des Vorgangs kosten möchten, greife ich drei kurze Abschnitte heraus, einen vornehmlich rhetorischen, einen argumentativen und einen politischen.

Ein Staatsanwaltsschreiben I – Rhetorik

Am Beginn des Schreibens steht standardgemäß eine theoretische *Vorbemerkung*, die den rechtlichen Rahmen absteckt. Sie zeigt, unter welchem Aspekt die konkreten Argumente bewertet werden sollen.

Um es vorwegzunehmen: In unserem Schreiben findet sich eine Kombination von Taktiken des destruktiven Diskurses: absichtliches Missverstehen, allgemeine Belehrungen, Ablenkung vom Kern der Sache und Nadelstiche gegen den Adressaten, wobei all das nur angedeutet, nicht direkt formuliert wird. Der destruktive Diskurs verhindert Verständigung, führt den Gesprächspartner an der Nase herum und zwingt ihn auf eine weitere Stufe der Überkomplexität, sodass Dritte sich nicht mehr auskennen und entweder nichts mehr mit der Sache zu tun haben wollen oder instinktiv Partei ergreifen, meist für die Seite der Macht.

Das stärkste dieser Mittel ist das absichtliche Missverstehen, in einem Lehnwort aus dem Englischen auch Strohmann-Argument (*straw man fallacy*) genannt.[329] Der Trick geht – zunächst an einem erfundenen einfachen Beispiel demonstriert – so:

> A: Wir beschäftigen uns nicht mit blauen Kirchen. Denn blaue Kirchen sind usw. (*Belehrungen über blaue Kirchen.*) Und nun behellige uns nicht weiter.

B: Aber ich habe doch gar nicht gesagt, die Kirche sei blau! Sie ist weiß!

A: Für die Behauptung, es handle sich nicht um eine blaue Kirche, wurden keinerlei Anhaltspunkte vorgetragen. *(Ergänzende Belehrungen über Blaue Kirchen.)*

Jetzt muss B erneut bei null beginnen, alles, was er schon vorgetragen hatte, nochmals vortragen und zusätzlich das scheinbare Missverständnis aufklären. Es ist ein zermürbender Vorgang, der beliebig oft wiederholt werden kann, es sei denn, ein unparteiischer Richter schaltet sich ein, der die Kirche in Augenschein nimmt.

Ich zitiere einen Absatz aus der *Vorbemerkung* des staatsanwaltlichen Bescheids. [Hervorhebungen und Satznummerierung PM]

> *[1.] Selbstverständlich ist es **nicht** Aufgabe der Staatsanwaltschaft, die Arbeit des Untersuchungsausschusses und seine Feststellungen einer **allgemeinen Überprüfung** zu unterziehen. [2.] Die Staatsanwaltschaft kann **vielmehr nur dann** tätig werden, wenn aufgrund zureichender tatsächlicher Anhaltpunkte ein Verdacht strafbaren Verhaltens besteht. [3.] Fehlt es an diesem auf konkrete Tatsachen gestützten **Anfangsverdacht** i.S. d. § 152 StPO, ist es den Strafverfolgungsbehörden **verwehrt**, überhaupt Ermittlungen aufzunehmen. [4.] Die Staatsanwaltschaft darf also nicht etwa aufgrund einer Vermutung oder **allgemeinen Einschätzung** »ins Blaue hinein« Ermittlungshandlungen vornehmen, um festzustellen, ob Tatsachen vorliegen, die erst den Verdacht einer Straftat begründen könnten; [5.] vielmehr müssen solche tatsächlichen **Anhaltspunkte** tatsächlich bestehen. [6.] Hiernach stellt beispielsweise der im Minderheitenbericht dargestellte **Gesamteindruck** einer unzureichenden Aufklärungsbereitschaft beteiligter Stellen **für sich allein** keine ausreichende Tatsachengrundlage für die Durchführung eines Ermittlungsverfahrens dar.*

Taktische Mittel, in der Reihenfolge der Sätze:
Satz 1: **Vorsätzliches Missverstehen**. In der Anzeige war es um mutmaßliche Falschaussagen vor einem UA gegangen, nicht um die *Fest-*

stellungen des Untersuchungsausschusses und deren *allgemeine Überprüfung*. (Diese *Feststellungen* sind die blaue Kirche bzw. der Strohmann.) Das vorsätzliche Missverstehen enthält den Vorwurf eines rechtlich unsinnigen Anliegens. Es lenkt bewusst von der Sache ab, um den Adressaten zu beschäftigen und die Begründung des Oberstaatsanwalts logisch erscheinen zu lassen.

Satz 2: **Redundanz**. Allgemeine Rechtsvorschriften werden vorgetragen, die den Fall nicht betreffen. Die Adverbien *vielmehr nur* suggerieren, Eckermann habe keine Anhaltspunkte für strafbares Verhalten vorgelegt, ohne dass das direkt so gesagt würde. Denn tatsächlich hatte Eckermanns Anzeige einen ganzen Katalog von Anhaltspunkten geliefert.

Satz 3: Dasselbe noch mal, also **Redundanz** plus **Missverstehen**, plus **Ablenkung**, diesmal verstärkt durch die moralisch grundierte Vokabel *verwehrt*, als sei das Anliegen des Adressaten komplett abwegig.

Satz 4: **Nadelstiche**. Der Scheinbezug wird diesmal durch die negative, den Adressaten indirekt entwertende Zuschreibung *Einschätzung »ins Blaue hinein«* hergestellt.

Satz 5: **Redundanz** bereits durch Wortwiederholungen im selben Satz (zweimal *tatsächlich*), wobei das auch ein juristischer Manierismus sein kann.

Satz 6: Eine **Kombination der destruktiven Techniken**, durch **Häufeln** zusätzlich redundant. Man beachte, dass zwar in jedem Satz ein Sachbezug suggeriert, doch nirgends verantwortlich formuliert wird.

Übrigens ist das kein Wutbrief, im Gegenteil. Der Wutbrief transportiert Empörung, meidet aber die Sachebene. Unser Bescheid operiert scheinbar auf der Sachebene. Verdächtig sind die Suggestionen und Ablenkungsmanöver, die den Adressaten reizen, kränken und ermüden sollen. Doch formale Fehlleistungen gibt es nicht. Das Ganze ist unpersönlich heruntergeschrieben, äußerlich stimmig, und anders als beim Wutbrief muss man den zugrunde liegenden Vorgang kennen, um die Tricks dieses Bescheids zu durchschauen.

Ein Staatsanwaltsschreiben II – Argumentation

Auf den folgenden 16 Seiten geht es um die einzelnen Zeugen, die jeweils von Oberstaatsanwalt W*** »freigesprochen« werden. Ich greife den Arbeitstherapeuten Strell aus dem *Minikrimi I* um die im Herbst 2008 verschwundenen Aufzeichnungen des Patienten Steigerwald heraus (S. 175 ff.). Zur Erinnerung: Am 24. November 2015 hatte dieser Zeuge dem Steuerfahnder Stiglmeir am Telefon gesagt, er habe im Auftrag der Verwaltung dem Patienten Steigerwald dessen persönliche Aufzeichnungen abgenommen und dem Verwaltungsdirektor Bemmerl übergeben. Am 22. Februar 2016, also drei Monate später, erklärte Strell dem Untersuchungausschuss, er habe diese *angeblich* existierenden Aufzeichnungen nie gesehen. Schon daraus hatte Eckermann einen Verdacht der uneidlichen Falschaussage (§ 153 StGB) abgeleitet, der ein weiterer verdachtsbegründender Vorgang folgte: Als der Untersuchungsausschuss dem Zeugen Strell am 14. Juli 2016 bei einer zweiten Anhörung die Aktennotiz des Steuerfahnders vorhielt, erklärte der Zeuge, die Aufzeichnungen in der Hand gehalten, aber nicht mitgenommen zu haben.

Oberstaatsanwalt W*** war anderer Meinung [Hervorhebungen PM]:

> Hierzu gab der Zeuge Strell an, dass seine Äußerung **möglicherweise** *[von Steuerfahnder Stiglmeir]* **so verstanden worden sein** könnte. Der Zeuge Bemmerl hat allerdings gegenüber dem Untersuchungsausschuss nicht bestätigt, dass er den Ordner erhalten hat und konnte auch nichts über dessen Verbleib sagen.
>
> *Bei dieser Konstellation* lässt sich **bereits in objektiver Hinsicht** der relevante Sachverhalt nicht aufklären. Ob und wie der Ordner an die Verwaltung des BKH Straubing gelangte und sein Verbleib **konnten** im Rahmen des Untersuchungsausschusses **nicht geklärt werden.** […] Weitere erfolgversprechende Ermittlungsmöglichkeiten bestehen **insoweit** nicht. Der Steuerfahnder Stiglmeir **könnte** ebenfalls nur noch einmal auf seinen Vermerk hinweisen.
>
> Zudem bestehen auch **keinerlei Anhaltspunkte** dafür, dass der Zeuge vorsätzlich unwahr aussagte. Bei genauer Betrachtung besteht zwischen den Angaben der Zeugen Steigerwald und Strell **nur eine geringe Diskrepanz.** […] Es wäre […] **nicht unwahrscheinlich,** dass Steiger-

> wald aufgrund der Aufforderung von Strell den Sachverhalt so in Erinnerung hat, dass er diesem dann auch den Ordner gegeben hat. **Ebenso ist möglich, dass** Strell, obwohl er den Ordner erhielt, sich nur noch an die Aufforderung erinnern kann.

Fast jeder Satz ist angreifbar. Wer ihn aber angreift, produziert fünf Sätze (Überkomplexität). Deswegen auch hier nur eine Auswahl (ich folge der Argumentation Eckermanns):

> *nur geringe Diskrepanz zwischen den Aussagen Strells und Steigerwalds:*

Die Aussagen widersprechen sich komplett. Der eine sagte, Strell habe die Aufzeichnungen mitgenommen, der andere, er habe sie nicht mitgenommen. Umgekehrt gibt es überhaupt keine Diskrepanz zwischen der ersten Aussage von Strell gegenüber dem Steuerfahnder Stiglmeir und der Aussage von Steigerwald. Jene erste Aussage Strells erfolgte spontan und ohne Möglichkeit einer vorherigen Absprache. Strell hatte damals kein Motiv, dem Steuerfahnder die Unwahrheit zu sagen. Darauf geht Oberstaatsanwalt W*** nicht ein, stattdessen versucht er, die Aussagen von Strell und Steigerwald mit Konjunktiven einander anzugleichen:

> *Es wäre [...] nicht unwahrscheinlich, dass Steigerwald [...] Ebenso ist möglich, dass Strell [...]*

Ein weiterer Konjunktiv:

> *Hierzu gab der Zeuge Strell an, dass seine Äußerung* [vor dem Steuerfahnder Stiglmeir, PM] **möglicherweise** *so verstanden worden sein könnte.*

Allerdings hat der Steuerfahnder Stiglmeir Strells Äußerung einfach notiert. Für einschränkende Bemerkungen Strells (*... soweit ich mich erinnere, ... ich vermute ...* o. Ä.) gibt es keine Anhaltspunkte. Stiglmeir hat das Gespräch umgehend aufgeschrieben, Missverständnisse oder Irrtümer sind nicht ersichtlich.

Weitere erfolgversprechende Ermittlungsmöglichkeiten bestehen insoweit nicht.

Warum nicht? Es bestand zum Beispiel die Möglichkeit, Strell als Beschuldigten zu vernehmen. Vernehmung ist eine staatsanwaltliche Kerndisziplin. Der Hinweis auf die strafmildernde Wirkung eines glaubhaften Geständnisses (mit Preisgabe etwaiger Hintermänner) kann in solchen Fällen Wunder wirken.

Weiterhin bestand die Möglichkeit, Strells Aussage im Strafverfahren gegen Dr. Hubert Haderthauer vor dem Landgericht München II am 22.2.2016 zu prüfen.[330] Das hätte mit hoher Wahrscheinlichkeit Erkenntnisse zu seinen kognitiven Fähigkeiten und den Hintergründen des Aussageslaloms erbracht.[331] Der rhetorische Partikel *insoweit* deutet an, dass W*** das weiß [Hervorhebungen PM].

*Der Steuerfahnder Stiglmeir **könnte** ebenfalls **nur** noch einmal auf seinen Vermerk hinweisen.*

Woher weiß der Oberstaatsanwalt, was Stiglmeir *ebenfalls **nur** könnte*? Vielleicht hätte Stiglmeir Hinweise zum Verlauf des Gesprächs sowie Ton und Aussageverhalten des Zeugen geben können? Warum hat W*** ihn nicht einfach befragt?

Kurz: Oberstaatsanwalt W*** verfügte durchaus über Möglichkeiten, Strells Gedächtnis auf die Sprünge zu helfen und das Verschwinden von Steigerwalds Aufzeichnungen aufzuklären.

Schon dieser Ausschnitt zeigt, wie schnell eine Diskussion sich aufbläht, wenn einer, der keine Klärung will, abenteuerlich genug argumentiert. Je unsinniger er vorträgt, desto ausführlicher muss der Gegner werden: überpenibel und gleichzeitig grundsätzlich, bis er in diesem Fall sogar erklären müsste, dass ein Untersuchungsausschuss sinnlos wäre, wenn dort jeder Zeuge sagen dürfte, was ihm passt, und dass die Instanz, die unwillige Zeugen zur Aussage zwingen[332] und zur Wahrheit motivieren kann, die Staatsanwaltschaft ist – und letztlich das Gericht.

Ein Staatsanwaltsschreiben III – Politik

Vielleicht hat Oberstaatsanwalt W*** seiner juristischen Argumentation selbst nicht ganz getraut, denn er stützte sie vorsichtshalber auch auf die politischen Machtverhältnisse.

> *Einleitend ist im Zusammenhang mit den Aussagen dieser Zeugen zunächst festzustellen, dass von den im Untersuchungsausschuss vertretenen Mitgliedern lediglich die der Fraktion der Freien Wähler Anhaltspunkte für Falschaussagen sehen.*
>
> *Weder im Schlussbericht vom 23. 02. 2017 noch im Minderheitenbericht der Abgeordneten Horst Arnold u. a. finden sich insoweit Hinweise. Nach einem Bericht des Donaukuriers soll der Ausschussvorsitzende Arnold (SPD) sogar geäußert haben, »das von den Freien Wählern vermutete Komplott mehrerer Zeugen sei nicht nachvollziehbar«.*[333]

Auch das ist eine alte rhetorische Technik: das sogenannte *argumentum ad verecundiam* oder Autoritätsargument,[a] das die Autoritätsgläubigkeit der Empfänger stimuliert. Logisch zwingend ist es nicht, da weder Autorität noch Überzahl Wahrheit garantieren. W***s Berufung auf die einzige öffentliche Stellungnahme zum FW-Minderheitenbericht durch den *Ausschussvorsitzenden Arnold (SPD)* zeigt nebenbei, wie wertvoll die Unterstützung des SPD-Mannes (Opposition!) für die CSU war.

Das vom Vorsitzenden Arnold eingeführte Wort *Komplott* (weder Dr. Bauer noch Eckermann haben es gebraucht) wird im Schlussabsatz des Staatsanwaltsschreibens aufgegriffen. Zwar bezieht es sich dort auf eine bestimmte Zeugin, erhält aber als letzter Satz einer 18-seitigen Abhandlung eine zusammenfassende und generalisierende Bedeutung:

> *Die Strafanzeige vermag auch keinen Verdächtigen zu benennen, sondern geht, im Sinne einer Verschwörungstheorie, von einem – rein spekulativen – Komplott aus.*[334]

---

[a] *verecundia* – lateinisch Ehrfurcht

Wirkung

Der destruktive Diskurs zermürbt die Gegenpartei, aber er hat auch eine Schau-Komponente: Er drückt vor gleichberechtigten Dritten den Gegner in die Rolle des Aggressors und Querulanten. Der etablierte Rhetorik-Begriff lautet: *argumentum ad hominem*.[a] Im Grunde sind die gleichberechtigten Dritten sogar Hauptadressaten (*argumentum ad populum*),[b] denn dass es mit B keine Verständigung geben wird, hat A von Anfang an gewusst. Je leidenschaftlicher B nun erklärt, dass er keine Verschwörungstheorie habe und Verdacht nach juristischem Verständnis die Voraussetzung für eine Anzeige sei, desto mehr ermüdet er das Publikum, das längst den Faden verloren hat. Was sollen diese Leute sagen, wenn B zum fünften Mal beginnt, alle 77 Anhaltspunkte für seinen Verdacht aufzuzählen? Wahrscheinlich etwas wie:

C: Könnt ihr euch nicht einfach mal einigen?

D: Anscheinend steht hier Meinung gegen Meinung. Also mir ist das zu kompliziert, ich passe.

E: Hey, ihr seid echt belastend, jetzt lasst uns halt in Ruhe mit dem Schmarrn!

Ein so verfahrener, überkomplexer Fall kann nur von einem bestimmten unbeteiligten Dritten entschieden werden: dem gesetzlichen Richter eines staatlichen Gerichts. Oberstaatsanwalt W*** verhinderte aber in seinem Bescheid, dass ein solcher Richter den Fall zu Gesicht bekam. W*** erreichte das, indem er selbst in angemaßter richterlicher Beweiswürdigung Indizien beurteilte, den Anzeigenden rügte und sämtliche in der Strafanzeige genannten Personen von sämtlichen Verfehlungen freisprach. Das Vorgehen entspricht der Möglichkeit Nummer drei aus dem Kapitel *Das Richter-Dilemma* (S. 192) mit dem Unterschied, dass Oberstaatsanwalt W*** keine überlegene Berufungsinstanz zu fürchten hat: Sein Bescheid bleibt innerhalb der Mauern der Justiz.

---

[a] Lateinisch »Beweisrede zum Menschen«

[b] Lateinisch »Beweisrede zum Volk«

Wozu dann der rhetorische Aufwand? Zwei Erklärungen. Erstens: Er suggeriert Rechtsstaatlichkeit für den Fall, dass der Beschwerdeführer die Öffentlichkeit anruft. Stünde da einfach: *Machtwort, Klappe halten!*, würde die Presse aufschreien (müssen). Die vorliegende Fassung aber, beglaubigt durch den dezidierten Stil, die amtliche Form des Papiers mit staatlichem Wappen und Stempel und die ehrfurchtgebietende Amtsbezeichnung des Unterzeichnenden, wirkt seriös. Nichtjuristen werden die Täuschungsmanöver nicht erkennen, Juristen die Überkomplexität scheuen. Die rechtliche Form dient also der Absicherung nach außen.

Zweitens dient die Rhetorik der Wahrung des Scheins nach innen. Das klingt paradox und hat auch einen paradoxen, nämlich pseudomoralischen, Sinn: Sie bestätigt, dass Oberstaatsanwalt W*** die Gesetze beachtet habe, und er hat sie ja, indem er sie sorgfältig umging, tatsächlich beachtet. Damit werden auch die Opportunisten seines Umfelds, die es besser wissen könnten, scheinbar von der moralischen Verantwortung befreit.

Letzte Runde

Dieter Eckermann nennt den Bescheid Strafvereitelung im Amt.

Strafvereitelung ist nach deutschem Recht die absichtliche oder wissentliche Vereitelung der Bestrafung des Täters oder eines Teilnehmers einer rechtswidrigen Tat (§ 258 StGB). Eine sogenannte Verfolgungsvereitelung durch Unterlassen von Strafverfolgungsmaßnahmen seitens der Polizei oder Staatsanwaltschaft gilt als Strafvereitelung *im Amt* (§ 258a StGB). Dafür sieht das Gesetz eine Strafschärfung vor,[335] denn eigentlich ist die Staatsanwaltschaft per Legalitätsprinzip zu Ermittlungen *gezwungen*, wenn der Verdacht auf eine Straftat besteht.

Eckermann argumentiert: Die Frage, ob zureichende tatsächliche Anhaltspunkte vorliegen, sei nach höchstrichterlicher Rechtsprechung ausdrücklich *keine* Ermessensentscheidung der Staatsanwaltschaft. Er zitiert dazu eine Entscheidung des Bundesverfassungsgerichts zu deren Ermittlungspflicht:

> Für die Aufnahme ihrer Ermittlungen genügen schon entfernte Verdachtsgründe, die es nach kriminalistischer Erfahrung möglich erscheinen lassen, dass eine verfolgbare Straftat vorliegt.[336]

Also stellte Eckermann bei den Justizbehörden eine weitere Strafanzeige, diesmal gegen Oberstaatsanwalt W*** wegen Strafvereitelung im Amt und Rechtsbeugung. Der Rechtsbeugungsparagraf ist ebenfalls eine bedeutende rechtsstaatliche Errungenschaft:

> § 339 StGB, Rechtsbeugung
> *Ein Richter, ein anderer Amtsträger oder ein Schiedsrichter, welcher sich bei der Leitung oder Entscheidung einer Rechtssache zugunsten oder zum Nachteil einer Partei einer Beugung des Rechts schuldig macht, wird mit Freiheitsstrafe von einem Jahr bis zu fünf Jahren bestraft.*[337]

Die Anzeige richtete Eckermann nicht nur gegen Oberstaatsanwalt W***, sondern auch gegen dessen obersten Dienstherrn, den Justizminister (damals Prof. Winfried Bausback), und alle Personen der Befehlskette zwischen beiden, insbesondere den Generalstaatsanwalt in München. Eckermanns Grundgedanke: Da der Fall Berichtssache gewesen war, mussten all diese Verantwortungsträger W***s Strafvereitelung, indem sie nicht dagegen einschritten, gebilligt haben.[338] Damit befassen sich die oft übersehenen Tatbestände von Abs. 1 und 2 des nachfolgend zitieren Paragrafen [Hervorhebung PM]:

> § 357 StGB, Verleitung eines Untergebenen zu einer Straftat
> *(1) Ein Vorgesetzter, welcher seine Untergebenen zu einer rechtswidrigen Tat im Amt verleitet oder zu verleiten unternimmt **oder eine solche rechtswidrige Tat seiner Untergebenen geschehen lässt**, hat die für diese rechtswidrige Tat angedrohte Strafe verwirkt.*
> *(2) Dieselbe Bestimmung findet auf einen Amtsträger Anwendung, welchem eine Aufsicht oder Kontrolle über die Dienstgeschäfte eines anderen Amtsträgers übertragen ist, sofern die von diesem letzteren Amtsträger begangene rechtswidrige Tat die zur Aufsicht oder Kontrolle gehörenden Geschäfte betrifft.*

Das bedeutet: Das Weisungsrecht wird zur Weisungspflicht. Wer ihr nicht nachkommt, macht sich ebenso strafbar wie der Untergebene.

Ich kürze ab: Die Strafanzeige hatte keinen Erfolg. Die Methodik ihrer Ablehnung muss ich nicht beschreiben, sie variiert die Taktiken des Oberstaatsanwalts W***. Erstaunlich ist das nicht: Eine weisungsgebundene Behörde wird niemals ernsthaft gegen ihren obersten Dienstherrn ermitteln. Der Minister selbst hätte die Staatsanwaltschaft anweisen müssen, ihn und die betroffenen Beamten anzuklagen. Besäße er ein so unerschütterliches Rechtsstaatsbewusstsein, hätte er schon früher eingegriffen; sofern er damit Justizminister geworden wäre.

Nach dem Versanden[339] dieser Strafanzeige gab es noch die Möglichkeit einer Landtagspetition, und Eckermann probierte auch das.

Die Petition

Eine solche Petition[a] ist eine mit einer Bitte oder Beschwerde verbundene Eingabe an den Landtag. Eckermann protestierte auf 56 Seiten gegen den in mehrfacher Hinsicht rechtswidrigen Umgang der Justizbehörden mit seiner Initiative und versuchte, doch noch entsprechend seiner Anzeige vom 11. 4. 2017 Ermittlungen zu erreichen. Darüber hinaus wollte er das Verhalten der verantwortlichen Justizangehörigen einschließlich des Justizministers strafrechtlich prüfen lassen. Die Eingabe wurde als *Beschwerde über Justiz* (V F. 0115.18) dem *Ausschuss für Verfassung, Recht, Parlamentsfragen und Integration* zugeteilt.

Ein solcher Ausschuss wird genau wie der parlamentarische Untersuchungsausschuss aus Landtagsabgeordneten gebildet, und so wie dort entspricht auch hier die Zusammensetzung des Gremiums der Stärke der einzelnen Fraktionen (in diesem Fall[340]: 6 Vertreter der CSU, 3 Grüne, 2 Freie Wähler, 1 AfD, 1 SPD, 1 FDP, insgesamt 14 Personen).

Das Prozedere geht normalerweise so: Das Landtagsamt leitet Petitionen dem zuständigen Ministerium mit der Bitte um Stellungnahme zu. Das Ministerium fordert seinerseits Berichte seiner Behörde an und leitet sie mit einer eigenen Stellungnahme an den Ausschuss weiter. In

---

[a] Vom Lateinischen *petitio*: Bittschrift

der Sitzung erläutern zwei Abgeordnete, einer von den Regierungsparteien als Berichterstatter, einer von den Oppositionsparteien als Mitberichterstatter (oder umgekehrt), dem Ausschuss Eingabe und ministerielle Stellungnahme und empfehlen ein Votum. Dann wird abgestimmt.

Grundlage der ministeriellen Stellungnahme waren in diesem Fall drei Schreiben von drei Oberstaatsanwälten (Landshut/Würzburg/München I), die die Einschätzung des Oberstaatsanwalts W*** teilten und bestätigten. Als Berichterstatter wurden zwei Abgeordnete bestimmt, die damals selbst am UA Modellbau teilgenommen und den problematisierten *Schlussbericht* mitverantwortet hatten. Vor Gericht wären solche Berichterstatter wegen Besorgnis der Befangenheit abzulehnen gewesen.[341] Eckermann monierte, dass über das Petitionsrecht als demokratisches *Urgrundrecht* nur unbefangene Personen befinden könnten. Die Antwort war: Eine Anwendung der in Gerichtsverfahren geltenden Grundsätze sei im Petitionsverfahren nicht vorgesehen.[342]

Am 24. Oktober 2019 wurde im Sitzungssaal N501 im Landtag über die Eingabe entschieden. Der Sitzungssaal glich denjenigen des Untersuchungsausschusses Modellbau: ein nüchterner, heller, modern ausgestatteter Raum, dieselbe Tischanordnung (U-Form mit Öffnung zum Publikum), nur der Zuschauerbereich war kleiner.

Die Berichterstatter empfahlen, Eckermanns Eingabe abzulehnen. Verwunderlich ist das nicht. Sie befanden sich ja gewissermaßen in der Rolle des Dorfrichters Adam, der in Kleists Komödie *Der zerbrochene Krug* gegen sich selbst ermitteln müsste (und es verständlicherweise nicht tut). Beide erklärten sich sogar für besonders zuständig, da ihre *Sachkenntnis* von Vorteil wäre. Der Erstberichterstatter Reiß/CSU stellte fest, an der sachgerechten Behandlung des Falles durch die Staatsanwaltschaften sei nicht zu zweifeln. Die Mitberichterstatterin Hiersemann/SPD führte aus, wenn Zeugen sich auf Erinnerungslücken beriefen, könne dies nicht widerlegt werden, da man *in einen Menschen nicht hineinschauen* könne.[343]

Allerdings wären mit dieser Begründung Vorsatz oder niedrige Beweggründe in Prozessen kaum nachweisbar. Die gerichtliche Praxis weiß es besser: Bei ausreichenden Indizien kann ein Richter sehr wohl zu einer Überzeugung von *inneren Vorgängen* gelangen[344] – also auch hinsichtlich des Tatbestands der (vorsätzlichen) uneidlichen Falschaussage.

Da an diesem Sitzungstag insgesamt zwei Verfassungsstreitigkeiten, ein Gesetzesentwurf und 19 Petitionen auf der Tagesordnung standen, ging es im Sieben-Minuten-Takt. Eckermanns Eingabe wurde von dem Gremium umgehend ohne weitere Wortmeldung und ohne Gegenstimme abgelehnt. Auch die beiden Vertreter der Freien Wähler enthielten sich jedes Zeichens einer Solidarität mit ihrem gewissenhaften Kollegen Dr. Bauer.

Allerdings hätte ein Ausschuss mit weniger offensichtlich befangenen Berichterstattern die Eingabe wohl ebenso behandelt. Schon aus pragmatischen Gründen: Hätte der Ausschuss Eckermanns Anregungen zugestimmt, wäre im Nachgang der ganze UA Modellbau infrage gestellt gewesen. Vier von dessen Mitgliedern waren inzwischen zu Minister*innen ernannt worden (s. Schlusskapitel S. 215), sodass neben der Justiz auch die Regierung bloßgestellt worden wäre.

Gibt es eine Alternative, und falls nicht, was folgt daraus? Man beachte: Geprüft wurde ein Aspekt der Gewaltenteilung, nämlich die Kontrolle der Exekutive (hier: Justizverwaltung) durch die Legislative (hier: Verfassungsausschuss). Diese Kontrolle wurde nur simuliert, und das nicht mal gewissenhaft, wie die Auswahl der Berichterstatter zeigt. Im Ergebnis schützten hier Mitglieder der Legislative und politisch steuerbare Teile der Exekutive sich gegenseitig – unter Umgehung einer Kontrolle durch die Judikative. So wurde ein Untersuchungsausschuss, der eigentlich als Schwert der Opposition gedacht war, zum Schild der Regierung. Um das herauszuarbeiten, bedurfte es der Petition. Und es sollte auch denen zu denken geben, die Eckermanns Anliegen nicht teilen.

Die Organklage

Was Eckermann verwehrt worden war, nämlich die Einbeziehung eines staatlichen Gerichts, gelang dem Abgeordneten Dr. Peter Bauer zumindest teilweise durch eine sehr spezielle juristische Anwendung: die Organklage.

Bei einem Organstreitverfahren geht es um grundsätzliche Rechte und Pflichten von Hoheitsträgern (Organen). Das Verfassungsgericht prüft anhand eines Einzelfalls die Vereinbarkeit einer Maßnahme mit der Verfassung. Gestritten wird weder um Schuld noch um Geld; die Entscheidung hat nicht rechtsgestaltenden, sondern feststellenden Charakter.[345]

Der Einzelfall bestand diesmal in einer Unterlassungsaufforderung der Staatskanzleichefin Christine Haderthauer gegen die beiden Abgeordneten der Freien Wähler Dr. Peter Bauer und Florian Streibl.

Kurzer Rückblick auf den Beginn der Modellbau-Affäre im Frühsommer 2014. Im Raum stand die Frage: jahrelange Verluste oder horrende Gewinne? Konkret: Wie viele Modellautos zu welchem Preis hatte die Firma *Sapor Modellbau* verkauft und versteuert? 2013 hatte das damals von Christine Haderthauer geführte Sozialministerium auf entsprechende Anfragen hin nur die Zahl der seit dem Jahr 2000 in Straubing produzierten Modelle genannt. Da man weitere Auskünfte schuldig blieb und das Interesse der Medien und damit der Parlamentarier erlosch,[346] stellten am 3.6.2014 die Freien Wähler im Bayerischen Landtag eine Dringlichkeitsanfrage.[347] Die *Fränkische Landeszeitung* (FLZ) berichtete am 6.6.2014:

Die Freien Wähler fordern exakte Angaben, wie viele Autos produziert und in Rechnung gestellt wurden. Christine Haderthauer habe bisher angegeben, dass lediglich 60 Modellautos hergestellt und versteuert wurden. Unterlagen belegten jedoch, dass es 132 Stück gewesen seien.

Christine Haderthauer widersprach dieser Darstellung. In einem Fax mit amtlichem Briefkopf[348] und bayerischem Staatswappen vom 11.6.2014 forderte sie die FW-Abgeordneten Streibl und Dr. Bauer auf, *diese laut FLZ getroffenen Behauptungen künftig zu unterlassen*. Es gebe keine Behauptungen von ihr, was die Anzahl der gefertigten Modellautos angehe. Ihr sei diese Anzahl nicht bekannt. Zugleich wies Haderthauer auf die Auskünfte der Bezirkskrankenhäuser hin, über die sie als Sozialministerin die Fachaufsicht hatte (BKH Ansbach: wegen Ablaufs der Aufbewahrungsfrist angeblich keine Angaben mehr möglich; BKH Straubing: ab 2000 bis 2010 insgesamt 54 Modelle).

Die beiden FW-Abgeordneten hatten angenommen, dass das Büro des Sozialministeriums in Fragen, die persönliche Angelegenheiten der

Chefin betrafen, die Chefin gefragt hatte, bevor es Informationen weitergab; doch formal war es eben eine Auskunft des Büros und nicht der Chefin gewesen. Diese Ungenauigkeit (vielleicht sogar eine der FLZ? Dr. Bauer konnte sich später nicht an den genauen Wortlaut seiner Frage erinnern) machte die FW-Abgeordneten angreifbar und ermöglichte Christine Haderthauer eine Abwehrschlacht, in der sie die Rolle der bedrohten Unschuld übernahm. Sie selbst hatte ja wirklich keine Zahl genannt!

Die Unterlassungsaufforderung lenkte erfolgreich von der Kernfrage (Höhe der Einkünfte aus Modellautoverkäufen) ab. Auf einmal ging es um formale Prinzipien. War Frau Haderthauer berechtigt gewesen, mit offiziellem Briefkopf als Staatskanzlei-Chefin gegen Behauptungen vorzugehen, die ihre (Haderthauers) Privatgeschäfte betrafen?

Die Freien Wähler verstanden die Maßnahme als Einschüchterungsversuch gegen aufklärungswillige Parlamentarier (Organe) und gaben ein Rechtsgutachten bei dem Anwalt Dr. h.c. Gerhard Strate in Auftrag. Der renommierte Strafverteidiger, dem mehrere erfolgreiche Verfassungsbeschwerden zu verdanken sind, kam zu dem Ergebnis, dass Haderthauers Nutzung staatlicher Insignien in einer privaten Angelegenheit eklatant rechtswidrig gewesen sei. Ihr Amt habe keinerlei Bezug zum Gegenstand ihrer Verteidigungsinitiative.

Am 6.9.2017 strengten Dr. Peter Bauer und die Fraktion der Freien Wähler als Organe der Legislative die Organklage an, vertreten von Dr. Strate, dem Verfasser des Rechtsgutachtens. Antragsgegner war die Bayerische Staatsregierung (Exekutive). Verhandelt wurde die Klage vor dem Bayerischen Verfassungsgerichtshof, dem obersten bayerischen Gericht (Judikative).

Aus der Organklageschrift:

> [Es geht] um die Einordnung der Äußerung eines Regierungsmitglieds als amtliche Erklärung und die Befugnis von Regierungsmitgliedern, die den Fraktionen und den Mitgliedern des Landtags durch die Bayerische Verfassung gewährleisteten Rechte aus Art. 13 und Art. 16a zu beschränken.[349]

Die Antragsteller wollten feststellen lassen, dass Haderthauers Unterlassungsaufforderung das freie Mandat (Art. 13 Abs. 2 Abs. 1 BV)[350] und die Minderheitenrechte (Art. 16a Abs. 1 und 2 BV)[351] der Antragsteller verletzt habe. Es gehe um den Kontrollzusammenhang zwischen Parlament und Regierung. Das Parlament habe die Regierung zu kontrollieren, nicht umgekehrt.[352]

Der Verfassungsgerichtshof wies den Antrag am 26.2.2019 zurück. Begründung: Da sich die Ministerin nie zu der Anzahl der verkauften Modellautos geäußert habe, dürfe sie die Abgeordneten auch auffordern, dergleichen nicht weiter zu behaupten. Und da der Vorwurf, sie habe sich wahrheitswidrig geäußert, ihre Eignung als Staatskanzleichefin infrage stellte, durfte sie als Staatskanzleichefin mit Briefkopf antworten. Da sie keine Sanktionen angedroht habe, sei ihr Schreiben auch nicht einschüchternd.[353]

Der Bayerische Verfassungsgerichtshof konzentrierte sich wie Christine Haderthauer auf den formalen Aspekt, eben die von H. persönlich nicht genannte Zahl. In dieser Reduktion ist das korrekt. Für eine solche Lösung sprachen zudem pragmatische Gründe: Die Sache lag fast fünf Jahre zurück, inzwischen war ein Untersuchungsausschuss installiert und formal abgeschlossen worden. Frau Haderthauer war aus der Politik verschwunden.

Was bedeutet die Entscheidung prinzipiell? Kommentar der Staatsrechtlerin Dr. Birgit Reese: Der Bayerische Verfassungsgerichtshof habe in Frau Haderthauers Schreiben anscheinend so etwas wie eine *Gegendarstellung* gesehen, in welcher der Briefkopf wohl zulässig sei. Den Aspekt, dass diese Gegendarstellung in Form einer Unterlassungsaufforderung abgefasst sei, habe das Gericht ausgeblendet.

Was bedeute die Unterlassungsaufforderung? Zunächst: Juristisch gesehen kein Verbot, da kein Gewaltverhältnis zwischen H. und den Abgeordneten bestehe. Auch keine reale Drohung. Also einen Bluff. Doch Abgeordneten sei zuzutrauen, dass sie das durchschauten.

Es bleibt daher eine Anmaßung, die das Bayerische Verfassungsgericht hätte erkennen und ahnden können. Das wird man kritisieren können, einen Skandalwert hat die Entscheidung darum aber nicht.[354]

Zum Stichwort Bluff ist anzumerken: Gegen den Gebrauch exakt solcher Gebärden wehrte sich die Organklage von Dr. Peter Bauer und den Freien Wählern. Sicher ist Bluff juristisch nicht einfach zu bewerten, doch Position und Perspektive des Betrachters spielen gerade hier eine entscheidende Rolle. Bluff ist gewissermaßen die Essenz des Machtmissbrauchs und wird nicht dadurch wirkungslos, dass er formal als Bluff durchschaubar wäre. Das gilt in besonderem Maße für einen Bluff unter Zuhilfenahme machtpolitischer Insignien. Der Sinn von Einschüchterung besteht darin, ein Gewaltverhältnis zu suggerieren, das objektiv nicht besteht, wobei eine solche Suggestion immer auch die Umstehenden einbezieht. Wenn in einem Theaterfoyer zwei Leute streiten, wird das Publikum kaum Partei ergreifen. Wenn aber jemand von der Bühne aus einen maßregelt, der unten im Publikum sitzt, wird die Mehrheit der Zuschauer annehmen, dass der Obere recht hat, schon weil ihm die Bühne gehört und er mit Billigung des Intendanten handelt. Dass offizielle Gebärden die Leute sehr wohl beeindrucken, weil man sich schlicht mit der dahinterstehenden Macht nicht anlegen will, beweist die ganze Geschichte der Affäre Haderthauer.[355]

Lassen sich Prinzip und Praxis der Gewaltenteilung auf diese Weise vereinen? Wenn aber nicht: Ist es vernünftig, das auf sich beruhen zu lassen?

Ein Stresstest

Ich hörte die Frage: Was hat der UA Modellbau denn nun gebracht? Innerhalb der Behörden Unruhe, Ärger und Belastungen, im Ausschuss Verwerfungen, für den Staat erhebliche Kosten, für die Aufklärer unendliche, scheinbar fruchtlose Mühen. Wäre es da nicht besser gewesen, die kleine Haderthauer-Gaunerei wäre unbeachtet geblieben?

Antwort: Die Gaunerei war nicht »klein« angesichts eines vermuteten Gesamterlöses im hohen sechsstelligen Bereich, des Versuchs des Betrugs gegenüber dem Mitgesellschafter und Geldgeber Ponton, der Steuerhinterziehung, der ungenehmigten Nebentätigkeit des Dr. Hubert Haderthauer und der verfassungsrechtlich unerlaubten gewerblichen Tätigkeit des Regierungsmitglieds Christine Haderthauer.

Vor allem aber: Wäre, wer schon den Scherereien einer solchen – sagen wir mittleren – *Gaunerei* ausweicht, einer ernsthaften Bedrohung des Rechtsstaats gewachsen? Wenn bereits bürgerliche Parteien ihre Irrläufer vor den Gesetzen schützen, was werden populistische Parteien tun, die diesen Rechtsstaat nicht mal theoretisch anerkennen? Würden die Behörden ihnen widerstehen?

Das Verdienst von Dr. Bauer und Dieter Eckermann liegt darin, dass sie diesen Fragen konkret und detailliert nachgegangen sind. Sie lieferten gewissermaßen einen demokratischen Stresstest. Auf dem Prüfbogen standen die Autokorrekturmaßnahmen des Rechtsstaates. Sukzessive haben die beiden Aufklärer dessen ganzes beeindruckendes Repertoire aktiviert, von Beweisantrag über Minderheitenvotum und Strafanzeige bis zur Petition. Sie berufen sich dabei auf alle einschlägigen Rechtsnormen, von Uneidlicher Falschaussage über Rechtsbeugung und Strafvereitelung im Amt bis zu Verleitung eines Untergebenen zu einer Straftat. Mit dem Ergebnis: Es gab für Korrektoren keinen Zugang zu dieser Pyramide von Fehltritten. Jeder einzelne Fehltritt wurde zwar von den Gesetzen erfasst, mit Tatbestandsmerkmalen und Strafdrohung. Doch kein Gesetz wurde angewendet. Fast alle Verantwortungsträger auf allen Ebenen richteten sich nach den (vermeintlichen) Bedürfnissen der Macht und nicht nach den Regeln, die die Macht begrenzen und ihren Missbrauch verhindern sollen.

Warum wirken in einem modernen, demokratisch hoch entwickelten politischen Apparat dieselben Gruppenautomatismen wie vor Jahrzehnten im quasi absolutistischen Milieu um Kardinal Groër? Offenbar überwanden dieselben archaischen Kräfte Moral wie Prinzipien, und offenbar machte man sich diese Automatismen nicht bewusst. In Klerus wie in der Politik folgte man widerspruchslos einem unkontrolliert autoritären Geist, den man für den Geist der Behörde hielt. Dieser *Geist* war der unsichtbare Elefant im Zimmer.

Den Elefanten sichtbar machen

Was bringt der Elefant als Metapher für Macht? Er ist ein wuchtiges, Ehrfurcht gebietendes Tier, und er füllt das Zimmer weitgehend aus. Wer ihn sieht, kann einigermaßen rational mit ihm umgehen und die beschränkten Freiräume sinnvoll nutzen. Wer ihn nicht sehen will, ist gänzlich von ihm besessen. Übersetzt entspräche der sichtbare Elefant einem distanzierten, rationalen Umgang mit der Macht, der unsichtbare einem hysterischen, blinden, instinktiven. Die verdrängte Machtfantasie macht die Menschen dümmer, als sie sind.

Ein Beispiel. Der Stresstest hat ergeben, dass jeweils die großen Verantwortungsträger die Vertuschungen der mittleren und kleinen deckten, statt Verantwortung wahrzunehmen, Fehler einzuräumen und den Schaden zumindest zu begrenzen. Man könnte das den Zocker-Automatismus nennen. Er ist beileibe nicht neu, aber ständig aktuell: Internationale Gangsterbanden nutzen ihn bis heute, indem sie per E-Mail europäischen Bürgern große Geldsummen bei Zahlung einer kleinen Provision in Aussicht stellen. Wer den Köder schluckt und zahlt, wird bald zu angeblich unvorhergesehenen Nachzahlungen aufgefordert, und so werfen die Bürger in der Folge ihren kleinen Provisionen immer größere hinterher und riskieren immer größere Schäden, um nicht auf kleinen sitzen zu bleiben. In der Haderthauer-Affäre ging es nicht um finanzielle, sondern um rechtliche und moralische Schäden, dennoch ist es derselbe Reflex. Verblüffend, dass Staatsministerien, die mit so vielen guten Gehirnen ausgerüstet sind, in dieselbe emotionale Falle laufen. Wie viele Ministerialbeamte würden auf einschlägige Spam-Mails antworten? Vermutlich keiner. Aber wie viele Ministeriale unterwerfen sich einer instinktiven, vulgären Interpretation von Macht? Zumindest hier alle, auf die es ankam.

Das ist eine Feststellung, kein Vorwurf. In Behörden arbeiten weder schlechtere noch gewissenlosere Leute als anderswo. Vermutlich kann keiner, der außerhalb eines Apparats lebt, sagen, wie er sich innerhalb verhalten würde. Die Binnen*kultur* ist das entscheidende Medium, gleichermaßen Kraftzelle wie Schwachstelle des rechtsstaatlichen Konstrukts. Einerseits ist sie stärker als der Einzelne, andererseits können nur Einzelne die Gruppenautomatismen durchbrechen. Auf diese Einzelnen sind die Apparate angewiesen. Gibt es eine Möglichkeit, deren Zahl zu erhöhen, indem man ihre Position stärkt? Klar scheint: Falls das nicht geschieht, entwickelt sich der Staat in die verkehrte Richtung; er bleibt nicht stehen. Der Rechtsstaat ist kein selbsterhaltendes System.

Als Vertreterin der Kultur kann ich nur versuchen, auf den Elefanten hinzuweisen; denn einer Gefährdung begegnet man am besten, indem man sie anerkennt. Unsere Ausgangslage scheint ja gut zu sein: Starke, feine Köpfe (Individuen) haben über viele Epochen hinweg die imponierenden Konzepte zu Gewaltenteilung und Rechtsstaat entwickelt. Nach dem Schock des »Dritten Reiches« wurden sie bei uns in ausgeklügelten Regelwerken niedergelegt und sogar weitgehend akzeptiert. Inzwischen ist die Erinnerung an den Schock verblasst, und die archaischen Neigungen gewinnen wieder an Boden.

Was folgt daraus?

In einem dysfunktionalen Apparat wird der Einzelne, der den Elefanten sieht, von der Mehrheit, die den Elefanten nicht sieht, entweder geschluckt oder ausgespuckt. Im Fall Groër haben wir erfahren, wie interne Kritiker unterdrückt wurden (P. Udo Fischer) oder den Klerus verließen (Magister Schuh et al.). Erst nach dem Outing von Josef Hartmann wagten weitere Mönche (P. Jeremia Eisenbauer et al.), ihr Unbehagen zu artikulieren – was bedeutet, dass dieses Unbehagen latent bereits vorhanden war. Die kritische Presse war in diesem Stadium überaus wichtig, doch sie allein wäre wohl von der Kirchenleitung als äußerer Feind isoliert worden. Letztlich erschütterte eine Handvoll Mönche von innen die Gewissheit des Apparats, denn allmählich wagten sich auch Funktionäre hervor (P. Emmanuel Bauer, P. Gottfried Schätz), und die Bevölkerung schuf das Kirchenvolksbegehren. Am Ende fegte der kollektive Protest Groër aus dem Amt. Dass damit nicht alles gewonnen war, haben wir gesehen. Aber es war ein Schritt auf dem Weg zur Transparenz.

Der bayerische Aufruhr kam im Gegensatz dazu nicht aus dem Apparat. Grundsätzliche Änderungen strebte dort keiner an. Dass Frau Haderthauer stolperte, war sozusagen ein Betriebsunfall, der einen Spitzenposten freiräumte; ansonsten scheint er die Politiker*innen nicht weiter bewegt zu haben. Hier wurde der Machtmissbrauch vornehmlich von außen aufgedeckt: Ein Pensionär (der frühere Ministerialrat Dr. Wilhelm Schlötterer) machte auf das Justizopfer Gustl Mollath aufmerksam, worauf Blogger (Ursula Prem et al.) Mollaths Modellbau-Hinweisen nachforschten und auf Haderthauer stießen. Einzelne mutige Journalisten (Helmut Reister et al.) verfolgten den Fall weiter. Auch die Aufklärer aus dem Politikbetrieb waren Außenseiter: Dr. Bauer ein Zahnarzt aus der fränkischen Provinz, der erst als fast Sechzigjähriger in den Landtag einzog, sodass der Apparat ihn nicht hatte deformieren können; Dieter Eckermann ein parteifreier pensionierter Jurist im Vollbesitz seiner juristischen und staatsbürgerlichen Kräfte. Beide waren finanziell unabhängig, durch Karriereversprechen nicht zu ködern, und beide waren Idealisten; offenbar ein Glücksfall. Im Grunde trieben diese wenigen Leute den Apparat vor sich her. Ohne sie keine Entdeckung des Fehltritts, keine Erkenntnisse, kein Engagement der Presse, kein Rücktritt, keine Verurteilungen, keine Disziplinarmaßnahmen, kein Untersuchungsausschuss, kein Stresstest. Grundsätzliche Änderungen haben sie nicht erreicht, aber einen klaren Blick auf die Verhältnisse ermöglicht.

Erstaunlich, nicht wahr? Die jeweiligen Mächtigen taten alles, um die Skandale zu unterdrücken: Sie ignorierten, bagatellisierten, bestritten, heuchelten Aufklärung, drohten, schüchterten ein. Doch die rechtsstaatlichen Regularien wirkten im Hintergrund weiter, weil sie zwar nicht befolgt, aber auch nicht infrage gestellt wurden. Funktionäre der Inquisition hätten andere Maßnahmen ergriffen, schrieb ich oben zum Fall Groër. Auch in Bayern hätte man noch vor achtzig Jahren die Kritiker einfach verschwinden lassen, und es gibt wieder Leute, die sich solche Verhältnisse laut zurückwünschen. Der Rechtsstaat ist kein Organismus, der Recht »verschenkt«, sondern eine ziemlich komplizierte Bedienungsanleitung, die bei Nichtanwendung vergessen wird. Wenn nicht lebendige, verwundbare Menschen Widerspruch riskieren, findet keine Machtkontrolle statt.

Wie kontrolliert man Macht? Groër und Haderthauer waren fette historische Fälle. Der eruptive Protest gegen Groër antwortete viel zu spät auf zutiefst verdorbene Verhältnisse. Die Modellbau-Affäre spielt in der professionellen Politik, einem rechtlich und verwaltungstechnisch hochgerüsteten Milieu. Beide Fälle waren am Ende so komplex, dass nur erheblicher Leidensdruck (im ersten) und überdurchschnittliches rechtsstaatlich-institutionelles Wissen der Beschwerdeführer (im zweiten Fall) einen Protest möglich machten. Was aber können normale Zeugen eines Machtmissbrauchs im Alltag tun? Mit dieser Perspektive befasst sich das dritte Szenario.

Am Ende der Affäre

Vorher ist noch zu berichten, wie es mit den Protagonisten des zweiten Szenarios weiterging.

Roland Steigerwald, der Modellbaukünstler, ist heute 81 Jahre alt und immer noch Insasse des Bezirksklinikums Ansbach. Seine Hoffnung auf Vollzugslockerungen wie damals mit Dr. Hubert Haderthauer hat sich nicht erfüllt. Dem Abgeordneten Dr. Peter Bauer erzählte er im Sommer 2019, dass er für eine Operation in Handschellen ins Krankenhaus gebracht worden sei.[356]

Dr. Christine Bollwein, die Autorin des legendären Vermerks, ist seit Februar 2016 nicht mehr im Sozialministerium tätig. Auf meine Nachfrage antwortete sie, sie wolle mit der Angelegenheit nichts mehr zu tun haben, ihr Blick richte sich nach vorne und bewusst nicht mehr zurück.[357]

Dr. Hubert Haderthauer hat als Vorbestrafter möglicherweise seine Approbation,[358] nicht aber den Beamtenstatus verloren. Er arbeitet bei einer Behörde, die dem Innenministerium unterstellt ist. Als was, wird geheim gehalten; auch der unermüdliche Journalist Helmut Reister fand es nicht heraus.[359]

Christine Haderthauer betreibt eine Kanzlei für Zivilrecht in Ingolstadt. Sie gilt öffentlich als entlastet,[360] ist aber vorbestraft.[361]

Der Vorsitzende des Untersuchungsausschusses Horst Arnold (SPD) wurde Vorsitzender der SPD-Landtagsfraktion.

Der Stellvertretende UA-Vorsitzende Dr. Florian Herrmann (CSU) ist seit dem 12.11.2018 Staatsminister für Bundes- und Europaangelegenheiten und Medien sowie Leiter der Staatskanzlei, gewissermaßen ein Amtserbe der Christine Haderthauer.[362]

Auch drei weibliche CSU-Ausschussmitglieder haben Karriere gemacht: Kerstin Schreyer wurde 2018 bayerische Sozialministerin und Anfang 2020 Bau- und Verkehrsministerin,[363] Michaela Kaniber Landwirtschaftsministerin, Judith Gerlach Staatsministerin für Digitales.

Die Grüne Ulrike Gote hat 2018 nicht mehr für den Landtag kandidiert und lebt heute in Bayreuth.

Dr. Peter Bauer, der einzige offensive Aufklärer und unerschrockene Demokrat des Gremiums, ist in der politischen Hierarchie nach der letzten Landtagswahl nicht aufgestiegen. In der Koalitionsregierung, die nach den Landtagswahlen 2018 von CSU und Freien Wählern gebildet wurde, wurde er als Beauftragter für Patienten und Pflege nach eigener Einschätzung »politisch entsorgt«.[364]

Als Mitregierende sind jetzt die Freien Wähler den Versuchungen der Macht ausgesetzt: In einem Fraktionsvertrag mit der CSU verpflichteten sie sich, im Konfliktfall so zu stimmen, dass die Regierungsmehrheit nicht gefährdet wird.[365] Nicht nur in einem etwaigen Untersuchungsausschuss, sondern auch im Parlament müsste Dr. Bauer jetzt die CSU unterstützen, z.B. beim Polizeiaufgabengesetz. Doch er will sich nicht verbiegen lassen.[366]

Dieter Eckermann hat die Ablehnung der Petition ohne Erstaunen zur Kenntnis genommen. Aus seiner Sicht hat der Rechtsstaat verloren, nicht er: Er selbst hatte vom Ausgang des Verfahrens keinerlei persönliche Vorteile oder Nachteile zu erwarten.

> *Es ging mir auch nicht darum, etwas zu »erzwingen«. Nachdem ich erkannt hatte, dass offenbar diejenigen Regeln, deren Anwendung für jeden Staatsanwalt zum »Handwerkszeug« gehört, bei einer Kollision mit der politischen Opportunität nicht mehr gelten sollten, sah ich es als meine Aufgabe an, die vom System der Gewaltenteilung zur Verfügung gestellten Gegenmittel im Rahmen meiner Möglichkeiten auszuschöpfen.*[367]

In der moralischen Bilanz zählt das, was man ehrlich versucht, nicht weniger als das, was man erreicht. Seinen Humor hat er nicht verloren. Als er vom Fraktionsvertrag der Freien Wähler hörte, lachte er: »Wie schön, dass darin die Ausstiegsklausel schon enthalten ist – Paragraf 138 Absatz 1 BGB!«

Was ist das?

»Sittenwidrigkeit!«[a]

---

[a] Auf Nachfrage: Wegen Nichtvereinbarkeit mit dem Verfassungsgrundsatz des freien Abgeordnetenmandats (Art. 13 Abs. 2 S. 2 BayVerf) wäre eine Verpflichtung für einen Abgeordneten, seine Stimme in bestimmter Weise abzugeben, rechtlich unverbindlich.

Für Benno Heussen

BERICHT AUS EINER AKADEMIE: STURM IM REAGENZGLAS

> Indem sie überhaupt noch das Denken gegenüber der nackten Reproduktion des Daseins sich gestatten, verhalten sie sich als Privilegierte; indem sie es beim Denken belassen, deklarieren sie die Nichtigkeit ihres Privilegs.[368]
>
> Theodor W. Adorno

Die Binnensicht

Einen abgeschlossenen fremden Fall zu analysieren, ist spannend und aufschlussreich, aber auch verführerisch: Die Analytikerin macht sich, indem sie die Dokumente auswählt und deutet, gewissermaßen zur Herrin des Geschehens und läuft Gefahr, sich und ihre Leser in einer falschen Souveränität zu wiegen.

Falsch ist diese Souveränität, sofern man sich einbildet, man habe die Verhältnisse im Griff, wenn man sie durchschaut. Deswegen darf dieser Essay sich nicht mit der Analyse politischer Dramen begnügen. Auch im gewöhnlichen Leben führt Machtmissbrauch zu Spannungen, Ängsten und Aggressionen, auch dort wird er von den meisten Leuten verdrängt, und auch dort hat, wer gegen ihn vorgeht, nicht nur die Mächtigen, sondern auch die Verdränger gegen sich. Er oder sie verursacht Stress, Unsicherheit, Verwerfungen, Vorwürfe, Wut und unendliche Peinlichkeiten. Doch nur diese Erfahrung macht das theoretische Wissen fruchtbar.

Ihr gehört das folgende Kapitel. Mittelstandsmilieus lassen das Problem deutlicher erkennen als die spektakulären Fälle, denn hier agieren normale, biedere Bürger. Dass auch sie durch Macht verführbar sind und ohne zählbaren Gewinn destruktiv handeln und exzessiv wüten können, ist bestürzender als die Sex-, Geld- und Ruhmsucht öffentlicher Charismatiker. Allerdings sind diese bürgerlichen Verwerfungen oft ungenügend dokumentiert. Die folgende Episode ist eine Ausnahme, weil sie im schreibfreudigen literarischen Milieu spielt.

An diesem Fall war ich selbst beteiligt. Man warnte mich davor, ihn zu verwenden: Meine Subjektivität passe nicht zur Gelassenheit der anderen Kapitel, und die Literaturszene, von der die Rezeption des Buches abhänge, würde eine solche Analyse nicht mögen.

Allerdings: Dass man Leute gegen sich aufbringt, ist exakt das Problem der Zivilcourage – deswegen braucht man sie. Ich könnte kaum glaubhaft legalen Widerstand empfehlen, wenn ich, um mir Schwierigkeiten zu ersparen, ausgerechnet den Fall wegließe, den ich am besten kenne. Deshalb muss ich von dem Ballon, der über den Feldern schwebt, in das irdische Getümmel hinabsteigen, wo man in Stress gerät, zornig und schmutzig wird.

Ich sehe mich auch nicht als Heldin, sondern gewissermaßen als Versuchsperson, die damals aus Unwissenheit alle situationstypischen Fehler beging und deshalb wenig erreichte. Andererseits habe ich als Autorin mir beim Scheitern zugesehen und die Verhältnisse durch Nachfragen, Umfragen, Schriftverkehr mitgestaltet und ergründet. Heraus kam ein Erkenntnis-Abenteuer von teilweise grotesker Komik, aber auch ein Blick in Abgründe. Ohne diesen Blick wäre der vorliegende Essay nicht entstanden.

Parabel

Man stelle sich vor, in einem technischen Betrieb wird den Ingenieuren plötzlich die Verwendung einer bestimmten modernen Schraube X untersagt. Außenstehenden ist die Bedeutung von X kaum zu vermitteln, doch auch die Betriebsangehörigen, die öffentlich gern die Vorzüge dieser Schraube preisen, nehmen das Verbot hin. Nur ein Ingenieur A, dessen Arbeit von dem Verbot besonders betroffen ist, fragt nach. Aus seiner Sicht entmündigt die Regel die Ingenieure ohne irgendeinen Nutzen für den Betrieb. Das Vorgehen des Managements nährt diesen Verdacht.

Wodurch? Zunächst mal will keiner für die Schraubenregel verantwortlich sein. Es gibt kein förmliches Dekret, nur eine anonymisierende Bemerkung in einem Protokoll: *Der Betrieb verwendet die Schraube X nicht.* Jenes Protokoll ist vom Geschäftsführer und der Verwalterin unterzeichnet, doch beide wollen nicht Urheber des Satzes gewesen sein. Der Geschäftsführer spricht vom Vorschlag einer *anderen Seite*, den die Abteilungsleiter dann gemeinsam beschlossen hätten. Aber welche *andere Seite* hat sich in technische Belange des Betriebs einzumischen, und warum wird der Name verschwiegen? Warum gibt es für den angeblichen Beschluss der Abteilungsleiter weder ein Datum noch einen schriftlichen Beleg? Die Unterzeichner des Protokolls verweigern die Auskunft.

Unter Druck geraten, behauptet der Geschäftsführer, ein Großkunde lehne die Schraube X ab. Doch wirbt dieser Großkunde auf seiner Website ausdrücklich mit Schraube X. Zusammenfassung: Die Schraubenregel ist ein Phantom. Man könnte sie ignorieren oder mit einem Satz beseitigen. Trotzdem behaupten Geschäftsführer und Verwaltung, der Betrieb sei an sie gebunden.

Als A nach dem Sinn der Regel fragt, liefern der Geschäftsführer und der für A's Bereich zuständige Abteilungsleiter per E-Mail leichtfertige und zynische Begründungen. A schreibt an die Konzernspitze eine Beschwerde, in der er diese Begründungen wörtlich zitiert und kritisch kommentiert. Da zeitgleich weitere Ingenieure ebenfalls um Befreiung von der Schraubenregel bitten, gibt es einen kleinen internen Aufruhr. Geschäftsführer und Abteilungsleiter verschicken Wutbriefe, in denen sie behaupten, einen Schraubenbeschluss habe es nie gegeben, A's Zitate seien gefälscht und der Betrieb stecke *tief in einer »toten Hose«.* Das Abteilungsleitergremium, das die Schraubenregel soeben noch aus Solidarität mit dem Geschäftsführer nachträglich beschlossen hatte, formuliert rasch eine Einschränkung: Sie sei nicht als Verbot gemeint gewesen, natürlich dürfe man Schraube X verwenden. Kabarett? Nein, ein reales Tollhaus.

Wie geht es weiter? Der Abteilungsleiter bittet um Versetzung. Der Geschäftsführer wird bei nächster Gelegenheit von seiner Aufgabe entbunden. Seitdem sind zehn Jahre vergangen, es hat zwei weitere Geschäftsführer und drei neue Leiter dieser Abteilung gegeben, und sie alle beachteten die Schraubenregel, obwohl keiner sagen konnte, wozu sie gut sei. Die eigentliche Überraschung aber ist: Auch die Ingenieure arbeiten freiwillig ohne Schraube X weiter. Die Parabel handelt also wie die anderen Szenarien von Machtmissbrauch und Widerstand, vor allem aber von freiwilligem Gehorsam.

Bedeutung

Ich schicke diese Parabel voraus, weil ich in Gesprächen bemerkt habe, dass die Bedeutung des realen Falls nicht einfach zu vermitteln ist. Die Zuhörer problematisierten gern den Streitgegenstand und lenkten (sich?) damit vom Kern der Geschichte ab. Deswegen als Platzhalter *Schraube X*, deren Spezifika zunächst keine Rolle spielen. Schon der Stil, in dem die Regel installiert wurde, weist auf einen Willkürakt hin. Denn eine sinnvolle Regel wäre offen zur Diskussion gestellt worden. Die Schraubenregel aber schleuste man unauffällig ein, weil man wusste, dass sie die Belegschaft behindert.

Das Originelle an der realen Geschichte ist, dass sie sich nicht in einem technischen Betrieb abspielte, sondern in einer hoch angesehenen kulturellen Institution, und dort zudem in einer Abteilung für Literaten, die den Ruf haben, fast alles erkennen und benennen zu können. Das macht den Fall so aussagefähig: Es zeigt, in welcher Tiefe des Unbewussten Machtlust und Gehorsam wurzeln und wie leicht auch prämierte Individualisten in archaisches Gruppenverhalten zurückfallen können, ohne es zu merken.

Idealerweise ist Dichtung nämlich nicht an Macht und Gehorsam gebunden. Sie war zwar immer politischem, religiösem oder kommerziellem Druck ausgesetzt, suchte aber auch die vielschichtigen Muster des individuellen, vergänglichen Lebens. Im Unterschied zu allen anderen Organisationen und Berufen und auch zu fast allen anderen Künsten kommt sie nicht nur ohne Hierarchie aus, die Freiheit von Hierarchien ist sogar ihr Alleinstellungsmerkmal. Gerade literarische Kunst entfaltet ihre tiefste Wirkung im privaten Austausch zweier Einzelpersonen, Autor und Leser. Sie ist die Stimme des Individuums im Strom der Konventionen, und genau darin besteht ihre gesellschaftliche Funktion: in einer Welt der kollektiven Strukturen, Abhängigkeiten und Tabus eine freie Deutung des Lebens beizutragen, die weder richtiger noch wichtiger ist als andere Deutungen, aber ein Gegengewicht bildet, gewissermaßen als Anwältin der Seele.

Schöpferische Leute wie Künstler und Erfinder sind ebenso wie alle anderen von Umgebung und Tradition geprägt, doch sie suchen einen neuen Ausdruck. Ihre Lösungen sind nicht vorhersehbar, sie entstehen in Wagnis und innerer Freiheit. Da politische Reglementierung von Kunst und Wissenschaft zu Qualitätsverlust führt, schützt unsere moderne Gesellschaft diese Freiheit ausdrücklich. Sogar das Grundgesetz befasst sich mit ihr:

Artikel 5 Absatz 3 GG:
Kunst und Wissenschaft, Forschung und Lehre sind frei. Die Freiheit der Lehre entbindet nicht von der Treue zur Verfassung.[369]

Die Kehrseite dieser herrlichen Freiheit ist große materielle Unsicherheit. Die meisten Künstler haben kein festes Einkommen, nur ganz wenige können dauerhaft vom Schreiben leben. Je eigenständiger und anspruchsvoller die Arbeit, desto kleiner das Publikum. Deswegen pflegt unsere abendländische Zivilisation einen kleinen Kulturpool, in dem der Anspruch hochgehalten wird. Eindeutige Parameter wie beim Sport gibt es nicht, denn ebenso wie die Literatur selbst ist auch ihre Rezeption zutiefst individuell, und die Kriterien werden immer neu ausgehandelt von den Menschen, die als Verleger(*innen etc.), Rezensenten, Professoren, Juroren mit Literatur befasst sind und – wichtiges Detail – Schlüsselpositionen im Betrieb erlangt haben. Deren Soziotope – die Verlage, Zeitungen, Rundfunkanstalten – sind nicht hierarchiefrei. Mit einer Ausnahme: Es gibt sogenannte Akademien, die vom Staat selbst den Künstlern zur Verfügung gestellt werden. An einer solchen Akademie spielt unser dritter Fall.

Schauplatz

Diese *Akademie der Schönen Künste* wird vom Bayerischen Staat finanziert und hat ihren Sitz in der Münchener Residenz. Sie ist eine *Vereinigung von Persönlichkeiten aus dem künstlerischen Leben,*[370] gegliedert in fünf

Abteilungen (auch *Klassen* genannt), eine pro Kunstsparte: Bildende Kunst, Darstellende Kunst, Film- und Medienkunst, Literatur, Musik. Jede Klasse hat ursprünglich 30 Mitglieder, die auf Lebenszeit berufen werden. Stirbt eins oder überschreitet es das 75. Lebensjahr, wählen die übrigen ein Mitglied nach.[371] Bewerben kann man sich nicht. Es gibt weder ein Gehalt, noch wird ein Mitgliedsbeitrag erhoben. Die Berufung gilt als Auszeichnung.

Zwar ist der Kulturminister formal Dienstherr der Akademie, doch lässt er den Künstler*innen vollkommene Freiheit in der Gestaltung ihres Auftrags. Dieser lautet in einer bewusst offen gehaltenen Absichtserklärung so:

> Satzung der Bayerischen Akademie der Schönen Künste, Paragraf 1 Absatz 2:
> *Die Akademie ist berufen, die Entwicklung der Künste ständig zu beobachten, in jeder ihr geeignet scheinenden Weise zu fördern oder Vorschläge zu ihrer Förderung zu machen. Sie hat ferner die Aufgabe, einen Beitrag zur geistigen Auseinandersetzung zwischen den Künsten sowie zwischen Kunst und Gesellschaft zu leisten und für die Würde der Kunst einzutreten.*[372]

Die Praxis sieht in München so aus: Die Abteilungen versammeln sich viermal im Jahr; einmal gemeinsam zu einer öffentlichen Hauptversammlung mit Medaillen, Publikum, Festrednern und Musik, dreimal jede für sich zu sogenannten Abteilungssitzungen, in denen die Mitglieder diskutieren und Veranstaltungen planen. Dafür stehen ihnen ein Sitzungszimmer, ein großer Saal mit 250 Zuschauerplätzen und zwei Foyers zur Verfügung. Alle Räumlichkeiten befinden sich im obersten Stock der Münchner Residenz am Max-Joseph-Platz neben Residenztheater und Staatsoper.

Im Wesentlichen präsentieren die Abteilungen bei diesen Veranstaltungen Kunst, eigene oder fremde: Die Musiker musizieren, die Darsteller tragen vor, die Filmklasse zeigt Filme, die Bildende Klasse Gemälde, Grafiken, Skulpturen oder Installationen. In der Literaturklasse gab es Vorträge, Podiumsdiskussionen und zumindest bis 2011 Dichterlesungen.

Der Sinn der Institution

Da alles ungeregelt ist, hat vermutlich jedes Mitglied eine eigene Vorstellung von der Akademie, so wie jedes Mitglied eine eigene Vorstellung von Kunst hat. Deswegen spreche ich hier nur für mich. Ich wurde 2004 zugewählt, mit 48 Jahren eines der jüngsten Mitglieder und eine von fünf Frauen. Damals zählten für mich vor allem drei Aspekte: erstens Status, zweitens Kontakt zu anderen Künstlern, drittens gesellschaftlicher Auftrag.

Status ist leicht zu erklären. Ich lebte prekär, hatte keine Lobby und verdiente wenig. Nach meiner Ernennung zum Akademiemitglied blieben mir einige typische Zumutungen des Betriebs erspart.

Punkt zwei: Autor*innen verbringen viel Zeit am Schreibtisch allein in einem Zimmer, in meinem Fall lebten wichtige literarische Freunde in anderen Städten. Man freut sich, wenigstens dreimal im Jahr alte und neue Kollegen zu treffen – zwanglos, ohne vorsichtige Anbahnung und organisatorischen Aufwand.

Punkt drei, der wichtigste, war die gesellschaftliche Aufgabe: unsere Berufung gemäß § 1 Abs. 2 der Satzung,

> … *die Entwicklung der Künste ständig zu beobachten, in jeder [uns] geeignet scheinenden Weise zu fördern oder Vorschläge zu ihrer Förderung zu machen.*

Dieser Auftrag ermöglicht Künstlern, sich in die Kunstrezeption einzubringen. Anders als Literaturkritiker, die schnell auf eine Flut von Neuerscheinungen reagieren müssen, und Germanisten, die sich um Überblick und Eingliederung bemühen, reagieren Künstler punktuell und selbstgeleitet, mit originärem, empathischem Gespür (dachte ich). Die drei Perspektiven bereichern einander. Und natürlich reagieren nicht alle Künstler auf dasselbe Werk gleich. Wenn aber ein Künstler aus eigenem Antrieb sich für ein Werk einsetzt, bereichert das die Rezeption und wirkt in die Gesellschaft zurück (dachte ich).

Die Praxis

Der Arbeitsmodus mag sich von Abteilung zu Abteilung unterschieden haben. In der Literaturklasse war es so: Die Sitzungen, wie gesagt eine im Vierteljahr, fanden jeweils an einem Mittwoch in der Residenz statt, in einem geräumigen Sitzungszimmer (Seidentapeten, meterhohe Stuckdecke) mit Blick über die Dächer von München, ab vier Uhr nachmittags und selten länger als bis sechs. Kaffee, Tee, Kekse und alkoholfreie Getränke standen bereit. Im Durchschnitt kamen damals um die zwanzig Mitglieder. Eine fest angestellte Referentin, die für die organisatorische Basisarbeit zuständig war, führte Protokoll. Zu Beginn der Sitzung las ein Mitglied ein paar Seiten aus eigener Produktion vor, das war die Kür. Dann folgte die organisatorische Pflicht: Beratung über die Veranstaltungsvorschläge einzelner Mitglieder (Lesungen, Diskussionen, Gedenkabende etc.), Abstimmung per Mehrheitsbeschluss. Die Klasse entschied über das Programm. Wurde ein Vorschlag angenommen, vereinbarte der Initiator einen Termin mit der Referentin, bereitete den Abend vor und trat auf – als Gastgeber, Moderator, Vorleser fremder Werke, Autor oder Diskutierender, je nachdem. Die Teilnahme an Sitzungen wurde nicht honoriert, doch für die Auftritte gab es als Aufwandsentschädigung einen niedrigen dreistelligen Betrag.

Moderiert wurden die Sitzungen von einem Klassensprecher (später Direktor genannt), den die Mitglieder aus ihren Reihen gewählt hatten. Auch der Präsident, ebenfalls ein von uns gewähltes Akademiemitglied, und die Generalsekretärin, eine vom Ministerium angestellte Managerin, nahmen teil. Das von der Referentin geführte Protokoll wurde später, von ein oder zwei Funktionären überarbeitet und unterzeichnet, per Post an alle Mitglieder der Klasse verschickt.

Wichtige Anmerkung: Das Wort *Funktionäre* ist ausdrücklich nicht abwertend gemeint, sondern steht um der Kürze willen für Präsident, Direktor und je nach Zusammenhang Generalsekretärin. Ich selbst war zwei Jahre lang Funktionärin als Beirätin im Präsidium des PEN und weiß, mit wie viel Mühe so ein Amt verbunden sein kann. Ich bewundere jeden, der es seriös betreibt.

Die Akademiearbeit war anregend und herausfordernd. Ich erlebte Dichterlesungen und Werkpräsentationen, las auch aus zwei eigenen

Büchern und lud im Laufe der Jahre acht andere Autoren ein, um satzungsgemäß *die Entwicklung der Künste zu fördern*. Diese Veranstaltungsreihe habe ich aktiver betrieben als andere, weil ich jünger und neugieriger war.[373] Mit den Jahren hat auch meine Neugier nachgelassen. Eine solche Reihe ist auf jüngere Mitglieder angewiesen.

Der Stil

Allmählich veränderte sich die ursprünglich angenehme, liberale Kultur. Ich kann nicht sagen, wann dieser Vorgang begonnen hat. Im Jahr meiner Zuwahl (2004) wurden ein neuer Präsident und ein neuer Klassensprecher eingeführt, und mit ihnen trat eine neue Generalsekretärin an, die vom neuen Präsidenten ausgewählt worden war. Vielleicht lag der Kulturwandel an diesen Leuten, denn den vorigen Klassensprecher habe ich als ausgesprochen noblen, kompetenten Herrn kennengelernt und über seine Arbeit nur Gutes gehört. Ich denke aber, dass auch das neue Trio imstande gewesen wäre, einen brauchbaren Stil zu entwickeln, wenn wir ihm Schranken gesetzt hätten.

Einen Kulturwandel zu beschreiben ist schwer, weil jeder Beteiligte ihn anders erlebt. Manche bemerken ihn überhaupt nicht. Es ist wie bei Charles B. Handys Frosch in der Wanne, der zu spät merkt, dass er gekocht wird, wenn man das Wasser nur langsam genug erwärmt. Mich verblüfften Dinge, die andere Leute normal fanden, doch da vermutlich keiner sie bezeugen wird, muss ich sie hier weglassen. Es gibt zwei Ausnahmen. Eine betrifft einen Choleriker in unserer Runde, der gelegentlich Mitglieder niederbrüllte, wenn sie anderer Meinung waren als er. Alle nahmen es hin, weil er in der Szene ein einflussreicher Mann war; auch der Klassensprecher schritt nicht ein. Als es mich traf, schrieb ich dem Brüller, den wir hier X nennen wollen, ein paar scharfe Zeilen. Ein bei jener Sitzung nicht anwesendes Mitglied tauschte sich später darüber mit einem Zeugen des Brüllvorfalls aus, der meinte, X habe *nicht* gebrüllt. In diesem Fall wird meine Version durch eine Korrespondenz mit dem damaligen Klassensprecher gestützt, ebenso durch X' heftige schriftliche Reaktion auf meine scharfen Zeilen. Das Beispiel zeigt, wie angreifbar eine historische Darstellung ist, wenn schriftliche Zeugnisse fehlen.

Nebenbei ging es nicht um die genaue Phonzahl, sondern um die eindeutige Aggression: *Warum* wollte der Zeuge sie nicht vernommen haben? Ich nehme an, dass sie erstens nicht in sein Bild der erhabenen Institution passte und er zweitens, indem er sie überhörte, vermied, dazu eine Haltung einnehmen zu müssen. Spekulieren muss ich, weil fast keiner der Beteiligten solche Vorfälle diskutieren wollte, geradeso als hätte es ihnen (immerhin Schriftstellern) die Sprache verschlagen. Aus meiner Sicht ein erstes Indiz für die Gefährdung der Kunst durch Macht: Gehemmte Wahrnehmungsbereitschaft beeinträchtigt das Ausdrucksvermögen.

Zweiter Fall: Einmal intervenierte die Generalsekretärin gegen eine bereits gebilligte *Veranstaltung*[374] von mir, und obwohl künstlerische Belange die Generalsekretärin nichts angehen, rief der Klassensprecher sie nicht zur Ordnung, sondern machte sich ihren Einwand sogar zu eigen und forderte mich in einem Telefongespräch auf, mein Projekt »kritisch zu überdenken«. Ich antwortete, das hätte ich schon vorher getan. Es kam zu dem Eklat, der im Vorwort dieses Buches beschrieben ist.

Was war das Problem? Aus seiner Sicht gab es ein Hierarchiegefälle zwischen uns, aus meiner nicht. Denn für mich ist Literatur der Aufrichtigkeit verpflichtet, nicht der Macht. Nur mündige Literaten schreiben mündige Literatur, und wer sich einer willkürlichen Forderung beugt, hört auf, mündig zu sein. Andere Künstler haben andere Poetiken, und natürlich sah ich keinen Grund, ihnen die meine aufzwingen. Doch wollte ich auch ihre nicht übernehmen müssen und wunderte mich, dass das ausgerechnet in einer Akademie der Schönen Künste, die nach außen hin Freiheit und Würde der Kunst repräsentiert, von mir verlangt wurde.

Das bedenkenlose Einverständnis fast aller Kollegen mit der autoritären Anmaßung hat mich bestürzt. Andererseits wird ein Künstler am Schreibtisch leicht weltfremd, und die Akademie lieferte intensives Anschauungsmaterial zum realen gesellschaftlichen Leben. Also beobachtete ich die weitere Entwicklung aufmerksam und bemerkte vielleicht deshalb als Erste unsere *Schraubenregel*. Die weiteren Vorgänge entsprachen im Wesentlichen der oben erzählten Parabel.

Die Schraubenregel
Unsere »Schraubenregel« lautete:

Buchvorstellungen macht die Akademie nicht.

Der Satz stand unauffällig am Ende von Seite 2 eines Sitzungsprotokolls,[375] das am 21. Mai 2010 von der Generalsekretärin und vom Präsidenten unterzeichnet worden war. Dies geschah am Ende des Akademiejahres, und anscheinend vergaßen die Mitglieder während der Sommerpause den Satz, sofern sie ihn mitbekommen oder das Protokoll überhaupt gelesen hatten. Als ich im Herbst die »Regel« problematisierte, wollten etliche Mitglieder nicht glauben, dass sie existiere, und ein Dreivierteljahr später, auf dem Höhepunkt der Krise, behauptete sogar der Präsident, der sie zusammen mit der Generalsekretärin im Protokoll präsentiert hatte, es habe sie nie gegeben. Deswegen ein paar Nachweise (jeweils Antwort-Mails auf Nachfrage der Autorin, Hervorhebungen PM):

E-Mail der Referentin[a] Literatur vom 26.10.2010:
Nur was immer wir machen: Es darf keine Buchvorstellung sein!

E-Mail derselben Referentin vom 28.10.2010, auf meine Nachfrage:
Dass die Akademie keine Buchvorstellungen macht ist **mehrfach in Protokollen niedergelegt,** *z. B. zuletzt im Protokoll zur [Abteilungs] Sitzung am 17. 5.: »Als* **Problem** *an der Veranstaltung wird gesehen, dass es sich um eine Buchvorstellung handeln würde.* **Buchvorstellungen macht die Akademie nicht.**«

---

[a] Die Referentin ist eine angestellte Sachbearbeiterin, nicht mit der Generalsekretärin identisch.

E-Mail des neuen Literaturdirektors,[a] 23. 11. 2010, auf meine Nachfrage:
die goldene Regel, die Sie monieren, dass **in unserer Akademie keine Vorstellungen neuer Bücher gemacht werden sollen,** *ist in mehreren Protokollen des Direktoriums*[376] *und der einzelnen Abteilungen nachzulesen und keine »neuerdings«-Angelegenheit. Ich fand sie bereits vor, als ich in die Akademie aufgenommen wurde und ich stehe durchaus hinter dieser Absprache.*

E-Mail des Präsidenten vom 24. 11. 2010:
Liebe Frau Morsbach, da ich gerade in Bankok bin, nur in Kuerze: **Buchvorstellungen sind vom Direktorium in der Akademie ausgeschlossen worden.**

E-Mail des Präsidenten, 19. 12. 2010:
nein, diese Regel habe ich weder erfunden noch geht sie auf meine Anregung zurück. Sie war **aus unangenehmen Erfahrungen** *und naheliegenden Gründen von* **anderer Seite angeregt** *worden* **und wurde einstimmig vom Direktorium beschlossen.**

Ein seltsamer Vorgang: Der Präsident und die Generalsekretärin schreiben in ein Protokoll einen Satz, der Buchvorstellungen, also Dichterlesungen, in der Akademie letztlich verbietet. Aber wozu? Das Buch ist das klassische Medium der Literatur und das Gespräch über einzelne Werke der klassische literarische Diskurs, zumal für eine zeitlich begrenzte Abendveranstaltung. Man musste nicht an diesem Diskurs kleben und hatte es nie getan, doch gab es auch keinen zwingenden Grund, ihn aus der Akademie zu verbannen. Und war es überhaupt zulässig? Wer war die *andere Seite*, und von welchen *unangenehmen Erfahrungen* und *naheliegenden Gründen* war die Rede? Meine Nachfrage blieb unbeantwortet.

Weiter: Konnte es einen entsprechenden Direktoriumsbeschluss

---

[a] Der vorige Literaturdirektor war überraschend im Sommer 2009 verstorben. Die »Regel« tauchte im Frühjahr 2010 auf. Der neue Direktor trat sein Amt nach der Sommerpause 2010 an, hatte also mit der Entstehung der Regel nichts zu tun.

geben? Der vor einem halben Jahr plötzlich verstorbene Direktor der Literaturklasse war ein Freund von Dichterlesungen und damit Buchvorstellungen gewesen. Als die »Regel« im Protokoll auftauchte, war seine Position vakant. Warum sollte das reduzierte Direktorium einen derart schwerwiegenden Eingriff in die akademische Arbeit einer fachfremden Abteilung vornehmen? Es gab nicht das geringste Motiv. Falls die Direktoren aber unter Druck oder ohne zu wissen weshalb dennoch einen solchen Beschluss gefasst hätten – warum war dann die Klasse nicht explizit unterrichtet worden?

Für all diese Auffälligkeiten sah ich nur eine Erklärung: Der Präsident und die Generalsekretärin wollten diese Regel, weil sie ihnen Macht über die Künstler verlieh. Sie wollten nur nicht dafür verantwortlich sein. Das Gerede von mehrfachen Direktoriumsprotokollen und einstimmigen Beschlüssen diente dazu, die Künstler über die wahren Gründe zu täuschen. Wenn aber die Funktionäre meinten, uns zu täuschen zu müssen, muss ihnen bewusst gewesen sein, dass sie zu unserem Nachteil handelten.

Worin bestand der Nachteil? Uns wurde auf unserer eigenen Bühne das untersagt, was wir am besten konnten, nämlich eigene und fremde Bücher präsentieren. Stattdessen sollten wir Vorträge halten, in denen wir Auszüge aus verschiedenen Büchern unter einem übergeordneten Gesichtspunkt behandelten. Das war erstens praktisch eine Erschwernis, da wir das germanistische Handwerk schlechter beherrschen als das künstlerische, zweitens symbolisch ein Angriff auf unsere Selbstbestimmung und drittens konkret ein Verstoß gegen die Kunstfreiheit, denn ein Vortrag ist eine Art Essay, über dessen Inhalt und Gestaltung allein der Autor zu entscheiden hat.

Diese Willkür unterscheidet den Akademiefall von üblichen Vereinsquerelen, denen meist Richtungskämpfe und Rivalitäten zugrunde liegen. Bei uns rivalisierte niemand mit den Funktionären, niemand begehrte deren Ämter, und die Künstler waren mit dem bisherigen Modus zufrieden gewesen.

Wozu also die destruktive »Regel«? Anders als der sexsüchtige Kardinal Groër und die geldorientierte Politikerin Haderthauer hatten unsere Funktionäre nicht mal Greifbares zu gewinnen. Gewannen sie Ungreifbares? Was konnte das sein? Vielleicht dieses: Jeder willkürlich abverlangte Gehorsam wirkt, da er die Integrität des anderen verletzt, erniedrigend. Der willkürlich Fordernde erhebt sich über den anderen. Und da die Funktionäre trotz der folgenden Proteste auf ihrer »Regel« bestanden, muss dies ihre Absicht gewesen sein.

Warum ließ die Klasse sich das gefallen? Darin bestand damals für mich das größte Rätsel. *Buchvorstellungen macht die Akademie nicht*: Dieser kleine Satz aus fünf Wörtern, auszusprechen in fünf Sekunden, hat eine Runde prämierter Literaten auf Jahre hinaus um ihre demokratische Zurechnungsfähigkeit gebracht.

Sprachtricks des Missbrauchs

Wie hat der kleine Satz das geschafft? Tatsächlich ist er trickreicher, als es auf den ersten Blick scheint: ein Bluff, der verschiedene Tricks der Missbrauchssprache kombiniert. Jeder dieser Tricks ist auf den zweiten Blick leicht durchschaubar, enthält aber so starke Machtsuggestionen, dass er bei empfänglichen Personen zweite Blicke verhindert. Deswegen lohnt es, den kleinen Satz unter die Lupe zu legen.

Trick 1 – Terminologie. Unter Literaten ist eine Buchvorstellung inhaltlich dasselbe wie eine Dichter- oder Autorenlesung.[377] Der Ausdruck *Buchvorstellung* wirkt, obwohl von der Anmutung her blasser, durch seinen organisatorisch-technischen Aspekt strenger: neutral und dadurch schwer angreifbar. Der zweite Blick erkennt in der Umbenennung die Augenwischerei: Verboten wurden schlicht Dichterlesungen. Der Satz *Dichterlesungen macht die Akademie nicht* wäre weniger glatt durchgegangen.

Trick 2 – Anonymisierung. Die Urheberschaft der »Regel« wird verschwiegen. Sie wurde von den beiden Protokollunterzeichnern auch auf mehrfache Nachfrage nicht genannt. Wer aber eine einfache Antwort auf eine berechtigte Frage verweigert, hat etwas zu verbergen. Was könnte das in diesem Fall sein? Im Grunde nur mangelnde Befugnis und schädliche Absichten.

Trick 3 – Restriktion. Ein Verbot ohne Begründung wirkt einschüchternd, denn nur mächtige Autoritäten können sich das erlauben. Verkehrsschilder zum Beispiel werden im Allgemeinen auch dort respektiert, wo ihr Sinn sich dem ersten Blick *nicht* erschließt. Denn der zweite

Blick bringt meist die Erklärung. Die Geschwindigkeitsbegrenzung von 30 km/h in der engen Dorfstraße etwa dient dem Schutz der Kinder. Wem aber dient auf den zweiten Blick das Verbot von Dichterlesungen in einer Akademie? Dem Publikum gewiss nicht. Den Künstlern sowieso nicht. Es dient offenbar nur seinen Urhebern.

Trick 4 – Verführung. Als Autorität hinter der »Regel« wird *die Akademie* ausgegeben – ein Taschenspielertrick. Hätte die Regel gelautet: *Der Präsident und die Generalsekretärin verbieten ...*, hätten sich auch devote Kollegen fragen müssen, ob das wohl rechtens sei. Eine (terminologisch neutralisierte, siehe Trick 1) Anweisung *der Akademie* aber wurde blind akzeptiert. Dabei waren die *Akademie* wir selbst; warum hätten wir uns Fesseln anlegen sollen? These: Man fühlte sich durch die *Akademie* aufgewertet, und je bedeutender und unfehlbarer man sie fand, desto mehr ehrte einen die eigene Mitgliedschaft. Dass der Preis für diese scheinbare Selbstaufwertung die Entmündigung war, blendete man aus.[378]

Zwischenbemerkung: Natürlich wurde die »Regel« nicht auf diese Aspekte hin im stillen Kämmerlein komponiert; ich denke sogar, dass sie ein spontaner Einfall war. Machtmissbraucher beherrschen ebenso wie Betrüger solche Tricks intuitiv. Auch die folgende Maßnahme – kein semantischer, sondern ein uralter organisatorischer Trick – gehört zu ihrem Grundrepertoire:

Trick 5 – Fakten schaffen. Hätte jemand die »Regel« formell dem Plenum vorgeschlagen, wäre sie im offenen Diskurs zweiten Blicken und kritischen Argumenten ausgesetzt gewesen. Der Protokoll-Trick unterband diesen rationalen Prozess. Die »Regel« war plötzlich da, mit all ihren Suggestionen und Manipulationen, als Machtmysterium. Wer jetzt Kritik übte, griff nicht mehr eine sinnlose Vorschrift an, sondern die Macht selbst. Der zweite Blick wurde zum Tabu.

Whodunnit

Als besondere Provokation galt die Frage nach der Urheberschaft der »Regel«. Doch warum sollten wir nicht wissen, wer Verbote über uns verhängte? Ich sehe nur die Erklärung, dass der Name die Wirkung der »Regel« geschwächt, wenn nicht aufgehoben hätte. Denn bei nüchterner Betrachtung kamen nur folgende Urheber*innen infrage:

1. der Präsident. *Für diese These spricht:* Er hat als eine von zwei Personen jenes Protokoll (s. S. 229) unterschrieben. Die »Regel« verschaffte ihm eine freiere Verfügung über die Bühne, die er jetzt mit weniger Künstlern teilen musste. *Dagegen spricht seine eigene Auskunft: nein, diese Regel habe ich weder erfunden noch geht sie auf meine Anregung zurück. Sie war aus unangenehmen Erfahrungen und naheliegenden Gründen von anderer Seite angeregt worden und wurde einstimmig vom Direktorium beschlossen.* Der Präsident müsste also glatt gelogen haben, wenn er's trotzdem war.

2. die Generalsekretärin. Dafür spricht: Auch sie hat als eine von zwei Personen jenes Protokoll unterschrieben. Sie ist auf den ersten Blick die einzige vorstellbare andere Seite, die – aufgrund welcher unangenehmen Erfahrungen auch immer – Interesse daran haben konnte, in unser Programm einzugreifen. Sie war schon einmal durch Einmischung in die künstlerische Arbeit aufgefallen (s. S. 228). Sie hatte als einziges Nichtmitglied die Autorität, den Präsidenten zur Unterschrift unter das »Regel«-Protokoll anzustiften. Die Heimlichtuerei verschleierte eine Kompetenzüberschreitung mit möglichen dienstrechtlichen Konsequenzen. Weiter: Der »Regel«-Coup verschaffte der Generalsekretärin erheblichen Machtgewinn, denn er unterwarf die Künstler und Funktionäre ihrem Willen. Der Präsident machte sich durch seine Unterschrift und die unbeholfenen Ausreden als Komplize von ihr abhängig. In der Folge würden alle Abteilungsdirektoren, indem sie einen nachträglichen »Regel«-Beschluss fassten, zu ihren Büteln. Der Präsident und ein Literaturdirektor würden deswegen ihre Ämter verlieren, und auch die nachgewählten Direktoren und Präsidenten würden die »Regel« aufrechterhalten, während die Generalsekretärin als graue Eminenz fest im Sattel saß. Gegen diese These spricht: Die Generalsekretärin hat ihre Urheberschaft mündlich und schriftlich abgestritten. Sie müsste also glatt gelogen haben, wenn sie's trotzdem war.

3. eine weitere, gänzlich unbekannte *andere Seite*. Will man nicht an ein Gespenst glauben, müsste das eine Person sein, deren Urheberschaft so peinlich, schambehaftet oder ehrenrührig war, dass die Protokollunterzeichner das Inkognito um keinen Preis lüften durften. Vielleicht eine studentische Hilfskraft, oder eine Garderobiere (Scherz)?

Oder ein zu kurz gekommenes Akademiemitglied? *Dagegen* spricht: Kein Akademiemitglied kam zu kurz. In den sechs Jahren bis 2010, die ich miterlebt habe, gab es nie zu viele Veranstaltungsvorschläge, eher zu wenige. *Für diese These spricht also nichts.*

Dass beide Protokollunterzeichner die Urheberschaft verheimlichten, leuchtet demnach sofort ein. Doch auch die Klasse wollte es nicht wissen.

Überlegungen am Boden

Bereits hier machte ich meinen ersten Fehler: Ich übersah die Raffinesse des trickreichen kleinen Satzes, da ich für sie unempfänglich war, empörte mich und glaubte, auch die Kollegen würden die »Regel« sofort durchschauen. Empörung ist aber eine schlechte Ratgeberin und selbst erkenntnismindernd.

Seit meinem ersten Streit (s. S. 11 f., 228) hätte ich wissen müssen, dass die Klasse autoritätsgebunden reagierte, auch wenn es objektiv keine Hierarchie gab. Stattdessen dachte ich: Warum sich mit einer solchen Vorschrift abfinden? Wir reden ja nicht von Mannesmut vor Königsthronen. Was sprach dagegen, dem Präsidenten, der schließlich kein blutrünstiger Tyrann, sondern nur ein verantwortungsloser Funktionär war, mitzuteilen, dass die »Regel« inakzeptabel sei und man sich weigere, sie zu befolgen?

Ja, was sprach dagegen? Die Klasse wollte oder wagte es nicht. Je deutlicher ich auf den Übergriff hinwies, desto heftiger stritt man ihn ab. Während ich nicht verstand, wie man eine Vorschrift verteidigen kann, die einem, bildlich gesprochen, in den Hintern tritt, warf man mir Arroganz vor.

Was hätte ich besser machen können? Ohne es beweisen zu können, meine ich: Erst mal den Wortlaut der »Regel« prüfen und seine Implikationen vorab in Ruhe mit einzelnen vernünftigen Kollegen besprechen. Danach eine »spontane« Diskussion im Plenum anzetteln, und zwar noch bevor die Funktionäre Widerstand ahnen und Begründungen für das Verbot erfinden können. Das Hauptproblem liegt ja nicht darin, dass die Leute keine Lust auf Widerstand haben (natürlich haben sie keine! Widerstand ist unbequem!), sondern dass sie schon im Vorfeld

Erkenntnisse wittern und abwehren, die eine Aufforderung zum Widerstand enthalten könnten. Eine unaufgeregte kollegiale Diskussion hätte diese instinktive Kombination aus Hellsicht und Erkenntnishemmung vielleicht unterlaufen. Wenn man dann gemeinsam oder mehrheitlich die »Regel« zum Missverständnis erklärte, hätten die Funktionäre ihr Gesicht gewahrt, und alle hätten zur Normalität zurückkehren können.

Leider erfordert eine solche Lösung viel Erfahrung, und die hatte ich nicht. Der Kritiker am Boden hat sie fast nie. Er entdeckt einen Missstand, ist also verunsichert, beunruhigt, erzürnt, kurz: aufgeregt. Niemand hat ihn darauf vorbereitet, was jetzt zu tun ist und was ihn erwartet. Da er nicht oben im Ballon schwebt, hat er keinen Überblick, sondern muss unten im Getümmel eine Entscheidung fällen. Die einen schimpfen, dass er sich irre, andere reden auf ihn ein, man könne es doch gar nicht so genau wissen. Was soll er tun? Aufgrund von Indizien, deren Aussagekraft sonst niemand sehen will, eine Auseinandersetzung beginnen, die ihn in Schwierigkeiten bringt? Oder sich ducken und abwarten, bis alles vorbei ist? Was aber, wenn es danach schlimmer ist als zuvor? Der Groër-Fall zeigt einen solchen Verlauf.

Was tun? Der Kritiker muss zunächst mit dem Gehorsamsreflex rechnen, der die Gruppe befällt, wenn sie ihren Chef angegriffen sieht. Schon die pure *Feststellung* von Willkür bereitet Unbehagen. Wir neigen dazu, Anweisungen für vernünftig zu halten, denn der Gedanke, dass die Oberen fahrlässig oder mit Vorsatz schädlich handeln, ist zutiefst beunruhigend. Also rechtfertigt man sie lieber irgendwie. Je stärker die eigene Autoritätsbezogenheit, desto mehr Fantasie entwickelt man, um die Dissonanz aufzulösen. Ebenso verstörend ist der Eindruck vorgesetzter Ignoranz: Schließlich möchte man die Leute, von denen man sich abhängig weiß oder glaubt, für vernünftig halten. Widerspricht dem der Augenschein, muss man, um sie so klug zu finden, wie man wünscht, sich selbst dümmer machen, als man ist. Wird dieser Schutzmechanismus von jemandem gestört, wirkt das kränkend; schließlich steht man im Wortsinn dumm da. Dann wird man böse oder sucht verunsichert Orientierung in der Gruppe. Gruppen aber funktionieren erst recht machtgesteuert und bieten Schutz nur für Gehorsame (s. S. 67 f., 71 f.).

Die Theorie hilft, die ersten Reaktionen zu begreifen, aber noch nicht, darin zu bestehen. Wir haben jetzt also den Kritiker im Strudel. Die oben entworfene Lösung ist verpasst. Wie geht es weiter?

Eine Perspektive finden

Wer nur den Kampf sieht, ist abhängig von Sieg oder Niederlage. Wer sich neben den Strudel stellt und das menschliche Geschehen (auch sich selbst) von außen beobachtet, wird nicht herumgeschleudert und hat einen Erkenntnisgewinn. Da die Muster sich wiederholen, helfen bisweilen auch klassische Narrative. Ebenso spannend ist es, neue Muster zu finden.

Als Narrativ (sinnstiftende Erzählung) bietet sich hier zum Beispiel die Posse an. Der Komponist Moritz Eggert, dem ich die Geschichte kürzlich erzählte, meinte: »Das wäre was für Kafka oder Karl Kraus gewesen! Ausgangspunkt: Eine Regel wird als Notlüge oder Ausrede erfunden, damit ist sie plötzlich in der Welt, und alle müssen ihr folgen, obwohl sie keinen Sinn ergibt. In der Folge kommen immer neue Regeln ins Spiel, die auf ihr aufbauen, das Leben der Menschen wird immer komplizierter bis unmöglich, obwohl es vorher überhaupt keine Probleme gab und die Regel von vornherein sinnlos war. Irgendwann erzeugt dann die Regel ihren Sinn allein durch ihre Existenz und bestimmt das Leben aller.« Das ist witzig und treffend, eine kulinarische Fabel, die den Irrsinn der Welt auf die Spitze treibt.

Ich habe die Geschichte anders behandelt, weil mich nicht ihre Absurdität, sondern ihre Normalität verblüffte: die Selbstverständlichkeit, mit der versteckte Gewalt ausgeübt und hingenommen wurde, indem man einfach nicht darüber sprach. Diese Selbstverständlichkeit scheint überall zu herrschen, wo man sie herrschen lässt, und sie stellt sich immer wieder von selbst her (siehe Haderthauer, siehe Groër).

Kleiner Exkurs: Auch der Fall Harvey Weinstein – als Beispiel für einen ausnahmsweise geahndeten Missbrauch – ist nur durch sie zu erklären. Das Hauptargument von Weinsteins Verteidiger*innen lautete immer *Einvernehmlichkeit* – als wäre es das Normalste von der Welt, dass junge Frauen sich in Hotelzimmer begeben, wo ein schmuddeliger Typ sie penetriert, auf sie uriniert oder ihnen sein altes Glied in den

Mund stopft.[379] Tatsächlich schienen viele Frauen die Prozedur als Bedingung für eine Filmkarriere zu akzeptieren. Erst als einige trotz Weinsteins Drohungen sich an die Presse wandten und die Presse trotz weiterer Drohungen nach jahrelangen Recherchen die Praxis enthüllte,[380] fiel auf, dass sie zynisch, unwürdig und – als Nötigung – gesetzwidrig ist.

Dass Menschen ihre Ziele durch Sex oder Gefügigkeit zu erreichen versuchen, wird es immer geben. Schaden entsteht dann, wenn sich daraus eine allgemeine Praxis entwickelt, die andere Wege verschließt. Auch bei Weinstein war nicht der Sex das Problem (Spaß mit Weinstein, warum nicht?), sondern ein Branchenklima, in dem Frauen fürchten mussten, durch Verweigerung ihre berufliche und künstlerische Entwicklung zu blockieren. Übertragen auf die Akademie gilt dasselbe: Gefährlich war nicht der Verzicht einzelner Künstler auf selbstbestimmte Akademiearbeit, sondern die Bereitschaft der Mehrheit, ein Selbstbestimmungsverbot für alle zu schlucken.

Der Preis für die Selbstverständlichkeit versteckter Gewaltausübung ist immer das Tabu, also der Sprachverlust. Und da in der Sprache unsere höhere Bestimmung liegt, wird damit auch unsere Kultur beschädigt.

Ich wollte diese Selbstverständlichkeit stören, indem ich die Gewalt aufdeckte. Nicht um die Menschheit zu verbessern – das Machtspiel ist anscheinend der Naturzustand –, sondern um die Kultur zu verteidigen. Da das essenzielle Werkzeug der Kultur die Sprache ist und höhere Sprachleistung ihre schöpferische Kraft nicht aus Zwang und Berechnung, sondern aus Freiheit und Wahrhaftigkeit bezieht, empfand ich unsere »Regel« ebenso wie ihre Hinnahme als Frevel. Also ging ich dagegen vor. Mit Sprache, wie sonst?

Die Mühe schien gering: Die Faktenlage war übersichtlich, der Fall klein, dabei bedeutsam. Er offenbarte wesentliche verleugnete Impulse, die man selten so direkt studieren kann. Und er war ein ideales Testfeld für die Wirkung von Sprache auf Tabus.

Was ich damals nicht wusste: Schon bei kleinen Machtmissbrauchsvorgängen sind gewaltige psychische Energien im Spiel. Meine Annahme, dass in der Wahrheit des Vorgangs die Lösung enthalten sei, war falsch. Denn die Wahrheit widerspricht oft der Eigenliebe. Da sich bei Machtmissbrauch schweres Fehlverhalten mit übermäßiger Eigenliebe verbindet, sind befallene Mächtige zur Einsicht unfähig. Und wie sehr bei den Unmächtigen auch die Wahrheit des eigenen Opportunismus[381] die Eigenliebe bedroht, hatte ich unterschätzt.

Offenbar handelte es sich um ein allgemeines Phänomen, das viel verbreiteter ist, als unsere Gründungsschriften und Gesetze zu glauben nahelegen. Daraus ergeben sich grundsätzliche Fragen: Kann man gegen Machtmissbrauch überhaupt vorgehen, wenn er von einer jeweiligen Mehrheit geduldet wird? Wie aktiviert man die betrieblich und gesetzlich vorgesehenen Kontrollmaßnahmen, wenn die Kontrollpersonen sich auf die Seite der Macht stellen? Kultur ist mindestens so wichtig wie die Regularien, fand ich heraus. Kultur aber lässt sich nur mit Kultur verteidigen.

Meine Forschung bestand in einem epischen Protest. Ich machte viele taktische Fehler und war, was unsere »Regel« betrifft, letztlich erfolglos – sie wird bis heute beachtet. Doch ohne meine Nachfragen und Provokationen hätten die Beteiligten niemals ihre Motive so verblüffend deutlich preisgegeben. Aus den Fehlern und Irrtümern auf beiden Seiten lässt sich hier einiges lernen. Und es gibt viel zu staunen, denn ganz nebenbei erwies sich die Geschichte als Krimi der Sprache.

Kurze Bemerkung zur Dokumentation

Anders als in den vorigen Fällen, die im *Buch Groër* und im Netz ausführlich dokumentiert sind, kann der Leser dieses Kapitel nicht mit anderen Quellen abgleichen. Das ist bei Insidergeschichten leider so. Immerhin gibt es in diesem Fall eine verdienstvolle, leider nicht ganz vollständige interne Dokumentation, die unser Kollege Friedrich Denk zusammengestellt und im November 2011 an interessierte Mitglieder der Literaturklasse verteilt hat.[382] Wo möglich, werde ich aus ihr zitieren.

Ich versuche, den Konflikt so genau wie möglich darzustellen und insbesondere keine Dokumente, die die andere Seite entlasten könnten, zu unterdrücken. Da alle Beteiligten der Affäre, auch meine Gegner, am Leben sind, werden sie mich gewiss widerlegen, wenn sie können.

Die Auseinandersetzung beginnt: Weitere Varianten des destruktiven Diskurses

Im Herbst 2010 problematisierte ich gegenüber den Funktionären die »Regel«, wobei ich zweigleisig argumentierte: Erstens sei die »Regel« sinnlos, zweitens unzulässig, da die Klasse nicht gefragt worden sei.

Ich redete gegen eine Wand. Die Funktionäre bestanden nur auf ihrer »Regel« und begründeten sie so leichtfertig, als fühlten sie sich unangreifbar. Ich nenne das Pseudodiskurs.

Der Pseudodiskurs ist eine Variante des im vorigen Szenarium behandelten destruktiven Diskurses (s. S. 194 ff.). Anders als der klassische destruktive Diskurs aber, der zumindest simuliert, die Gegenvorstellung zu prüfen, gingen die Funktionäre auf meine Argumente nicht mal vordergründig ein, sondern erfanden Scheinprobleme, die angeblich die »Regel« notwendig machten.

Beispiel für ein Scheinproblem [Hervorhebung PM]:

> Mail des Literaturdirektors an PM, 23.11.2010:
> *Überlegen Sie doch bitte, wieviele Abende gemacht werden müssten, wenn die Vorstellung neuer Bücher bei uns **ein regulärer Vorgang werden würde**. […] Von vielen unserer Mitglieder erscheint alle 2–4 Jahre ein neues Buch. […] Wir wären vollauf damit beschäftigt, die **Selbstdarstellungswünsche unserer Mitglieder zu befriedigen**.*

Jede Einschränkung von Freiheit wird mit vermeintlichem Notstand gerechtfertigt, wobei meist ein realer Anlass übertrieben wird. Doch hier gab es überhaupt keinen Anlass; der angebliche Notstand musste komplett erfunden werden. Deswegen steht er im Konjunktiv. Warum sollte es auf einmal ein *regulärer* Vorgang *werden*, dass alle Autoren ihre neuen Bücher vorstellen wollen? Es war nie einer gewesen. Ich habe in Jahren nicht erlebt, dass ein Mitglied in der Abteilungssitzung eine Lesung aus seinem neuen Buch beantragte; denn über die Veranstaltungen entschied die Klasse, und keiner wollte die Ablehnung des Plenums riskieren. Sollte sich aber tatsächlich in Zukunft einmal eine Drängelei ergeben, so könnten entweder Kollegen sich einen Termin teilen, oder die Klasse würde abstimmen, wem der Vorzug zu geben sei.

Sie ist der Souverän; wer sonst? Der drohende Buchvorstellungs-Infarkt war also ein Phantom. Mit gleichem Recht könnte ein Bürgermeister sagen: Ab sofort fahren alle Männer im Rollstuhl, damit die Bank nicht ausgeraubt wird. Nebenbei unterstellte das Argument, die Künstler seien unfähig, dergleichen Probleme selbst zu lösen. Man beachte auch die kleine Bosheit der *Selbstdarstellungswünsche*, in der Kunst auf Eitelkeit reduziert wird.

Ein weiteres Beispiel für Scheinbegründung:

E-Mail des Präsidenten aus Bangkok, 24. 11. 2010:
Jede Veranstaltung bringt betraechtliche Unkosten mit sich, vor allem wegen des Personalaufwands. **Die Baur-Stiftung, welche unsere Veranstaltungen finanziert, lehnt aber die Unterstuetzung von Veranstaltungen, die einen kommerziellen Aspekt haben, grundsaetzlich ab.** *Auch die Stiftungsaufsicht wuerde dran Anstoss nehmen.*

Auch hier ein Konjunktiv: *die Stiftungsaufsicht wuerde ... Anstoss nehmen* bedeutet weder, dass der Sponsor eine solche »Regel« gefordert hatte, noch, dass er gefragt worden war. Tatsächlich hatte die Friedrich-Baur-Stiftung allem Anschein nach überhaupt nichts gegen Dichterlesungen, sie warb sogar auf ihrer Website damit. Meinem Eindruck nach hatte der Präsident sie spontan (da er in *Bankok* war, *nur in Kuerze*, s. S. 230) für seine Ausrede instrumentalisiert. Doch auch inhaltlich verblüfft dieser Einfall: Beamte dürfen von Geschäftspartnern ihrer Behörde keine Geschenke annehmen, um nicht in Loyalitätskonflikte zu geraten. Hier aber erklärte der Repräsentant einer staatlichen Institution, die für die Freiheit und Würde der Kunst eintreten soll, er müsse mit Rücksicht auf einen Sponsor offiziell die Freiheit und Würde seiner Autoren einschränken. Aus meiner Sicht machte ihn schon dieser Auftritt als Präsident untragbar. Seine indirekte Behauptung, dass Buchvorstellungen kommerzielle Veranstaltungen seien, war im Vergleich dazu eine Petitesse, wiewohl eine zynische: Die paar Bücher, die zur Signatur an unserem Büchertisch verkauft waren, ergaben für den Autor des Abends vielleicht zwanzig Euro.

Als weitere Variante des destruktiven Diskurses hier noch die *Umkehrung* des absichtlichen Missverständnisses (s. S. 194): Dem anderen wird vorgeworfen, er missverstehe absichtlich den Sinn der »Regel«. Zwei Beispiele:

Mail des Literaturdirektors an PM, 23.11.2010:
Das alles hat mit Weisungsgebundenheit und Freiheit der Kunst nun wirklich nichts zu tun.

Mail des Literaturdirektors, 29.1.2011
Haben wir wirklich keine anderen Sorgen, im Großen und im Kleinen, als uns jetzt nun schon stunden- und tagelang mit dieser völlig peripheren Frage zu befassen? Peripher, weil, wie mehrfach dargelegt, es ein »Verbot«, aus neuen Büchern zu lesen, nicht gibt, sondern nur die gut begründete Intention, die Akademie nicht zur Station einer Lesereise mit Neuerscheinungen zu machen.

Es ist ein alter Trick, sich aus der Verantwortung für eine rigide Anweisung zu stehlen, indem man behauptet, sie sei nicht so gemeint.

In der Passage versteckt sich ein weiteres Element des destruktiven Diskurses, nämlich die indirekte Entwertung. Die *gut begründete Intention, die Akademie nicht zur Station einer Lesereise mit Neuerscheinungen zu machen,* stellt völlig unbegründet eine Buchvorstellung an der Akademie mit Lesungen in Buchhandlungen gleich. Der Unterschied zwischen der persönlichen Fürsprache eines Akademiemitglieds und der eines Buchhändlers wird negiert.[383] Es ist ein Pendant zu den angeblich unbremsbaren *Selbstdarstellungswünschen* der Autoren (s. S. 240).

Das Hauptargument aber lautet, es gebe kein *Verbot*, da die Funktionäre dieses Wort nicht gebraucht hatten. Aus Sicht der Unmächtigen lief die »Regel« klar auf ein Verbot hinaus, da *Ausschluss*[384] dasselbe bedeutet. Die Umschreibung schonte das Selbstbild des Direktors als Demokrat und das Selbstbild der Mitglieder als freie Künstler. Ein wörtliches »Verbot« hingegen hätte die Autoren mit der Frage konfrontiert, ob sie sich das bieten lassen dürfen.

Das Destruktive an solchem Zerreden ist, dass beim jeweils Mächtigen die Deutungshoheit bleibt. Er kann einfach alle Kritik als dummes oder böswilliges Missverständnis abweisen und behält immer das letzte Wort.

Zumindest in der Theorie. Doch deren Kriterium ist die Praxis. Sehen wir sie uns an.

Die Regel wird angewandt

Im Herbst 2010 beantragte ich schriftlich beim Literaturdirektor eine Veranstaltung über Norbert Gstreins Roman *Die ganze Wahrheit*, der von der Presse rabiat verrissen worden war. Meiner Meinung nach tat das Feuilleton dem Autor unrecht, und ich wollte mich für ihn einsetzen gemäß dem Sinn der Akademie, Künstler in die öffentliche Diskussion einzubeziehen. Im früheren Modus hätte der Direktor das Projekt bei der nächsten Abteilungssitzung dem Plenum zur Abstimmung vorgelegt. Eine Ablehnung des Plenums hätte ich ohne Weiteres hingenommen. Diesmal aber wurde die Anregung der Klasse nicht mal mitgeteilt, sondern direkt von den Funktionären abgelehnt. Begründung: Ich dürfe die Veranstaltung nicht machen, da es sich um eine *Buchvorstellung* handle.

Nach einem ergebnislosen Mailwechsel schlug mir der Direktor ein persönliches Gespräch vor, und wir trafen uns am 10. Dezember 2010 in der Akademie. Dort verteidigte er ein weiteres Mal ohne neue Argumente die »Regel« und empfahl mir statt einer Lesung jenes aktuellen Romans ein *Autorenporträt Norbert Gstrein*. Ich fragte ihn, warum er sich mir gegenüber für weisungsbefugt halte. Er lachte jovial: Davon könne doch überhaupt keine Rede sein, wie käme ich nur auf solche Begriffe, ich möge einfach freiwillig tun, was er sage. Immerhin bot er sofort ein paar Termine an, und das war ein Entgegenkommen, denn die Entscheidung über Budget und Bühne war das stärkste Druckmittel der Funktionäre.

Ich dachte zwei Tage darüber nach.

E-Mail PM an Direktor, 12.12.2010:
nochmals vielen Dank für das kurzweilige und aufschlussreiche Gespräch am letzten Freitag! Ich verstehe Sie jetzt etwas besser und habe freiwillig versucht, Ihre Vorschläge umzusetzen. Allein, es ging nicht, und wenn es freiwillig nicht geht, geht es überhaupt nicht. Ich möchte also kein »Autorenporträt Norbert Gstrein« machen, sondern nur über das Buch »Die ganze Wahrheit« sprechen. Anbei meine Begründung. [...]

Er antwortete:

> E-Mail Direktor an PM, 13.12.2010 11:41
> ... *ich muss gestehen: Sie sind hartnäckiger als ich gedacht hatte. Sie werden deshalb auch besonderes Verständnis dafür haben, wenn ich hartnäckig bleibe.*
> *Eine Veranstaltung nur über ein Buch erscheint mir allzu eng und eingeschränkt, und wenn es sich um das neueste des entsprechenden Autors handelt, entspricht dies nicht unseren Regeln. In diesem speziellen Fall schlage ich folgendes vor: Sie laden sich zu Gstrein einen weiteren Menschen ein [...] und konzipieren einen Abend zu dem Thema »Schlüssel oder Schlüsselloch« (kein verbindlicher Titel). Es wären noch Termine möglich Ende März (30. od. 31.3. oder 10.5.)*
> *Bitte überlegen Sie.*

Ist es keine Einschränkung der künstlerischen Freiheit, wenn einer freien Künstlerin vorgeschrieben wird, wie sie ihre Vorträge zu konzipieren habe? Und läuft es nicht auf ein Verbot hinaus, wenn dem Konzept der Künstlerin die Bühne verwehrt wird? Die Camouflage soll ihr weismachen, es gäbe gar keinen Elefanten, während er sie bereits an die Wand drückt.[385]

Schraube X – ein paar Bemerkungen über Kunst

Schwerpunkt dieses Szenarios sollen die lehrreichen Fehler sein, die auf beiden Seiten begangen wurden. Wir sind auch fast so weit. Ich möchte nur vorher noch die Spezifika von Schraube X erläutern, nicht weil sie zum Verständnis des Skandals nötig wäre (der Machtmissbrauch ergibt sich aus den Handlungen der Funktionäre), sondern zur Klärung meiner Motive. Wer das nicht so genau wissen will, möge zum nächsten Kapitel (S. 246) blättern.

Mit Schraube X meine ich natürlich die Kunstfreiheit, die in der Akademie durch die »Regel« verletzt wird. Denn die Kunstfreiheit ist mit der Freiheit des Künstlers unmittelbar verbunden.

Sprache ist ein Zaubermedium. Sie kennt uns besser als wir selbst, man kann sie, wie auch diese Geschichte zeigt, nicht betrügen. Die künstlerische Textur entspricht immer dem Charakter und Verhalten des Autors. Ängstliche Schriftsteller schreiben vorsichtige oder opportunistische Literatur. Wer im Leben unaufrichtig ist, ist es auch in seinen Texten, und wer in seinen Texten nach Wahrheit strebt, sollte auch im Leben aufrichtig sein. Umgekehrt sollte kein Fabulierer und Fantast gezwungen werden, realistische Romane zu schreiben. Übt man Zwang auf Künstler aus, schadet man ihrem Werk. Zensiert man die Literatur – wozu auch der literarische Essay bzw. Vortrag gehört –, attackiert man Talent und Person des Künstlers gleichermaßen. Hannah Arendt, sinngemäß: Wer als Dichter auf Wahrhaftigkeit verzichtet, wird von den Musen, den Göttinnen der Dichtkunst, im Stich gelassen.[386]

Auch äußere, von uns nicht beeinflussbare Posten fließen in unsere innere Bilanz ein. In einer Diktatur ist Ehrlichkeit gefährlicher als in einem Rechtsstaat, deswegen können wir uns dort Unehrlichkeit eher verzeihen. Doch willkürlich geforderter Gehorsam beschädigt *immer* die Integrität, unter zahmen Bedingungen noch mehr als unter Bedrohung. Die innere Freiheit eines Autors durchstrahlt auch erzwungene Verhüllung, während freiwillige Unterwerfung sich in jedem noch so pompösen Werk offenbart. Wer in einer freien Demokratie sich ohne Not einer sinnlosen, destruktiven »Regel« beugt, wird, auch wenn er dieses Problem von sich abspaltet oder bagatellisiert, in seiner Literatur Fragen von Freiheit und Integrität ausweichen müssen.

Weil ich dieser einfachen Poetik folgte, wurde ich durch die »Regel« stärker geschädigt als die diplomatischen oder virtuosen Kollegen. Ich hätte mir nicht verziehen, wenn ich in dieser zwar symbolisch gefährlichen, doch zivil lächerlichen Situation die Flucht ergriffen hätte. Freiheit ist ein herrliches Privileg, das meine Generation geschenkt bekam, weil mutige Leute in früheren Jahrhunderten es unter Gefahr für Leib und Leben erkämpft haben. Warum sollte ich ohne Gefahr für Leib und Leben keinen Widerspruch wagen? Wer seine Freiheit nicht verteidigt, hat sie nicht verdient.

Und nun zum Fehlerkatalog.

Fehlerkatalog: I – Leichtfertigkeit

Man staunt, wie viele Blößen die Funktionäre sich gaben: Sie logen nachweisbar einen »Regel«-Beschluss herbei und rechtfertigten ihn durch Zwänge im Konjunktiv *(wenn die Vorstellung [...] ein regulärer Vorgang werden würde / die Stiftungsaufsicht würde Anstoß nehmen)*. Verglichen damit war der Bescheid des Oberstaatsanwalts W*** (s. S. 193 ff.) ein Kunststück an Disziplin und Raffinesse. À propos Staatsanwalt: Ein juristischer Freund fragte behutsam, ob vielleicht das logische Denken bei Künstlern unterentwickelt sei. Ich musste widersprechen, zumindest für den konkreten Fall: Präsident und Direktor waren keine Künstler, sondern Emeriti, Professoren im Ruhestand.

Zu den Professoren in der Akademie ein kleiner Exkurs. Satzungsgemäß besteht ein Drittel der Klasse aus sogenannten *Sachverständigen*, das sind Germanisten, Privatgelehrte, Verleger etc. Oft rekrutieren sich aus dieser Gruppe Klassensprecher und Präsident, denn sie sind fleißig und verwaltungsgeübt, während mit den gesellschaftlich oft unbeholfenen, mal faulen, mal impulsiven, mal schöpferisch weggetretenen Künstlern kein Staat zu machen ist. Nichts ist gegen eine solche Aufgabenverteilung einzuwenden. Auch die Funktion des Klassensprechers hat einen Sinn: Ein Moderator macht die Sitzungen effektiver, schließlich sind wir keine Caféhausrunde. Er sollte sich halt höflich benehmen und die Kolleg*innen nicht drangsalieren und nicht belügen, mehr wird von ihm nicht verlangt.

Ich kenne kluge und redliche Professor*innen, bin mit einigen befreundet und hatte auch mit nicht befreundeten viele positive Begegnungen. Nichts gegen den Berufsstand also. Vermutlich sind es besonders machtbewusste Individuen, die nach Funktionen streben. In den Funktionen wächst dann ihr Selbstbewusstsein, da sie einen gesellschaftlichen Bedeutungsgewinn erfahren. Nebenbei: In meiner Erinnerung steigerten sich die ersten autoritären Übergriffe, als der (verstorbene) Vorgänger unseres »Regel«-Klassensprechers begann, sich »Direktor« zu nennen – ein Beispiel für die chemische Wirkung von Statuswörtern in Gehirnen.

Dieser Chemie verdankt sich vielleicht auch der Eindruck eines unterentwickelten logischen Vermögens unserer Funktionäre. Jedenfalls erstaunt, wie unbedenklich sie in »Regel«-Fragen von der Hand in den Mund argumentierten. Ein Ergebnis von Selbstherrlichkeit? Oder Regression, also psychischer Rückentwicklung infolge mangelnder sozialer Kontrolle? Wie auch immer: Die Position der Professoren war in ihrer Fehlerhaftigkeit für Gegner eigentlich eine Luxusvorlage; wenn es denn Gegner gegeben hätte.

Fehlerkatalog: II – Selbstidealisierung und verleugnete Angst

Warum wurden die Blößen nicht genutzt? Hatten die Schriftsteller Angst? Vieles spricht dafür. Die Akademie vergab einen hoch dotierten Literaturpreis, und unsere Funktionäre saßen in dessen Jury, tauschten sich dort mutmaßlich mit anderen Edel-Juroren aus und wurden vielleicht in weitere edle Jurys berufen. Die Künstler waren also auf sie angewiesen. Nur ganz wenige Autoren leben vom Verkauf ihrer Bücher, deshalb sind öffentliche Einzelvoten, Netzwerke und die Unterstützung durch Institutionen fast existenziell.

Warum sagte keiner, dass er sich einfach mit den Funktionären nicht anlegen wollte? Ich kann nur mutmaßen, doch eine These liegt nahe: Es strapaziert die Selbstachtung, wenn man öffentlich mit der Autorität jemandes auftritt, der was zu sagen hat, und in der Akademie um das Wohlwollen von Funktionären buhlt, die erkennbar ihre Kompetenzen überschreiten. Deswegen wird das Buhlen verdrängt und der Machtanspruch der Funktionäre als legitim anerkannt.

Ein Ausweg wäre gewesen, sich das Problem einzugestehen und miteinander zu reden. Schließlich ist unsere materielle Gefährdung nicht ehrenrührig, und es gehört zu den Hauptaufgaben des Künstlers, zwischen Askese und Selbstvermarktung eine Balance zu finden, die sein Überleben ermöglicht und sein Talent nicht verrät. Hätte man sich ehrlich über das Dilemma verständigt, wäre man vielleicht darauf gekommen, dass Unterwürfigkeit einerseits und das Heraufbeschwören von Funktionärszorn andererseits nicht die einzige Alternative waren. Aus eingestandener Angst kann Kraft werden. Die Klasse hätte zum Beispiel geschlossen einer Abteilungssitzung fernbleiben können, dann hätten die Funktionäre sich besonnen, denn ohne Volk macht Regieren keinen Spaß. Auch schon ein Teil der Klasse, sagen wir eine

Minorität von fünf Personen, hätte durch einen kompakten Auftritt den Regelspuk beenden können: etwa, indem man zusammen eine bestimmte Buchvorstellung beantragte und auf ihr bestand, oder indem man den Funktionären klarmachte, dass man sich von ihnen schlecht vertreten fühlte. Dann wären die Funktionäre zahm geworden, denn sie wollten ja wiedergewählt werden und hatten außerhalb der Akademie einen Ruf zu verlieren.

Nur: Um einzuschreiten, hätten die Mitglieder zunächst überhaupt einen Übergriff feststellen müssen. Schon dazu waren sie nicht bereit. These: Ihr Selbstbild als intellektuelle Elite erlaubte ihnen nicht, sich des Opportunismus für fähig zu halten.

Und so scheint die Klasse[387] den Funktionären eine Art Hyper-Autorität zuerkannt zu haben, als seien es nicht abwählbare Sprecher, sondern Monarchen, denen man auf Gedeih und Verderb ausgeliefert war. Deswegen stellte man die Legitimität der »Regel« nicht infrage, man klagte höchstens ein bisschen wie über den harten Befehl eines strengen Vaters.

Am 12.10.2010 verkündete der neu angetretene Literaturdirektor in einer Abteilungssitzung, bei der ich verhindert war, dem Plenum explizit den *Direktoriumsbeschluss* (den es wie gesagt damals formal noch nicht gab): Es dürfe in der Akademie keine *Buchvorstellungen* mehr geben, auch keine *verdeckten: [...] Da werde ich wie ein Zerberus darauf achten!*[388] Man vergegenwärtige sich: Ein Funktionär erklärt in holprigem Deutsch einer Runde von prämierten Schriftstellern in deren eigenem Haus, er werde *wie ein Zerberus* (Höllenhund) darauf achten, dass sie keine Bücher vorstellten, weder eigene noch fremde, und auch nicht *verdeckt* – so, als seien sie Schmuggler und Bücher verbotene Ware. Was geschähe, wenn etwa der Vorstand einer Handwerkerinnung den Schreinermeistern erklärte, er werde ab sofort die Ausstellung von Werkstücken im Zunfthaus verbieten? Vermutlich würden sie ihn hohnlachend davonjagen.

Fehlerkatalog: III – Hochmut und Einzelgängertum

Diesen dritten Fehler muss ich mir zuschreiben. Ich hielt Agitationsversuche bei meinen vorsichtigen Kolleg*innen für Zeitverschwendung. Zwei Stichproben hatten mich zwar bestätigt: Eine Kollegin, die die »Regel« mir gegenüber spontan als *Unverschämtheit* bezeichnet hatte, suchte sofort Ausflüchte, als ich gemeinsamen Protest vorschlug. Und ein sonst überaus eloquenter Kollege erstarrte und verstummte buchstäblich, das war eindrucksvoll. Andererseits: Zwei Stichproben disqualifizieren keine ganze Klasse. Und schließlich hatte auch ich niemandem gegen Brüller X beigestanden, bevor es mich selbst traf. Ich war also ungerecht.

In der Folge startete ich einzelkämpferisch eine schriftliche Umfrage zur Regel, ohne vorher die Bereitschaft zum Protest sondiert zu haben. Zwar stimmte in dieser Umfrage eine Mehrheit gegen die Regel, doch im Ergebnis blieb die Initiative erfolglos: Einige Kollegen fühlten sich sogar provoziert, die Professoren missachteten das Votum, und in der Folge wurde die »Regel« nachträglich offiziell vom Direktorium beschlossen.

Maßnahme I: Die Umfrage

Bei der Umfrage hatte ich zu berücksichtigen, dass Schriftsteller ohnehin zu viel lesen müssen und Traktate fürchten; verlangt war also Kürze. Daher die Idee des Fragebogens: eine schon grafisch lockere Form mit Antworten zum Ankreuzen. Ein Blatt, zwei Seiten. Auf der Vorderseite kurze Erklärung des Problems und eine Antworttabelle, auf der Rückseite eine Liste der Pro- und Contra-Argumente. »Pro« ausschließlich in direkten Funktionärs-Zitaten. Den vollständigen Mailwechsel bot ich zur Prüfung an. Niemand wollte ihn lesen.

Der Ton der Umfrage war satirisch, weil ich die Kollegen aus der Reserve locken wollte, aber auch, weil es mir nicht gelang, die Sache anders zu behandeln. Auszüge:

Ich habe mit [Direktor der Literaturklasse] und [Präsident] korrespondiert, mit dem Ergebnis: Beide Professoren halten die Regel für notwendig, obwohl weder sie noch ihre Vorgänger sie erfunden bzw. vorgeschlagen haben. Hier verbirgt sich ein kleiner soziologischer Krimi. Das hat mich neugierig gemacht.[389]

Die Fragen zum Ankreuzen lauteten:

1. Die Angelegenheiten der Akademie interessieren mich nicht.
2. Ich habe die Argumente Pro und Contra zur Kenntnis genommen und finde die Regel sinnvoll.
3. Ob sie sinnvoll ist oder nicht, spielt keine Rolle. Was unsere Chefs entscheiden, wird gemacht.
4. Ich finde die Regel nicht sinnvoll und votiere für ihre Abschaffung.
5. Andere Stellungnahme: ...

Ende der ersten Seite:

Liebe Kollegen, es wäre nett, wenn Sie diese kleine demokratische Untersuchung unterstützten. Anders gesagt: Wenn ich vor unserer nächsten Akademiesitzung in zwei Wochen (18.1.2011) mehr als drei Rückmeldungen bekäme, wäre ich entzückt.

Wirkung der Umfrage I – lebhafte Reaktionen

Die Umfrage verschickte ich per Post. Ich erhielt mehr Antworten als erwartet. 35 Briefe waren verschickt worden. Zwei Adressaten sagten, sie hätten sie nicht erhalten. Von den übrigen 33 Mitgliedern antworteten 20. Drei waren für die »Regel«. Einer erklärte, sich nicht äußern zu können, da er neu sei und die Verhältnisse nicht kenne.

Zwölf Mitglieder kreuzten entweder direkt *Nein* an oder formulierten nüchterne bis sarkastische Ablehnung: *nicht sinnvoll – wir sollten uns nicht freiwillig Fesseln anlegen – bin gegen Regeln – die verwunderliche obrigkeitliche »Regel« – blöde Regel – Idiotenregel – zynisch – ein Schlag ins Gesicht der Literaturklasse.*

Fünf Mitglieder waren unschlüssig.

Interessant sind folgende *andere Stellungnahmen* [Hervorhebungen PM]:

Beispiel 1:

Stellen Sie sich vor: jedes Jahr erscheint je Mitglied [...] je ein Buch. Macht 100. Die Akademie käme gar nicht mehr nach. Wer wählt aus? Er (sie) darf sein (ihr) Buch vorstellen, ich nicht!! **Aufstand!!** *[...]* **Intrigen, Kampf, Verzweiflung, Feindschaft** *...*

Beispiel 2:

Ich denke, ich würde gern mehr erfahren über den Sinn der Regel. Wenn jedes Mitglied jedes neue Buch vorstellte, **wäre das rasch zu viel**, *das verstehe ich wohl –* **auch wenn es, wie Du sagst, wohl nicht so weit kommen würde.**

Beispiel 3:

Jeder Autor ist nun mal ein **Mimöschen seiner selbst** *und verzeiht nicht, wenn er links liegengelassen wird. Um diesem Dilemma auszuweichen, könnte man vielleicht so verfahren:* [es folgt ein Vorschlag zu einem sanften Modus, in dem das neue Buch einen **Unterschlupf** finden könne.]

Diese Kollegen übernahmen das Fantasieproblem der drohenden Überflutung, obwohl jeder, der auch nur eine Abteilungssitzung besucht hatte, wissen konnte, dass es nicht existierte. Alle drei machten damit deutlich, dass sie sich nicht exponieren wollten. Der erste trieb die Fantasie ironisch auf die Spitze, der zweite verlor sich in Konjunktiven, die dritte verniedlichte. Alle machten sich die in der »Regel« enthaltene Verachtung der Künstler zu eigen. Ich würde keinen mir bekannten Autor als *Mimöschen seiner selbst* bezeichnen, auch nicht die Erfinderin dieses Begriffs. Und was *Intrigen, Kampf, Verzweiflung* angeht, so kann ich sagen, dass es Neid und Intrigen zwischen allen Menschen gibt, also auch unter Autoren, dass ich aber in Akademiesitzungen nie einen tobenden Autor gesehen habe; die Künstler traten dort zurückhaltend, teilweise sogar schüchtern auf. Gebrüll, Beleidigungen und Pöbelei erlebte ich ausschließlich von Sachverständigen.

Der zaudernden Kollegin von Beispiel 3 antwortete ich: Die »Regel« sei kategorisch, denn sie sage: Keine Buchvorstellungen, nie. Also bleibe uns nur die Wahl, sie entweder zu akzeptieren oder abzulehnen. Mich beunruhige das Intransparente, Geheimniskrämerische, Destruktive der »Regel«.

Antwort:

> [Mir wäre] **an einer höflichen Umgehung des Dilemmas gelegen**, wie im kleinen Vorschlag angedeutet. Das hat mit Geheimniskrämerei oder kategorischem Regelwerk **gar nichts zu tun**. [Hervorhebungen PM]

Psychokrimi I – erster kleiner Wutbrief
Der Präsident schrieb mir:

> E-Mail Präsident an PM vom 9.1.2011:
> *Ihr Brief und Ihre Meinungsumfrage sind so massiv manipulativ – zudem gegen die guten Sitten der Akademie, da ein Punkt wie dieser in der Abteilungssitzung besprochen werden müsste, nicht an dieser vorbei in einer demagogischen Meinungsumfrage –, dass ich es ablehne, dazu inhaltlich noch einmal Stellung zu nehmen. Sie stellen die Ablehnung von Buchvorstellungen in der Akademie als eine Art despotischen Akt zweier »Professoren« dar (eine der Stimmungsmanipulationen, von denen Ihr Schreiben strotzt) und verschweigen, dass sie auf einen Beschluss des Direktoriums zurückgeht, an [...] den ich als Präsident nun einmal gebunden bin.*

Ein aussagefähiges Dokument: 1. Präsident B*** warf mir als Verstoß *gegen die guten Sitten* vor, dass ich außerhalb der Abteilungssitzung etwas unternommen hätte, während er die ebenfalls außerhalb der Abteilungssitzung entstandene »Regel« verteidigte. 2. Mit dem *despotischen Akt zweier »Professoren«* brachte er meine Intention auf den Punkt, ohne zu bedenken, dass sein Vorgehen exakt diesen Eindruck erweckt hatte. 3. Als Beweis für seine Gebundenheit an die »Regel« nannte er einen Direktoriumsbeschluss, den es damals gar nicht gab.

Wir erinnern uns an die *Pilatus-Attitüde*: Man möchte gleichzeitig von Missständen profitieren und daran unschuldig sein (s. S. 87). Das Originelle an B***s Variante ist, dass er die »Regel«, für die er angeblich nichts konnte, sogar selbst eingeführt hatte und genauso leicht wieder hätte abschaffen können: durch einen einzigen Satz in einem Protokoll.

Verblendung oder Feigheit? Wohl eine unheilvolle Kombination aus beidem, die für Machtmissbrauchsvorgänge typisch ist. Unheilvoll ist sie, weil Verblendung unzurechnungsfähig macht und Feigheit verantwortungslos.

Wirkung der Umfrage II – eine turbulente Diskussion

Am 18. Januar 2011 diskutierten wir die Umfrage in der Abteilungssitzung. Wieder argumentierten die Professoren mit dem Phantom des Infarkts durch Buchvorstellungswünsche. Ich fragte das Plenum, wer von den Anwesenden *vor* Einführung der Regel den Antrag auf eine Lesung seines letzten Buches gestellt habe. Niemand meldete sich.

Der Direktor sagte, er finde die »Regel« trotzdem gut. Sie könne nicht einfach per Umfrage geändert werden. Der Präsident erklärte, dass der Direktoriumsbeschluss über der Meinung der Mitglieder stehe.

Aber welcher Direktoriumsbeschluss? Konnte man ihn uns zeigen? Und warum hätte man der Literaturklasse einen so gravierenden Eingriff in ihre Arbeit, wenn man ihn schon für berechtigt hielt, verschweigen und erst nach dem Tod des Literaturdirektors nebenbei im Protokoll erwähnen sollen? Meine Frage, welches Direktorium die Regel beschlossen habe, konnte der Präsident nicht beantworten. *Ja Moment mal, wer war das noch – also, hm ...* Allmählich fielen ihm die Namen für die anderen Abteilungen ein; der des zuständigen Literaturdirektors jedoch nicht. Unruhe im Plenum. Daraufhin nannte der Präsident den vorvorigen Klassensprecher Sch***, der zufällig anwesend war und entschieden zurückwies, an einer solchen »Regel« beteiligt gewesen zu sein, und nach ihm den letzten, verstorbenen Direktor Prof. N***, der kurz vor seinem Tod noch zwei Mitgliedern Buchvorstellungen in Aussicht gestellt hatte. Weitere Unruhe.

Auch ich wurde angegriffen. Eine Kollegin nannte meine Umfrage *unverschämt*, insbesondere den Antwortvorschlag Nummer drei: *Was unsere Chefs entscheiden, wird gemacht.* Dass ich Akademiemitgliedern überhaupt Opportunismus zutraue, fand sie respektlos. Aber welcher Gruppe, welchem Menschen kann man Opportunismus nicht zutrauen? Meinte die Kollegin, dass Akademiezugehörigkeit von moralischen Schwächen befreie? Wer könnte Interesse daran haben, so etwas zu glauben?

Es war eine lebhafte, spannende Sitzung: Wir diskutierten kontrovers entscheidende Themen unseres Metiers, alle waren bei der Sache, ich habe es als ausnahmsweise elementare Akademiearbeit erlebt. Am Ende wirkte der Präsident verunsichert. Er sagte, zwar lehne die Friedrich-Baur-Stiftung Lesungen aus einzelnen Werken als kommerzielle Veranstaltungen ab, er werde aber mit der Stiftung sprechen; möglicherweise könne das Direktorium die Regel rückgängig machen.[390]

Was immer der Präsident mit der Stiftung besprochen hat – rückgängig gemacht wurde die »Regel« nicht. Im Gegenteil: Bald darauf fasste das Direktorium einen Beschluss, der sie offiziell fixierte.

Fehlerkatalog: IV – Heftigkeit

Zuvor eine kurze Auswertung: Warum konnten wir in der Sitzung die »Regel« nicht kippen, obwohl eine deutliche Mehrheit der Mitglieder gegen sie war? Die Funktionäre hatten zwar behauptet, dass die Umfrage keine Rolle spiele und der Direktoriumsbeschluss über den Mitgliedern stehe, doch stimmte das auch nur theoretisch? Bekäme ein Politiker, der seiner Wählerschaft ins Gesicht sagt, ihre Wünsche seien ihm egal, nicht spätestens bei der nächsten Wahl die Quittung? Was ist schiefgelaufen?

Eine Antwort liegt wohl in meiner Heftigkeit. Tatsächlich hatte ich in meiner Umfrage, wie der Präsident völlig richtig erkannte, die »Regel« als *despotischen Akt zweier »Professoren«* dargestellt. Auch in der Sitzung stellte ich provozierende Fragen. Während ich aber meinte, den Kollegen die Augen zu öffnen, erreichte ich das Gegenteil. Das habe ich zu spät begriffen: Die Kollegen erlebten den Disput wohl als Machtkampf, und im vermeintlichen Konflikt zwischen Problem und Partei strebten sie zur (stärkeren) Partei, wodurch das Problem unter den Tisch fiel.

Warum stehen Funktionärsbeschlüsse über den Wünschen von Profischriftstellern? Ich bin überzeugt, dass nicht mal die Fragestellung durchgedrungen ist.

Fehlerkatalog: V – Unstrukturiertheit und Biodiskurs

Meinten die Kollegen, die »Regel« verschwände von selbst, wenn sie sich dagegen aussprachen? Offensichtlich hatten sie sich keine Gedanken über den nächsten Schritt gemacht. Vom System aus betrachtet ist Machtmissbrauch menschliches Versagen. Zu menschlichem Versagen gehört (mindestens) ein Mensch, der versagt. Wer das Versagen korrigieren will, muss sich mit diesem Menschen befassen. Sanktionen sind nicht unumgänglich: Vielleicht reicht es schon, ihm klarzumachen, dass er Schaden anrichtet, der nicht hingenommen wird.

Nun erfordert es immer Mut, jemanden mit einer unangenehmen Sache zu konfrontieren, erst recht den Vorgesetzten oder einen, der als dominant empfunden wird – ohne Courage keine Korrektur. Nur: In unserem Fall brauchte man eigentlich wenig Mut, denn die Funktionäre waren nicht unsere Vorgesetzten und hatten formal keine Macht über uns. Dennoch kamen die Kollegen weder auf die Idee, die »Regel« als Phantom zurückzuweisen, noch, wenn man sie schon als Faktum akzeptierte, von den Professoren ihre Abschaffung zu fordern. Dass ich beides explizit tat, bereitete ihnen Unbehagen, und sie retteten sich, vermutlich ohne das gedanklich zu vollziehen, in die Verteidigung der Hierarchie.

Warum *ohne es gedanklich zu vollziehen*? Nun, wegen des Elefanten. Das ist das wirklich Verblüffende an dieser Situation: dass heutzutage, in unserem liberalen Land, unsere Schriftsteller über Macht nicht mal *reden* wollten. Sie benahmen sich so, als wäre die Möglichkeit eines Machtmissbrauchs in der Akademie völlig undenkbar und bereits der Gedanke eine Beleidigung. Was könnte der Gewinn einer so naiven Annahme sein? Eigentlich nur, dass man sich in einem falschen Gefühl der Erhabenheit die Konfrontation mit den »Mächtigen« ersparte.

Wie rapide gedankliche Komplexität in einer Gruppe nachlässt, sobald Machtfragen berührt werden, habe ich in einem vergleichbaren

Verein gelernt. Als ich die geheime Briefwahl zum Präsidenten überwachen wollte, ließ man mich wissen, dass das von einem ehrwürdigen Mitglied als *Misstrauen* aufgefasst würde. Ich wunderte mich: Demokratie *ist* Misstrauen. Vor der Stimmauszählung in einer Sondersitzung verlas das ehrwürdige Mitglied mit bebender Stimme ein Statement, in dem er mangelndes Vertrauen in die Mitarbeiter des Vereins, die die Stimmen auszählten, *infam* nannte. Alle Anwesenden – angesehene alte Männer – applaudierten. Diesmal war die Atmosphäre keineswegs aggressiv, sondern entspannt, sogar behaglich. Waren die Bedeutung des Wahlgeheimnisses und die Notwendigkeit seiner Überwachung den Herren nicht zugänglich geworden? Ich möchte das zumindest für die Mehrheit von ihnen nicht annehmen. Wahrscheinlich kannten sie den Hintergrund des Statements nicht, hatten nicht genau hingehört und versicherten den ehrwürdigen Mann einfach reflexhaft ihrer Solidarität, ohne höhere Konzepte abzurufen. Ich würde das Biodiskurs nennen. Wir scheinen zu ihm zu neigen. Kritik und Kontrolle müssen immer aufs Neue gegen ihn durchgesetzt werden. Das macht Demokratie so anstrengend.

Wirkung der Umfrage II: Die »Regel« wird vom Direktorium beschlossen

Weiter in unserer Geschichte. Am 21. 2. 2011 formulierte das Direktorium definitiv einen schriftlichen *Regelbeschluss:* [Hervorhebungen PM]

> *Um zu verhindern, dass die Akademie zum Schauplatz von* **Vorstellungen neuer Bücher und anderer künstlerischer Produktionen** *von Mitgliedern aber auch von Nichtmitgliedern wird, beschließt das Direktorium im Hinblick auf den* **strikt** *nichtkommerziellen Charakter der Veranstaltungen, dass solche Präsentationen* **nicht** *zu den Aufgaben der Akademie gehören. Über begründete* **Ausnahmen** *entscheidet die* **Leitung** *der jeweiligen Abteilung.*

Ein verquollener Beschluss, dessen Wortlaut man sich schon wegen der unorganischen Grammatik kaum merken kann. Anders als die Ur-»Regel« (*Buchvorstellungen macht die Akademie nicht*) schränkt er einerseits das Verbot auf *neue* Bücher ein, weitet es andererseits auf *andere Produktionen* aus und verteidigt *strikt* einen nicht kommerziellen *Charakter* unserer Veranstaltungen, als hätte es einen kommerziellen je gegeben. Die vagen Formulierungen erschweren Angriffe. Die Sprache verrät dennoch die restriktive Absicht durch den schiefen Nominalstil (in einer Akademie der Künste!) und die aggressive Lexik (*Um zu verhindern, Schauplatz, strikt*).

Sie erinnert an die Verlautbarungen, die ich Anfang der Achtzigerjahre des vorigen Jahrhunderts in der Sowjetunion las, einem Staat in Agonie. Viele Parolen begannen dort mit der Floskel *Um zu verhindern*, und Kampfvokabeln wurden inflationär gebraucht. An einen Aushang in der Moskauer Lenin-Bibliothek erinnere ich mich bis heute:

Aufruf zur Verstärkung des Kampfes gegen das Rauchen in Bibliotheksräumen!

Natürlich halte ich unsere Funktionäre nicht für Krypto-Kommunisten. Ich will nur zeigen, dass die Gesinnung den Duktus erzeugt und man vom unbeholfen-beschränkten Duktus auf die entsprechende Gesinnung rückschließen kann; systemübergreifend. Wer die Bayerische Akademie der Schönen Künste, eine respektable Institution in einer der freiesten Demokratien der Welt, davor bewahren will, zum *Schauplatz* des Verbrechens einer Dichterlesung zu werden, hat, wie hier bewiesen, keine andere Sprache zu Gebote.

Ähnlich wie der Geheimhaltungsbeschluss Nr. 48 im vorigen Szenario (s. S. 179) ködert der Verhinderungsbeschluss mit einer Lockerung, die in Wirklichkeit eine Fessel bedeutet. Was bringen *Ausnahmen*, deren Kriterien nicht genannt sind? Als Gnade, die von einer *Leitung* gewährt wird, machen sie die Künstler erst recht zu Bittstellern.

Einer der unterzeichnenden Direktoren wurde im Sommer 2019 selbst Präsident der Akademie. In einem großen Antrittsinterview mit der *Süddeutschen Zeitung* sagte er [Hervorhebungen PM]:

Präsident N***:
*Für mich gilt **nur das** Grundgesetz: Die Künste sind **frei**. Aufgabe der Akademie ist es, für die Freiheit der Kunst einzutreten.*[391]

Frage: Kann eine Akademie, die die Freiheit ihrer eigenen Künstler beschränkt und Widerspruch mit Machtworten und autoritären Beschlüssen erstickt, für irgendeine Freiheit glaubwürdig eintreten?

Einwände, Zweifel, Philosophie und eine Idee

Ich blieb in der Folge den Abteilungssitzungen fern, doch es gelang mir nicht, die Sache abzuhaken. Warum nicht? Weil ich den Kampf gegen die »Regel« verloren hatte? Eher nicht, denn »verloren« hatte ich schon durch die Tatsache meines Protests, unabhängig vom Ergebnis. Ich musste damit rechnen, dass die Professoren fortan jede Jury, in der mein Name fiel, von meiner Unwürdigkeit überzeugen würden und dass, sofern man ihnen glaubte, die Kunde dieser Unwürdigkeit zu weiteren wichtigen Jurys gelangte. Auch die Abschaffung der »Regel« hätte daran nichts geändert.

Meine Beunruhigung ging tiefer. Ich empfand den Vorfall als Symptom eines demokratieschädlichen Kulturwandels, an dem das Gefährlichste war, dass kaum einer ihn zu bemerken schien. Wie konnte man ihn bemerkbar machen? Und wem gegenüber? Die Kollegen wollten nichts mehr hören (dachte ich), sie verzichteten auf ihre Rechte, um beruflichen Schaden abzuwehren oder Wettbewerbsvorteile zu erlangen. Präsident und Literaturdirektor hatten in der Sitzung vom 18.1.2011 (s. S. 253) klar zum Ausdruck gebracht, dass sie Direktoriumsbeschlüsse und Sponsorenwünsche über unsere Meinung stellten. Und die anderen Direktoren? Sollte ich etwa den Filmdirektor fragen, warum Filmvorführungen erlaubt waren, Buchvorstellungen aber nicht? Zwecklos: Durch seine Unterschrift auf dem Verhinderungsbeschluss hatte er die »Regel« ja bestätigt. Zufällige Gespräche mit Außenstehenden – also Nichtkünstlern – erwiesen, dass auch ihnen das Problem schwer begreiflich zu machen war. Ich bekam alle Einwände zu hören, die, wie ich mit der Zeit lernte, in solchen Situationen Standard sind. Hier eine kurze Auflistung.

1. *Du bist ja ein Michel Kohlhaas.*

Kommentar: Michael Kohlhaas[a] nimmt, als ihm sein Recht vorenthalten wird, maßlos Rache, er brandschatzt und mordet. Das ist Selbstjustiz. Legaler Protest ist das Gegenteil davon. Das Kohlhaas-Argument gibt dem Protest den Anschein nicht nur der Unverhältnismäßigkeit, sondern sogar der Illegalität. Vielleicht liegt ihm die diffuse Annahme zugrunde, dass es zwischen Selbstjustiz und Gehorsam keine weitere Möglichkeit gebe? Siehe *falsche Alternative*, S. 65.

   2. *Man darf Chefs auf keinen Fall sagen, sie hätten Fehler gemacht.*

Wenn sogar hierarchiegebundene Beamte das Recht und die *Pflicht* haben, mutmaßlich unrechtmäßige Weisungen anzufechten (Bundesbeamtengesetz § 63, Beamtenstatusgesetz § 36, s.o. S. 144), warum sollten freie Künstler es nicht haben?

   3. *Das Prestige der Institution ist wichtiger als die paar Fehler ephemerer Figuren.*

Das Prestige der Akademie ist, anders als das einer Automarke, direkt mit der individuellen Freiheit und Leistung ihrer Mitglieder verbunden. Wer sie unterdrückt oder zulässt, dass sie unterdrückt werden, ruiniert das Prestige, statt es zu schützen. Die bloße Demonstration von Prestige um seiner selbst willen ist Heuchelei.

   4. *Höhere Instanzen anrufen heißt Petzen, das tut man nicht.*

Wir sind nicht auf dem Schulhof.

   5. *Nestbeschmutzer.*

Siehe Kapitel *Sprachliche Wege*, S. 69

---

[a] Titelheld einer Novelle Heinrich von Kleists nach einem realen Gerichtsfall aus dem 16. Jahrhundert

6. *Was willst du denn von der Akademie? Wenn's dir dort nicht passt, bleib doch einfach weg!*

Siehe Kapitel *Schraube X*, S. 244 f.

7. *Wieso erhebst du dich über die ganze Institution?*

Diese Frage gab mir zu denken. Nicht dass sie unerwartet gekommen wäre: Es ist eine Standardreaktion, Einzelkritiker zu marginalisieren. Mir aber fehlte tatsächlich eine offizielle Referenz. Die Protestierenden der vorigen Szenarien konnten sich auf enge juristische Normen und Präjudizien berufen: Sexueller Missbrauch von Minderjährigen ist strafbar; mit Privatgeschäften von Minister*innen beschäftigt sich die Bayerische Verfassung. Die Akademie aber besaß nicht mal Compliance-Regeln; Fehlverhalten war dort nicht vorgesehen. Es gab also keine »objektive« Instanz, von der ich eine Bestätigung erwarten durfte.

Außer eben der Dichtung. Sie schenkte mir, so seltsam das klingen mag, Sicherheit. Denn sie schuf zwei »Gruppen«, die ich, obwohl sie virtuell sind, für bedeutender hielt als unser akademisches Establishment. Die eine Gruppe ist im Laufe von Jahrtausenden durch ein paar Autoren entstanden, die ohne Planung, Lobby und Kalkül wider alle Wahrscheinlichkeit und anders als Hunderttausende *nicht* vergessen wurden, weil sie individueller, großzügiger, tiefer und wahrhaftiger schrieben, als es zu ihren Lebzeiten gefordert (und bisweilen erlaubt) war. Ohne mich dieser Gruppe zuzuschlagen, kann ich sagen, dass sie mir Vorbild und Orientierung gewesen ist und mein Leben geprägt hat.

Zu dem Wunder, dass es solche Leute gab, kommt das Wunder, dass ihre Werke in einer Welt der Zwänge und Begehrlichkeiten als bedeutend erkannt und von Generation zu Generation weiterempfohlen wurden, obwohl oder weil sie vom offiziellen Diskurs abwichen. Die zweite Gruppe ist die der starken Leser. Ohne sie wären die Dichter verloren. Teilweise überlappten sich die Gruppen, denn aus Lesern konnten Autoren werden, und jeder Autor war und bleibt immer Leser. Je tiefer schöpferische Leute Erkenntnisse der Älteren aufnahmen und verarbeiteten, desto wertvoller schrieben sie selbst. Alle lernten voneinander, seit Bibel und Gilgamesch. Shakespeare lernte von Homer,

Schiller von Shakespeare, Büchner von Schiller und so weiter. Auf diese Weise entstand – mit großer Bandbreite, über tausend Zufälle und auch in sich selbst widersprüchlich – ein Kanon, in dem Mut und Integrität immer wieder verteidigt wurden, auch wenn sie im realen Leben oft unterlagen. Ich will damit weder sagen, dass *alle* guten Werke überlebt hätten, noch, dass *nur* gute Werke überlebten, denn unsere Geschichte ist eine von Irrtum, Zufall und Vergeblichkeit. Dass aber der überlebende Bestand so viele gute Texte enthält, obwohl sie in der jeweils aktuellen Produktion immer eine Minderheit ausmachten, gibt Anlass zur Hoffnung: Es bedeutet nämlich, dass zumindest in der Kunst die individuelle Wahrhaftigkeit dem gesellschaftlichen Interesse entspricht.

So erfuhr ich von längst verstorbenen Künstlern die Unterstützung, die mir in der Gegenwart fehlte. Ich würde nicht sagen, ihr Geist wäre mir wichtiger gewesen als mein persönlicher und beruflicher Vorteil. Er *war* mein Vorteil, ein unschätzbares Geschenk.

Andererseits: Jeder kann sich auf imaginäre Gruppen berufen, die ihm recht geben. Hatte ich irgendeinen Beweis, dass ich im Recht war? Hatte ich irgendein Mittel?

Ich hatte, so paradox es klingt, die Akademie.

Satzung der Bayerischen Akademie der Schönen Künste, § 1 Abs. 2:
Die Akademie ist berufen, [...] einen Beitrag zur geistigen Auseinandersetzung [...] zwischen Kunst und Gesellschaft zu leisten und für die Würde der Kunst einzutreten.

Die Akademie war, als Vergesellschaftung von Kunst, selbst Gesellschaft. Dort erlebte ich, eine abseits in stillen Zimmern arbeitende Autorin, die aktuellen geistigen und ungeistigen Entwicklungen. Dort studierte ich die Mechanismen der Macht. Alle Reaktionen spielten sich direkt vor meinen Augen ab wie in einem Reagenzglas, und ich konnte dank meiner Mitgliedschaft damit experimentieren. Dieses Experiment würde zeigen, ob die Kunst im realen Leben etwas vermag.

Die übergeordnete Fragestellung und das Experiment

Die übergeordnete Frage lautet: Ist es möglich, einen Machtmissbrauch innerhalb einer Institution mit legalen Mitteln zu beheben?

Noch mal:

> Ist es möglich, einen Machtmissbrauch innerhalb einer Institution mit legalen Mitteln zu beheben?

Wenn es für diesen lächerlichen kleinen Fall keine Lösung gab, gab es auch für gravierendere Fälle keine. Umgekehrt wäre eine Lösung des kleinen Falls vielleicht auf große Fälle übertragbar.

Die Versuchsanordnung war aus meiner Sicht ideal. Ich konnte eine beispielhafte Situation – sinnlosen, puren Machtmissbrauch um seiner selbst willen – wie im Labor prüfen und befand mich dabei in vollkommener Übereinstimmung mit unserer Satzung:

> *einen Beitrag zur geistigen Auseinandersetzung [...] zwischen Kunst und Gesellschaft zu leisten und für die Würde der Kunst einzutreten.*

Ich brauchte nicht mal ein teures Equipment: Das Experiment bestand aus Wörtern. Aufrichtige Sprache hat auf mich eine fast physische Wirkung, und ich bildete mir ein, sie müsse dieselbe Wirkung auch auf andere haben. Ich würde also eine knappe Zusammenfassung des Sachverhalts formulieren, auf maximal zwei Blättern (vier Seiten) die Geschichte der »Regel« zusammenfassen und die Argumente kommentieren. Meine Darstellung musste so klar sein, dass auch Leute, die nie von der »Regel« gehört hatten, das Problem erfassten, so schlüssig, dass der Skandal offenbar wurde, und so zwingend, dass die Zuständigen reagieren mussten. Ich nannte das Schreiben *Memorandum*, Denkschrift, und Adressaten waren natürlich die Direktoren. Allerdings musste ich den Verteiler öffnen, da die Direktoren es kaum lesen würden. Deshalb setzte ich den Kulturminister, der die Rechtsaufsicht über die Akademie hat, in Kopie. Ihn würde ich nur informieren, nicht zum Handeln auffordern, denn er hatte Wichtigeres zu tun. Da aber das Ministerbüro mitlas, wurden die Direktoren gezwungen, ihr Tun mit fremden

Augen zu sehen. Ihre Reaktion würde zeigen, wie sie selbst ihr Handeln aus Fremdperspektive einschätzten.

Diese Fremdperspektive ist unter anderem der Witz der Literatur. Innerhalb der Akademie stand Meinung gegen Meinung, und der Stärkere setzte die seine durch. Aber das Recht des Stärkeren entspricht oft nicht dem des Gewissens. Und die Außenwelt, von den internen Machtverhältnissen unabhängig, bringt eine übergeordnete Ethik ins Spiel.

Für das Experiment bedeutete das: Glaubten sich die Funktionäre auch vor den Augen der »Welt« im Recht, würden sie auf das Memorandum nicht froh, aber vernünftig antworten: zum Beispiel endlich die »Regel« transparent und schlüssig erklären, vielleicht sogar unsere Verletztheit anerkennen und eine Verständigung suchen. Wussten sie aber insgeheim, dass die Vorschrift eine Gaunerei war, würden sie sich öffentlich bloßgestellt fühlen. Für diesen Fall rechnete ich mit heftigen Reaktionen.

Ein Experiment ist immer erfolgreich, weil alle Ergebnisse zielführend sind. Allerdings muss es fehlerlos aufgebaut sein, ohne Übertreibung, mit präziser Fragestellung. Die Geschichte klingt jetzt spielerischer, als sie sich damals anfühlte: Ich musste die Arbeit an einem Roman, der eigentlich meine ganze Kraft forderte, unterbrechen. Auch blieb wenig Zeit: Am 30. Juni stand die öffentliche Jahreshauptversammlung an, die traditionell unser akademisches Jahr beendet. Vorher musste das Memorandum eingereicht sein, denn nach der Sommerpause erneut mit der »Regel« anzufangen, wäre sinnlos.

Man braucht auch Glück. Völlig überraschend traf ich bei einem Ausflug nach München vor dem Künstlerhaus am Lenbachplatz meinen hochgeschätzten Akademiekollegen Ludwig Steinherr. Er ist Lyriker, studierter Philosoph, still, klug, allerdings, obwohl er die »Regel« entschieden ablehnte, kein Kämpfer. Seine Zurückhaltung war nicht opportunistisch, sondern weise; er lebte abseits des Betriebs. Deshalb hatte ich ihn mit meinem Memorandum nicht behelligt. In dieser unverhofften Situation aber fragte ich, ob er es gegenlesen würde – auf sachliche und ethische Richtigkeit hin, nicht zur Parteinahme. Er nickte unfroh. Ich mailte ihm den Entwurf, und als er gelesen hatte, erklärte er überraschend: »Du kannst meine Unterschrift dazusetzen.«

Etwas später kamen ihm wieder Bedenken. Nicht wegen der Berechtigung – das Thema wühlte auch ihn auf –, sondern wegen der Methode. Er begann im Kollegenkreis zu telefonieren, fand heraus, dass viele weiterhin mit der »Regel« haderten, und entwarf zusammen mit einigen davon eine Petition. In einem schnellen, lebhaften Mailverkehr – die Zeit drängte – diskutierten wir die jeweiligen Texte, Konstellationen und Aussichten. Ich machte mich ein bisschen über die Petition lustig (»Klingt so, als würdet ihr schreiben: Lieber Diktator, bitte hör auf, uns zu foltern!«), aber er suchte unerschütterlich einen freundlichen Ausweg. Während eines Gesprächs in seinem Wohnzimmer hörte ich ab und zu sein Smartphone fiepen, das auf dem Esstisch lag, und Ludwig stand jedes Mal von der Couch auf, ging so ruhig, wie es seine Art ist, zum Tisch, öffnete das Display und nahm lächelnd eine neue Unterschrift entgegen. Ihm vertrauten die Kollegen; anscheinend hatte ich sie unterschätzt.

Da mein Name möglicherweise eine Immunreaktion ausgelöst hätte, unterschrieb ich nicht. Wir würden zweigleisig fahren. Das Memorandum wurde am 29.6.2011 fertig, die Petition einen Tag später direkt zur Jahreshauptversammlung.

Maßnahme II – Das Memorandum

Das Memorandum[392] war wie gesagt an das Direktorium gerichtet und beschrieb auf zweieinhalb Seiten die Problematik der »Regel«, die Meinung der Künstler dazu, die unrechtmäßige Herkunft und die Folgen für Künstler und Öffentlichkeit. Ich fragte:

> *Liebe Direktoren, wollen wir ein Ort der Kreativität sein oder eine Ehrungsmaschine? Welche Methoden und Prioritäten sind der Kultur einer Akademie angemessen? Sind ethische und demokratische Standards Teil dieser Kultur? Haben die Mitglieder Rechte, und welche? Haben die Amtsträger Pflichten, und welche? Was ist zu tun, wenn sie sie vergessen?*

Auf der vierten Seite lieferte ich als *Anhang* ein paar Stichworte zur Sachdiskussion, wobei ich die Kernsätze der Funktionäre zitierte und kommentierte. Hier war etwas Sprengstoff beigefügt. Ein Beispiel.

Hauptargument zwei pro Regel:
»Die Baur-Stiftung, welche unsere Veranstaltungen finanziert, lehnt die Unterstützung von Veranstaltungen, die einen kommerziellen Aspekt haben, grundsätzlich ab.« (Präsident B***)

Kommentar

a) Der Präsident ignoriert das Kunstministerium, dem wir unsere Existenz verdanken, und überlässt einem Privatsponsor die künstlerische Definitionshoheit. Zu bedenken ist: Wäre die gute Literatur kommerziell, bräuchten wir keine Akademie. Dann gehörten wir zur Industrie- und Handelskammer.

b) Die Friedrich-Baur-Stiftung hat offenbar nichts dagegen, dass beim Festival »Lied und Lyrik«.[a] Bücher vorgestellt werden. Grundsätze sind etwas anderes.

c) Weiterhin erstaunt, mit welchem Eifer hier Funktionäre und pensionierte Beamte, die jahrzehntelang risikolos gut von der Kunst gelebt haben, ohne ihr substantiell etwas hinzuzufügen, Künstler, von denen die meisten um ihre Existenz kämpfen, um den Erlös von 10 bis 20 verkauften Büchern bringen wollen.

Maßnahme III – Die Petition

Ludwig Steinherrs Petition mit Datum 1.7. 2011 hatte den Titel: *Anfrage an das Direktorium der Bayerischen Akademie der Schönen Künste* und war deutlich zurückhaltender geschrieben.

[Anrede]
in einer Ihrer Direktoriumssitzungen haben Sie den Beschluss gefasst, keine Buchpräsentationen durch Mitglieder mehr zuzulassen.

---

[a] Diese Veranstaltungsreihe wurde von der Bayerischen Akademie der Schönen Künste kuratiert und teilweise besetzt – von denselben Leuten, die im Haus der Akademie Buchvorstellungen verboten.

Zwei Argumente wurden genannt:
1) *Man wolle keine Veranstaltungen mit kommerziellem Aspekt – was bei kaum mehr als 20 am Büchertisch verkauften Exemplaren bedeutungslos erscheint.*
2) *Man befürchte, von den Selbstdarstellungswünschen der Mitglieder überflutet zu werden – doch einen solchen Andrang hat es in den vergangenen Jahrzehnten nie gegeben.*

Buchvorstellungen waren immer sehr wesentlich für das künstlerische Leben der Literaturabteilung der Akademie. Sie boten die Möglichkeit, die jüngsten Werke unserer Autoren kennenzulernen, und das Publikum schätzte solche Lesungen besonders.

Der neue Beschluss bedeutet für unsere Literaturklasse einen Verlust an Aktualität und Kreativität. Ohne Buchpräsentationen der Mitglieder wird das Programm bald nur noch von Vorträgen, Ehrungen und Gedenkfeiern bestimmt sein.

Wir bitten Sie daher eindringlich, diesen Beschluss wieder aufzuheben. Mit freundlichen Grüßen

18 Akademiemitglieder hatten unterschrieben, 4 weitere Unterschriften trafen nachträglich ein.[393]

Die Reaktion: Zwei Wutbriefe

Als Erster reagierte der Literaturdirektor, und zwar schon am selben Tag, dem 1. Juli 2011, mit zwei bzw. drei Mails, Kopie jeweils an Direktorium und Referenten. Die erste Mail ging um 13:43 Uhr an den Autor Ludwig Steinherr und die Unterzeichner der Petition. Sie war wortreich und im Ton erregt, aber formal höflich, und die schöne kleine Korrespondenz, die ihr folgte, werde ich im nächsten Kapitel ausführlich behandeln, da sie tatsächlich die »Regel« zu erschüttern vermochte.

Die zweite Mail ging um 17:29 Uhr an mich und war ein drei Seiten langer Wutbrief, so heftig, dass er von Tippfehlern entstellt war; mehrfach hatte der Unterzeichner in die Nummernzeile geschlagen. Um 18:47 Uhr kam eine neue Fassung mit der Bemerkung: *Achtung: die vorige Version ist ungültig, weil unkorrigiert, bitte löschen und die anhängende benutzen.*

Hier ein paar Auszüge aus der korrigierten Version:

Ihr Text ist ein Meisterwerk der Satire, das höchstes Lob verdient.
Schon wie sie die sogenannte Regel in doppelten Anführungszeichen zitieren, hat besondere Klasse. Sie zitieren »Buchvorstellungen macht die Akademie nicht«. Sie wissen ja genau, wie der Wortlaut des Direktoriumsbeschlusses lautet:

Dann zitiert er den neuen Verhinderungsbeschluss, so als hätte es den alten, den er *wie ein Zerberus* hatte hüten wollen, nie gegeben.

Mit ihrer drastischehn [sic] Umformulierung, die als wörtliches Zitat getarnt ist, ziehen Sie ein beeindruckendes Resümee aus den sattsam bekannten Fällen Guttenberg und Koch-Mehrin und machen uns allen klar: so darf man auf keinen Fall zitieren![394]

Was für eine *drastische Umformulierung* meint er? Und welches *Resümee*? Der Satz rückt mich in die Nähe zweier überführter Plagiatoren, wobei der direkte Vorwurf zwar aggressiv angedeutet, aber nicht direkt ausgesprochen wird. Wir kennen das Verfahren aus den Wutbriefen der Weihbischöfe (s. S. 33) und des Ausschussvorsitzenden Armold (s. S. 171). Ich erwähne nochmals, dass dieser Brief zwar an mich gerichtet, durch die CoCopies aber an einen erweiterten Verteiler gegangen war.

Es folgt eine wilde, rhetorisch übertreibende Abrechnung mit allen meinen Argumenten, die so endet [Hervorhebungen PM]:

*Den Höhepunkt aber haben Sie sich für den Schluss aufgespart: »***Funktionäre und pensionierte Beamte***, die jahrzehntelang risikolos gut von der Kunst gelebt haben ohne ihr subtantiell etwas hinzuzufügen« – das sitzt. [...] Es ist in der Tat nicht hinzunehmen, dass sich diese* **impotenten Nichtstuer und Nichtskönner** *monatlich die Fantastillionen, um mit Dagobert Duck zu sprechen, die an sie ausgezahlt werden für ihre Akademietätigkeiten, einfach so unter den Nagel reißen, um sie dann in Oberfranken zu verprassen. Das hat mit Wirtschaftsförderung strukturschwacher Gebiete wahrlich nichts zu tun!! Der Steuerzahler wird es Ihnen danken, dies so unterhaltsam wie schonungslos dargestellt zu haben*

Ein bezeichnendes Missverständnis: Mein Memorandum hatte die Funktionäre weder als *impotent* noch als *Nichtstuer* oder *Nichtskönner* bezeichnet. Ich hatte nur auf den Eifer hingewiesen, mit dem sie Dichterlesungen als kommerzielle Veranstaltungen verboten. Die Einfügung, sie hätten der Literatur substanziell nichts hinzugefügt, enthielt zwar die Spitze, dass sie als wohlbestallte Fachleute die kreativen Hungerleider um den kleinen Erlös vom Büchertisch brachten, nicht aber den Vorwurf, sie hätten keine Kunst geschaffen. Wie sollten sie? Ein Ornithologe kann ja auch kein Ei legen; was selbstverständlich nicht gegen die Ornithologie spricht.

Woher also die Empörung? Offenbar hatten die Professoren sich eben doch als Künstler gesehen oder wollten zumindest als solche gelten. Ich denke, auch gute Wissenschaft benötigt Originalität, Kreativität und Inspiration. Doch das reichte ihnen nicht. These: Sie beanspruchten das originäre Künstlertum, ohne den Preis dafür entrichtet zu haben, und weil dieses Manko an ihnen nagte, versuchten sie uns zu dominieren, indem sie uns ihre Methodik (die des Vortrags statt der Lesung) aufzwangen und jeden, der sich nicht fügte, von der Bühne drängten. Perplex und typisch: Sie machten ihr ebenso vermeintliches wie verleugnetes Defizit zu unserem realen Defizit, also ihre Egos zum Problem der Akademie. Mein Einwurf scheint dann einen so gewaltigen Phantomschmerz ausgelöst zu haben, dass alle wirklich wichtigen Fragen – diejenigen nach den Rechten der Mitglieder, Pflichten der Amtsträger und ethischen Standards der Akademiekultur – vom Tisch gefegt wurden.

Auch der Präsident griff ein paar Tage später in einem eigenen Wutbrief die *Impotenz* auf: Er schrieb am 12. 7. 2011 von Frau Morsbachs

Schmähung der Direktoren und des Präsidenten als ästhetisch impotenter
»Funktionäre«.[395]

Eine vielsagende Ausdruckskombination, die ich so nie gebraucht habe. Ästhetische Empfänglichkeit wird durch germanistische Ausbildung weder verhindert noch garantiert, und schöpferische Leistung ist, wie ich als Frau anmerken darf, nicht an *Potenz* gebunden. Affekte verzerren die Wahrnehmung; je weniger bewusst sie sind, desto mehr. Auch hier verblüfft die Wahrheitskraft der Sprache: Indem die Empfänger ihre verzerrte Wahrnehmung in Worte fassten, brachten sie ihr eigenes Drama auf den Punkt.

Der Wutbrief des Präsidenten, auf Papier per Post verschickt, war ein mehrseitiger, manischer Wortschwall. Der Präsident streitet alle Verantwortung ab, gibt sich *bestürzt* über die Bitte der Protestierenden und ergänzt nebenbei unseren Katalog des destruktiven Diskurses um folgende Mittel:

1. eben den Wortschwall
2. die direkte Lüge
3. Beleidigung
4. Verleumdung

1. Der *Wortschwall* überspült mit Affekten und Rhetorik die Adressaten, sodass sie die Orientierung verlieren und eventuelle Richtigstellungen nicht mehr lesen wollen. Sie registrieren nur einen Machtkampf, aus dem sie sich lieber raushalten. Man könnte von einer emotionalen Version der Überkomplexität sprechen. Beispiele siehe unten, wobei die
2. *direkten Lügen* markiert sind [Hervorhebungen PM]:

> *Das Direktorium [kann] schwerlich einen* **Beschluss** *aufheben [...], den es* **nie und nimmer gefasst hat!**[396]
> ***Jener Beschluss ist also nie gefasst worden.***[397]
> *Ich habe mit einigen der Unterzeichner des Briefes von Herrn Steinherr telephoniert, und sie haben verblüfft reagiert: »Warum soll ich nicht einen Brief unterschreiben, der sich dafür einsetzt, dass die Autoren der Akademie weiterhin lesen dürfen? Schließlich ist das doch ihre Existenzgrundlage, auch und gerade in der Akademie.« Ganz richtig! Nur – dass das Direktorium* **nicht im entferntesten daran gedacht hat, diese Selbstverständlichkeit in Frage zu stellen.**[398]

Ein paar Sätze später ist der *nie und nimmer gefasste Beschluss* wieder da, und in diesem Schlingerkurs verwindet sich auch die Grammatik:

> *Und ich weise* **mit aller Entschiedenheit** *[Herrn Steinherrs]* **Unterstellung** *zurück, der* **Beschluss** *sei* **unüberlegt.** *Unüberlegt und* **unlogisch** *ist*

> allein der Brief von Herrn Steinherr und im höchsten Grade **rüde** die
> Art und Weise, wie die **Verleumdung, die Autoren dürften in der
> Akademie nicht mehr lesen**, das sei von nun an »**verboten**« (so die immer
> wieder gewählte Formulierung), sogar aus der Akademie herausgetragen
> wird, so dass ich allen Ernstes von kirchlicher (!!) Seite darauf angespro-
> chen wurde, warum die Akademie die Autoren denn nun von Lesungen
> ausschließe.[399]

Keine direkte Lüge, sondern eher eine grotesk abwegige Meinungs-
äußerung ist folgende Aussage, die suggeriert, in unserer Abteilung
gehe es demokratisch zu:

> **Demokratischer kann es in keiner Institution zugehen als in der
> Akademie.**[400]

3. Beispiele für *Beleidigung*:

> Verglichen mit den Abteilungen für Bildende Kunst, Musik und Film steckt
> die Literaturabteilung tief in einer ›**toten Hose**‹.[401]
> Und das Übelste ist, dass Frau Morsbach ihren **unsäglichen Verleum-
> dungsbrief** auch an Minister Heubisch geschickt hat. […] eine dubiose
> Art, dem Präsidenten in den Rücken zu fallen, der soeben noch auf der
> Jahressitzung das Ministerium wegen seiner Finanzpolitik gegenüber der
> Akademie **attackiert**[402] hat.

4. Beispiel für *Verleumdung*: Mein Memorandum bezeichnete B*** als

> **Machwerk** […], **das von falschen – gefälschten – Zitaten**, aberwitzigen
> Unterstellungen, wahnhaften **Verschwörungsideen und übler Nachrede
> strotzt**, welche sich hart an der Grenze des Justitiablen bewegt.[403]

Verrückt, oder? Nachdem die Funktionäre ihre »Regel« monatelang stur
gegen unseren Willen durchgesetzt hatten, empörten sie sich jetzt darüber, dass wir schrieben, sie hätten genau das getan. Sogar die Absurdität ihrer Argumente scheint ihnen plötzlich gedämmert zu haben, sie
wollten auf einmal all das nicht mehr gesagt haben und erklärten sogar

die Zuschreibung für *aberwitzig* und *wahnhaft*. Dafür gibt es nur die Erklärung, dass die Sinnlosigkeit der »Regel« sich ihnen sehr wohl erschloss. Statt aber als Konsequenz die sinnlose »Regel« abzuschaffen, überfluteten sie uns mit Vorwürfen und Beschimpfungen.

Psychologische Überlegung

Was geht in solchen Leuten vor? Vermutlich wissen sie es selbst nicht, so wie auch Groër es nicht wusste: Man erinnere sich an den Versuch des Priors Schätz, ihn zu konfrontieren (s. S. 91 ff.). Im Vergleich zu Groërs Taten war die »Regel«-Sünde läppisch, doch sie entsprang demselben Antrieb, einem Bedürfnis nach Selbstaufwertung auf Kosten anderer, mit denselben Folgen: Selbstverlust, Realitätsverlust, Rücksichtslosigkeit. »Die erste Folge eines Fehlverhaltens ist die Verdunkelung des Bewusstseins«, sagte der Jesuit Dr. Johannes Baar.

Die Akademie-Funktionäre erfanden eine »Regel«, die ihnen Macht über die Mitglieder verschaffte, behaupteten aber, dieser ominösen »Regel« selbst unterworfen zu sein. Warum? War ihnen die Fragwürdigkeit der Vorschrift bewusst? Das stritten sie ab. Vielleicht »wussten« sie es ja wirklich nicht, sondern handelten (und redeten unbewusst) nur so, als ob sie es wüssten. Sie befanden sich damit in jenem Bereich zwischen Wissen und Nichtwissen,[404] den ich im Vorwort als psychische Grauzone (s. S. 17) bezeichnet habe. Inzwischen würde ich eher von moralischer Selbstbenebelung sprechen, oder sogar einer präzisen Teilbenebelung (Paradox), denn sie scheint einem exakten Gespür dafür zu entspringen, was verboten und was erlaubt ist. Sagen wir: Das harte Grau wirkt nur so lange undurchdringlich, wie die Geschädigten es als Mauer akzeptieren. Pustet jemand den Nebel fort, offenbaren sich die gewaltigen irrationalen Energien, die darin verborgen sind. Unsere Funktionäre explodierten geradezu. Sie entblößten sich so komplett, dass man von Schamlosigkeit sprechen möchte; doch vielleicht entsprang die Explosion auch dem Gegenteil davon, nämlich einer hypertrophen Scham, die es ihnen unmöglich machte, Fehler einzugestehen – *Les extrêmes se touchent.*[a]

---

[a] »Die Extreme berühren sich.« Französische Redewendung aus dem 17. Jahrhundert.

These: Machtmissbrauch und hypertrophe Scham gehören ebenso zusammen wie Selbstzweifel und Selbstherrlichkeit, sie bringen einander hervor und steigern sich aneinander. Wer den Missbrauch aufdeckt, deckt auch die Scham auf, daher die explosiven Reaktionen. Die Wurzel des Missbrauchs ist Hunger nach Anerkennung. In Diktaturen wird Anerkennung durch Gewalt erzwungen (Diktatur ist institutionalisierter Machtmissbrauch); unter ethischen oder liberalen Verhältnissen aber müssen höhere Normen erfüllt werden, deswegen funktioniert der Missbrauch dort nur, wenn alle so tun, als gäbe es ihn nicht. Wird dieser Konsens durch unabweisbare Kritik gestört, verlieren die Missbraucher ihr Fundament, können die Situation nicht mehr moderieren und sind unfähig, Kritik anders als mit realer oder verbaler Gewalt zu beantworten.

All das erinnert an Suchtverläufe wie bei anderen Drogen. Die Betroffenen finden nur in Ausnahmefällen selbst hinaus. Wie gesagt: Die einzige Chance für alle ist ein soziales Umfeld, das ihnen rechtzeitig verwehrt, andere zu schädigen.

Verleumdung

Weiter mit dem Präsidenten-Wutbrief. Zum Vorwurf der *Verleumdung*, den der Präsident gegenüber Ludwig Steinherr und mir erhebt, gibt es Folgendes anzumerken: Verleumdung ist ein Straftatbestand mit harten Kriterien. Wer schriftlich oder mündlich über eine Person ehrverletzende Behauptungen aufstellt, obwohl er weiß, dass diese Behauptungen unwahr sind, ist ein Verleumder. Bei solchen Behauptungen muss es sich um beweisbare (juristisch ausgedrückt: dem Wahrheitsbeweis zugängliche) Tatsachen handeln und nicht um Meinungen.[405] Wenn Steinherr und ich schrieben, es gebe diese »Regel«, verleumdeten wir niemanden, denn der Beschluss existierte seit dem 21.2.2011 auf Papier mit Unterschrift aller Direktoriumsmitglieder, war also eine beweisbare Tatsache. Umgekehrt ist es eindeutig Verleumdung, wenn der Präsident behauptet, mein Memorandum *strotze* von gefälschten Zitaten, denn er kannte alle Zitate; im Wesentlichen stammten sie von ihm selbst und Direktor F***. Die *aberwitzigen Unterstellungen* und *wahnhaften Verschwörungsideen*, von denen er in seinem Wutbrief redet, kann man als Meinungsfreiheit gelten lassen. Doch mit den *gefälschten Zitaten* hatte der Präsident die Grenze zur Verleumdung überschritten. Wir haben hier das Vollbild eines Kontrollverlusts.

Exkurs I: Umgang mit Wutbriefen

Im Kapitel *Der narzisstische Wutbrief* (s. S. 34) habe ich diese Sorte Korrespondenz bereits beschrieben und geraten, sie nicht in den Papierkorb zu werfen, da der Schreiber darin oft auf perplexe Weise sein Schuldbewusstsein offenbart. (*Sie verstehen nicht, wie einander Entgegengesetztes mit sich selbst übereinstimmt*, sagt Heraklit.) In den Kapiteln *Zwei Aussagen* (s. S. 30) und *Angriff und Gestus* (s. S. 33) habe ich gezeigt, wie die Schreiber sich selbst entlarven.

Darf man solche Briefe herzeigen?, wurde ich gefragt. Das Schreiben des Präsidenten ging an alle *Liebe[n] Mitglieder der Literaturabteilung unserer Akademie*, also an mindestens fünfzig, wenn nicht über neunzig[a] Literaten im In- und Ausland. Es hat also selbst bereits Öffentlichkeit hergestellt. Aber wie ist es mit Briefen, die man persönlich anscheinend als Einzige*r erhält?

Zunächst: Das Briefgeheimnis gilt hier nicht. Briefgeheimnis bedeutet nur, dass niemand außer dem Adressaten Briefe öffnen darf. Der Adressat selbst darf sie jedem zeigen. Natürlich kann das in privaten Dingen einen Vertrauensbruch bedeuten. Doch eine Auseinandersetzung um Machtmissbrauch ist nicht privat. Der Adressat muss sich klarmachen, dass ein Wutbrief, der den einzigen Zweck hat, ihn zu beleidigen und einzuschüchtern, nicht schutzwürdig ist. Wer dennoch Skrupel hat, einen solchen Brief zu verwenden, kann dem Absender dessen schärfste Sätze kommentarlos zurückschreiben: *Sehr geehrte*r ..., *in Ihrem Brief vom ... schreiben Sie mir:* ..., und dann die direkten Zitate, am besten nur die scharfen Sätze, nicht den ganzen Wortschwall. Zum Abschluss vielleicht eine möglichst nüchtern formulierte Frage, die eine Antwort herausfordert. Das könnte den Wut-Autor zur Besinnung bringen. In jedem Fall aber befreit sich der Angegriffene von der Gewissensnot, einen fremden Brief herzuzeigen, denn jetzt ist es sein eigener.

---

[a] falls auch die korrespondierenden und Ehrenmitglieder bedacht wurden

Weiter: Was ist zu tun, wenn der Wutschreiber die Grenze zur Verleumdung überschreitet?

Die meisten Aggressoren *simulieren* nur Verleumdung, deswegen muss der Empfänger die Texte genau prüfen. Zur Verleumdung gehören wie gesagt drei Dinge:

1. Jemand behauptet oder verbreitet schriftlich oder mündlich über eine Person eine ehrverletzende Tatsache (nicht: Meinung, Werturteil!).
2. Die behauptete ehrverletzende Tatsache ist objektiv unwahr.
3. Der Absender weiß das.

Die Unwahrheit der ehrverletzenden Tatsachenbehauptung muss sich in einem etwaigen Gerichtsprozess beweisen lassen.

Wir haben gesehen, wie gekonnt die Weihbischöfe (s. S. 33), der Ausschussvorsitzende Arnold (s. S. 171) und Literaturdirektor F*** ehrrührige Vorwürfe simuliert haben. Auch Präsident B*** hat das versucht, doch es ist ihm nicht ganz gelungen: [Hervorhebung PM]

> *Machwerk [...], das von falschen –* **gefälschten** *– Zitaten, aberwitzigen Unterstellungen, wahnhaften Verschwörungsideen und übler Nachrede strotzt, welche sich hart an der Grenze des Justitiablen bewegt.*[406]

Vor einem einzigen Wort, dem Wort *gefälscht*, ist bei ihm die Sicherung durchgebrannt. Ohne dieses Wort wäre der Absatz eine normale Beleidigung gewesen. So wurde er zur Verleumdung.

Auf Verleumdung steht, *wenn die Tat öffentlich, in einer Versammlung oder durch Verbreiten von Schriften (§ 11 Abs. 3) begangen ist*, eine Freiheitsstrafe bis zu fünf Jahren oder Geldstrafe (§ 187 StGB).

Verleumdung ist ein Antragsdelikt, das heißt, der oder die Geschädigte muss binnen drei Monaten Anzeige erstatten. Das wusste ich damals nicht. Ich muss auch sagen, dass ich die Wutbriefe damals nicht ernst nahm, sie schienen mir zu absurd. Im Nachhinein betrachte ich das als Fehler – nicht die ausgebliebene Strafanzeige,[407] aber den ausgebliebenen juristischen Warnschuss. Denn er hebt die enge Strafantragsgrenze auf, mit gutem Grund: Eine wahrheitswidrige ehrrührige

Behauptung wird vom Adressatenkreis nicht schlagartig nach drei Monaten vergessen.

Der Warnschuss sieht so aus: Man hält dem Wutschreiber die verleumderischen Sätze (in diesem Fall das obige Zitat) vor und bittet ihn darum, unverzüglich die oben zitierte Behauptung schriftlich zurückzunehmen und zu bestätigen, dass er sie künftig nicht mehr aufstellen wird. Man muss Bereitschaft zeigen, einen Anwalt zu beauftragen, und sollte das gegebenenfalls auch tun. Schreibt man als Privatperson, wird man ignoriert oder beschimpft. Weil ich das alles damals nicht wusste, ist es mir nicht gelungen, meinen Anspruch auf Richtigstellung durchzusetzen.[408]

Diskussion nach Maßnahme III

Zurück zum Eklat. Teil eins des Experiments war aus meiner Sicht gelungen: Die »Regel« war wirklich Machtmissbrauch, und die Funktionäre wussten es. Nach außen getragen, war sie dem Präsidenten so peinlich, dass er sie sogar verleugnete und diejenigen beschimpfte, die geschrieben hatten, es gäbe sie. Die klassische Reaktion des Ertappten.

Teil zwei – Ist es möglich, einen Machtmissbrauch innerhalb einer Institution mit legalen Mitteln zu beheben? – war zwar zunächst negativ beantwortet. Aber es gab ja noch die Petition. Und dieses sanfte Gesuch hatte Erfolg, nicht nur durch seine Verbindlichkeit, sondern auch, weil der Kollege Steinherr in einer anschließenden Korrespondenz mit unaggressiver Überlegenheit die Funktionäre rhetorisch überwand.

Der Reihe nach. Der Direktor hatte also am 1.7.2011 ihm als erstem geantwortet – in einer vier Normseiten langen E-Mail,[409] die ich ebenfalls nur stark gekürzt zitieren kann [Hervorhebungen PM]:

> *Lieber Herr Steinherr, liebe Mitunterzeichner,*
> *[...] Bemerkenswert ist der Grad der* **Uninformiertheit** *über die* **nackten** *Tatsachen, der mich immer wieder verblüfft, leider auch in Ihrem Brief.*
> *Es fängt schon damit an, und das ist keineswegs peripher, dass Sie schreiben, das Direktorium habe den Beschluss gefasst »keine Buchpräsentationen durch Mitglieder mehr zuzulassen«.*

Dieser Satz enthält bereits vier gravierende Irrtümer:

1.) *Gilt dieser Beschluss nicht nur für Mitglieder sondern **auch für Nichtmitglieder**,*
2.) *geht es nicht um Buchpräsentationen generell, sondern **nur u. a.** [sic!] um »neue Bücher«,*
3.) *geht es nicht nur um Bücher, sondern auch um Filme, Bilder, Skulpturen, Kompositionen etc,*
4.) *werden Ausnahmen von dieser Regel **ausdrücklich zugelassen**.*

Ich darf zum soundsovielten Male den Beschluss des Direktoriums vom 21. 2. 2011 hier zitieren:

Der Direktor zitiert den neueren Verhinderungsbeschluss und argumentiert in dessen Duktus weiter:

*Jedes Mitglied, von den Nichtmitgliedern einmal abgesehen, **hätte das Recht**, seine neuen Produktionen in der Akademie vorzustellen. **Dieser Beschluss ist also vornehmlich vorbeugender Natur**. Ich gebe gerne zu, dass wir in der Literaturabteilung in letzter Zeit keine Welle von Vorschlägen in diese Richtung hatten, **aber es gab in anderen Abteilungen, so hörte ich, durchaus Tendenzen problematischer Natur**.*[410]

Steinherr antwortete am 5. 7. 2011 [Hervorhebungen im Original]:

Offen gesagt – den bemerkenswerten Grad der Uninformiertheit und die vier gravierenden Irrtümer, von denen Sie sprechen, vermag ich nicht zu erkennen.

Denn ob nun durch den Beschluss auch Nichtmitglieder betroffen sind, ob er ebenso für Filme, Bilder, Skulpturen und Kompositionen gilt, ändert für die Autoren unserer Literaturabteilung ja nicht das Geringste daran, dass sie selbst ihre neuen Bücher nicht mehr vorstellen dürfen.

Der Zusatz »Über begründete Ausnahmen entscheidet die Leitung der Akademie« ist kaum ein Trost, wenn Sie als Leiter der Abteilung dann hinzufügen: »Ich gebe gerne zu, dass ich einen Abend mit dem Titel ›Autor/in X liest aus seinem/ihrem neuen Roman‹ bei uns nicht sehen möchte.« Und weiter: »die nackte Vorstellung eines neuen Buches lehne ich ab.«

[…]

Sie lehnen die »nackte« (und das heißt wohl: nicht germanistisch ummantelte) Vorstellung eines neuen Buches ab. Aber die allermeisten Autoren, mit denen ich in den letzten Tagen gesprochen haben, wollen gerade solche Veranstaltungen.

Jahrelang gab es die beim Publikum höchst beliebte Reihe »Mitglieder lesen«, die zu einem großen Teil unter die Kategorie »nackte Vorstellung eines neuen Buches« klassifiziert werden müsste. Diese Reihe war sehr wesentlich für die Identität der Literaturabteilung. Nur so konnte man die aktuellen Werke der eigenen Mitglieder kennenlernen. Nur so war wirklich etwas von künstlerischer Lebendigkeit zu spüren.

Warum soll diese wichtige Form der Lesung verboten sein oder von der Gnade des Direktors abhängen? Weshalb müssen wir Kompromisse und Schlupfwinkel erfinden, um dann im Rahmen eines »größeren Themas« oder im »Überblick über ein Œuvre« vielleicht mit viel Glück doch noch lesen zu dürfen?

Wieso ist der Verkauf von Büchern kommerziell, wenn er bei einer Buchvorstellung geschieht – aber nichtkommerziell, wenn dieselbe Lesung mit dem Etikett »Das Problem des Schlüsselromans« beklebt wird?

Der Beschluss bedeutet in letzter Konsequenz: Die Literatur wird unter literaturwissenschaftliche Vormundschaft gestellt – und dagegen wehrt sich die Literatur!

Lieber Herr Prof. F***, liebes Direktorium, unseren Brief haben unterzeichnet: [Aufzählung der Namen]

Sie alle bitten eindringlich um Aufhebung des Direktoriumsbeschlusses vom 21. 2. 2011.

Warum in aller Welt ist der unnötige und unüberlegte, rüde formulierte und missverständliche, unlogische und undemokratische Beschluss derart sakrosankt, dass man für ihn jedes Opfer bringt, die eigenen Mitglieder empört und endlose Streitigkeiten provoziert?

Jahrzehntelang konnte die Akademie ohne diese Regel auskommen. Wer hat Schaden, wenn man sie einfach streicht?[411]

Der Philosoph war in Schwung gekommen, und er legte zwei Tage später sogar nach:

Mail von Ludwig Steinherr an Direktor mit cc an Direktorium und Mitglieder vom 6.7.2011:
[…] *nur ein knappes Postskript, um einem fatalen Missverständnis vorzubeugen.*

In meinem Brief an Sie habe ich geschrieben:
»Die Literatur wird unter literaturwissenschaftliche Vormundschaft gestellt – und dagegen wehrt sich die Literatur.«

Dieser Satz, zu dem ich stehe, impliziert nicht die geringste Herabwürdigung der wichtigen, schönen und von uns allen hochgeachteten Literaturwissenschaft!

Zum Exempel: Ich liebe meine Frau heiß und innig, ich brauche sie und könnte ohne sie nicht leben.

Dennoch – gegen ein neues Gesetz, das Ehemännern ein Auftreten in der Öffentlichkeit nur noch in Begleitung ihrer Gattinnen erlaubte, würde ich mich mit Händen und Füßen wehren … und meine Frau hätte dafür sogar Verständnis …

Ich lese diese Mails mit Bewunderung. Ludwig Steinherr hatte anders als ich nicht *ad personam* argumentiert, sondern *ad rem*, und ebenfalls anders als ich nicht kategorisch (»Regel« ist unzulässig), sondern moderat: Er hatte von unseren Wünschen gesprochen, während ich unsere Rechte forderte. Damit ermöglichte er den Professoren einen ehrenvollen Ausweg.

Die Professoren schlugen das freundliche Angebot aus. Eine knappe Woche später erfolgte der Wutbrief des Präsidenten. Und jetzt wurde auch Steinherr deutlich. In einer Rundmail an alle Mitglieder der Literaturklasse reagierte er direkt [alle Hervorhebungen im Original]:

E-Mail von Ludwig Steinherr an die Mitglieder vom 13.7.2011:[412]
Liebe Mitglieder,
Sie alle haben heute einen Brief des Präsidenten erhalten, in dem er sich über die von mir verfasste und von 21 Mitgliedern unterzeichnete Petition gegen den Direktoriumsbeschluss vom 21.2.2011 entrüstet.

Herr Prof. B*** zeigt »Bestürzung« über unsere Bitte und behauptet, einen Beschluss, »keine Buchpräsentationen durch Mitglieder mehr zuzulassen«, habe das Direktorium »nie und nimmer gefasst«; er nennt das »Verleumdung« und vermutet, hätte ich Sie »ausreichend informiert«, dann hätte »wohl mancher der Angeschriebenen meinen Aufruf nicht unterzeichnet«.

[...] Bitte beachten Sie: [Der] Beschluss vom 21. 2. 2011 hat das erklärte Ziel <u>»zu verhindern, dass die Akademie zum Schauplatz von Neuvorstellungen von Büchern« wird.</u>

Und da »Neuvorstellungen von Büchern« und »Buchpräsentationen« ja nur Synonyme sind, heißt es in dem Beschluss dann konsequenterweise wörtlich, <u>»dass solche Präsentationen nicht zu den Aufgaben der Akademie gehören.«</u>

Die Tatsache, dass auch Nichtmitglieder und andere Künste betroffen sind, ändert daran nichts. Auch der Zusatz »Über begründete Ausnahmen entscheidet die Leitung der jeweiligen Abteilung« ist kaum ein Trost, wenn Herr Prof. F*** als Abteilungsdirektor uns dann explizit schreibt: »die nackte Vorstellung eines neuen Buches lehne ich ab.«

<u>Fazit: Der Direktoriumsbeschluss [...] erklärt ausdrücklich, dass er Neuvorstellungen von Büchern verhindern will [...]. Der Abteilungsdirektor hat versichert, dass er Ausnahmen nicht zulassen will.</u>

<u>Im Klartext heisst das: Buchpräsentationen durch Mitglieder, die jahrzehntelang selbstverständlich waren, sind nicht mehr zugelassen. Genau [...] dagegen protestieren wir.</u>[413]

Erfolg von Maßnahme III

Darauf fiel den Professoren nichts mehr ein, und das Direktorium fasste *folgenden Beschluss* [Hervorhebungen PM]:

Direktoriumsbeschluss vom 19. 7. 2011:
Da der Direktoriumsbeschluss vom 21. 2. 2011 zu **Irritationen** *geführt hat, sei festgestellt, dass durch ihn eine Fortsetzung der bewährten Reihe* »Mitglieder lesen« *oder die Durchführung anderer Veranstaltungen, bei denen Autoren, Akademiemitglieder oder nicht, aus ihren Werken lesen,* **im Rahmen der gegebenen Möglichkeiten** *natürlich keineswegs betroffen sind.*

Vergleichbares gilt für Veranstaltungen anderer Abteilungen. Veranstaltungen, die einen rein auf Werbung ausgerichteten Charakter haben, sollen in der Akademie freilich nicht stattfinden.

Ein in seiner Feigheit und Unehrlichkeit deprimierender Beschluss. Sie hatten weder den Mumm, Fehler zuzugeben, noch schafften sie die blamable »Regel« ab. Stattdessen gaben sie per Zusatzklausel ihren Mangel an Verantwortung als großzügiges Entgegenkommen angesichts einer *Irritation* aus, die auf einem Missverständnis seitens der Klasse beruhe, da *natürlich* [sic!] Buchvorstellungen *keineswegs betroffen* gewesen seien. Gleichzeitig behielten sie sich durch den nicht näher definierten *Rahmen der gegebenen Möglichkeiten* die Endentscheidung über die Veranstaltungen vor. Mit diesem Trick perpetuierten sie den »Regel«-Spuk und bestätigten den Machtanspruch des Direktoriums, auch wenn Buchvorstellungen formal nun wieder »erlaubt« waren.

Fehlerkatalog: VI – Passivität

Und nun der große, entscheidende Fehler: Die Klasse unternahm *nichts*. Am 1. September 2011, noch vor dem Ende der Sommerpause, trat Literaturdirektor F*** zurück. Ein Nachfolger wurde gewählt. Doch nichts änderte sich, Buchvorstellungen fanden weiterhin *nicht* statt. Ich blieb fern, nachdem der nachgewählte Direktor sich in meinen Augen als nicht besser herausstellte.[414] Doch die ungeschorenen Unterzeichner der Petition hätten Projekte anmelden können und müssen, um durch Fakten wieder ein »regel«freies kreatives Akademieleben zu schaffen. Da sie es nicht taten, verkümmerte die theoretische neue Freiheit wie eine nicht beanspruchte Muskulatur, und die »Regel« beherrschte weiterhin als Phantom die Klasse.

Wie es weiterging

Der Präsident schimpfte munter weiter – in E-Mails, die aufgrund des großen Verteilers auch zu mir gerieten, sowie in der Abteilung. In einer Sondersitzung am 19. 9. 2011, auf der ich nicht anwesend war, behauptete er, verschiedene Mitglieder hätten sich bei ihm quasi entschuldigt und ihre Unterschrift zurückgezogen. Ludwig Steinherr korrigierte: Kein einziges Mitglied habe seine Unterschrift zurückgezogen.[415] Der Präsident überhörte es. Kurios ist folgender kleine Briefwechsel.

E-Mail von Prof. Dr. Wolfgang Frühwald (ordentliches Mitglied der Akademie) an Ludwig Steinherr:
[…] sollte unser Präsident mich zu den Kollegen zählen, die nicht wussten, was sie mit ihrer Unterschrift taten, so muss ich dem widersprechen. Er verwechselt dann nämlich Freundlichkeit mit Zustimmung oder gar Verwirrtheit. Ich wusste sehr gut, was ich unterschrieben habe, und halte Ihren Protest nach wie vor für gerechtfertigt.[416]

E-Mail Prof. B*** an Prof. Wolfgang Frühwald am 26.9.2011
Lieber Herr Frühwald, verzeihen Sie, dass ich dem entschieden widerspreche. Es ist tatsächlich so, dass Ihre Unterschrift unter dem vollkommen überflüssigen Brief von Herrn Steinherr auf einem Informationsdefizit beruht, das auch aus Ihrer Mail hervorgeht und das sich die Initiatoren jener ärgerlichen Briefaktion zunutze gemacht haben.[417]

Er schien in seiner eigenen Welt zu leben, in der nur akzeptiert wurde, was für ihn schmeichelhaft war. In seiner Rabulistik erinnert er an Bischof Krenn (s. Fall Groër, S. 109 f.). Da dieser Typus eloquent, oberflächlich unterhaltsam und schlagfertig ist, wird er viel zu selten von seinem jeweiligen Soziotop gebremst.

Er ist aber auch schwer zu bremsen. In jener Sondersitzung am 19.9.2011 verglich Präsident B*** Steinherrs Petition mit dem *Protest der Richard-Wagner-Stadt München* vom April 1933 gegen Thomas Mann, die Petitenten also implizit mit Nazis. Als zunächst Ludwig Steinherr allein, dann fünf Akademiemitglieder ihn aufforderten, den Vergleich zurückzunehmen, antwortete B***, er habe lediglich gemeint, die Unterzeichner des Protests von 1933 *hätten wohl nicht so genau [gewusst], was sie da taten.*[418] Eine unbewusste Projektion?

In ihrem gemeinsamen Brief setzten sich die fünf unterzeichneten Mitglieder – Friedrich Denk, Prof. Dr. Wolfgang Frühwald, Wulf Kirsten, Reiner Kunze, Dr. Ludwig Steinherr – auch für mich ein:

Herr B*** hat in jenem Brief vom 12. Juli behauptet, dass Petra Morsbachs Memorandum von 29. Juni »von falschen – gefälschten – Zitaten … strotzt«. Da das Memorandum jedoch, wie Friedrich Denk überprüft hat, nur korrekte Zitate enthält, erwarten wir eine Richtigstellung.[419]

Präsident B*** ignorierte dieses Schreiben.

B*** wurde immerhin bei der nächsten Gelegenheit abgewählt. Doch eine Änderung brachte das nicht: Sein Nachfolger K*** hob die »Regel« nicht auf, er nannte sie sogar ein »Gesetz«, auch wenn er 2017 vorschlug, dieses Gesetz zugunsten einer Buchvorstellung jenes B*** zu brechen.[420] Die seitdem nachgefolgten drei Direktoren, übrigens keine Professoren mehr, sondern Schriftsteller, schafften die »Regel« ebenfalls nicht ab, wobei auch sie sich verhielten, als seien sie an sie gebunden. Aber was für eine Bindung kann das gewesen sein? Da die »Regel« mit angemaßter Autorität etabliert worden war, hätten sie sie mit derselben Autorität mühelos abschaffen können, zum Beispiel so: *Ab sofort sind Buchvorstellungen wieder zugelassen*, oder: *Buchvorstellungen gehören selbstverständlich zu den Aufgaben der Akademie.* Kein einziger Funktionär wagte, einen solchen Satz auszusprechen. Die Herren der Willkür waren zu Sklaven der Willkür geworden. Das ist die Magie der Macht.

Was nun unsere Künstler betraf: Soweit ich weiß, hat seit 2011 keiner von ihnen ein Buch eines lebenden Autors in der Akademie vorgestellt.

Machtmissbrauch ist hoch infektiös. Er beraubt Mächtige wie Unmächtige ihres Verstandes und Anstands. Dass einzelne Funktionäre im Machtrausch über die Stränge schlagen, wird sich nie vermeiden lassen. Wenn man aber diese Einzelnen gewähren lässt, breitet sich der Machtwahn auf die ganze Gruppe aus. Und wie schwer es auch scheinbar gesitteten und intelligenten Gruppen fällt, sich von einem solchen Erbe zu befreien, ist die beunruhigende Lehre aus dieser Geschichte.

Juristischer Exkurs

Unsere Frage lautet immer noch:

> Ist es möglich, einen Machtmissbrauch innerhalb einer Institution mit legalen Mitteln zu beheben?

Zu den legalen Mitteln gehört auch der Rechtsweg: also Klage und gegebenenfalls Prozess. Ich hätte mir diesen Weg finanziell nicht leisten können, doch da ich in jenen Jahren für einen Justizroman recherchierte,[a] habe ich mich zumindest theoretisch kundig gemacht.

Dass die Kunstfreiheit für uns Künstler auch und gerade in einer Akademie gelte, schien mir selbstverständlich. Zwar wusste ich, dass das Grundgesetz vorrangig die Rechte der Bürger gegenüber dem Staat meint, doch enthält es eine Drittwirkung, die eine *über das Grundgesetz hinausgehende Berücksichtigung der Grundrechte im Verhältnis von Privaten zueinander* bedeutet, um *den einzelnen Bürger vor Übergriffen Dritter zu bewahren und durch das Ergreifen geeigneter Maßnahmen Rechtsgutsverletzungen zu verhindern.*[421]

Was wäre schließlich ein Grundgesetz wert, das von jedem Apparatschik folgenlos missachtet werden kann?

Als ich aber einzelne Juristen auf die »Regel« ansprach, reagierten sie ausweichend. Auf Kunstfreiheit war keiner von ihnen spezialisiert; die Frage spielte in der allgemeinen Rechtspraxis keine Rolle, und es gab kein einziges Gerichtsurteil zur Bayerischen Akademie der Schönen Künste. Ein Freund (Anwalt), den ich erst Jahre später kennenlernte, machte sich immerhin aus Neugier kundig und kam in seiner Expertise auf das Ergebnis, dass die »Regel« weder formal noch inhaltlich angreifbar sei. Begründung: Das Kultusministerium habe zwar die Rechtsaufsicht über die Akademie, gewähre ihr aber über die Freiheit zur funktionalen Selbstverwaltung hinaus eine überwiegende Freiheit von staatlichen Eingriffen gemäß Art. 5 Abs. 3 GG (*Freiheit von Kunst und Wissenschaft*). Eine Schriftform von Beschlüssen sei nicht notwendig. Da gemäß § 5 Abs. 2 der Akademie-Satzung die Direktoren die Geschäfte der Abteilungen führten, müsse die Entscheidung, keine Buchvorstellungen durchzuführen, vom Direktor der Literaturabteilung getroffen werden. Auch wenn ein Direktor sich irrtümlich oder bewusst wahrheitswidrig auf eine nicht vorhandene Direktoriumsentscheidung berufe, habe er sich damit diese Entscheidung zu eigen gemacht und sie gültig beschlossen. Man könne einen solchen Stil kritisieren, aber rechtlich nicht angreifen, sondern nur den Direktor, dessen Stil einem nicht gefalle, abwählen.

Entsprechend dieser formaljuristischen Expertise wäre die Kunst-

---

[a] Der Roman erschien 2017 im Knaus Verlag unter dem Titel *Justizpalast*.

freiheit nur der Akademie als *Institution* gewährt worden, nicht uns Künstlern. Wir würden demnach als normale Belegschaft ohne Privilegien gelten, während unsere Akademie analog einer klassischen Rechtsfigur nicht nur als juristische,[a] sondern auch als künstlerische Person behandelt würde, die sogar die Freiheit hätte, die künstlerische Freiheit der Autoren innerhalb der Akademie zu beschneiden.

Es wäre ein schwerer Konstruktionsfehler, da eine Institution niemals *künstlerisch* sein kann. Sie kann nicht *die Entwicklung der Künste beobachten*, denn sie hat keine Augen, um ein Buch zu lesen, und kein Herz, um seine Qualität zu beurteilen. Das können nur die Augen und Herzen der Mitglieder. Und nur die Mitglieder können, jedes für sich, entscheiden, wie sie in individueller Weise, nämlich als Künstler, sich für Kunstwerke einsetzen wollen. Sie sind Solisten. Die Akademie aber ist als Institution eine ganz normale Gruppe, die zu trivialem, machtbedingtem Verhalten tendiert.

Nun sind Konstruktionsfehler nicht notwendig schicksalhaft: Das ganze Rechtswesen beruht darauf, dass Menschen Fehler problematisieren und auf dem Rechtsweg bessere Lösungen erkämpfen. Aber welcher freie Autor wäre dazu imstande? Er müsste ja auf eigene Kosten einen spezialisierten Anwalt engagieren, der das durchficht, schlimmstenfalls jahrelang durch mehrere Instanzen hindurch.

Die überraschende Lösung brachte dann ein weiterer Juristenfreund, der dieses Akademiekapitel probelas. Als Universitätsangehöriger und Arbeitsrechtler war er mit Konflikten zwischen Wissenschaft und Organisation vertraut und konnte uns mitteilen: Der Konstruktionsfehler ist längst behoben worden, und zwar schon 1973 vom Bundesverfassungsgericht, also höchstrichterlich. Kläger waren damals keine Künstler gewesen, sondern Wissenschaftler, doch Kunst und Wissenschaft sind im Grundgesetz gleichgestellt [Hervorhebung PM]:

Artikel 5 Absatz 3 GG:
Kunst **und** *Wissenschaft, Forschung* **und** *Lehre sind frei.*

---

[a] Die Denkfigur der juristischen Person stammt noch aus der Römerzeit und stellt die Kontinuität von Geschäftsbeziehungen sicher, damit zum Beispiel Verträge einer Firma auch nach dem Ausscheiden oder Tod des Geschäftsführers gültig bleiben.

In diesem zweiten Gutachten schreibt Dr. Bernd Hüpers: [Hervorhebungen PM]:

> *Was als Kunst gefördert werden soll und wie dies zu geschehen hat, ist eine inhaltliche Aufgabe, die der Akademie übertragen worden ist. Diese Aufgabe ist nicht zu verwechseln mit der Geschäftsführung, die diese Entscheidungen umzusetzen hat. Dementsprechend wäre es ein Missverständnis, den Direktor einer künstlerischen Abteilung als Abteilungsleiter im beamtenrechtlichen Sinne zu verstehen, der der Abteilung weisungsrechtlich vorsteht. Alle inhaltlichen Entscheidungen trifft die Abteilung selbst, dazu gehört auch die Frage, ob neue Bücher vorgestellt werden sollen. Allein die geschäftsmäßige Umsetzung liegt beim Direktor.*
> **Warum kann das anders nicht sein?** [...] **Wir befinden uns ausschließlich im Schutzbereich von Art. 5 Abs. 3 GG.** *Hier gibt es vom* **Bundesverfassungsgericht** *Aussagen zum Hochschulbereich, die analog für die Kunst herangezogen werden können.*[422]

Im Folgenden zitiert der Gutachter aus jenem Urteil, das als *Hochschulurteil* in die deutsche Rechtsgeschichte eingegangen ist. Er schreibt: Da der Art. 5 Abs. 3 Kunst und Wissenschaft gleichstelle, könne der Leser einfach im folgenden Urteilstext das Wort *Hochschullehrer* durch *Künstler* ersetzen.

Zitate aus dem Hochschulurteil:

» 6. *Wenn* **der Staat** *im Rahmen seiner Gestaltungsfreiheit die Organisation der Wissenschaftsverwaltung unter Berücksichtigung der verschiedenartigen Interessen und Funktionen der einzelnen Gruppen von Hochschulmitgliedern gestaltet, so* **muss** *er nach Art. 5 Abs. 3 GG in Verbindung mit Art. 3 Abs. 1 GG der herausgehobenen Stellung der Hochschullehrer Rechnung tragen.*

7. *Organisationsnormen müssen den Hochschulangehörigen,* **insbesondere den Hochschullehrern, einen möglichst breiten Raum für freie** *wissenschaftliche* **Betätigung sichern,** *andererseits müssen sie die Funktionsfähigkeit der wissenschaftlichen Hochschule und ihrer Organe gewährleisten. BVerfGE 35, 79 (79) BVerfGE 35, 79 (80) 8. Soweit gruppenmäßig zusammengesetzte Kollegialorgane über Angelegenheiten*

> zu befinden haben, die Forschung und Lehre unmittelbar betreffen, müssen folgende Grundsätze beachtet werden:
> [...]
>> c) Bei Entscheidungen, die unmittelbar **Fragen der Forschung** oder die Berufung der Hochschullehrer betreffen, **muss der Gruppe der Hochschullehrer ein** weitergehender, **ausschlaggebender Einfluß vorbehalten bleiben.**
>> d) Bei allen Entscheidungen über Fragen von **Forschung und Lehre** ist eine undifferenzierte Beteiligung **der Gruppe der nichtwissenschaftlichen Bediensteten auszuschließen.«**
>
> BVerfG v. 29.5.1973 – 1 BvR 424/71 – BVerfGE 35, 79 (Hochschul-Urteil)[423]

Dr. Bernd Hüpers' Resümee:

> Die Pflege der Kunst den Künstlern zu übertragen, schwebte sicherlich auch den Gründern der Akademie vor, **weswegen die Satzung nicht so gelesen werden darf,** als wenn die einzelnen Direktoren zu Alleinherrschern gewählt werden sollten. Eine solche Lesart, die aus dem Wort Geschäftsführung sicherlich nicht folgt, wäre mit Art. 5 Abs. 3 GG nicht vereinbar. Ich glaube daher, dass **die Entmündigung der Abteilung Literatur durch den Direktoriumsbeschluss rechtswidrig war.** Gegen diese oder ähnliche **Kompetenzanmaßungen** kann man **aufsichtsrechtlich** oder **verwaltungsgerichtlich vorgehen** und letztlich als **übergangener Künstler aus Art. 5 Abs. 3 GG Verfassungsbeschwerde erheben.**

Ein besonders sympathisches Detail zu dieser Rechtsdiskussion: Der erste Gutachter erkannte die Richtigkeit von Gutachten 2 spontan an. Er (Gutachter 1) habe den materiellrechtlichen, d.h. inhaltlichen Aspekt des Falles vernachlässigt und die Querverbindung zwischen Kunst und Wissenschaft übersehen.

Was folgt daraus? Zunächst mal Genugtuung über die Bestätigung des Experten, dass die »Regel« im juristischen Sinn rechtswidrig war. Doch Recht haben und Recht bekommen ist wie gesagt zweierlei.

Ein *aufsichtsrechtliches Vorgehen* wäre ein Beschwerdebrief an den Kulturminister. Wie sind die Erfolgsaussichten? Der Brief würde das

Ministerium, das sich gegenüber der Akademie im Prinzip zu Recht höchste Zurückhaltung auferlegt, in echte Verlegenheit stürzen. Die Akademiefunktionäre würden gegen jede ministeriale Anweisung in den Feuilletons ein Geschrei erheben. Die Bedeutung der *Schraubenregel* wäre der Öffentlichkeit kaum zu vermitteln und vielleicht auch dem Ministerium nicht ganz klar. Deswegen würde es unter besorgtem Gebrumm empfehlen, dass wir uns vertragen.

Ein *verwaltungsgerichtliches Vorgehen* wäre die Klage eines Autors zum Verwaltungsgericht. Nachteil: Er kann es sich nicht leisten. Denn auch wenn er sofort recht bekommt, muss er damit rechnen, dass die Akademieleitung in die nächste Instanz geht, was bedeutet: großer Aufwand, lange Laufzeit, zumindest vorübergehend hohe Kosten, seitens der meisten Kollegen Unverständnis, vielleicht Anfeindungen.

Was tun?

Gibt es also keine Möglichkeit, diese verfahrene Sache zu irgendeinem fruchtbaren Ergebnis zu bringen? Ich sehe drei Wege.

1. Die Autoren fordern gemeinsam ihre Rechte und kippen die rechtswidrige »Regel«. Nebenbei könnten sie eine Reform der Satzung anregen. Der erste juristische Gutachter hat darauf hingewiesen, dass die Akademien in Darmstadt und Berlin den Mitgliedern klar definierte Mitspracherechte einräumen;[424] man könnte sich diese Satzungen zum Vorbild nehmen. Nachteil: Die Kollegen müssten (jeder für sich entsprechend seinen Möglichkeiten) wagen, einen gewissen Elefanten im Zimmer zur Kenntnis zu nehmen und ihr Verhältnis zur Macht zu prüfen. Dazu waren sie bisher nicht bereit oder nicht in der Lage.

2. Die Funktionäre selbst schaffen die »Regel« ab. Wenn sie zudem in Absprache mit den Mitgliedern eine Satzungsänderung im Sinne von Berlin oder Darmstadt beantragten, würde das Ministerium wohl kaum ablehnen. Nachteil: Keiner von ihnen zeigte bisher zu einem solchen Schritt die geringste Neigung. Die »Regel« bedeutet ja Macht, und davon können sie sich nun mal nicht trennen. Sie können es einfach nicht. Ebenso wenig würde ein Hund freiwillig einen Knochen loslassen.

3. Eine Autorin verarbeitet die Geschichte in einem Essay. Nachteil: großer Aufwand, lange Laufzeit, hohe Kosten, seitens der meisten Kollegen Unverständnis, vielleicht Anfeindungen. Vorteil: Spaß und Erkenntnisse!

Der Elefant in der Akademie

Was fügt die Akademiegeschichte meinen Ergebnissen aus den anderen Kapiteln hinzu? Ich hoffe: Aufschluss über die tiefe Hilflosigkeit unseres Bewusstseins im Umgang mit Macht.

Die ersten beiden Szenarien hatten spektakuläre Schauplätze, es gab eine Fülle von gesellschaftlichen, religiösen, historischen, politischen, behördlichen, juristischen Implikationen, zudem ein öffentliches Interesse. Schon diese Öffentlichkeit zwang die Akteure zur Vorsicht. Ihre Affekte durchschlugen zwar regelmäßig die Verlautbarungsprosa, doch das waren nur Partikel der Wahrheit, aus denen man das psychologische Geschehen herauspräparieren musste.

Ganz anders in der Akademie. Sie war ein geschlossener Raum, für den sich außerhalb niemand interessierte. Es gab kaum historische, religiöse, politische, behördliche, juristische Implikationen, und falls, waren sie den Beteiligten nicht bewusst. Das Grundarrangement war ideal einfach: Eine privilegierte Gruppe selbstständiger Intellektueller kam freiwillig zusammen, um ohne äußere Zwänge und ohne formelle Vorgaben miteinander kulturelle Arbeit zu leisten. Zufällig waren diese Intellektuellen auch noch Literaten, also Leute mit einem nachgewiesenen Talent, lebendiges Geschehen jenseits gesellschaftlicher Sprachregelungen auf hohem Niveau zu verbalisieren.

Und ausgerechnet dort erleben wir den Paradefall, gewissermaßen das Destillat eines Machtmissbrauchs: Ein Präsident und eine Generalsekretärin setzten in ein Protokoll eine willkürliche, destruktive Vorschrift, die ab sofort für die Literaturklasse zu gelten habe. Die beiden waren weder legitimiert, das zu tun, noch hatten sie besondere Güter (Geld, Sex, Ruhm) zu gewinnen. Allem Anschein nach war es pure Lust am Machtmissbrauch. Diese Lust war offenbar so prickelnd, dass auch der neu gewählte Literaturdirektor sich die Vorschrift sofort zu eigen machte.

Eine Besonderheit dieses Soziotops: Weder die Rechte der Mitglieder noch die Pflichten der Funktionäre waren schriftlich niedergelegt. Es gab also keine formale soziale Kontrolle. Folge: Die Missbraucher handelten so bedenkenlos wie in keinem der anderen Szenarien. Kardinal Groër verheimlichte sein Laster, die Bischöfe verheimlichten es erst recht, und Ministerin Haderthauer begann schon auf erste interne Kritik hin mit Vertuschungen. Im Gegensatz dazu gaben sich unsere Funktionäre geradezu aufreizend selbstgewiss, missachteten unsere Einwände, beantworteten Nachfragen entweder zynisch oder gar nicht, setzten unumwunden ihre Vorschrift über die Wünsche der Klasse, reagierten auf Widerstand mit Lügen, Rügen und Machtworten. Als das Memorandum ihr Verhalten nach außen trug, ließen sie sich auch in ihrer Wut ungehemmt gehen, bis zur Selbstentblößung und bis ins Justiziable hinein. Wie Machtmissbrauch auch hoch entwickelte Gehirne vergiften kann, lässt sich nirgends so gut beobachten wir hier.

Auch die andere Seite des Missbrauchs, die Bereitschaft zur Unterwerfung, zeigt sich in keinem anderen Szenario so deutlich. Priester geloben ihren Bischöfen Gehorsam, Beamte leben in einem ausdifferenzierten hierarchischen System, Abgeordnete fühlen sich der Parteidisziplin verpflichtet. Warum aber nehmen freie Schriftsteller eine rechtlich fragwürdige, künstlerisch absurde und intellektuell beleidigende Vorschrift hin wie ein Naturereignis? Warum haben sie, Profis der Sprache, solche Schwierigkeiten, auch nur darüber zu reden? Erst hier, fern aller institutionellen Zwänge, zeigt sich unsere enorme psychische Verdrängungsneigung im Umgang mit Macht. In keinem anderen Szenario war der Elefant so dick, und in keinem wurde er so fanatisch ignoriert.

Thesen zur Psychodynamik: Die Kollegen saßen einerseits in einem virtuellen Pantheon neben Goethe und Schiller, andererseits in einem Land, das vor nicht mal hundert Jahren wegen Machtwahns, Feigheit und Opportunismus in Barbarei versunken war. Da konnte man schlecht sagen: »Tja, schlimm, dass du in deinen Grundrechten verletzt wirst, aber ich muss mich jetzt leider um meine Karriere kümmern.« Also verfiel man – immerhin nicht leichtfertig, sondern unter deutlichen Anzeichen von Stress, Peinlichkeit und Aggressivität – auf die Lösung, dass keine Rechtsverletzung vorliege und die Funktionäre tun dürften, was sie wollten; wobei das nicht klar ausgesprochen, sondern nur danach gehandelt wurde.

Da die Unterwürfigkeit in dieser Form ungeklärt und unbewusst blieb, brachte der Eklat keine Katharsis, denn eine Bedrückung, die man vor sich selbst verbirgt, kann man nicht abwerfen. So kam es, dass die Künstler auch nach der Einschränkung der »Regel«, dem Rücktritt des Literaturdirektors und der Abwahl des Präsidenten weiterhin keine Bücher vorstellten und sich auf unserer Bühne nur verstorbenen Autoren widmeten. Eine Art Autoritätsneurose?

Exkurs: Natürlich ist es heikel, einem Kollektiv psychologische Diagnosen zu stellen, erst recht einem instabilen Kollektiv, das wie unsere Literaturklasse nur dreimal im Jahr tagt. Vor der »Regel« kamen zu den Sitzungen im Durchschnitt zwanzig Mitglieder, nach der »Regel« wurden es weniger, und bis auf ein dominantes Grüppchen machtaffiner Sachverständiger wechselte die Besetzung ständig. Manche Kollegen mieden seit der »Regel« die Akademie, einzelne verärgert, andere aus Unlust. Sofern es unter den Verbliebenen dezidierte Kritiker der »Regel« gab, exponierten sie sich nicht. Und wenn einem aggressiven Machtgrüppchen der Diskurs überlassen wird, breitet sich ein autoritäres, unkreatives, in der Verweigerung von Selbstkritik und Selbstreflexion dumpfes Klima aus. Eine leidliche Normalität ergibt sich dort nur, wenn heikle Themen gemieden werden.

Interessant ist auch, dass die Autoritätsneurose nur innerhalb der Literaturklasse griff. Außerhalb konnte man durchaus selbstbewusst machtkritisch auftreten. Ein Intellektueller, der unserem lügenden, tobenden Präsidenten B*** jeden Hauch eines Widerspruchs erspart hatte, wunderte sich in freier Wildbahn aufrichtig darüber, wie das amerikanische Volk den »unwürdigen« Präsidenten Trump erträgt. Und nach einer Demonstration Zehntausender Münchner gegen die rechtspopulistische Zündelei zweier CSU-Granden (*Ausg'hetzt is*, 22.7.2018) veranstaltete die Akademie mutig eine Podiumsdiskussion (*Was darf die Kunst*, 21.09.2018), in der es darum ging, ob staatlich alimentierte Künstler gegen die Regierung demonstrieren dürfen.[425]

Wie offenbarte sich die Autoritätsneurose? Drei Beispiele.

Erstes: Dialog mit einem Kollegen.

Kollege: Du kannst denen [den Funktionären, PM] doch nicht sagen, sie hätten Fehler gemacht!
PM: Warum nicht? Von selbst merken sie es anscheinend nicht, und wenn's ihnen keiner sagt, können sie's nicht korrigieren.
K: Aber das geben die nie zu! Es wäre ein Gesichtsverlust!
PM: Warum verliert einer sein Gesicht, wenn er Fehler zugibt? Alle Menschen machen Fehler.
K: Aber solche doch nicht! (muss lachen) Also sie machen natürlich Fehler, aber man darf es ihnen nicht sagen. Das halten sie nicht aus. Sie haben's verlernt.
PM: Jeder Mensch muss das aushalten. Und wer es verlernt hat, muss es wieder lernen.
K: Von dir lernen die das bestimmt nicht.
PM: Aber vielleicht von uns beiden?
K: Ausgeschlossen! Also tu was du meinst, aber ich trage das nicht mit!

Der Dialog zeigt, wie zugebilligte Kritikunfähigkeit die Mächtigen erst recht kritikunfähig macht. Immerhin erkannte dieser vergleichsweise rationale Kollege noch die Absurdität, auch wenn er sie für ein höheres Gesetz hielt, das man zu akzeptieren habe.

Beispiel zwei: Ein anderer Kollege, Amtsnachfolger des zurückgetretenen Literaturdirektors F***, fand meine Kritik am Präsidenten nicht nur sinnlos, sondern sogar *erschreckend* und *inakzeptabel*.

Nanu?

Kurze Erklärung: Als der Präsident fortfuhr, mich in seinen Kreisen zu beschimpfen, machte ich in einem Brief das Direktorium darauf aufmerksam, dass der nicht zurückgenommene Vorwurf der Zitatfälschung meinen Ruf beschädige und meine Existenz gefährde. (Die Korrektheit meiner Zitate hatte ich den Herren nachgewiesen.) Ich schrieb: *Unsere Selbstverwaltung darf nicht dazu führen, dass die Gesetzesbindung gelockert wird.* Dem Direktorium stellte ich folgende Fragen:

PM an Direktorium, 20.12.2011:
Welches zivile Mindestverhalten ist vom Präsidenten einer Akademie der Schönen Künste zu erwarten? Darf er Gesetze brechen?
Wenn er es tut: Wer kann oder soll ihn zur Ordnung rufen?

Dürfen Mitglieder der Akademie Kritik an einem Beschluss des Präsidenten üben?

Wenn der Präsident sie verleumdet: Wie sollen sie sich wehren?

Gibt es innerhalb der Akademie eine Instanz, die den Präsidenten kontrolliert und kritische Mitglieder schützt?

Falls nein: Welchen Stellenwert hat das Recht innerhalb der Akademie?

Und, daraus hervorgehend: Welchen Stellenwert hat die Akademie im Rechtsstaat?

Das Direktorium ignorierte diese Fragen. Der neue Klassensprecher H*** schrieb mir einen salbungsvoll tadelnden Brief. Meinen Satz

Unsere Selbstverwaltung darf nicht dazu führen, dass die Gesetzesbindung gelockert wird

bezeichnete er wie gesagt als *erschreckend und für eine Akademie der Künste inakzeptabel*.[426] *Erschreckend, inakzeptabel* – das sind Vokabeln des Tabus. Was kann an einer inhaltlich so lapidaren, exakt dem aktuellen zivilisatorischen Stand entsprechenden Aussage *erschreckend* und gar *inakzeptabel* sein? Einen kleinen Hinweis birgt die Einfügung *für eine Akademie der Künste*, die suggeriert, für eine Akademie würden andere Gesetze gelten. Doch welche sollten das sein? Das erklärt H*** nicht, vermutlich weil er es nicht weiß. Der Bluff mit der *Akademie der Künste* als angeblich unantastbarem Ehrbegriff offenbart einen kompletten Mangel an Haltung. Der Direktor will dem gesetzwidrig angegriffenen Akademiemitglied nicht helfen, doch ebenso wie die Weihbischöfe im Fall Groër (s. S. 31) vermeidet er es, seinen Chef zu verteidigen, und versteckt sich in der Hierarchie. Geschmeidig windet er sich an der Aussage vorbei, dass ich den Vorwurf der Zitatfälschung hinzunehmen hätte:

Du siehst [dadurch] Deinen »Ruf in der Szene« gefährdet. Wir werden aber, anders als Nachrichtenredakteure, nicht an der Frage wahrheitsgemäßen Zitierens, sondern an der Kunst unserer Bücher gemessen.[427]

Ich antwortete:

Erstens: Manche von uns sind auch Essayisten und werden als solche an der Disziplin und Redlichkeit ihres Denkens, Deutens, Zitierens gemessen. […] Zweitens: Verleumdung ist eine Straftat auch dann, wenn sie das Kerngeschäft des Verleumdeten nicht berührt. Oder dürfte Dich der Präsident öffentlich des Diebstahls silberner Löffel bezichtigen, da Du ja kein Kellner bist?[428]

Darauf reagierte er nicht.

Beispiel drei nun zeigt, wie der Autoritätswahn sogar nachgewählte Kollegen erfasste, die die Urkrise gar nicht erlebt hatten. Als ich im Frühjahr 2017 in einem Sitzungsprotokoll las, der Nachfolger des abgewählten Präsidenten B*** habe die »Regel« ein »Gesetz« genannt,[429] stellte ich beim aktuellen Literaturdirektor den Antrag, in der Abteilungssitzung die »Regel« für unrechtmäßig zu erklären. Denn ich beschäftigte mich damals literarisch mit Justiz und dachte, wenn ich den Kollegen einfach die betreffenden Normtexte (erstens die »Regel«,[430] zweitens § 1 Absatz 2 unserer Satzung[431] und drittens den Artikel 5 Absatz 3 Grundgesetz[432]) vorlegte, könnten sie selbst deren Vereinbarkeit prüfen. Ich kopierte also die drei kurzen Texte auf ein Blatt und vervielfältigte es, damit jeder sie vor Augen hatte.

Auf der Abteilungssitzung am 19. 4. 2017 aber weigerten sich die Teilnehmer – außer den Funktionären und mir waren nur fünf ordentliche Mitglieder gekommen[a] –, über die »Regel« abzustimmen. Ich schließe aus dieser Weigerung, dass sie die Rechtswidrigkeit der »Regel« sehr wohl ahnten: denn sie hätten meinen Antrag ja auch ablehnen können.

Für eben den Fall, dass man nicht abstimmen wollte, hatte ich ein dreiseitiges Plädoyer gegen die »Regel« vorbereitet und ebenfalls mehrfach ausgedruckt. Der Präsident wollte nicht, dass ich es vortrug.

In das Protokoll zu dieser Abteilungssitzung[433] schrieb der damalige Literaturdirektor P***[b] wahrheitswidrig, ich hätte beantragt, über mein dreiseitiges Votum abzustimmen. Das hatte ich natürlich nicht getan:

---

[a] Und vier Ehrenmitglieder, die aber nicht stimmberechtigt sind.

[b] Inzwischen der dritte seit Einführung der »Regel«

nicht nur, weil es Idiotie gewesen wäre, über ein Votum abstimmen zu lassen, das ich nicht mal vortragen durfte. Mein Abstimmungsanliegen galt allein der rechtlichen Zulässigkeit der »Regel«. Das stand auf dem Blatt mit den drei Normen und war zudem im Vorfeld ausdrücklich geklärt worden. Weil auch diese Korrespondenz eine bezeichnende Komik hat, hier drei kurze Auszüge:

> E-Mail PM an Literaturdirektor P*** am 15. 3. 2017:
> [Ich] beantrage […], bei der Akademiesitzung am 19. 04. 2017 die Unrechtmäßigkeit der angeblichen »Regel« festzustellen.
>
> Mail Literaturdirektor P*** an PM am 15. 3. 2017:
> [Ich bin] mir nicht vollkommen im Klaren, wie präzis Ihr Anliegen ist.
>
> Mail PM an Literaturdirektor P*** am 16. 3. 2017:
> Also nochmals: […] Ich beantrage, bei der Akademiesitzung am 19. 4. 2017 die Unrechtmäßigkeit der angeblichen »Regel« festzustellen.

Ein Irrtum war demnach ausgeschlossen. Warum stellte Literaturdirektor P*** trotzdem den Vorgang allen Mitgliedern, die nicht dabei gewesen waren – und das waren fast alle –, bewusst zu meinen Ungunsten falsch dar?

Antwort: Weil eine illegale, schädliche Vorschrift nicht auf redliche Weise zu verteidigen ist. Sie macht ihre Herren zu Sklaven und zwingt sie zur Lüge.

Resümee

Wozu brauchen wir eine solche Akademie?, wurde ich gefragt.

Nun, die Akademie hat eine schöne, kluge Grundidee. Ihre Satzung ist unvollkommen, doch eigentlich sinnvoll, und vor der »Regel« erlebte ich interessante Sitzungen und spannende, auch inspirierende Begegnungen. Die »Regel«-Episode hat uns schwer blamiert, doch wenn wir das zugeben und verarbeiten, bringt es uns weiter. Keine Institution wird durch menschliches Versagen grundsätzlich infrage gestellt. Auch die Demokratie ist tausendmal krachend gescheitert und gehört trotzdem nicht abgeschafft. Man muss immer aufs Neue versuchen, es besser zu machen.

Das Akademieabenteuer war höchst lehrreich. Es hat gezeigt, dass keine Intelligenz, keine Kultur, keine Bildung vor dem Selbstverlust durch Macht schützt. Offenbar kommt überhaupt keine Organisation ohne interne Regularien zum Schutz der Unmächtigen aus, nicht mal Organisationen, die sich hauptamtlich mit Freiheit, Würde, Gerechtigkeit, Kunst usw. befassen. Und offensichtlich sind Kollektive kaum fähig, Machtmissbrauch rechtzeitig festzustellen, geschweige denn gezielt zu bekämpfen. Es sind immer einzelne Figuren, die Missstände artikulieren und gegen sie Initiative ergreifen. Diese Figuren werden, wie alle unsere Fälle zeigen, von der mächtigen wie der unmächtigen Seite angegriffen, woraus sich ergibt, dass sie zu schützen sind.

In dieser Hinsicht zumindest hat sich die Akademie exzellent bewährt: als soziales Laboratorium, als Reagenzglas für die Psychochemie der Macht und als Vitrine für einen wirklich knalligen, vitalen, unwiderstehlichen Elefanten.

NACHWORT

> Ein jeder weiß viel, wir wissen alle, welchen Weg man
> gehen soll und die vielen Wege, die man gehen kann,
> aber niemand will gehen.[434]
>
> Søren Kierkegaard

Antrieb

Mein Streit mit den Funktionären ist seit Jahren erledigt: Der Direktor trat nach dem Eklat zurück, der Präsident wurde bei nächster Gelegenheit abgewählt, insofern sind keine persönlichen Rechnungen offen. Ich bin mental und künstlerisch unbeschädigt aus der Sache herausgekommen und durch den Roman *Justizpalast*, für den diese Erfahrung wertvoll war, mit Einkünften und Preisen belohnt worden; ich könnte der Akademie für die Lehrstunde sogar dankbar sein. Warum bewegt mich die Sache immer noch so sehr, dass ich diesen Essay schreiben musste?

Was nicht erledigt ist und mich am tiefsten beunruhigt, war die Willfährigkeit – oder, je nach Perspektive, die Machtorientierung – meiner Klasse und deren Bereitschaft, einer sinnlosen Weisung sogar dann noch zu folgen, nachdem sie aufgeweicht worden war. Ich habe das als kulturellen Rückschritt erlebt, als Verlust an kritischem Geist und intellektuellem Mut. Begabte, sensible Menschen, manche außerhalb der Akademie scharfsinnig und tiefgründig, benahmen sich innerhalb wie Untertanen: die einen nonchalant oder indifferent, andere ängstlich und kindlich, manche aggressiv. Auch diejenigen, die den Missbrauch erkannten, es aber nicht genauer wissen wollten, nicht glauben konnten oder für belanglos erklärten, schützten im Ergebnis ein Mikroklima der Willkür, und nichts deutet darauf hin, dass sie sich in gravierenderen Fällen anders verhalten würden.

Wenn aber selbst diese scheinbar selbstbewusste, überdurchschnittlich gebildete Garde so blind in die Machtfalle tappte, was war dann von weniger privilegierten Kollektiven zu erwarten? Oder, anders gefragt: Zeigte sich in unserem Reagenzglas die aktuelle Chemie der Gesellschaft?

Inzwischen hat sich dieser Eindruck bestätigt. Die Abkehr von der kritischen Kultur der achtziger und Neunzigerjahre scheint einem Zeitgeist zu folgen, der Macht wieder mystifiziert. Während immer mehr Leute sich für machtverliebte Hochstapler begeistern und sogar eine Sehnsucht nach aggressiver, bedenkenloser Herrschaft artikulieren, scheinen immer weniger das Bedürfnis zu haben, ihre demokratischen Rechte zu verteidigen, sofern man sich ihrer überhaupt bewusst ist. Fast alle mir bekannten kritischen Zeugen von Machtmissbrauch, ob in Kita oder Parlament, erzählten von Tabuisierung und belastendem Schweigen. Jeder, der nicht schwieg, war betroffen vom Unverständnis und den Angriffen sogar der geschädigten Kollegen. Eine Diskussion darüber scheint dringend angebracht, denn letztlich ist es die Zivilgesellschaft, die den Rechtsstaat verteidigen muss. Jede soziale Zelle, die sich um Gerechtigkeit bemüht und Missbrauch korrigiert, trägt dazu bei.

Erforschung

Woher die verleugnete Ohnmacht, und woher die reflexhafte Parteinahme für die Macht? Meine Erfahrungen in der Akademie erinnerten mich schon damals an das *Buch Groër*, auf das ich 2003 bei Recherchen zu meinem Roman *Gottesdiener* gestoßen war: Ich sah die Übereinstimmungen im Handeln aller Protagonisten, als läge solchem Geschehen ein archaisches Skript zugrunde, das die Menschen steuert. Um es zu verstehen, nahm ich mir zunächst diesen Fall vor, da er Abstand und Übersicht bot.

Das Skript fand ich in der Sprache des Konflikts. Sie enthüllte Macht- und Gruppenzwänge, die alle rationalen Konzepte überwanden. Ebenso auffällig war die Kombination aus Machtorientierung und Machtverleugnung, mit der individuelle Verantwortung zurückgewiesen wurde. Diese Kombination schien beliebig steigerbar: Je mehr

Machtorientierung, desto mehr Machtverleugnung, sobald individuelle Verantwortung gefragt war. Umgekehrt galt: Je mehr individuelle Verantwortung jemand übernahm, desto weniger verehrte er die Macht, und desto weniger verleugnete er sie auch. Da aber solche Leute eher im unteren Bereich der Hierarchie vorkommen, richten sie wenig aus. (Steigen sie auf, übernehmen sie meist die Kultur der Oberen.)

In der Kirche gab es kaum Regularien zur Machtkontrolle. In der säkularen Gesellschaft hingegen scheint deren Notwendigkeit hinlänglich bekannt, sie prägt unseren Rechtsstaat sogar konstitutionell. So kam ich auf das Szenario Haderthauer. Der Fall eignete sich zur Erkundung perfekt, weil er in einem nüchternen, durchorganisierten politischen Apparat spielte und inhaltlich wie strukturell direkt von Machtkontrolle handelte. Er war nicht zu groß, doch immer noch so bedeutend, dass alle Regularien zum Einsatz kamen. Zur Kirche bot er einen sinnigen Kontrast: dort wenig Machtkontrolle bei viel offizieller Moral, hier weniger offizielle Moral bei viel offizieller Kontrolle.

Und nun die Überraschung: Die Protagonisten agierten in beiden Settings nahezu gleich. Auch hier das Zusammenspiel von Machtorientierung, Machtverleugnung und individueller Verantwortungslosigkeit, auch hier in allen Etagen eine Tendenz zur Vertuschung des Missbrauchs, wobei man auch hier meinte oder vorgab, im Sinne des großen Guten – hier: der Staatsräson – zu handeln. Der Rechtsstaat aber besteht per definitionem aus einem Staat, in dem auch Mächtige dem Gesetz unterworfen sind. Wer Gesetzesverstöße Mächtiger deckt, dient dem Rechtsstaat definitiv nicht. Der vermeintliche Staatsgehorsam hier folgte wie der vermeintliche Gottesgehorsam in der Kirche weniger dem erklärten hohen Ziel als einem archaischen, instinktiven Verständnis von Macht, das den Einzelnen nur teilweise oder gar nicht bewusst war: Wer die Macht hat, hat das Recht.

In der Akademie schließlich gab es weder Kontrollregularien noch offizielle Moral noch überprüfbare öffentliche Ziele: Sie stand für individuellen Exzellenzanspruch bei enormer institutioneller Freiheit, und der führte zu einem besonders tiefen Fall. Ehrgeizig und einfallslos gebrauchten die Funktionäre ihre Macht weitgehend destruktiv, nutzten die einzigartige Autonomie, die der Staat Künstlern einräumt, zu sinnlosen Verstößen gegen diese Autonomie und begaben sich im Umgang mit Kritikern auf ein besonders niedriges Niveau. Der schlagende Beweis, dass uneingeschränkte Autonomie schädlich ist.

Ist also auch die Kunstfreiheit schädlich? Nein, natürlich nicht. Denn diese Freiheit gilt nicht den Funktionären, sondern nur den Kunst*schaffenden*, und diesen nur für die *Kunst*, die sie schaffen. Da Vergesellschaftung von Kunst Entindividualisierung und damit Trivialisierung bedeutet, kommen Akademien intern genauso wenig ohne Regeln aus wie alle anderen Organisationen. Es gibt hier keinen Widerspruch.

Ergebnisse

Meine Eingangsfrage war gewesen:

> Können Unmächtige mit legalen Mitteln einem Machtmissbrauch praktisch abhelfen?

Die Antwort nach der Untersuchung fällt paradox aus: Eigentlich nicht, aber sie sollten es versuchen, denn das bewirkt etwas.

Wo liegt das Problem?

Ich hatte gedacht: Wenn mündige Bürger Machtmissbrauch (Kompetenzanmaßung, sexuelle Nötigung, Korruption etc.) einfach im Anfangsstadium zurückweisen, verhindern sie ihn, denn Machtmissbraucher sind im Grunde feige und wissen, dass sie die Gesetze gegen sich haben.

Einfach erschienen war mir die Sache wegen der deutlichen Signale von Täuschung, Furcht und Lüge in vielen Äußerungen der Machtmissbraucher und ihrer freiwilligen und unfreiwilligen Gefolgsleute: als gäbe es in ihnen eine Instanz, die sie durchschaute.[435] Die Präzision dieser widerwilligen Selbstentlarvung begeisterte mich. Ich dachte: Vielleicht kämen die Sprecher (oder zumindest ihr Publikum) zur Besinnung, wenn man sie mit dieser Instanz, gewissermaßen ihrem besseren Ich, konfrontierte.

Nicht bedacht hatte ich die Schrecken, die eine solche Konfrontation anscheinend auslöst. Sie brachte keinen der Missbraucher zur Besinnung, im Gegenteil: Die widerwilligen Selbstentlarver erhöhten nur ihre Anstrengung, jene Instanz zu verbergen oder zu unterdrücken, und ihr Gefolge unterstützte sie darin. Um die Wahrheit herum wuchs ein virtueller Turm aus Hysterie und Drohung, und dieser Turm beeindruckte die Umstehenden so sehr, dass sogar die Geschädigten ihn verteidigten, sei es aus Verehrung seiner Höhe oder aus Angst, von den Trümmern erschlagen zu werden.

Wir wissen, dass politische Tyrannen in solchen Fällen zu Terror und Verfolgung greifen können, bis hin zum Ruin ihrer eigenen und anderer Länder. In meinen kleinen Episoden zu Friedenszeiten war die Gefahr vergleichsweise gering. Wurde der Turm wirksam getroffen, zerfiel er zu Staub. Der gefürchtete Kardinal Groër verschwand im Nonnenkloster, Frau Haderthauer zog sich aus der Politik zurück, der Akademiedirektor warf hin, der Präsident wurde abgewählt. Die Umstehenden bekamen keinen Kratzer ab. Man hätte all das schon viel früher haben können. Dachte ich.

Doch man wollte es anscheinend nicht haben. Die Gefolgsleute richteten den virtuellen Turm in ihrer Fantasie wieder auf. Die Bischöfe deckten viele weitere Fälle sexuellen Missbrauchs; die Freien Wähler hielten, selbst an die Regierung gelangt, es nicht für nötig, im Verfassungsausschuss ihren Kollegen Dr. Bauer zu verteidigen (s. S. 206); das Einzelweisungsrecht (s. S. 189) gilt weiterhin; die Schriftsteller gehorchten weiterhin jener »Regel«, obwohl sie inhaltlich aufgeweicht worden war (s. S. 279 f.).

Und die Stimme der Wahrheit, die zwar immer im Spiel war, doch nur als Kammerton in einem Getöse viel mächtigerer Leidenschaften – hatte ich sie überschätzt?

Psychologischer Exkurs (Paradoxien)

Oder hatte ich sie im Gegenteil unterschätzt? Denn sie weckte ja unglaubliche Energien. Vielleicht hatte sie sich nicht erst im Skandal erhoben, sondern schon vorher, und so den Machtmissbrauch überhaupt erst bewirkt? Machtmissbrauch ist Selbstaufwertung auf Kosten anderer, und warum sollte man das nötig haben, wenn nicht aus Furcht vor einer inneren Stimme, die einem sagt, dass man ungenügend sei?

Träfe dies zu: Wäre dann die Wahrheit nicht etwa heilsam, wie ich gedacht hatte, sondern sogar gefährlich?

Sie ist anscheinend beides. In der Tiefe wird alles paradox. Nichts war, wie es schien. Die Mächtigen waren deutlich schwächer, als sie sich gaben, und wenn es um Verantwortung ging, gaben sie sich sogar noch schwächer, als sie waren, allerdings in einer Pose der Stärke. Konfrontierte man sie mit Missständen, beriefen sich fast alle auf ihre objektive Handlungsunfähigkeit (s. *Die Pilatus-Attitüde*, S. 87).

Wieso gelang es diesen Leuten, ihre selbst erklärte Ohnmacht als Dominanz zu verkaufen? Warum nahm man ihnen das ab? Enthält auch diese Verantwortungslosigkeit das Geheimnis der Macht? Besteht am Ende der Kick des Missbrauchs in der Vorstellung eines Profits ohne Preis, also der Fantasie einer Freiheit ohne Pflichten?

Und das Gefolge? Machte es mit, weil es sich insgeheim nach demselben Schwindel sehnte (der ihm vermutlich nicht als Schwindel, sondern als Größe erschien)? Oder dachte jeder, dass alle anderen sich danach sehnten, und wollte nur nicht von ihnen getrennt sein? Vielleicht beides gleichzeitig mit Akzentuierung nach Tagesform?

Seit 75 Jahren denken wir darüber nach, was für Leute seinerzeit das »Dritte Reich« ermöglichten. Zumindest dieses Rätsel halte ich für gelöst: Sie waren genau so, und sie ermöglichten es auf genau diese Weise. Natürlich halte ich unsere Protagonisten nicht für Nationalsozialisten (keinen Einzigen von ihnen). Ich vergleiche nur Menschen mit Menschen. Es besteht ein beträchtlicher Unterschied zwischen Genozid und Pädosex, dem Plündern ganzer Länder und dem Abschöpfen einer Arbeitstherapie, Bücherverbrennung und Schraubenregel. Aber es besteht auch ein beträchtlicher Unterschied zwischen Haft und Strang dort und einer Nichtbeförderung oder Nichtprotektion hier. Wer Unrecht für einen Karrierevorteil duldet, wird es erst recht dulden, wenn ihm das KZ droht. Kurz: Es schützt uns nicht, die Deutschen von damals zu verdammen, und wir haben keinen Grund, uns für gefeit zu halten.

Wie viel von dem, was die Sprache weiß, kann der Mensch wissen (wollen)? »Zu 90 Prozent glauben die Leute sich selbst; Narzissten sogar zu 97 Prozent«, scherzte meine Schwester Claudia, eine Psychoanalytikerin. »Die letzten drei bis zehn Prozent aber sind ihr eigentlicher

Feind: die grauenvolle Angst, dass sie nichts Besonderes sind und auch sonst nicht besonders gut. Das wird dann externalisiert, und dafür brauchen sie äußere Feinde.« – »Dann wäre auch die Stimme der Wahrheit ihr Feind?« – »Na klar, die ist ja der Grund für das ganze Theater! Sie erinnert sie daran, dass sie nicht die sind, die sie gern wären, und ihr ganzes Leben besteht im Widerstand dagegen.«

Philosophisch-physikalischer Exkurs (Spielidee)
Eine entgegengesetzte Variante von Widerstand – nicht schlecht! Der Mensch sozusagen als unendliche Vergrößerung des Atoms, dessen Kern zwar nur ein Hunderttausendstel des Umfangs, aber 99,9 Prozent der Atommasse hat, während der Umfang von fast masselosen Elektronen gebildet wird, die in elektrischer Wechselwirkung um ihn herumschwirren. Schwirren sie nicht, stürzt das Ganze ineinander zu einem unbeweglichen schwarzen Loch. Man stelle sich vor: Der Mensch sozusagen verrückt gewordene Materie, mit einem unerklärlichen Schuss Genie. Die Wahrheit eine Ahnung des Nichts, als winziges Gravitationszentrum ständig gegenwärtig, die Abwehr dagegen ein übermächtiger Impuls zu Energie und Fruchtbarkeit, das Ergebnis ein kurzer Traum voll Herrlichkeit und Schrecken.

Kein Extrem kommt ohne das andere aus; beide erzeugen aus ihrer Spannung die Energie des Lebens. Der Einzelne ist subjektiv alles und objektiv nichts, er treibt allerdings in seinem kurzen Leben die unglaublichsten Blüten. Gesellschaft und Individuum brauchen einander in gerade dem, was sie trennt: Die Gesellschaft ist auf individuelle Initiative angewiesen, das Individuum wiederum muss sich gegen die Gesellschaft behaupten, um seine Bestimmung zu finden, und findet Autonomie doch nur in ihr. Gleichzeitig muss die Gesellschaft seine Rechte beschränken, um seine Entwicklung zu ermöglichen.

Jeder Impuls erscheint zwiespältig. Eine lautere, gerechte Idee kann aus der Ohnmacht heraus mächtig werden, doch ihre Lauterkeit verflüchtigt sich, sobald diese Macht institutionalisiert wird: Mächtige missbrauchen die lautere Idee, um noch mächtiger zu werden, müssen sich dafür aber auf sie berufen und tragen sie weiter, sodass neue, noch unverdorbene Menschen die Lauterkeit aufnehmen können. Die politische Praxis verwandelt Instrumente zur Machtkontrolle in Instrumente der Macht bis hin zum Zusammenbruch, worauf neue Kontrollinstrumente entwickelt werden (müssen). Das einsame, unabhängige Dichterwort wird wegen seiner Aufrichtigkeit von einem Gegenüber (Einsamkeit ohne Gegenüber ist nichts) geschätzt und verbreitet, bis sich aus der Summe kostbarer individueller Wahrheiten eine Literaturszene bildet. Die Aura von Kostbarkeit zieht Opportunisten an, die die Werte gleichzeitig aufblasen und verderben, aber ebenfalls weitertragen (müssen), um davon zu profitieren, sodass die kostbaren Worte immer neu zünden (können).

Ohne Kirche kein Christentum, ohne Politik kein Staat, ohne Kulturszene keine Kunst. Die Zerstörung dieser Institutionen brächte keine substanzielle Verbesserung, da jedes darauf folgende Konstrukt den gleichen Gesetzmäßigkeiten unterläge. Auf der anderen Seite gefährdet eine blinde Verteidigung von Hierarchien die Substanz der Institution. Also muss man immer am lebenden Organismus arbeiten: Prüfung, Kritik, Korrektur, Reform, das alles im Wissen, dass nichts endgültig ist. Unterwegs gilt: Kein Schutz individueller Werte ohne Vergesellschaftung; keine Vergesellschaftung ohne Trivialität; keine Trivialität ohne individuelle Verluste. Jede Zelle des Lebens birgt den Keim ihres Gegenteils in sich.

Fragen zur Balance

Wenn nun der Einzelne subjektiv alles und objektiv nichts ist in einem gigantischen, perplexen Kreislauf – woran soll er sich halten? An welcher Position des Gewoges steht er in welchem Augenblick? Gibt es eine Achse für die viel beschworene Balance?

Und wenn der Widerstand gegen die Wahrheit den einen Menschen zu exzessiver sozialer Selbstermächtigung treibt, den anderen aus Gerechtigkeitssinn zum Widerstand gegen den Exzess – sind nicht auch sie in Wechselwirkung aufeinander bezogen? Spielt jeder nur eine Rolle in einem größeren Spiel, das er nicht überblickt? Wer hat recht? Wer entscheidet darüber? Wer verteilt die Rollen?

Ich weiß es nicht. (Über die letzten Dinge wissen Schriftsteller*innen so wenig wie alle Menschen; sie können es nur günstigenfalls etwas genauer sagen.) Wer beauftragt uns zu unseren Erkundungen? Während ich über institutionellen Machtmissbrauch nachdachte, hat sich im Internet eine neue Spielart entwickelt, nämlich der Missbrauch von Macht durch Anonymität. Auch diese Macht hat verschiedene Seiten. Anonyme Blogger konnten 2013 die Modellbau-Affäre aufdecken, als die etablierten Medien zögerten (s. S. 151). Von einer anderen Klientel wird inzwischen dieselbe Anonymität für Hassmails bis hin zu Morddrohungen mit Mordfolge missbraucht. Ich kann dieses Fass hier nicht aufmachen, vermerke aber, dass, verglichen mit solchen Verfolgern, unsere Bischöfe, Abgeordneten, Oberstaatsanwälte und Funktionäre die reinen Tugendbolde waren. Die Zeiten ändern sich rasch. Paradox: Je gründlicher man nachdenkt, desto eher arbeitet man ins Ungewisse.

Es gibt weder Gewissheit noch Garantien. Wir müssen die Balance selbst herstellen, nach unseren Kräften. Sie ist in uns angelegt (von wem?). Jeder ist eine kleine Achse in einem riesigen Getriebe und kann, statt sich dem archaischen Kreislauf von Ermächtigung, Hybris und Zerstörung zu überlassen, Impulse geben, die die Hybris bremsen.

Zurück zur Praxis: Regularien und menschlicher Faktor

Kirche und Akademie waren unfähig, ihre Missbrauchsprobleme zu lösen, weil sie zu wenig Regularien zur Machtkontrolle besaßen. Bei der Kirche wirkte zumindest einigermaßen die Kontrolle durch Presse, Öffentlichkeit und Staat, weil die Christenlehre den Menschen geläufig war. Bei der Akademie fehlte sogar diese Kontrolle von außen, weil ihre Ziele von der Öffentlichkeit kaum zu überprüfen sind. Die Folge war Kontrollverlust bis hin zur Unfähigkeit der betroffenen Abteilung, ihrer Berufung nachzukommen.

Im Staatsapparat gibt es dafür umso mehr Regularien. Der Stresstest hat ihre Stärken und Schwächen sichtbar gemacht. Manche Instrumente erscheinen ungenügend oder unwirksam, wie z. B. das Remonstrationsrecht (s. S. 143 f.), das Petitionsrecht im konkreten Fall (s. S. 204 f.) und die Möglichkeit, durch eine Strafanzeige die Staatsanwaltschaft anzurufen; eine Möglichkeit, die bei politischen Fällen durch die Weisungsgebundenheit der Staatsanwaltschaft (s. S. 188 f.) meist vereitelt wird. Hier gäbe es allerhand nachzubessern: Beschwerdemanagement, Abschaffung des Weisungsrechts gegenüber der Staatsanwaltschaft entsprechend der Empfehlung des Europarats und des Deutschen Richterbunds (s. S. 189 und Endnote 321).

Andere Instrumente wirken gut und klug, scheitern aber an untergründigen Macht- und Gruppeninstinkten: zum Beispiel die Institution des Untersuchungsausschusses (s. S. 154) einschließlich der Rechte qualifizierter Minderheiten für Beweisanträge (s. S. 165 ff.) und der grundsätzlichen Anwendbarkeit strafprozessualer Normen für die Beweisaufnahme (s. S. 162 f.). Hier ist formal nichts nachzubessern; das Problem ist die praktische Anwendung.

Denn: Regularien, so unverzichtbar sie sind, reichen allein nicht aus. Sie folgen dem Modell eines autonomen rationalen Individuums, doch dieses Modell ist unrealistisch. In uns allen wirken kreatürliche sowie halb- und unbewusste Antriebe: Gruppeninstinkte, Bedürfnisse nach Beachtung, Bedeutung, Zugehörigkeit, das Bedürfnis, auch ungerechte Eltern (Autoritäten) zu lieben und zu idealisieren; Sehnsucht nach Selbsterhöhung und Immunität, Sehnsucht nach gerechten Eltern; Angst vor dominanten Eltern, Angst vor Bindungs- und Statusverlust, Angst vor Gewissenskonflikten. Vieles davon läuft im Alltag unauffällig mit und wird nebenbei befriedigt oder verdrängt. In Krisen aber schießen die Affekte durcheinander oder tauchen, je nachdem, wie stark sie das rationale Ich strapazieren, komplett ab und wirken desto kraftvoller im Untergrund.

Nichts davon ist per se »böse«, und nichts ist unbekannt. Gruppenbindung ist angenehm und in Notlagen existenziell. Allerdings erzeugt Machtmissbrauch eine künstliche Notlage, die das kritische Bewusstsein fast aller Beteiligten herabsetzt. Dann wird die Identität der aktuell mächtigsten Gruppe ohne Rückgriff auf Fragen von Recht und Moral verteidigt. Auch die Vertreter von Recht und Moral selbst (Staat, Regierung, Kirche, in gewisser Weise auch die Repräsentanten der Kunst) sind dieser Dynamik ausgesetzt – je erhabener sie sich fühlen, desto mehr. Deshalb beobachten wir bei ihnen dieselben Verläufe: Je bedrohlicher der Missbrauch, ob im physischen oder übertragenen Sinn, desto weniger greifen die formellen Regeln. Wenn archaische Antriebe durch

Machtmissbrauch synchronisiert werden, schaffen sie ein affektives Parallelsystem, das die offiziellen Strukturen unterläuft.

Zum ersten Mal in unserer Geschichte ist unser Rechtssystem ausgewogener und reifer als die Menschen, die es bedienen. Das ist nicht fatal: Schlummernde Standards lassen sich wiederbeleben, indem man sich auf sie beruft. Unsere Individualrechte sind weiterhin beträchtlich, und ein riesiges Privileg ist das Recht auf legalen Protest. Es muss nur verwirklicht werden. Denn auch die gewaltigsten, ehrwürdigsten Institutionen sind auf individuelle Initiative und Kritik von unten angewiesen, sonst werden sie hohl, starr und gefährlich.

Widerstand muss nicht heroisch sein

Für die Praxis bedeutet das: Je früher jemand eingreift und je mehr Leute den Protest unterstützen, desto leichter wird es. Die meisten Alltagsfälle beginnen nicht mit einem Entschluss zum Machtmissbrauch, sondern durch Fahrlässigkeit, Irrtümer oder Übermut. Vieles, was von unten wie Machtmissbrauch wirkt, war oben nicht so gemeint. Es ist den Verursachern irgendwie unterlaufen, und erst wenn Kritik ausbleibt, können sie sich daran gewöhnen und die Verstöße zu einem Bestandteil ihres Selbstgefühls machen. Hier drei leichte Beispielfälle:

- Ein besonders tüchtiger Mitarbeiter eines ländlichen Restaurants rührte plötzlich keinen Finger mehr, nachdem er zum Manager befördert worden war. Als Migrant der zweiten Generation hatte er von seinen Eltern gehört, dass Chefs nicht arbeiten müssten. Mitarbeiter und Betriebsleitung klärten ihn über den Irrtum auf, und er ist ein fähiger, allseits geschätzter Manager geworden.
- Die Direktorin eines Instituts für Qualitätsmanagement kam krank aus einem Urlaub zurück und löschte aus Überdruss alle aufgelaufenen 300 E-Mails aus ihrem Account. Da niemand protestierte, gewöhnte sie sich an solche Löschaktionen. Unvermeidlich entwickelten sich Missstände. Hätten die Korrespondent*innen auf der Beantwortung ihrer Post bestanden, wäre die Krise vermieden worden. Als endlich eine

externe Mitarbeiterin eingriff, wandte sich die Belegschaft gegen die Direktorin, die in den Vorruhestand flüchtete.
- Auch der Akademie-Eklat wäre vermeidbar gewesen. Die Professoren beanspruchten vielleicht auch deswegen so gedankenlos Gehorsam, weil sie das von der Universität gewohnt waren. Die Betroffenen hätten ihnen den Unterschied zwischen Künstler*innen und wissenschaftlichem Personal erklären müssen. Und noch Jahre später bei der Abstimmung über die »Regel« hätten sie mühelos ohne den geringsten bürgerlichen Schaden einen Finger heben können. Vier gehobene Finger hätten den »Regel«-Spuk, der die Literaturklasse jahrelang lähmte, lautlos verjagt.

Hierarchie- und Abhängigkeitsvorstellungen, Machtansprüche und Selbstbewusstsein bestimmten jeweils das Geschehen stärker als die objektive Struktur. Der Migrantensohn hatte nach allgemeiner Auffassung den niedrigsten Status, da reichten drei freundliche Hinweise. Auch mit der Direktorin (Frau) tat man sich letztlich leicht; ich muss das nicht kommentieren. Die Professoren im dritten Fall hatten im Vergleich die geringste – eigentlich gar keine – Macht, traten aber so selbstgewiss auf, dass man ausgerechnet ihnen alles durchgehen ließ.

Diese letzte Geschichte zeigt, wie schnell ein nicht geahndeter Fehltritt zu einem schädlichen und blamablen Machtmissbrauchsfall werden kann. Es gibt in solchen Verläufen keinen präzisen Punkt, ab dem die Sache eskaliert – zu individuell, emotional und irrational ist das Geschehen. Das sicherste Mittel ist schnelle Reaktion. In allen drei Fällen waren die Kritiker*innen eindeutig im Recht. Sie mussten es nur in Anspruch nehmen. Das Einzige, was sie brauchten, war ein bisschen individueller Mut.

Schwere Fälle

Sind große Betriebe (Konzerne, Banken, Ministerien) befallen, wird der Machtmissbrauch institutionell. Wer hier gegen Rechtswidrigkeiten vorgeht, hat eine Überzahl gewiefter, oft skrupelloser Kader vor sich, die einander decken und freisprechen. Hier kommt es auf persönliche

Unangreifbarkeit, starkes Selbstbewusstsein, großes institutionelles Wissen und eiserne Nerven an, ferner auf taktischen Verstand, Mut, Analyse, abgestimmtes Handeln und die Wahl des richtigen Zeitpunktes. Wer in der Firma keinen erheblichen Respekt genießt, geht unter. Der ehemalige Ministerialrat Dr. Wilhelm Schlötterer, der über Jahre solche Kämpfe durchgestanden hat, empfiehlt außerdem, schon im Vorfeld einen Anwalt zu nehmen, denn es ist mit Strafanzeigen wegen Verleumdung, übler Nachrede etc. zu rechnen; in Wirtschaftsbetrieben droht die Kündigung. Dieter Eckermann weist darauf hin, dass auch der Anwalt den Konflikt mit Mächtigen nicht scheuen darf und viel juristisches Gewicht auf die Waage bringen muss.[436] Wie findet man aber diesen Anwalt, und wer kann ihn überhaupt bezahlen? Hier wird es so speziell und teuer, dass ich aus eigener Erfahrung nichts beitragen kann. Kämpfer der Schwergewichtsklasse brauchen andere Spezialisten und keinen Elefanten-Essay.

Kurze Anmerkung zum Whistleblowing

Da auch die Politik inzwischen einräumen musste, dass Systeme sich selbst nur ungenügend kontrollieren, hat das EU-Parlament 2019 die *Richtlinie zum Schutz von Personen, die Verstöße gegen das Unionsrecht melden* (2018/0106 COD), beschlossen, auch *Whistleblower-Richtlinie* genannt. Sie soll ermöglichen, Repressalien des Arbeitgebers gegen Whistleblower abzuwehren. Nachdem sie am 16.12.2019 in Kraft getreten ist, haben die Mitgliedstaaten zwei Jahre Zeit, sie in nationales Recht umzusetzen.

Der frühere Ressortleiter Innenpolitik und Chefredakteur der *Süddeutschen Zeitung* Heribert Prantl begrüßte die Richtlinie in seiner Kolumne als *Schutzgesetz* [Hervorhebung PM]:

> *Demokratie braucht Whistleblower.* [...] *Sie sind nicht mehr wie früher »Ketzer«, auch nicht mehr »Verräter«. Sie sind Menschen mit Zivilcourage.* **Ohne diese Zivilcourage gibt es keine gute Demokratie.** *Die EU-Richtlinie und die nationalen Whistleblower-Schutzgesetze, die es jetzt vorzubereiten gilt, sind Anti-Duckmäusergesetze. Sie helfen beim aufrechten Gang.*[437]

Solange der Deutsche Bundestag die Richtlinie nicht umgesetzt hat, bleiben Whistleblower ungeschützt. Vertiefen kann ich das Thema nicht: Auch dieses Gebiet braucht andere Spezialisten. Ich verweise auf die sehr informative und übersichtliche Webseite des *Whistleblower-Netzwerks e.V.*[438] und auf das Whistleblower-Portal der *Süddeutschen Zeitung*.[439]

Mittlere Fälle

Mein Buch richtet sich an das mittlere Segment, das die Mehrzahl der Fälle ausmacht. Diese Fälle sind zu klein für die Schwergewichtsarena, doch auch sie können deutliche Schäden anrichten und Betroffene wie Zeugen beschädigen, falls nicht rechtzeitig gegengesteuert wird. Was zu lernen war: Die Probleme lösen sich zwar nicht in Luft auf, wenn man sie benennt, doch nur ihre Benennung macht es möglich, sie mit Vernunft und Augenmaß zu verarbeiten. Kleine und mittlere Mächtige gleiten oft unmerklich in den Missbrauch hinein, werden vom Widerstand überrascht und verteidigen sich dilettantisch. Bei rechtzeitigem Eingreifen können Kritiker*innen sie wieder auf Kurs bringen, ohne sie bloßzustellen.

Genaue Vorhersagen sind wegen der starken psychischen Grundierung und der Vielfältigkeit des Geschehens (Charaktere, persönliche Konstellationen, betriebsinterne und gesellschaftliche Stimmungen) unmöglich. Doch einige praktische Empfehlungen und Überlegungen können Unmächtigen, die unter Missständen leiden oder sich über sie empören, vielleicht helfen. Der folgende Katalog fasst sie zusammen.

Abschlussrätsel

Was kam bei unseren Fällen heraus?

Die Kämpfe durchbrachen eine Routine des Unrechts und hatten für einige Täter Konsequenzen, auch wenn die Missstände sich kurzfristig nicht beheben ließen. Erst zwanzig Jahre nach dem Fall Groër und nach weiteren einschlägigen Skandalen begann in der Kirche eine halbwegs glaubhafte Aufarbeitung des sexuellen Missbrauchs. (Wobei inzwischen jeder dem Missbrauch entkommene Mensch, ob Knabe, Novize oder Nonne, als Erfolg zu werten ist.) Bei den beiden jüngeren Fällen sind die systemischen Probleme bis heute nicht gelöst.

Dennoch kenne ich persönlich keine Protestierer, die ihren Einsatz bereut hätten. Dr. Peter Bauer, Dieter Eckermann, Dr. Wilhelm Schlötterer, Ludwig Steinherr und einige andere, deren ebenso spannende Geschichten in diesem Buch keinen Platz mehr fanden, erlebten Unannehmlichkeiten, teilweise berufliche Nachteile. Fast alle sagten, es habe sich trotzdem gelohnt: »Schade, dass ich so lange gezögert habe.« »Ein weiteres Mal würde ich's nicht tun. Aber auf diese eine Runde bin ich stolz.« »Hinnehmen wäre schlimmer gewesen.« »Hat richtig gutgetan.«

Allerdings weiß ich auch von Leuten, die beruflich schwer geschädigt wurden, ohne Genugtuung zu erfahren. Sie wurden von ihren Kollegen im Stich gelassen. Jeder Zeuge eines Machtmissbrauchs könnte solche Menschen unterstützten und würde sich vermutlich wundern, wie viel Eindruck er macht. Das gesellschaftliche Klima bleibt die Hauptbaustelle. Eine leidlich robuste zivile Grundausstattung kann man derzeit ohne Martyrium erwerben, und je mehr Leute das tun, desto einfacher wird es für alle.

Nochmals: Für die bedeutenden Freiheiten, die wir heute genießen, haben in Jahrtausenden mutige Menschen Leib und Leben riskiert. Warum haben sie das getan – unter deutlich größerer Bedrohung, bei geringster Aussicht auf Erfolg? Und warum hat es, auch wenn sie meist scheiterten, à la longue so viel bewirkt? Das wäre eine eigene Untersuchung wert. Und so endet diese Erkundung, wie sich das gehört, mit einem weiteren Rätsel. Löse es, wer kann.

DER KATALOG: 33 EMPFEHLUNGEN UND ÜBERLEGUNGEN

> Pessimisten sind Feiglinge, und Optimisten sind Dummköpfe.[440]
>
> *Heinrich Blücher*

Vorgänge um Machtmissbrauch sind so elementar und explosiv, dass es keinen garantiert sicheren Parcours gibt. Viele Menschen spüren das instinktiv und halten sich deswegen lieber raus. Wer aber unbefangen Kritik übt, weil er die psychischen Implikationen unterschätzt hat, wird von der Vehemenz der Reaktionen überrascht und steht vor einem mehrfachen Handicap: Niemand hat ihn auf die Situation vorbereitet, er findet nirgends Rat und auch unter Betroffenen keine Solidarität. Das führt zu Stress und typischen Fehlern.

Der Katalog möchte dieses Handicap verringern. Er klingt möglicherweise strapaziös, weil er die Erfahrung von Einzelkritikern zusammenfasst und sich dezidiert an solche richtet. Denn gerade sie brauchen am dringendsten Rat und Kenntnis der Klippen.

Ansonsten möchte er zur Entmystifizierung der Macht und zur Enthysterisierung des Widerstands beitragen. Formeller Widerstand ist weder Heroismus noch Wahnsinn, sondern eine komplexe Schachpartie. Macht ist letztlich Funktion und unterliegt formalen Regeln. Machtmissbrauch ist, zumindest unter liberalen Verhältnissen, Bluff und funktioniert nur so lange, wie die Umwelt mitspielt – das Opfer *und* die Umstehenden. Missbraucher sind nicht einsichtsfähig, jedoch substanziell auf Anerkennung angewiesen und durch den Entzug von Anerkennung zu regulieren. Auch wer die offene Aktion scheut, kann zu diesem Entzug beitragen, indem er sich nicht von leeren Drohungen und unsichtbaren Elefanten lähmen lässt. Er muss nur wagen, diesen Gedanken klar zu fassen, und dazu stehen, wenn er gefragt wird.

Der Katalog ist eine Gemeinschaftsarbeit. Für Beiträge, Anregungen und Korrektur danke ich Kritiker*innen aus verschiedenen Milieus. Übrigens: Sie richteten erstaunlich viel aus, und keiner kam zu Schaden.

Grundsätzliches

1. Macht ist weder gut noch böse, sondern ein Strukturelement, ohne das komplexe soziale Gebilde nicht funktionieren. Man sollte sie nicht mystifizieren, sondern als Aufgabenteilung sehen und die Mächtigen daran messen, ob und wie sie ihre Aufgaben erfüllen. Das ist auch die zivile Norm.

2. Machtmissbrauch ist ein Verstoß gegen die Norm. Vermutlich wissen das alle, er gilt mindestens als ungehörig, wenn nicht verboten. In der Realität aber wird er, anders als theoretisch vorgesehen, oft einfach hingenommen. Dann bildet sich um ihn ein Mikroklima, in dem alle so tun, als gäbe es ihn nicht, wodurch er selbst zur – geheimen – Norm wird.

3. Macht verändert das Selbstbild derer, die sie innehaben. Einige neigen dann zu Selbstüberschätzung und Rücksichtslosigkeit. Werden sie rasch genug korrigiert, kommen sie wieder zur Vernunft. Die meisten sind ganz normale Menschen. Fast alle haben einen ausgeprägten Instinkt dafür, was sie sich wo leisten können. Erst wenn Korrektur ausbleibt, entsteht gewohnheitsmäßiger Missbrauch mit Dosissteigerung und Suchtverhalten.

4. Verdrängung. Fehlverhalten wird von den meisten Beteiligten ausgeblendet. Wer nun den Missbrauch beim Namen nennt, zerrt die Verstöße ans Licht. Indem er die Täter mit ihren Vergehen und die Dulder mit ihrer Mitschuld konfrontiert, erzeugt er ungünstigenfalls Hysterie. Dann wird Kritik als moralische Zumutung aufgefasst, und je heftiger die Mächtigen sich wehren, desto stärker wirkt in ihrem Umfeld der Reflex, sie zu stabilisieren. Der Kritiker gerät in die paradoxe Situation, selbst als Normverletzer behandelt zu werden.

5. **Verwirrung.** Als Kritiker*in fühlen Sie sich dann vielleicht hilflos in einer verkehrten Welt, in der alle behaupten, zwei plus zwei sei fünf. Vertrauen Sie Ihrer Wahrnehmung und der Mathematik. Bestehen Sie auf Ihrem Recht. Die Missbraucher kennen es. Sogar Tyrannen fürchten das ehrliche Wort; umso mehr fürchten es zivile Beauftragte, die den Gesetzen unterworfen sind. Widerspruch macht hinter den Kulissen größeren Eindruck, als es vorne scheint.

Handeln

6. **Einstieg.** Sie beobachten einen Missstand, der Ihrem Gerechtigkeitsgefühl widerstrebt, Sie persönlich belastet oder Ihrer Ansicht nach der Firma schadet. Können Sie ihn nachweisen? Halten Sie fest, was Ihnen aufgefallen ist: Wer, wo, wann. Fragen Sie Betroffene. Gut ist, wenn weitere Zeugen bereit sind, die Sache zu bestätigen. Wenn sich ein klares Bild ergibt, machen Sie sich kundig, welche Kontrollmöglichkeiten Ihre Firma (Organisation, Institution, Initiative ...) hat: Beschwerdemanagement, Betriebsrat, Personalrat, Ombudsleute, Code of Conduct, höhere Vorgesetzte? Dann wissen Sie bereits, welche Karten sie notfalls ziehen können.

7. **Gespräch.** In übersichtlichen Betrieben, in denen man sich persönlich kennt, sowie bei Problemen, die dem Anschein nach eher aus Ungeschick denn aus Vorsatz entstanden sind, empfiehlt sich als erste Maßnahme ein Gespräch mit den Zuständigen. Bleibt die Auseinandersetzung im kleinen Kreis, können sie ihr Gesicht wahren, das erleichtert eine unauffällige Lösung. Erbitten Sie aber eine Rückmeldung, was nach dem Gespräch unternommen wurde. Wenn möglich, vereinbaren Sie hierfür eine Frist. Fragen Sie gegebenenfalls nach. Vielleicht wird der Hinweis gern aufgenommen und verarbeitet, dann ist der Fall erledigt. Das kommt vor.

8. **Notiz.** Fertigen Sie trotzdem eine Notiz an, und zwar möglichst zeitnah und wortgetreu: Beteiligte, Ort, Datum, ggf. Dauer, Stichpunkte. Keine Überbegriffe, insbesondere keine emotionalen (*X hat mich abgewimmelt*), da sie bestreitbar sind und auch Ihre eigene Erinnerung verzerren. Am besten ist die direkte Rede (*X: Das ist eine sensible Sache, verhalte dich bitte ruhig*, s. S. 39). Wenn Sie ein gutes Gefühl haben, behalten

Sie die Notiz für sich; wenn Sie am Erfolg zweifeln, schicken Sie eine Kopie an eine*n Vertraute*n. Sie können auch ein kurzes Erinnerungsprotokoll verfassen und direkt an den Gesprächspartner schicken. Fügen Sie eine Bitte um Ergänzung oder Korrektur bei, so betonen Sie die kollegiale Ebene. Das kann deeskalierend wirken und betont Ihr Bemühen um Kooperation und Augenhöhe.

9. Dokumentieren. In Betrieben mit ausgeprägter Hierarchie oder schwierigen Chefs sowie bei Verdacht auf gewollten Machtmissbrauch sind Gespräche riskant. (s. S. 173) Dann führen Sie den Diskurs unbedingt schriftlich: zur Ordnung der eigenen Gedanken, zur Erinnerung, als Beweismittel, als Möglichkeit zur Überprüfung eigener Fehler. Verschicken Sie Ihre Schreiben nicht nur per E-Mail, sondern auch per Post, denn Mails können gelöscht werden oder bei PC-Abstürzen verschwinden. Über mündliche Begegnungen (Sitzungen, Konferenzen) fertigen Sie Notizen an, die Sie per Brief (E-Mail) entweder an die Gesprächspartner oder als Beleg an Freunde schicken, damit sie objektiv dokumentiert sind (s. S. 165). Machtmissbraucher fürchten schriftliche Belege.

10. Ihr Stil. Halten Sie Ihre Schreiben wie Ihre Notiz kurz, klar und nüchtern. Bieten Sie keine unnötigen Angriffsflächen in Wort und Schrift. Also: sachliche Diktion, keine Ausrufe und Vorwürfe, vor allem keine nicht belegbaren Behauptungen. Der Adressat wird vielleicht versuchen, durch Angriffe auf formale Schwachstellen Ihres Briefs von inhaltlichen Problemen abzulenken. Prüfen Sie also jedes Ihrer Schreiben mit seinen Augen. Schicken Sie es nie sofort ab; schlafen Sie ein paar Nächte darüber. Meist besteht kein unmittelbarer Zeitdruck. Bedenken Sie: Möglicherweise wird diese Korrespondenz später auch von anderen Personen gelesen, die über den Erfolg Ihres Anliegens mitentscheiden.

Mögliche Reaktionen

11. Antwortrhetorik. Sofern die Missstände ohne bösen Willen entstanden sind, besteht die Chance, dass man Ihnen konkret und konstruktiv antwortet. Ein destruktiver oder Scheindiskurs hingegen deutet darauf hin, dass Missstände oder ein realer Missbrauch vertuscht werden sollen. Sie erkennen bereits am Antwortstil, woran Sie sind. (Diskurs-Merkmale s. S. 194 ff., 269 ff.)

12. Mündliche Aussprache. Vielleicht werden Sie nach kurzer oder mittlerer Korrespondenz zu einem Kaffee oder einer Aussprache gebeten. Im Grunde gilt hier das Gleiche wie für das Anfangsgespräch (Punkt 7), allerdings kann die Atmosphäre jetzt erheblich angespannter sein. Gehen Sie nie unvorbereitet zu einem solchen Treffen, auch wenn Sie glauben, die besseren Karten zu haben. Wenn möglich, nehmen Sie eine Vertrauensperson mit. Bereiten Sie sich mental vor: Rechnen Sie mit allem. Überlegen Sie vorher, was genau Sie erreichen bzw. geklärt haben wollen. Falls Sie Ihrer Geistesgegenwart nicht trauen, machen Sie einen Spickzettel. Es empfiehlt sich, auch während des Gesprächs Notizen zu machen; das ist nebenbei ein gutes Mittel gegen Beschimpfungen. Falls Sie nicht mitschreiben können oder wollen, merken Sie sich die entscheidenden Punkte und schreiben Sie sie anschließend auf. Bleiben Sie immer bei der Sache (Spickzettel). Fassen Sie danach das Gespräch in einer E-Mail an die andere Seite zusammen, damit es protokolliert ist. Indirekte Nachfragen *(Wenn ich richtig verstanden habe, meinten Sie ...)* zwingen den Adressaten zur Präzisierung. Reagiert er nicht, bedeutet das zwar nicht Einverständnis; Ihr Schreiben kann aber später, vor anderen Gremien, eine praktische (beweisrechtliche) Bedeutung haben.

Techniken der Macht

13. Hoheitliches Schweigen. Unangenehme Fragen oder Mitteilungen werden gern ignoriert. Bei den Beschwerdeführern kann das erhebliche Selbstzweifel und Ohnmachtsgefühle auslösen. Nehmen Sie es nicht hin. Erinnern Sie freundlich *(Vielleicht ist Ihrer Aufmerksamkeit entgangen ...)* und ggf. wiederholt an Ihr Anliegen. Dazu reicht auch elektronische Post.

14. Die Pilatus-Attitüde. Erstaunlich oft erklären die Zuständigen, sie richteten nichts aus *(sehe mich außerstande, hier von mir aus etwas zu tun, s. S. 87).* Lassen Sie sich vom würdevollen Duktus nicht beeindrucken. Kinder, die ihre Hausaufgaben nicht gemacht haben, und subalterne Kader, die behaupten, die Probleme ihres Ressorts nicht lösen zu können, werden gerügt oder abberufen. Fragen Sie den Zuständigen, ob er den Missstand verantworten will oder welche anderweitigen Maßnahmen er empfiehlt.

15. Ablenken und Zerreden ist das Hauptmittel, einen fragwürdigen Status quo zu verteidigen. Typische Varianten sind

- absichtliches Missverstehen *(Ich bin mir über die Präzision Ihres Anliegens nicht im Klaren, s. a. S. 294)*;
- schwammige Floskeln *(in diesem Punkt kann sehr schnell jemand in Misskredit gebracht werden, s. a. S. 78)*;
- Entwertung der Beschwerdeführer *(Bemerkenswert ist der Grad Ihrer Uninformiertheit, s. S. 275)*;
- Selbstdarstellungen *(Ich tue das alles nicht für mich / opfere mich für die Firma)*;
- Appellieren an Großzügigkeit *(Wir sind alle eine große Familie / sitzen im selben Boot)*;
- oder Verführung mit gleitendem Übergang zu Erpressung und Einschüchterung *(Sie wollen sich doch entwickeln)*.

Häufig trifft man auf Führungsschwäche, die aber keineswegs mangelndes Machtbedürfnis beweist. Dann gibt es wortreiche Entschuldigungen und Überlastungsklagen *(Wenn ihr wüstet, was ich alles um die Ohren habe)*, woraufhin der Beschwerdeführer gebeten wird, das Problem selbst zu lösen. Erinnern Sie den Adressaten daran, dass er zuständig ist.

16. Ziel. Gehen Sie auf Ablenkungsmanöver nicht ein. Kommen Sie immer wieder auf den Sachstand zu sprechen: Was ist passiert? Worin besteht das Problem (für Geschädigte, Betriebsklima, ggf. Außendarstellung)? Wie schafft man Abhilfe? Bei allgemeinen Zugeständnissen oder Absichtserklärungen fragen Sie, wie die Umsetzung konkret aussehen soll.

Wenn Sie bis dahin gut vorbereitet auftreten, haben Sie Chancen; auch Ihre Kolleg*innen verstehen dann vielleicht Ihr Anliegen besser und fallen Ihnen zumindest nicht in den Rücken. Günstigenfalls sind auch sie des Missstands überdrüssig und merken auf einmal erfreut, dass man ihn nicht hinnehmen muss.

Zweite Runde: Vor der Eskalation

17. **Bei anhaltendem Missstand** (großer, unübersichtlicher Betrieb, verkrustete Strukturen, verblendete Chefs, entmutigte Belegschaft) kann die Auseinandersetzung eskalieren. Wenn das absehbar ist, halten Sie inne und klären Sie für sich möglichst konkret, was Sie erreichen wollen und was Sie mit welchem Aufwand voraussichtlich erreichen können (Strategie, eigene Kräfte, Risiken, mögliche Kollateralschäden). Es ist eine schwere Entscheidung.

18. **Selbstkritik und Selbstfürsorge.** Seien Sie selbstbewusst, aber misstrauen Sie sich auch. Prüfen Sie Ihren Standpunkt möglichst auch im Gespräch mit kritischen Freund*innen. Bewahren Sie Ruhe. Finden Sie wenn möglich ein Narrativ, das Sie außerhalb des Geschehens stellt, dort haben Sie mehr Überblick (s. S. 237 f.). Vernachlässigen Sie niemals wegen so einer Sache Ihre übrigen Kontakte, Hobbys usw. Moralischer Beistand auch durch eine fachfremde Person hilft sehr.

19. **Angst und Integrität.** Falls Ihnen bei so viel Gegenwind mulmig wird, ist das nur menschlich. Konzentrieren Sie sich aber nicht auf Ihre Angst. Befassen Sie sich mit den Umständen, den Werten des Betriebs und Ihren Prinzipien. Wenn Sie nachweisen können, dass Sie objektiv im Recht sind, kann Ihnen im Normalfall (ausgenommen die Schwergewichtsklasse, s. S. 308 f.) nichts passieren, und Sie gewinnen an Selbstachtung. Integrität ist nicht etwas, das man hat oder nicht hat. Man kann sie in jedem Stadium des Konflikts erwerben, indem man z. B. bei einer Abstimmung einen Finger hebt (s. S. 293). Sie ist nicht so teuer, wie man meint, und macht einen glücklicher, als man ahnt.

20. **Kontrollinstanzen.** Wenn Sie bisher nichts ausgerichtet haben, ist der Zeitpunkt gekommen, sich an Ombudsleute, Betriebsrat oder höhere Vorgesetzte zu wenden. Vertrauen Sie aber diesen Leuten nicht blindlings. Achten Sie auf die Art des Diskurses. Mancher freundliche Kontrolleur sieht sich als Meckerkasten oder Beichtvater, der einfühlsam zuhört und die Beschwerden in sich begräbt. Wenn Sie um Geduld gebeten werden, fragen Sie, bis wann. Erinnern Sie sie an die potenziellen Schäden für das Gesamtsystem. Oft suchen diese Stellen reflexhaft nach Gründen, nicht tätig werden zu müssen. Das kann Züge einer gedanklichen Lähmung haben. Dann ist Argumentationshilfe sogar

willkommen, z. B.: Was nützt ein Untersuchungsausschuss, wenn dessen Ergebnisse keine Folgen haben?

21. Verbündete. Spätestens jetzt ist es nicht mehr von Vorteil, die Sache allein zu betreiben. Sprechen Sie die Kolleg*innen an. Eine einzelne Person, die Mächtige herausfordert, wird normalerweise von der Gruppe marginalisiert. Doch auch eine Gruppe besteht aus Individuen, die im Grunde ambivalent sind, und manchmal entscheiden sich Leute, auf ihr Gewissen zu hören. Bei deutlich gestörtem Betriebsfrieden kann auch eine schriftliche Umfrage helfen. Anonymität erhöht die Aufrichtigkeit. Vielleicht werden einige Ihnen Unterstützung zusagen und später, wenn es ernst wird, einen Rückzieher machen; das ist normal. Doch schon ein einziger verlässlicher Unterstützer macht Eindruck, nicht nur auf die Mächtigen, sondern auch auf die Belegschaft. Wie gesagt: Zwei sind mehr als doppelt so viele wie einer, drei bilden eine organisierte Gegenwehr (s. S. 213 f.). Wenige beherzte Leute können mehr ausrichten aus als hundert Mitläufer.

Eskalation: Weitere Techniken der Macht

22. Tribunal. Auch das kommt vor: Die Chefs fordern Sie zur Aussprache im größeren Kreis (Arbeitsgruppe, Filiale, Station …) auf, wo Sie gerügt oder lächerlich gemacht werden. Jetzt müssen Sie leider damit rechnen, dass die meisten Kollegen betreten schweigen, ein paar aggressiv einstimmen und Ihre Sympathisanten (falls Sie welche haben) umfallen wie Dominosteine, und zwar desto schneller, je bestürzter Sie selber sind. Falls Sie keine Möglichkeit haben, der Prozedur auszuweichen, müssen Sie sich mental wappnen. Überlegen Sie sich vorher, was Sie sagen (oder fragen) werden. Versuchen Sie, zu protokollieren.

23. Beleidigungen. Lassen Sie sich von keiner Dummheit, Irrationalität und Vulgarität verblüffen. Sie sind Zeichen von (paradoxer Ausdruck für eine paradoxe Verfassung:) unbewusstem Unrechtsbewusstsein. Notieren Sie entsprechende Äußerungen genau; in höheren Instanzen können sie den Beleidiger belasten. Das Gleiche gilt für

24. Wutbriefe (s. S. 34 ff., 170 ff., 266 ff.). In der Regel sind sie Bluff und offenbaren die Argumentationsnot des Wütenden. Erschrecken Sie nicht. Fühlen Sie sich bestätigt. Bleiben Sie weiterhin ruhig; beantworten Sie Wutbriefe nie mit Empörung. Lesen Sie sie genau, mit kaltem Auge. Bewahren Sie sie auf. (s. S. 35)

25. Persönliche Angriffe (s. S. 270) gehören in dieselbe Kategorie: Man wirft Ihnen Unfähigkeit / Charaktermängel / berufliche Fehler vor, um von der eigenen Schuld abzulenken. Beantworten Sie auch dies nicht mit gleicher Münze. Bleiben Sie bei der Sache. Dass Sie nicht perfekt sind, rechtfertigt keinen Missbrauch.

26. Verleumdung und gravierende ehrverletzende Falschdarstellungen sollten Sie allerdings nicht hinnehmen, sonst entsteht der Eindruck, Sie räumten ein, was Ihnen vorgeworfen wird. (Wichtig: Auch unbelegbare Behauptungen Ihrerseits erfüllen möglicherweise diesen Tatbestand.) Verleumdung und üble Nachrede sind Straftaten. Prüfen Sie aber genau, ob sie wirklich vorliegen, erforderlichenfalls mit rechtskundiger Hilfe. Oft tun die Wutbriefschreiber nur so, als ob. Fallen Sie nicht darauf rein. (s. S. 33)

Letzte Stufe

27. Öffentlichkeit. Wenn alle internen Maßnahmen gescheitert sind, gibt es noch diese Option. Sie ist allerdings nicht einfach. Man prüfe: Gelten Betrieb und Bedeutung als wichtig genug? Werden die Medien Sie ernst nehmen? Hat man dort ausreichend Interesse, Mut und Kapazität? Wird man den Sachverhalt angemessen und ohne Verzerrungen wiedergeben (können)? Wie werden die kompromittierten Kollegen reagieren? Überlegen Sie, ob Sie sich mit diesen Fragen nicht bereits in der Schwergewichtsklasse bewegen, auf die dieser Katalog nicht zugeschnitten ist (s. S. 308).

Ergebnis

28. Kompromisse. Erfolg in Form eines »Sieges« ist schwer zu erzielen und sollte nicht Ihr Motiv sein. Häufiger gibt es verschlüsselte oder vage Zusagen und Zugeständnisse. Wichtig ist, sie sofort in reale Handlungen zu übersetzen bzw. darauf hinzuwirken, dass sie umgesetzt werden, damit sie wieder zur Norm werden. Sonst werden sie vergessen, und es ist, als hätte es sie nie gegeben (s. S. 280).

29. **Strafen.** Auch bei strafrechtlich relevanten Vergehen werden Mächtige vergleichsweise selten zur Verantwortung gezogen. Versuchen Sie nicht unbedingt, sie auf diesem Gebiet zu besiegen: Zu stark sind die Antriebe, zu heftig die Ängste, zu groß die Scham bei Entgleisten, Anhängern und schweigender Mehrheit. Für Vergeltung sind Sie nicht zuständig. Sie führen keinen Kampf von Gut gegen Böse, sondern bestenfalls einen für ethische Balance.
30. **Abschluss.** Wenn Sie alle Karten gespielt haben, beenden Sie die Partie. Sie können die Welt nicht aus den Angeln heben, doch schon ein befristeter Einsatz für gerechte Verhältnisse macht sie eine Spur besser.

Danach

31. **Bilanz.** Falls Sie erfolgreich waren: kein Triumph. Fast immer sind Reparaturarbeiten zu erledigen. Falls Sie erfolglos waren: keine Frustration! Die eigene Integrität bewahrt zu haben, erleichtert den Blick in den Spiegel. Wer um Rechte gekämpft hat, hielt sie ihm Spiel. Rechte, die man nicht verteidigt, gehen verloren (*use it or lose it*). Und übrigens: Werfen Sie Ihre Unterlagen nicht weg. Missstände kochen irgendwann hoch, vielleicht können Sie dann zur Aufklärung beitragen.
32. **Symbolkraft.** Jede aufrichtige Handlung, gegebenenfalls bereits ein klares Statement, beeinflusst die Lage, auch wenn das nicht messbar ist. Kurzfristig wird sie vielleicht unterdrückt, doch langfristig kann sie – auch rückwirkend – umso wichtiger werden. Die bedeutenden Freiheiten, die wir derzeit genießen, sind das Ergebnis verlachter, verhöhnter und verfolgter Bemühungen aus Jahrtausenden.
33. **Der Sinn.** Die moderne abendländische Gesellschaft stellt den Menschen in einen nie da gewesenen Rahmen von rechtlicher Sicherheit und Partizipation. Doch ist es nicht einfach, diesen Rahmen auszufüllen: Je gerechter eine Gesellschaft, desto differenzierter und anspruchsvoller ist sie, und es bleibt mühsam, sie gegen die immer gleichen Dummheiten und Begehrlichkeiten zu verteidigen. Der Lohn dieser Mühe ist eine kostbare Kultur von Freiheit und Aufrichtigkeit, die dazu beitragen kann, unsere Aufgaben besser zu bewältigen.

CORONA-NACHBEMERKUNG

Da ich das seltene Glück geniesse, in einem Freistaate zu leben, wo Jeder die volle Freiheit des Urtheils hat, [...] so schien es mir kein undankbares noch unnützes Unternehmen, wenn ich zeigte, dass diese Freiheit nicht blos ohne Schaden für die Frömmigkeit und den Frieden des Freistaats gewährt werden kann, sondern dass sie auch nicht aufgehoben werden kann, ohne gleichzeitig diesen Frieden und diese Frömmigkeit aufzuheben.[441]

Baruch de Spinoza

Inzwischen hat uns Corona vor die Notwendigkeit gemeinsamen Handels und gemeinsamer Disziplin gestellt. Die Autorität der Regierenden und die Autoritätsbezogenheit der Bürger steigern sich gegenseitig per Dekret und Gehorsam. Unsere Regierung tritt – in der gegenwärtigen Besetzung, derzeit – vertrauenerweckend auf und genießt bundesweit ein Umfragehoch. Dieses Umfragehoch stimuliert aber auch autoritäre Ambitionen. Der permanente Notstand hat eine Hochblüte der Exekutive erzeugt. Die Bürger sind im Schwitzkasten.

Auf der anderen Seite sehe ich – abgesehen davon, dass die Pandemie natürlich niemandem zu wünschen war – auch positive Aspekte: kreatives Denken, Besinnung, Kritik. Nicht alle Menschen laufen der Macht hinterher. Grundrechte, Restriktionen und Fragen des Widerstands werden so intensiv diskutiert wie seit Langem nicht. Das reicht vom erfolgreichen Protest eines Mannes, der wegen Lesens auf einer Parkbank bußgeldrechtlich belangt werden sollte, über die regionalen Lockerungsdispute bis hin zu prinzipiellen Debatten um Staatsautorität zwischen Virologie und ökonomischem Pragmatismus. Eindeutige Lösungen gibt es nicht, alles ist vielschichtig verwoben. Wir müssen eine neue Balance finden bei unklarer Faktenlage, wir suchen Konzepte und streiten um Kompromisse. So muss es sein. Eine moderne Industriegesellschaft ist wie ein Atomkraftwerk: ungeheuer leistungsfähig, aber sehr schwer zu fahren und hochexplosiv.

Zur Explosivität gehören fanatische und extremistische Wortmeldungen. Da ich in meinen Beispielfällen durchweg machtkritisch argumentiert habe, muss ich an dieser Stelle ergänzen, dass zersetzende Kräfte auch von unten ausgehen können. Wer von Macht ohne parlamentarische Kontrolle träumt, ist der prädestinierte Missbraucher, auch wenn er sich als Erneuerer verkauft. Rausch und Ermächtigung, ob patriotisch-schwärmerisch oder paranoid-aggressiv begründet, sind kein Heilmittel, sondern eine Droge. Ich halte die extremistische Herausforderung derzeit aber für beherrschbar, weil sie öffentlich reflektiert wird. Gefährlich wird es, wenn eine Bedrohung verkannt oder verleugnet wird.

Ebenso gefährlich ist auf der anderen Seite die Versuchung, jeden Protest zu entwerten, weil Extremisten dabei sind. Die Flucht in Verschwörungsfantasien entspringt ja nicht durchweg pandemischem Schwachsinn, sondern auch einem erodierten Vertrauen in die Institutionen. Schon vor Corona haben viele von uns als Geschädigte oder Zeugen ungeahndeten, ja unthematisierten Machtmissbrauch erlebt – und, falls sie aufklären wollten, die arrogante und selbstgerechte Abwehr der Autoritäten. Inzwischen hat der Lockdown so viele neue Dringlichkeiten erzeugt, dass es fast unmöglich scheint, alte Fälle aufzuarbeiten. Die Position der Missbraucher wurde dadurch gestärkt; und jedes Beispiel macht bekanntlich Schule.

Wir müssen also Freiheit und Machtkontrolle zurückgewinnen, um diejenigen Vereine und Institutionen wieder zu ertüchtigen, die unser Vertrauen missbraucht haben. Ja, das klingt paradox. Aber die Geschädigten müssen es leisten, weil die Repräsentanten dazu nicht in der Lage sind; das haben alle unsere Beispiele gezeigt. Unmächtige, die wissen, wie man sich gegen Machtmissbrauch zur Wehr setzt, stärken die Institutionen substanziell. Wer sich Missständen nicht ausliefert, gewinnt Vertrauen zurück und schafft einen wachsenden Verantwortungssinn.

In der Vorbemerkung habe ich die Fragen aufgeworfen: Wie achtet und beachtet man Grundrechte? Wie verteidigt man sie? Und wie holt man sie zurück, wenn sie verloren gegangen sind?

Letztlich ist der Unterschied zu unseren Fällen gering. Man achtet Grundrechte, indem man sie sich bewusst macht und die Wirklichkeit an ihnen misst. Man *beachtet* sie, indem man sie auch bei anderen respektiert. Man verteidigt sie, indem man sie nicht hergibt. Und man holt sie sich zurück, indem man die schönen Instrumente anwendet, die unsere Gesellschaft dafür bereithält.

Es klingt so leicht und ist so schwer. Denn die substanzielle psychische Herausforderung wird meist unterschätzt oder gänzlich verdrängt. Wer sie aber verdrängt, kann ihr nicht begegnen. Alle Vorgänge um Macht und erst recht Missbrauch packen den Menschen in seiner tiefsten Ungewissheit: seiner Erfahrung kindlicher Ohnmacht, seinem fragilen Selbstbild und seiner bürgerlichen, sozialen und animalischen Abhängigkeit; sie stimulieren und erschüttern zugleich sein Bedürfnis nach Bedeutung, Immunität und Moral. Unser Staatsbürgerbewusstsein scheint weniger labil zu sein, weil das Verhältnis zur Regierung abstrakter ist als das zum Chef am Arbeitsplatz. Dem entgegen stehen aber eine deutlich geringere Übersicht und Selbstwirksamkeit, was die Unsicherheit wieder verstärkt.

Im Großen wie Kleinen kommt es auf dasselbe an: zunächst den Mut, einen Machtmissbrauch im eigenen Umfeld überhaupt wahrzunehmen und ohne Opportunismus zu beurteilen (was nur möglich ist, wenn man sich dem eigenen Opportunismus stellt). Dann, ihn zu benennen: Das ist die Schlüsselstelle. In allen unseren Szenarien wurde der Machtmissbrauch erst durch Tabuisierung möglich. Die Tabuisierung wuchs mit dem durch sie beförderten Missbrauch, sodass am Ende nicht einmal eine allgemeine Diskussion der verletzten Rechte mehr möglich war. Würde, Kunstfreiheit und (u. a. sexuelle) Selbstbestimmung sind Gegenstand von Grundrechten,[442] insofern wurde in den betroffenen Zellen die Ethik unserer Gesellschaft geschädigt. Und da Individuen und soziale Zellen, die diese Werte im kleinen Rahmen nicht verteidigen können, kaum imstande sein werden, sie im großen Rahmen zu verteidigen, sind auch diese kleinen Fälle von Bedeutung.

Hier treffen sich Corona und Elefant: Die Pflege der Alltagskultur – Wahrnehmung, Haltung, Maßnahmen der kurzen Reichweite – ist der beste Schutz. Leisten kann sie jede*r Einzelne. Grandiose Konzepte und globale Fantasien wirken zwar schwungvoller, verführen aber zu Selbstüberschätzung und gebären unweigerlich neue Elefanten.

DANK

Für Unterstützung, Rat und Kritik danke ich
nicht nur den auf S. 130 genannten Juristen, sondern auch
Friedrich Denk, Prof. Dr. Wolfgang Frühwald †,
Wolfgang Hegewald, Dorothée Jacobs, Nina Jäckle,
Wulf Kirsten, Reiner Kunze, Stephan Miller,
Claudia Morsbach, Dr. Ludwig Steinherr,
Dr. Karin Strauß, Dr. Joachim Weiland
Dank auch ans Dichterhaus Limlingerode

ANHANG

ANMERKUNGEN

1 Vollständiger Wortlaut: *Aufklärung ist der Ausgang des Menschen aus seiner selbstverschuldeten Unmündigkeit. Unmündigkeit ist das Unvermögen, sich seines Verstandes ohne Leitung eines anderen zu bedienen. Selbstverschuldet ist diese Unmündigkeit, wenn die Ursache derselben nicht am Mangel des Verstandes, sondern der Entschließung und des Muthes liegt, sich seiner ohne Leitung eines anderen zu bedienen. Sapere aude! Habe Muth, dich deines eigenen Verstandes zu bedienen!* ist also der Wahlspruch der Aufklärung. Immanuel Kant, *Beantwortung der Frage: Was ist Aufklärung?* Essay, 1784

2 Markus Werner, *Aufrecht durch den Nebel gehen. Gespräch mit Gerhard Mack.* In: Martin Ebel (Hrsg.), »*Allein das Zögern ist human*«. *Zum Werk von Markus Werner.* Frankfurt am Main: Fischer Verlag, 2006, S. 62

3 Hubertus Czernin: *Das Buch Groër.* Klagenfurt: Wieser Verlag, 1998

4 https://www.bayern.landtag.de/fileadmin/Internet_Dokumente/Sonstiges_A/UA_Modellbau_Minderheitenbericht.pdf, abgerufen am 18.11.2019

5 Einheitsübersetzung der Heiligen Schrift. Die Bibel, Gesamtausgabe

6 Hubertus Czernin, *Das Buch Groër*, Wieser Verlag Klagenfurt, April 1998. Meine Zitate beziehen sich auf die 2. verbesserte Auflage vom Juni 1998.

7 Interview Josef Votzi mit Josef Hartmann, *profil* 13 vom 27. März 1995. Zit. nach *Das Buch Groër*, S. 79ff. Daraus auch die folgenden Zitate.

8 Die Legio Mariae (lat. für Legion Mariens, Marienlegion – in den folgenden Schriftwechseln kommen alle Schreibweisen vor) ist eine 1921 in der Republik Irland entstandene katholische Laienorganisation, seit 1949 auch in Österreich vertreten. Legio war vor 2000 Jahren ein römischer Militärverband von 3000–6000 Soldaten. Die Angehörigen der Legio Mariae bezeichnen sich insofern als Soldaten der Muttergottes.

9 Stellungnahme der Wiener Weihbischöfe Helmut Krätzl und Christoph Schönborn zum bevorstehenden Hartmann-Interview am 26.3.1995, zit. nach *Das Buch Groër*, S. 78

10 Ein Kollege hielt es im Gegenteil für eine bewusste, taktische Reaktion und erinnerte an einen bekannten politischen Würdenträger, der auf jede Kritik, die moralisch gedeutet werden konnte, mit größtmöglicher Empörung antwortete. Ich halte das für plausibel, gebe aber zu bedenken, dass *schriftliche* Zeugnisse dieser Taktik die Gefahr der Entlarvung bergen.

11 s. S. 273, *Umgang mit Wutbriefen*

12 Erklärung vom 28. März 1995. *Das Buch Groër*, S. 82

13 *Das Buch Groër*, S. 83

14 Zit. nach *Das Buch Groër*, S. 82 f., 88. Die Jungen waren 13 Jahre alt.

15 *Das Buch Groër*, S. 88. Dieser Knabe war 16. Ob er Groër, der als groß und schwer beschrieben wird, wirklich umgestoßen hat, könnte man bezweifeln. Als Ausdruck seiner Abwehr, noch in der Erinnerung, ist es plausibel. Jedenfalls ist er entkommen.

16 Interview Josef Votzi mit Ernestine Hartmann, *profil* Nr. 14 vom 3.4.1995, zit. nach *Das Buch Groër*, S. 84

17 Interview Josef Votzi mit Pater Udo Fischer, *profil* 14 vom 3.4.1995, zit. nach *Das Buch Groër*, S. 85ff. Daraus auch die nächsten Zitate.

18 Pater Jeremia Eisenbauer in *profil* 14, 3.4.1995, zit. nach *Das Buch Groër*, 89 f.

19 *Das Buch Groër*, S. 90

20 ebd, S. 33

21 Johannes K. warf sich am 12.2.1964 vor den Zug (*Das Buch Groër*, S. 19). – Am 27.3.1965 vermerkt der Jahresbericht des Erzbischöflichen Knabenseminars Hollabrunn den *tragischen Tod unseres braven und beliebten Tertianers Johannes K.* – hier steht nichts von Selbstmord, doch der vage Ton wirkt verdächtig. (*Das Buch Groër*, S. 20) – Am 2.1.1986 stürzte sich Frater Placidus Kubalek vom Westturm des Klosters Göttweig. S. *Das Buch Groër*, S. 46

22 Helmut Krätzl war einer der beiden Autoren der ersten Bischöflichen Stellungnahme (s. S. 29), und es ist kaum vorstellbar, dass er sich vor jener öffentlichen *Stellungnahme* nicht mit anderen Bischöfen abgestimmt hat.

23 *Das Buch Groër*, S. 54

24 *Das Buch Groër*, S. 33f.

25 *Das Buch Groër*, S. 47

26 c. 1395 § 2 des Codex Iuris Canonici von 1983 – Verstoß gegen das 6. Gebot an einem Minderjährigen unter 16 Jahren *soll mit einer gerechten Strafe, die Entlassung aus dem Klerikerstand nicht ausgeschlossen, belegt werden.* Zit. nach: Bernd Eicholt, *Sexueller Missbrauch und körperliche Misshandlungen durch katholische Kleriker nach kirchlichem Recht sowie zivil- und strafrechtliche Folgen nach deutschem Recht.*

27 § 202 Abs. 1 öStGB: *Wer außer den Fällen des § 201 eine Person mit Gewalt oder durch gefährliche Drohung zur Vornahme oder Duldung einer geschlechtlichen Handlung nötigt, ist mit Freiheitsstrafe von sechs Monaten bis zu fünf Jahren zu bestrafen.*
§ 207 Abs. 1 öStGB: *Sexueller Missbrauch von Unmündigen. Wer außer dem Fall des § 206 eine geschlechtliche Handlung an einer unmündigen Person vornimmt oder von einer unmündigen Person an sich vornehmen lässt, ist mit Freiheitsstrafe von sechs Monaten bis zu fünf Jahren zu bestrafen.* § 206 Abs. 1 öStGB: *Schwerer sexueller Missbrauch von Unmündigen. Wer mit einer unmündigen Person den Beischlaf oder eine dem Beischlaf gleichzusetzende geschlechtliche Handlung unternimmt, ist mit Freiheitsstrafe von einem bis zu zehn Jahren zu bestrafen.*
§ 218 öStGB: *Sexuelle Belästigung*
Berücksichtigter Stand der Gesetzgebung: 8.5.2018

28 Pressekonferenz der Österreichischen Bischofskonferenz, Wien, 6.4.1995. Zit. nach *Das Buch Groër*, S. 91

29 *Das Buch Groër*, S. 90

30 Bischof: *Versprichst du mir und meinen Nachfolgern Ehrfurcht und Gehorsam?* – Weihekandidat: *Ich verspreche es*. Aus der *Liturgie der Priesterweihe*, herausgegeben von den Liturgischen Instituten Salzburg, Trier und Zürich. http://www.arbeitskreis-katholischer-glaube.com/texte/kirche/ritus_pristerweihe.htm, abgerufen am 6.11.2019

31 Kardinal Groër in der *Neuen Kronen Zeitung*, zit. nach *Das Buch Groër*, S. 91f

32 *Das Buch Groër*, S. 34

33 Johannes Paul II. erhob 1988 die von Groër revitalisierte Wallfahrtskirche Maria Roggenburg in den Rang einer Basilica minor.

34 *Das Buch Groër*, S. 50

35 Interview der Mutter von Josef Hartmann mit Josef Votzi, zit. nach *Das Buch Groër*, S. 84

36 Borwin Bandelow, Oliver Gruber, Peter Falkai: *Kurzlehrbuch Psychiatrie*. Wiesbaden: Steinkopff Verlag 2008, S. 150

37 ZEIT online, 12.5.2010, 8:00 Uhr, Aktualisiert am 23. Mai 2017

38 Horst Vogt: *Pädophilie. Leipziger Studie zur gesellschaftlichen und psychischen Situation pädophiler Männer*. Lengerich: Pabst Science Publishers, 2006, S. 41

39 Claudia Bundschuh: *Pädosexualität. Entstehungsbedingungen und Erscheinungsformen*. Opladen: Leske + Budrich, 2001

40 Fachpsychologisch ausgedrückt: *Ähnliche Folgeprobleme und die Gleichgeschlechtlichkeit ermöglichen eine identifikatorische Befriedigung der eigenen, unerfüllten kindlichen Bedürfnisse nach emotionaler und körperlicher Zuwendung und positiver Spiegelung der eigenen Persönlichkeit. Durch das ungleiche Machtverhältnis werden eigene Ohnmachterfahrungen und Verunsicherungen kompensiert, die das männliche Selbstbild durchgängig negativ beeinträchtigen*. Bundschuh: *Pädosexualität*, S. 142

41 ebd., S. 143

42 ebd., *Pädosexualität*, S. 91

43 Robert Stoller: *Perversion. Die erotische Form von Haß*. Reinbek bei Hamburg: Rowohlt Verlag, 1991

44 Stoller: *Perversion*, S. 29, zit. nach Bundschuh: *Pädosexualität*, S. 103

45 Bundschuh: *Pädosexualität*, ebd.

46 ebd.

47 Diese Bedeutung ist in der zeitgenössischen Literatur längst etabliert, sie findet sich bei zahlreichen Autoren wie z. B. (in alphabetischer Reihenfolge) Michel Houellebecq, Philipp Roth, Martin Walser.

48 Der Schriftsteller Bodo Kirchhoff hat eine solche Verführungsszene im *SPIEGEL* 11/2010 plastisch geschildert.

49 Sigusch, *ZEIT online* 12. Mai 2010

50 *Das Buch Groër*, S. 19

51 Bundschuh: *Pädosexualität*, S. 275

52 *Das Buch Groër*, S. 83

53 *Das Buch Groër*, S. 33

54 Berthold Goossens hat sie über ein Jahrzehnt später Frater Leopold Pfisterer anvertraut. *Das Buch Groër*, S. 33

55 Ein milder Begriff. Gemeint waren *Zungenküsse, Penisberührungen, Massagen, Küsse auf den nackten Körper; zwei Mitbrüder teilten phasenweise mit Groër das Bett. Das Buch Groër*, S. 37

56 ebd., S. 40.

57 Er starb 1993, ohne das Ende dieser Geschichte zu erleben. Zitat aus dem Diözesanblatt von St. Pölten vom 7.1.1993: *Am 17. Dezember 1992 starb K R P. Berthold Goossens OSB, Prior i. R. des Stiftes Göttweig, im a. ö. Krankenhaus der Stadt Wels im 69. Lebensjahr und im 39. Jahr seines Priestertums. Beten wir für unseren verstorbenen Mitbruder!* https://www.dasp.findbuch.net/perma_arid-3255-bekurz-31393933-vnum-18.html, abgerufen am 20.7.2018

58 *Das Buch Groër*, S. 52f.

59 ebd., S. 52

60 Nuntius Donato Squicciarini im Gespräch mit Josef Votzi, *profil* 15, 10.4.1995, zit. nach *Das Buch Groër*, S. 98

61 Kirchenvolksbegehren vom 20.5.1995, getragen von der Plattform *Wir sind Kirche*. Zit. nach *Das Buch Groër*, S. 105 ff.

62 Gewissen ist schwer zu definieren, zumal es auch von tradierten Moralvorstellungen geprägt ist und wir nicht berechnen können, was implantiert und was genuin ist. Theoretisch könnte man das Gewissen als Ethik der höchsten Instanz (z. B. Christentum) interpretieren. Da aber diese Ethik ihre Regeln nicht mit äußeren Mitteln (Disziplinarstrafe, Killerkommando) durchsetzen kann, kommt es doch auf ihre letzte *innere* Repräsentanz des Menschen an, und die nennen wir eben Gewissen.

63 Das Sprichwort *Es ist ein schlechter Vogel, der sein eigenes Nest beschmutzt*, war in Deutschland schon 1000 n. Chr. geläufig. S. Lutz Röhrich, *Lexikon der sprichwörtlichen Redensarten Band 3.*, S. 1090. Freiburg: Herder Verlag, 2001

64 Antigone ist eine Gestalt aus der griechischen Mythologie, beispielhaft gestaltet von Sophokles (ca. 497–406 v. Chr.). – Ich nenne hier Antigone als Beispiel für unseren Konflikt, weil sie unserem Erleben näher ist als das Superbeispiel Jesus Christus, der von vornherein im göttlichen Auftrag handelt.

65 Windhauch: *Ich beobachtete alle Taten, die unter der Sonne getan wurden. Das Ergebnis: Das ist alles Windhauch und Luftgespinst* ist ein Vers aus dem Alten Testament, Buch Kohelet 1,14. – Memento Mori: Der mittelalterliche Denkspruch im Mönchslatein bedeutet sinngemäß: Denk daran, dass du sterben wirst.

66 Die Bischöfe Weber, Stecher, Aichern, Kapellari und Krätzl. *Das Buch Groër*, S. 97

67 Brief von Dr. Pater Emmanuel Bauer an Bischof Eugen Kapellari am 8.4.1995, zit. nach *Das Buch Groër*, S. 92 ff. Von dort auch die folgenden Zitate.

68 ebd., S. 95
69 ebd., S. 93
70 ebd., S. 94
71 ebd.
72 ebd.
73 ebd.
74 ebd.
75 ebd.
76 ebd., S. 95
77 ebd.
78 ebd., S. 96
79 ebd., S. 96f.
80 ebd., S. 97
81 ebd., S. 101
82 ebd.
83 ebd., S. 102
84 Darstellung des Mödlinger Dechanten Wilhelm Müller, *Das Buch Groër*, S. 102
85 Pressekonferenz zum Amtsantritt von Erzbischof-Koadjutor Christoph Schönborn vom 15. 5. 1995, zit. nach *Das Buch Groër*, S. 102 f.
86 *Das Buch Groër*, S. 104. Auch die beiden folgenden Zitate stammen von dieser Seite.
87 s. Pater Emmanuels Bericht (S. 75)
88 Man fragte mich nach dem Sinn dieses Adverbs. Antwort: Auch Mengenmaße wie Kilometer und Kilo sind menschliche, d. h. von Menschen erfundene Kategorien. Sie betreffen aber nicht unsere seelischen, existenziellen Eigenschaften.
89 *Das Buch Groër*, S. 60–76
90 Brief von Abt Clemens Lashofer an Gunthild Ritschl am 23. 03. 1995, zit. nach *Das Buch Groër*, S. 77
91 Brief Gunthild Ritschl an Kardinal Groër ohne Datum. Hubertus Czernin datiert das Schreiben auf etwa März 1996. *Das Buch Groër*, S. 166. Die folgenden Zitate auf S. 116–119
92 Brief Gunthild Ritschl an Erzbischof Christoph Schönborn vom 5. 9. 1996, zit. nach *Das Buch Groër*, S. 130
93 Brief Erzbischof Christoph Schönborn an Gunthild Ritschl vom 21. 2. 1997, zit. nach *Das Buch Groër*, S. 131
94 National Security Council Directive on Covert Operations, NSC 5412, National Archives, RG 273, zit. nach Wikipedia: https://de.wikipedia.org/wiki/Glaubhafte_Abstreitbarkeit#cite_note-1, abgerufen am 8. 1. 2019

95 Man erinnere sich an die Abgas-Skandale der letzten Jahre. Die jeweiligen Manager wollten sämtlich nichts gewusst haben. Nur in Ausnahmefällen ermöglichte ein Kronzeuge oder ein Dokumentenfund die Anklage.

96 Brief von Hansjörg Schuh an Abtprimas P. Marcel Rooney am 12. 2. 1998, zit. nach *Das Buch Groër*, S. 167 f.

97 *Das Buch Groër*, S. 137

98 Am 30. 11. 1997 machte Prior Gottfried Schätz Abt Lashofer *darauf aufmerksam [...], dass er von einem Vorfall wisse, der erst ein Jahr zurückliege. Das Buch Groër*, S. 140

99 *Das Buch Groër*, S. 138

100 ebd.

101 ebd., S. 140

102 ebd., S. 141

103 ebd., S. 142

104 ebd., S. 141 f.

105 *Im Vergleich zu anderen Straftätergruppen erweisen sich Betrüger als auffallend unempfindlich gegenüber strafrechtlichen Sanktionen, da sie nach der Entlassung aus dem Vollzug mit relativ hoher Wahrscheinlichkeit neue betrügerische Handlungen begehen.* Helga Ihm, *Betrüger und ihre Delikte. Die Bedeutung von Situations- und Persönlichkeitskomponenten für Technik und Taktik der Betrugsausführung aus kriminalpsychologischer Sicht.* Frankfurt: Verlag für Polizei und Wissenschaft, 2011. S. 24

106 Strafrechtlich gesehen ist Betrug ein Vermögensdelikt (§ 263 StGB in Deutschland, §§ 146, 147 StGB in Österreich). Insofern wäre Groër hier schwer zu fassen gewesen, obwohl er sich durch Täuschung ein hohes geistliches Amt erschlichen hat. Wäre er vor Gericht gestellt worden, hätten rechtlich wohl die sexuelle Nötigung oder der Missbrauch Schutzbefohlener im Vordergrund gestanden.

107 Ein sehr korrekter Beamter erzählte mir ganz ernst, dass der Knabenmissbrauch des Direktors der evangelischen Oderwaldschule Gerold Becker (1936–2010) aus Rücksicht auf den Bundespräsidenten Richard von Weizsäcker (1920–2015) unter dem Deckel gehalten worden sei. Denn Weizsäcker hatte Becker geehrt und ist auf gemeinsamen Fotos zu sehen.

108 *Das Buch Groër*, S. 142 f.

109 Josef Neumayr in *News* 3/98, zit. nach *Das Buch Groër*, S. 146

110 *Das Buch Groër*, S. 180

111 Nach Aussage von Groërs langjährigem Sekretär Michael Dinhobl Anfang Mai 1998, *Das Buch Groër*, S. 225

112 *Täglich alles* vom 25. 5. 1998, zit. nach *Das Buch Groër*, S. 226

113 Erklärung des Abtes von Göttweig, Clemens Lashofer, am 12. 1. 1998, zit. nach *Das Buch Groër* S. 144.

114 *Das Buch Groër*, S. 56

115 ebd., S. 110

116 ebd.

117 Kapitel *Die Kontroverse wird grundsätzlich* s. S. 38. Das Interview erschien in *profil* 14 am 3. 4. 1995, *Das Buch Groër*, S. 85 f.

118 Brief von P. Udo Fischer an die Mitbrüder, Paudorf, Sommer 1995. *Das Buch Groër*, S. 110

119 P. Udo Fischer nannte ihn ein *Symbol von in die Kirche eingezogener Lüge und Verwirrung*. Ebd.

120 Interview mit P. Udo Fischer in der Sendung *Vera* in ORF 15. 1. 1998. Zit. nach *Das Buch Groër*, S. 153

121 Einschreiben des Bischöflichen Ordinariats St. Pölten an Pater Udo Fischer vom 16. 1. 1998, zit. nach *Das Buch Groër*, S. 150 f.

122 P. Udo Fischer an Bischof Kurt Krenn, Jänner 1998, zit. nach *Das Buch Groër*, S. 153

123 Der Abt von Göttweig an P. Udo Fischer, 30. 01. 1998, zit. nach *Das Buch Groër*, S. 156 f.

124 Antwortschreiben P. Udo Fischers, Paudorf, 02. 02. 1998, zit. nach *Das Buch Groër*, S. 157 ff.

125 Wien, 25. 2. 1998. Anonymisierter Auszug aus einer Stellungnahme für die Visitation in Göttweig, zit. nach *Das Buch Groër*, S. 184

126 Hansjörg Schuh bei der Solidaritätskundgebung in Paudorf am 1. 3. 1998. *Das Buch Groër*, S. 204

127 Hansjörg Schuh an Erzbischof Kardinal Dr. Christoph Schönborn am 3. 3. 1998. Ebd., S. 206 f.

128 Brief ehemaliger Göttweiger Mönche an ihre im Stift verbliebenen Mitbrüder, 2. 2. 1998, zit. nach *Das Buch Groër*, S. 159 f.

129 Anonymisierter Auszug aus einer Stellungnahme für die Visitation in Göttweig vom 25. 2. 1998, zit. nach *Das Buch Groër*, S. 182 f.

130 ebd., S. 185

131 Niederösterreich, 28. 2. 1998. Ehemaliger Mönch an die Visitatoren des Stiftes Göttweig. zit. nach *Das Buch Groër*, S. 194

132 *Das Buch Groër*, S. 193, 197

133 *Wie weit bin ich, als ich dieses System unterstützte – und diese Zeit gab es sehr wohl – an anderen schuldig geworden?* Brief eines ehemaligen Mönches an die Visitatoren des Stiftes Göttweig, 28. 2. 1998, zit. nach *Das Buch Groër*, S. 198

134 Hansjörg Schuh an Erzbischof Dr. Christoph Schönborn, 8. 2. 1998, zit. nach *Das Buch Groër*, S. 163

135 Brief Bischof Johann Weber an Hansjörg Schuh, 29. 1. 1998, zit. nach *Das Buch Groër*, S. 156

136 Brief Weihbischof P. Andreas Laun an Hansjörg Schuh, 14. 2. 1998, zit. nach *Das Buch Groër*, S. 175 f.

137 Brief Dr. Egon Kapellari, Diözesanbischof von Gurk in Klagenfurt, an Hansjörg Schuh am 10. 2. 1998, zit. nach *Das Buch Groër*, S. 164

138 Brief Erzbischof Dr. Christoph Schönborn an Hansjörg Schuh 13.2.1998, zit. nach *Das Buch Groër*, S. 170

139 Brief Erzbischof Georg Eder an Hansjörg Schuh, Salzburg, 29.1.1998, zit. nach *Das Buch Groër*, S. 176

140 Brief Hansjörg Schuh an Erzbischof Dr. Georg Eder, 18.2.1998, zit. nach *Das Buch Groër*, S. 177 f.

141 *Zeit im Bild*, ORF am 16.2.1998, zit. nach *Das Buch Gröer*, ebd.

142 Brief Hansjörg Schuh an Erzbischof Dr. Georg Eder am 18.2.1998, zit. nach *Das Buch Groër*, 178 f.

143 Abraham Hyacinthe Anquetil-Duperron über Zoroaster, zitiert nach Jan Assmann, *Achsenzeit – eine Archäologie der Moderne*, München: C.H. Beck 2018, S. 35

144 *Das Buch Groër*, S. 110

145 Gespräch von Peter Schneeberger mit Bischof Kurt Krenn in *profil* 17 vom 21.4.1998, zit. nach *Das Buch Groër*, S. 222 f.

146 *Das Buch Groër*, S. 224

147 Bischöfliche Erklärung, Salzburg am 27.2.1998. Auch die folgenden Zitate dieses Kapitels daraus zit. nach *Das Buch Groër*, S. 188–190

148 Presseerklärung des Abtprimas am 7.3.1998, zit. nach *Das Buch Groër*, S. 209

149 Meldung von *Kathpress* über den Brief des Präfekten der Ordenskongregation, 9.4.1998, zit. nach *Das Buch Groër*, S. 221

150 Bischöfliche Erklärung vom 27.2.1998, zit. nach *Das Buch Groër*, S. 188

151 Brief Hansjörg Schuh an Erzbischof Georg Eder am 8.3.1998, zit. nach *Das Buch Groër*, S. 210

152 Brief Erzbischof Eder an Hansjörg Schuh am 9.3.1998, zit. nach *Das Buch Groër*, S. 211

153 Brief Abt Nicolaus Wagner an Hansjörg Schuh, 14.3.1998. zit. nach ebd.

154 Offener Brief an die Erzbischöfe und Bischöfe Schönborn, Eder, Weber und Kapellari, veröffentlicht in der *Neuen Kronen Zeitung*, 16.3.1998. zit. nach *Das Buch Groër*, S. 211 f.

155 Wir erinnern uns an Schönborns unauffällige Einschränkung *auch dann, wenn die Schuld erwiesen ist*, die verhindert, dass eine rechtliche Klage sich auf seine Worte hätte berufen dürfen.

156 *Das Buch Groër*, S. 214

157 *Dialog* 4/98, Interview mit Kardinal Erzbischof Schönborn, zit. nach *Das Buch Groër*, S. 216

158 *Das Buch Groër*, S. 217

159 Brief von Kardinal Dr. Christoph Schönborn, 6.4.1998, zit. nach *Das Buch Groër*, S. 219

160 Kommuniqué der Apostolischen Nuntiatur in Wien, 14.4.1994, zit. nach *Das Buch Groër*, S. 221 f.

161 *Klärende Stellungnahme* von Erzbischof Christoph Kardinal Schönborn, Wien, 16.4.1998, zit. nach *Das Buch Groër*, S. 222

162 zit. nach *Falter* (Wochenzeitung) 22/2011 im Wikipedia-Eintrag zu Christoph Schönborn, abgerufen am 19.1.2019

163 Damals gemeinsam mit Weihbischof Florian Kuntner. *Das Buch Groër*, S. 54

164 Alexander Schwabe, *Ein Kardinal will ganz nach oben*. In: Spiegel online, 8.9.2007, https://www.spiegel.de/panorama/gesellschaft/christoph-schoenborn-ein-kardinal-will-nach-ganz-oben-a-504617.html, abgerufen am 2.1.2020

165 ebd.

166 Zwar ist der Papst als Bischof von Rom formal nur der Erste unter Gleichen, doch ist seine Position, da sie grundsätzlich nicht infrage gestellt werden durfte, im Laufe der Jahrhunderte so stark geworden, dass er am Ende sogar verkünden konnte, unfehlbar zu sein, wenn er ex cathedra spricht.

167 Erst 2010 wurde die Politikerin Waltraud Klasnic zur Opferbeauftragten der österreichischen katholischen Kirche ernannt. Die Kirche gründete eine Stiftung, aus der Missbrauchsopfern zwischen 5000 und – in schweren Fällen – 25.000 Euro ausbezahlt werden sollen.

168 »Bitte hören Sie uns zu!« Denn Pennsylvania ist überall: Die wichtigsten Passagen aus einem 884-Seiten-Bericht über sexuellen Missbrauch in der katholischen Kirche. In: DIE ZEIT Nr. 35, 23.8.2018

169 Evelyn Finger, Veronika Völlinger, *Sexueller Missbrauch: Das Ausmaß des Verbrechens*. In: DIE ZEIT Nr. 38, 12.9.2018.
Sehr interessant auch: Christian Pfeiffer: »Ich sagte dem Bischof: Wir lassen uns nicht kaufen« – Interview mit Giovanni di Lorenzo. https://www.zeit.de/2019/17/christian-pfeiffer-aufklaerung-missbrauch-katholische-kirche, abgerufen am 18.5.2020

170 Evelyn Finger, *Im Namen der Opfer*. In DIE ZEIT Nr. 37, 6.9.2018

171 »*Das war alles nur Show – mehr nicht*«. Süddeutsche Zeitung vom 19.1.2020. https://www.sueddeutsche.de/bayern/bayern-katholische-kirche-missbrauch-studie-1.4762444

172 https://www.zeit.de/gesellschaft/zeitgeschehen/2019-02/vatikan-sexueller-missbrauch-nonnen-katholische-kirche-papst-franziskus, abgerufen am 12.2.2019

173 *Missbrauch in der katholischen Kirche. Eine Frau kämpft um Aufklärung*. Aus der Reihe: *DokThema*. BR, Januar https://www.br.de/mediathek/video/missbrauch-in-der-katholischen-kirche-eine-frau-kaempft-um-aufklaerung-av:5c5af92b42b54f00183b451f, abgerufen am 12.3.2019

174 Doris Wagner, *Spiritueller Missbrauch in der Katholischen Kirche*. München: Herder Verlag, 2019

175 *Die Herrschaft des Niemand ist so wenig Nicht-Herrschaft, dass sie sich unter gewissen Umständen sogar als eine der grausamsten und tyrannischsten Herrschaftsformen entpuppen kann.* Hannah Arendt, *Vita activa oder Vom tätigen Leben*, München: Piper Verlag 2002, S. 51

176 1. *Schlussbericht*: https://www.bayern.landtag.de/fileadmin/Internet_Dokumente/ Sonstiges_A/UA-Modellbau-Schlussbericht-berichtigt.pdf, abgerufen am 12.2.2019;
2. *Minderheitenbericht SPD und Grüne*: ebd., S. 95–168
3. *Minderheitenbericht der Freien Wähler* (im Folgenden FW-Minderheitenbericht genannt): https://www.bayern.landtag.de/fileadmin/Internet_Dokumente/Sonstiges_A/ UA_Modellbau_Minderheitenbericht.pdf, abgerufen am 12.2.2019

177 §§ 61 Nr. 1, 63 StGB

178 Gerhard Mauz: »Und das nimmt ihm das Gericht nicht ab …« In *Spiegel* 21/1988, http://www.spiegel.de/spiegel/print/d-13529614.html, abgerufen am 12.2.2019

179 Akronym aus den Namen der Gründer: Sager, Ponton, Roland.

180 Eventuell sogar 20.000 bis 35.000 DM – vgl. *Schlussbericht*, S. 54, *Minderheitenbericht SPD/Grüne* in *Schlussbericht*, S. 103. Allerdings konnte Dr. Haderthauer damals einen solchen Erfolg wohl nicht voraussehen.

181 Vgl. FW-Minderheitenbericht, S. 5 ff.

182 Dr. Hubert Haderthauer hatte bereits anlässlich der Gründung zu verstehen gegeben, dass ohne ihn »nichts gehe«. Vgl. FW-Minderheitenbericht, S. 6

183 Eine Befugnis zu dieser Amtshandlung besaß er nicht. Vgl. *Minderheitenbericht SPD/ Grüne* in *Schlussbericht* vom 23.2.2017, S. 116. https://www.bayern.landtag.de/www/ ElanTextAblage_WP17/Drucksachen/Basisdrucksachen/0000009500/ 0000009830_Schlussbericht.pdf, abgerufen am 1.4.2019

184 FW-Minderheitenbericht, S. 6

185 *Schlussbericht*, S. 56

186 *Schlussbericht*, S. 58, Brief von Christine Haderthauer an Fritz Sager vom 11.3.1992, zit. nach *Minderheitenbericht SPD/Grüne* in *Schlussbericht*, S. 137

187 *Schlussbericht*, S. 56

188 SPIEGEL online vom 7.6.2013: »*[Christine Haderthauer] war Mitgeschäftsführerin, auch operativ tätig, in die Alltagsarbeit eingebunden. Sie war es schon durch ihre Stellung, denn die Geschäftsführung hatten die Gesellschafter laut Gründungsvertrag gemeinsam inne. Und sie war auch Geschäftsführerin, so wie sie agierte: Sie prüfte Eingänge auf dem Geschäftskonto, verschickte einen Blanko-Kauf-Vertrag für ein Modellauto, sie besorgte die Zollpapiere für eine Messe in Bern. Alles nachgewiesen durch alte Briefe, einige von ihren Anwälten, einige von ihr selbst.*« Jürgen Dahlkamp, *In die Irre geführt*. https://www.spiegel.de/politik/ deutschland/unklare-aussagen-von-csu-ministerin-haderthauer-in-modellauto-affaere-a-904205.html
https://www.spiegel.de/politik/deutschland/unklare-aussagen-von-csu-ministerin-haderthauer-in-modellauto-affaere-a-904205.html, abgerufen am 20.12.2019

189 Rechtsanwalt Rubach in einem Schreiben an den UA Modellbau am 17.5.2016, S. 6. zit. nach FW-Minderheitenbericht, S. 3 und S. 75

190 ebd.

191 *Der Tagesspiegel*, 4.5.2014. https://www.tagesspiegel.de/politik/modellauto-affaere-anwalt-von-haderthauers-ex-geschaeftspartner-zweifelt-an-bilanz/9841354.html, abgerufen am 19.11.2019

192 Roland Steigerwald im Interview mit der *Abendzeitung München* am 23.6.2015

193 *Fränkische Landeszeitung*, 22.9.1990

194 vgl. *Schlussbericht*, S. 45, Minderheitenbericht SPD/Grüne in *Schlussbericht*, S. 122

195 *Schlussbericht*, S. 52; Minderheitenbericht SPD/Grüne in *Schlussbericht* S. 132

196 Gutachten der Sachverständigen-Gruppe des Verbands der Bayerischen Bezirke: Bericht über die Situation der forensischen Abteilung des Bezirkskrankenhauses Ansbach, 20.7.1999. Minderheitenbericht SPD/Grüne in *Schlussbericht*, S. 103 ff., S. 155 ff.

197 FW-Minderheitenbericht, S. 52 unter Hinweis auf die Aussage des damaligen Straubinger Chefarztes Dr. Ottermann vor dem UA Modellbau am 4.2.2016

198 *Außer unserem medizinischen Auftrag sehen wir jedoch auch den menschlichen Auftrag, Herrn S [sic] ein Refugium zu bieten ... Sollte trotzdem von irgendeiner Seite diese Verlegung betrieben werden, werden wir bemüht sein, diese leidvolle und unsinnige Verlegung nach Straubing zu verhindern.* Schreiben Hubert Haderthauers an Steigerwalds Rechtsanwalt Doll am 28.4.1989, zit. nach FW-Minderheitenbericht, S. 13

199 Vgl. FW-Minderheitenbericht, S. 8 f.

200 Kein vorliegendes Dokument zeigt, wie es zu dieser Entscheidung kam.

201 Steigerwald am 26.6.2015 vor dem Untersuchungsausschuss. – *FW-Minderheitenbericht*, S. 51. Dr. Ottermann stellte vor demselben Untersuchungsausschuss am 4.2.2016 diesen Besuch in Abrede. Doch ist nicht ersichtlich, warum Steigerwald gelogen haben sollte. Er konnte nicht gezwungen werden, den Modellbau in Straubing weiterzubetreiben, man musste ihm schonende Behandlung zusichern, und das konnte nur der Klinikdirektor Dr. Ottermann, der die Modellbausache »lukrativ« fand. FW-Minderheitenbericht, S. 12, S. 51 ff.

202 Vermerk der Sicherheitsfirma – vgl. Minderheitenbericht SPD/Grüne in *Schlussbericht*, S. 122

203 Das BKH Straubing ist eine Modelleinrichtung des Freistaats Bayern unter der Trägerschaft des Bezirks Niederbayern. https://www.bkh-straubing.de/allgemeines/

204 Die späteste bekannt gewordene Geschäftshandlung war die – nebenbei für die Gesellschaftsverhältnisse rechtlich irrelevante – Austragung Roger Pontons am 23.1.2009 aus dem Gewerberegister Ingolstadt unter Vorlage der Vollmacht Pontons für Christine Haderthauer. FW-Minderheitenbericht, S. 25 ff., S. 68 f., 78 f.

205 Heinrich Sandner vor dem UA Modellbau. Grünen-Blog zum UA Modellbau, Eintrag vom 23.2.2016: *Seltsame Geschäftspraktiken unter Freunden.* S. a. FW-Minderheitenbericht, S. 14

206 FW-Minderheitenbericht, S. 58

207 nach eigenen Angaben per Du mit Ministerpräsident Seehofer – *FW-Minderheitenbericht*, S. 17

208 Schreiben von Sandners Rechtsanwalt Regler an Krankenhausdirektor Bemmerl vom 13.1.2011, zit. nach FW-Minderheitenbericht, S. 21

209 FW-Minderheitenbericht, S. 20

210 Die Unterbrechung kam durch die geplante und dann verhinderte Rückverlegung nach Ansbach zustande. Vgl. *FW-Minderheitenbericht*, S. 81

211 http://www.Sapor Modellbaumodelltechnik.de, abgerufen am 13. 3. 2019. Weitere Informationen (u. a.): SAPOR MODELLBAU Modelle werden ausschließlich in Deutschland gefertigt; bestehen aus 3000 bis 5800 größtenteils in Präzisionsarbeit handgefertigten Teilen ausschließlich aus Metall, Holz und Leder; sind voll funktionstüchtig hinsichtlich aller Funktionsgruppen wie Motor, Lenkung, Bremsen, Kupplung, Differenzial.

212 Meder/Brechmann, *Die Verfassung des Freistaates Bayern. Kommentar*, 6. Aufl., 2020, S. 446: *Art. 57 verbietet es aber nicht, dass ein Mitglied der Staatsregierung Eigentümer, Gesellschafter oder Anteilseigner eines Unternehmens bleibt, wenn eine solche Rechtsstellung nicht mit einem unmittelbaren Weisungsrecht im Unternehmen verbunden ist. Hier war die Geschäftsführertätigkeit der Frau Haderthauer das Politikum.*

213 Ein Abgeordneter beklagte, Christine Haderthauer habe sich während ihrer Zeit als Sozialministerin (2008–2013) nur ein einziges Mal im Sozialausschuss des Landtags blicken lassen. Vgl. Wilhelm Schlötterer, *Wahn und Willkür*. Taschenbuchausgabe, München: Heyne Verlag 2015, S. 439

214 Korruption gehört neben Armut und Gewalt zu den größten Krisentreibern in *failing states*. https://www.bmvg.de/de/themen/dossiers/engagement-in-afrika/herausforderungen/instabilitaet/failed-states. Abgerufen am 19. 9. 2019

215 vgl. zu den Zitaten in diesem Kapitel *FW-Minderheitenbericht*, S. 29 ff.

216 Dr. Christine Bollwein im UA Modellbau am 14. 4. 2016: »Da hat mich niemand mehr mitspielen lassen.« *FW-Minderheitenbericht* S. 32. Grünen-Blog zum UA Modellbau, Eintrag vom 22. 3. 2016: *Reagieren statt regieren?! – Einblicke in den Ministeriumsalltag*. https://uamodellbau.wordpress.com/page/3/, abgerufen am 29. 3. 2019

217 Zeuge Arians im UA Modellbau am 14. 4. 2016, Zeuge Seitz im UA Modellbau am 14. 4. 2016. *FW-Minderheitenbericht*, S. 54

218 Grünen-Blog zum UA Modellbau, Eintrag vom 15. 4. 2016: *Ein Vieraugengespräch mit der Ministerin*. https://uamodellbau.wordpress.com/page/3/, abgerufen am 29. 3. 2019

219 vgl. *FW-Minderheitenbericht*, S. 30

220 Horst Deinert, *Einführung in das Beamtenrecht NRW für Personalvertreter und Vertrauensleute*. Redaktion: Städt. Verwaltungsrat, Duisburg 2017, S. 13

221 Urteil des Bundesverfassungsgerichts zum Streikverbot für Beamte vom 12. 6. 2018. Unter BVerfG v. 12. 6. 2018 – 2 BvR 1738/12 – Rn. 118 auch im Internet nachlesbar.

222 Art. 73 Abs. 1 Bayerisches Beamtengesetz

223 Die Laufbahngruppen gliederten sich damals in einfachen, mittleren, gehobenen und höheren Dienst. Karriereleiter im höheren Dienst: Regierungsrat – Oberregierungsrat – Regierungsdirektor – Leitender Regierungsdirektor – Ministerialrat – Ministerialdirigent – Ministerialdirektor.

224 Diese Regelung gilt für Beamte der Länder und Kommunen. Die entsprechende Regelung für Bundesbeamte findet sich in Bundesbeamtengesetz (BBG), § 63.

225 Der ehemalige Ministerialbeamte Schlötterer schildert in seinem Buch *Macht und Missbrauch* (Köln: Fackelträger Verlag, 2009, S. 310–315) einen einschlägigen Fall: Die Steueramtsrätin Ingrid Meier sollte zwei Firmenbeteiligungen, bei deren Veräußerung 60 Millionen Mark Steuern angefallen wären, als Privatvermögen anerkennen. Sie erhob Gegenvorstellung und bat um nochmalige Bestätigung der Weisung gemäß dem Remonstrationsgesetz. Folge: Sie wurde von der Prüfung abgezogen und erhielt eine schlechtere dienstliche Beurteilung, obwohl das Bundesamt für Finanzen dieselbe Auffassung vertrat wie sie. Ihr berufliches Fortkommen war damit blockiert. Ihre Klage vor dem Verwaltungsgericht scheiterte.

226 § 37 BeamtStG – https://dejure.org/gesetze/BeamtStG/37.html

227 Sie bekamen zwar später vor Gericht recht, aber ihre Karrieren waren ruiniert. Vgl. Wilhelm Schlötterer, *Wahn und Willkür*, München: Heyne Verlag 2013, S. 234–244 u. S. 279–282. Vgl. auch https://www.sueddeutsche.de/bayern/nach-schottdorf-prozess-gericht-ruegt-muenchner-staatsanwaltschaft-wegen-unzulaessiger-ermittlungen-1.385733

228 Dr. Christine Bollwein vor dem UA Modellbau am 14. 4. 2016. Grünen-Blog zum UA Modellbau, Eintrag vom 22. 3. 2016: *Reagieren statt regieren?! – Einblicke in den Ministeriumsalltag.*

229 Personalmangel ist ein perfektes Mittel, die Leute gehorsam zu halten. Ich unterstelle der Bayerischen Staatsregierung keine Absicht, sondern weise auf einen Automatismus hin: In machtbezogenen sozialen Gebilden kommt es fast zwangsläufig zu einer Unterversorgung der operativen Ebene, weil ein zu großer Teil der Ressourcen nach oben fließt. Hinzu kam im konkreten Fall, dass das PR-unergiebige Referat Maßregelvollzug von der Politik finanziell vernachlässigt wurde.

230 *FW-Minderheitenbericht*, S. 30

231 Das Sozialministerium erklärte auf Landtags- und Medienanfragen zunächst, nach Mitteilung der BK Mittelfranken seien die Akten nach der üblichen Aufbewahrungsfrist von 10 Jahren vernichtet worden, was nicht stimmte: Innenrevisionen der BK Mittelfranken erbrachten dann doch 160 Ordner, davon 3 mit Modellbaubezug. Vgl. *FW-Minderheitenbericht*, S. 46 ff.

232 *FW-Minderheitenbericht*, S. 14 u. S. 83

233 *FW-Minderheitenbericht*, S. 16

234 S. Kapitel *Minikrimi I*, S. 177

235 *FW-Minderheitenbericht*, S. 22 – unter Hinweis auf eine E-Mail des Verwaltungsdirektors Bemmerl an den damaligen Direktor der Bezirksverwaltung Fröschl vom 16. 5. 2011.

236 Um ausreichende Sicherheit zu dieser Frage zu gewinnen, stellten die Freien Wähler einen Beweisantrag auf Einholung eines Rechtsgutachtens, der ebenfalls abgelehnt wurde. Vgl. *FW-Minderheitenbericht*, S. 71

237 vom 13. 2. 2007 bis 14. 5. 2009. Danach wurde er ins Bezirkskrankenhaus Bayreuth verlegt.

238 Die Richter nannten ferner eine Gemeingefährlichkeit: Mollath habe im Zuge des Ehestreits Autoreifen aufgestochen. Der Vorwurf war nicht nachweisbar, wie das Wiederaufnahmeverfahren ergab. Auch der Vorwurf der Körperverletzung, an

dessen Berechtigung erhebliche Zweifel verblieben, führte jedenfalls nicht zu einer rechtskräftigen Verurteilung.

239 Vor diesem Hintergrund wird erst recht plausibel, dass Anstaltsdirektor Ottermann im Jahr 2000 nach Ansbach fuhr, um Roland Steigerwald zu beruhigen; s. S. 136.

240 Der BGH musste sich dabei auf die falschen Tatsachenfeststellungen durch die Vorinstanz verlassen. Er selbst ist keine Tatsacheninstanz. Durch ihn werden also grundsätzlich keine Beweise erhoben, sondern nur das Urteil der Tatsacheninstanz auf formelle oder materielle Rechtsfehler überprüft.

241 Wilhelm Schlötterer, *Macht und Missbrauch*. Köln: Fackelträger Verlag 2009

242 Monika Anthes und Eric Beres: *Der Fall Mollath*. https://www.swr.de/report/presse/mollath-dokumentation/-/id=1197424/did=11489504/nid=1197424/1lvff40/index.html, abgerufen im April 2019

243 http://www.ein-buch-lesen.de/2013/05/christine-haderthauer-forensik.html. Abgerufen am 11.4.2019

244 Richard Gutjahr, *Die Fünfte Gewalt*. Blog vom 26.11.2014. https://krautreporter.de/171--die-funfte-gewalt, abgerufen im April 2019. Sofern nicht anders vermerkt, stammen alle Zitate des Kapitels aus diesem Blog.

245 ebd.

246 Zit. nach Jürgen Dahlkamp, *In die Irre geführt*. In: SPIEGEL online am 7.6.2013

247 ebd.

248 ebd.

249 ebd.

250 Das Adjektiv *ungeheuerlich* gebrauchten unabhängig voneinander fast alle mir direkt oder indirekt bekannten Betrüger und Hochstapler, wenn man ihr Verhalten benannte. Es deutet auf enorme psychische Implikationen hin: Betrug ist eben nicht nur Trickserei, sondern obsessive Selbstaufwertung, sodass seine Aufdeckung für das Ego des Betrügers einer Katastrophe gleichkommt.

251 Dr. Klaus Rehbock, Co-Autor eines Fachbuchs mit dem Titel *Widerruf, Unterlassung und Schadensersatz in den Medien*. München: C.H.Beck Verlag, 3. Aufl. 2007

252 https://krautreporter.de/171--die-funfte-gewalt
Ferner: *Schlussbericht, S. 66*; *FW-Minderheitenbericht, S. 59*

253 Am 1./6.12.2011 hatten Haderthauers mit ihm einen Vergleich geschlossen, in dem Ponton ihnen für 20 000 Euro seinen Teil der Firma überließ. Am 5.3.2014 focht Pontons Anwalt Magold diesen Vergleich an mit der Begründung, die Haderthauers hätten seinem Mandanten die Gewinne der Firma verschwiegen, und forderte Auskunft über die tatsächlich zutreffenden Umsätze und Erträge. Da die Haderthauers nicht reagierten, stellte Rechtsanwalt Magold am 2.5.2014 Strafanzeige wegen Betrugs gegen Unbekannt.
https://de.wikipedia.org/wiki/Modellauto-Aff%C3%A4rehttps://www.augsburger-allgemeine.de/bayern/Der-Moerder-und-die-Modellautos-Das-steckt-hinter-den-Ermittlungen-id30842182.html

254 *FW-Minderheitenbericht*, S. 43

255 Schreiben RA Dr. Rehbock an Spadaro-Wittmann vom *Bayerischen Rundfunk* am 30.6.2014. *Minderheitenbericht SPD/Grüne* in *Schlussbericht*, S. 160, 165

256 Report Mainz am 12.8.2014, https://www.ardmediathek.de/ard/player/Y3JpZ-DovL3N3ci5kZS8xMzk4MDY1NA/, abgerufen im April 2019

257 Im Kabinett Seehofer II vom 8.10.2013 bis 13.3.2018 und Söder I bis zum Ende der Legislaturperiode im Herbst 2018

258 https://www.bayern.landtag.de/fileadmin/Internet_Dokumente/Sonstiges_A/UA-Modellbau-Schlussbericht-berichtigt.pdf, S. 1-94, abgerufen am 12.2.2019

259 ebd., hier zitiert als *Minderheitenbericht SPD/Grüne im Schlussbericht*, S. 95–168

260 Diese und die folgenden Stellungnahmen nach einer Zusammenfassung des Bayerischen Landtages, gekürzt: https://www.bayern.landtag.de/aktuelles/sitzungen/aus-dem-plenum/schlussbericht-zum-untersuchungsausschuss-modellbau-in-der-debatte/, abgerufen am 28.4.2019
Vgl. auch Video der Rede von Dr. Herrmann: https://www1.bayern.landtag.de/www/player/index.html?playlist=https://www1.bayern.landtag.de/lisp/res/metafiles/wp17/17_372/meta_vod_26506.json&startId=2

261 Video der Rede von Gote: https://www1.bayern.landtag.de/www/player/index.html?playlist=https://www1.bayern.landtag.de/lisp/res/metafiles/wp17/17_372/meta_vod_26506.json&startId=2

262 Video von Rede Dr. Bauer: https://www1.bayern.landtag.de/www/player/index.html?playlist=https://www1.bayern.landtag.de/lisp/res/metafiles/wp17/17_372/meta_vod_26506.json&startId=2

263 http://www.ulrike-gote.de/2017/02/21/gruene-und-spd-legen-schlussbericht-zum-modellbau-untersuchungsausschuss-vor/

264 Übermittelt vom Leiter des Gewerbeamts auf Initiative des Ministerbüros als PDF. *FW-Minderheitenbericht*, S. 26

265 Vgl. *FW-Minderheitenbericht*, S. 15, S. 26 ff. Vgl. zu den auf weitere Aufklärung abzielenden FW-Beweisanträgen *FW-Minderheitenbericht*, S. 68 f., 78

266 *Süddeutsche Zeitung*, 20.2.2017

267 ebd.

268 U.a. als Diözesanrat der Diözese Eichstätt, stellvertretender Kreisvorsitzender BRK Kreisverband Ansbach, Beirat im Verein zur Förderung des Musikfestivals *Fränkischer Sommer*, Mitglied der Arbeitsgemeinschaft Zahngesundheit in Stadt und Landkreis Ansbach, Vorsitzender Förderverein Bewegungsbad e.V., Mitglied im Verein *Helfer vor Ort* Sachsen b. Ansbach, Mitglied im Verein *Raubtier- und Exotenasyl* in Ansbach, Mitglied im Wanderverein Sachsen b. Ansbach, Mitglied im Sportverein 1. FC Sachsen.

269 Gespräch Dieter Eckermann mit der Autorin am 15.1.2019

270 *FW-Minderheitenbericht* S. 43

271 *FW-Minderheitenbericht* S. 44, S. 60 ff.

272 Dieter Eckermann im Gespräch mit der Autorin am 17.1.2018

273 Es ging um den Bollwein-Vermerk. Als Frau Dr. Bollwein sich auf die Anhörung vor dem Untersuchungsausschuss vorbereiten wollte, fand sie ihren Vermerk nicht in den Ministeriumsakten. Sie kopierte deswegen den Entwurf, den sie zu Hause aufbewahrt hatte, und gab ihn, das war Anfang/Mitte Februar 2015, der jungen Kollegin D***. Frau D*** war dienstlich verpflichtet, ihre Vorgesetzten von dem Schriftstück in Kenntnis zu setzen; es gibt keinen Grund, warum sie das nicht getan haben sollte. Die Beamten stritten aber ab, zeitnah informiert worden zu sein. Durchaus denkbar, dass Frau D***, die mit einer wahrheitsgemäßen Aussage möglicherweise einige Spitzenbeamte ans Messer geliefert hätte, in dieser Konfliktsituation psychische Probleme bekam. Vgl. *Schlussbericht* S. 34 f., 75, *Minderheitenbericht SPD/Grüne in Schlussbericht* S. 105 f., und *FW-Minderheitenbericht*, S. 30 ff., S. 55 ff., S. 68 ff.

274 *FW-Minderheitenbericht* S. 7

275 https://taz.de/Untersuchungsausschuss-in-Bayern/!5382606/, abgerufen am 28.12.2019. Falsch daher der Bericht in *ZEITonline*: https://www.zeit.de/gesellschaft/2015-11/christine-haderthauer-modellauto-affaere-steuerhinterziehung-ermittlungen-eingestellt

276 https://www.donaukurier.de/nachrichten/bayern/Muenchen-Haderthauer-Automodelle-Die-grosse-Keule-ist-unnoetig;art155371,3186310

277 Gespräch Dieter Eckermann mit der Autorin am 17.1.2018

278 Gespräch mit Dieter Eckermann am 26.9.2018, Gespräch mit Dr. Peter Bauer am 5.4.2018

279 Eine ausdrücklich formulierte Verpflichtung zur konstruktiven Mitwirkung bei der Aufklärung in einem UA gibt es nicht. Sie sollte aber vor dem Hintergrund der in der Bayerischen Verfassung normierten Gewissensunterworfenheit (Art. 13 Abs. 2) in Verbindung mit der in § 4 Abs. 1 S. 2 der Geschäftsordnung für den Bayerischen Landtag angesprochenen Mitwirkungspflicht selbstverständlich sein. http://www.gesetze-bayern.de/Content/Document/BayLTGO-4

280 Dieter Mittler: *Ein Dokument wirft Fragen auf*. In: *Süddeutsche Zeitung* vom 6.11.2015

281 E-Mail von Horst Arnold an Dr. Peter Bauer am 6.11.2015

282 Gespräch PM mit Dr. Peter Bauer am 1.8.2019

283 E-Mail von Horst Arnold an Dr. Peter Bauer vom 3.4.2016. Alle folgenden Zitate in diesem Kapitel hieraus.

284 E-Mail Dr. Bauer an PM vom 18.5.2020

285 Gespräch Dieter Eckermann mit der Autorin am 9.4.2020

286 Brief Dieter Eckermann an Horst Arnold vom 18.4.2016

287 Gespräch Dieter Eckermann mit der Autorin am 16.7.2019

288 Der Komplex wird hier stark verkürzt wiedergegeben. Alle Zitate dazu, sofern nicht anders angegeben, aus dem *FW-Minderheitenbericht*, S. 35 ff.

289 *Der Zeuge Strell führte aus, es habe eine Fertigerzeugnisliste gegeben, in der das Fahrzeug mit Seriennummer, manchmal auch mit Farbe eingetragen worden sei. Bei Abholung des Fahrzeugs sei ein Ausfuhrschein für die Pforte sowie ein Laufzettel geschrieben worden, auf dessen Grundlage dann die Rechnung erstellt wurde.* Protokoll, zit. im *Schlussbericht* S. 45

290 Z.B. 1.6. 2012 in einer E-Mail an den Bezirksdirektor Fröschl mit der Bitte um Information, wie er zur Vermeidung weiterer dienstlicher Probleme bei *Einvernahmen (auch zur AT Modellbau – VP der Fa. SAPOR MODELLBAU am Markt lag wohl 5- bis 10-fach über dem Preis der AT, Inhaber Familie Haderthauer) verfahren* solle. Sowie am gleichen Tag an Frau Dr. Bollwein: *ich habe nur Angst, dass ich zur AT Modellbau was sagen soll, das bisher ja niemand ausgesprochen hat.* Vgl. FW-Minderheitenbericht, S. 37

291 Nebenbei: Sandner trat zu Unrecht als Alleininhaber auf, denn Christine Haderthauer blieb mangels rechtswirksamer Zustimmung Pontons mindestens bis zum Abschluss des zivilrechtlichen Vergleichs vom 1.6.12. 2011 Gesellschafterin bei Sapor Modellbau Modelltechnik GbR. Vgl. die im Auftrag der SPD-Landtagsfraktion eingeholten Gutachten Prof. Helmreich und Dr. Meyerhuber. Vgl. *FW-Minderheitenbericht*, S. 26, Fußnote 238; S. 28. Aber das konnte Bemmerl nicht wissen.

292 *Schlussbericht* S. 46 ff.

293 *Minderheitenbericht SPD/ Grüne in Schlussbericht*, S. 123

294 § 246 StGB **Unterschlagung** (Abs. 1): *Wer eine fremde bewegliche Sache sich oder einem Dritten rechtswidrig zueignet, wird mit Freiheitsstrafe bis zu drei Jahren oder mit Geldstrafe bestraft, wenn die Tat nicht in anderen Vorschriften mit schwererer Strafe bedroht ist.*
§ 303 StGB **Sachbeschädigung** (Abs. 1): *Wer rechtswidrig eine fremde Sache beschädigt oder zerstört, wird mit Freiheitsstrafe bis zu zwei Jahren oder mit Geldstrafe bestraft.*
§ 153 StGB **Falsche uneidliche Aussage**: *Wer vor Gericht oder vor einer anderen zur eidlichen Vernehmung von Zeugen oder Sachverständigen zuständigen Stelle als Zeuge oder Sachverständiger uneidlich falsch aussagt, wird mit Freiheitsstrafe von drei Monaten bis zu fünf Jahren bestraft.*
Eventuell kommt auch § 274 StGB (**Urkundenunterdrückung**) in Betracht. Abs. 1: *Mit Freiheitsstrafe bis zu fünf Jahren oder mit Geldstrafe wird bestraft, wer 1. eine Urkunde oder eine technische Aufzeichnung, welche ihm entweder überhaupt nicht oder nicht ausschließlich gehört, in der Absicht, einem anderen Nachteil zuzufügen, vernichtet, beschädigt oder unterdrückt, und 2. beweiserhebliche Daten (§ 202a Abs. 2), über die er nicht oder nicht ausschließlich verfügen darf, in der Absicht, einem anderen Nachteil zuzufügen, löscht, unterdrückt, unbrauchbar macht oder verändert.* – Wobei die Entziehung der Unterlagen nicht dazu diente, Steigerwald zu schädigen; seine Schädigung wurde »nur« nebenbei in Kauf genommen.

295 Die Geschichte ist ausführlich im *FW-Minderheitenbericht* nachzulesen, S. 60–65

296 *FW-Minderheitenbericht*, S. 60

297 Antrag der FW-Fraktion vom 5.5.2015, zit. nach *FW-Minderheitenbericht* S. 61

298 *Schlussbericht*, S. 22.

299 BVerfG, Urteil vom 17.7.1984 – 2 BvE 11/83, 2 BvE 15/83, vgl. *FW-Minderheitenbericht*, S. 61

300 Artikel 25 der Bayerischen Verfassung, Absatz 3: [1]*Diese Ausschüsse und die von ihnen ersuchten Behörden können in entsprechender Anwendung der Strafprozessordnung alle erforderlichen Beweise erheben, auch Zeugen und Sachverständige vorladen, vernehmen, beeidigen und das Zeugniszwangsverfahren gegen sie durchführen.* […] [3]*Die Gerichts- und Verwaltungsbehörden sind verpflichtet, dem Ersuchen dieser Ausschüsse um Beweiserhebung Folge zu leisten.* [4]*Die Akten der Behörden sind ihnen auf Verlangen vorzulegen.*

301 Antrag der FW-Fraktion vom 5.5.2015, zit. nach *FW-Minderheitenbericht*, S. 62

302 Beschluss Nr. 48 vom 26.11.2015, zit. nach *Schlussbericht*, S. 12 f.

303 Gesetz über die Untersuchungsausschüsse des Bayerischen Landtags: Art. *9 (1) Der Untersuchungsausschuss verhandelt grundsätzlich öffentlich. (2) Auf Verlangen von zwei Dritteln der anwesenden Ausschussmitglieder wird jedoch die Öffentlichkeit ausgeschlossen.* https://www.gesetze-bayern.de/Content/Document/BayLTUntG/true?AspxAutoDetectCookieSupport=1

304 § 353b Abs. 2 Nr. 1 StGB Abs. 2: *Wer, abgesehen von den Fällen des Absatzes 1, unbefugt einen Gegenstand oder eine Nachricht, zu deren Geheimhaltung er 1. auf Grund des Beschlusses eines Gesetzgebungsorgans des Bundes oder eines Landes oder eines seiner Ausschüsse verpflichtet ist oder 2. von einer anderen amtlichen Stelle unter Hinweis auf die Strafbarkeit der Verletzung der Geheimhaltungspflicht förmlich verpflichtet worden ist, an einen anderen gelangen läßt oder öffentlich bekanntmacht und dadurch wichtige öffentliche Interessen gefährdet, wird mit Freiheitsstrafe bis zu drei Jahren oder mit Geldstrafe bestraft.*

305 *FW-Minderheitenbericht*, S. 63

306 Gespräch Dieter Eckermann mit der Autorin vom 17.1.2018

307 BVerfG, Urteil vom 17.7.1984 – 2 BvE 11/83, 2 BvE15/83

308 BVerfG, Beschluss vom 1.10.1987, 2 BvR 1178/86 u. a., Rn. 110 f. –, juris; BayVerfGH, Entscheidung vom 17.11.2014, Vf. 70-VI-14, Rn. 82 –, juris 559

309 *FW-Minderheitenbericht*, S. 63 unter Hinweis auf zwei Entscheidungen des Bundesverfassungsgerichts: BVerfG aaO, Rn. 112 –, juris; ferner BVerfG, Beschluss vom 17.6.2009, BvE 3/07, Rn 134 –, juris

310 E-Mail Dieter Eckermann an PM vom 9.6.2019

311 https://www.donaukurier.de/nachrichten/bayern/Muenchen-Haderthauer-Automodelle-Vorwuerfe-gegen-Zeugen-in-der-Modellbauaffaere;art155371,3353210

312 E-Mail von Dr. Eva-Maria Unger, Pressesprecherin der Staatskanzlei an PM am 14.10.2019. Allerdings hatte ich meine Frage nicht an die Staatsregierung, sondern an Dr. Herrmann als Landtagsabgeordneten (per Landtagsadresse) gerichtet. Warum bezog die Pressesprecherin der Staatskanzlei (Exekutive) zu einem Vorgang (nicht) Stellung, der Dr. Herrmann als Mitglied eines Untersuchungsausschusses (Legislative) betraf?

313 *Sueddeutsche.de*, 29.9.2017, abgerufen am 14.6.2019

314 *Donaukurier*, 11.11.2018, abgerufen am 14.6.2019

315 Ein Gericht kann nach entsprechenden Beweiserhebungen aufgrund des *Inbegriffs einer Verhandlung* (§ 261 StPO) durchaus zu der Überzeugung gelangen, dass ein Zeuge sich auch noch nach mehreren Jahren an objektiv und subjektiv evident bedeutsame Vorgänge erinnert. Ginge die Staatsanwaltschaft wirklich von einem so kurzen Verfallsdatum des Gedächtnisses aus, hätte sie seit Jahrzehnten keine auf Zeugenaussagen gestützten Anklagen gegen KZ-Wächter mehr erheben dürfen.

316 Zum Nachlesen: Aktenschwund S. 25–41, Falschaussage von Zeugen S. 45–60. In der Strafanzeige wurden keine Seitenzahlen, sondern die einschlägigen Abschnitte genannt: II. A. 6, B., D., weil Eckermann der Staatsanwaltschaft eine redigierte Fassung vorlegte, deren Paginierung sich von der Internetfassung unterscheidet.

317 s. S. 139

318 Bekanntmachung des bayerischen Staatsministeriums der Justiz vom 7.12.2005 über Berichtspflichten in Strafsachen
https://www.gesetze-bayern.de/Content/Document/BayVwV153756-0

319 Siehe auch § 145 I GVG sowie § 147 Nrn. 1 und 2 GVG: *Das Recht der Aufsicht und Leitung steht zu: 1. dem Bundesminister der Justiz und für Verbraucherschutz hinsichtlich des Generalbundesanwalts und der Bundesanwälte; 2. der Landesjustizverwaltung hinsichtlich aller staatsanwaltschaftlichen Beamten des betreffenden Landes.*

320 Ein Gegenargument lautet, dass im umgekehrten Fall die Kontrolle der Staatsanwälte durch die Exekutive gehemmt sei: Das externe Weisungsrecht sei ein Mittel, die Staatsanwaltschaft vom Pfad der Tugend und Gerechtigkeitspflege nicht abkommen zu lassen. Allerdings finden sich die (weisungsunabhängigen) Richter auch ohne Hilfe des Ministeriums auf dem Pfad der Tugend zurecht. Vgl. Prof. Erardo C. Rautenberg, *Deutscher Widerstand gegen weisungsunabhängige Staatsanwaltschaft*, in: ZRP 2/2016

321 Deutschland ist von der Parlamentarischen Versammlung des Europarates (PACE) durch die am 30.9.2009 einstimmig gefasste Resolution Nr. 1685/2009 aufgefordert worden, die Möglichkeit abzuschaffen, *dass die Justizminister der Staatsanwaltschaft Anweisungen zu einzelnen Fällen geben*. Eine Umsetzung dieser Forderung hat der Deutsche Richterbund seitdem wiederholt angemahnt. Gleichwohl hat das originär hierfür zuständige Bundesjustizministerium bisher keinen Gesetzentwurf vorgelegt. Ebd.

322 Dr. Winfried Maier, *Wie unabhängig sind Staatsanwälte in Deutschland?* Vortrag anlässlich der 6. Speyerer Demokratietagung der Hochschule Speyer zum Thema *Korruption in Politik und Verwaltung* am 24. und 25. Oktober 2002. Publiziert in der *Zeitschrift für Rechtspolitik* (ZRP) 2003, Seite 387–391
https://menschenrechtsverfahren.files.wordpress.com/2013/07/dr-winfried-maier-wie-unabhc3a4ngig-sind-staatsanwc3a4lte-in-deutschland.pdf, abgerufen am 7.6.2020

323 Vgl. Kapitel *Automatismen* (S. 69 ff.): *Eine Gruppe hat keinen Willen, sie ist das Resultat der Fantasien, Legenden und Projektionen ihrer Mitglieder. Gruppenfantasien, obwohl sie von den privaten Maximen der einzelnen Mitglieder weit abweichen können, ähneln einander in verblüffender Weise. Ihr Ziel ist immer die Stärke der Gruppe um ihrer selbst willen.*

324 So lautet der Artikel 97 Abs. 1 Grundgesetz. Ihm entspricht Artikel 85 der Bayerischen Verfassung: *Die Richter sind nur dem Gesetz unterworfen.*

325 Vgl. Kapitel *Der Machtmissbraucher als Betrüger*, S. 93, Endnote 105. Eine Folge der Überkomplexität sind auch die sogenannten »Deals« in Wirtschaftsstrafsachen, bei denen der Gerechtigkeitsgedanke regelmäßig der Prozessökonomie geopfert wird.

326 Ausnahmen: der Leiter des Rechnungsprüfungsamtes Lutz, die Beamtin Dr. Bollwein und später, als der Skandal bereits öffentlich wurde, die Innenrevisionen der Bezirkskliniken Mittelfranken 2013/2014, vgl. *FW-Minderheitenbericht*, S. 39 ff.

327 Wer ist *man*? Dokumentierte Weisungen werden sich kaum finden. Das ist das Unheimliche an dieser scheinbaren Zielstrebigkeit der Apparate: dass zwar dessen Handlungen ausschließlich auf Abweisung von Kritik und Erhalt der Macht ausgerichtet sind, aber offiziell niemand was dafürkann.

328 § 152 Abs. 2 StPO: der sogenannte Legalitätsgrundsatz. Wortlaut: *Sie [die Staatsanwaltschaft] ist, soweit nicht gesetzlich ein anderes bestimmt ist, verpflichtet, wegen aller verfolgbaren Straftaten einzuschreiten, sofern zureichende tatsächliche Anhaltspunkte vorliegen.*

329 *Die These des Gegners wird verzerrt, übertrieben oder falsch dargestellt, dann die entstellte These widerlegt und behauptet, dass damit die ursprüngliche These widerlegt sei.* https://de.wikipedia.org/wiki/Strohmann-Argument, abgerufen am 19. 9. 2019

330 vgl. *FW-Minderheitenbericht*, S. 36

331 Solche Erkenntnisse wären auch für die richterliche Überzeugungsbildung im Rahmen eines Strafverfahrens gegen Strell (und Bemmer) wegen uneidlicher Falschaussage von Bedeutung gewesen.

332 Die Mittel: Ordnungsgeld, Ordnungshaft, Beugehaft – vgl. § 161a Abs. 1 S. 1, Abs. 2 S. 1, § 51 Abs. 1, § 70 Abs. 1, Abs. 2 StPO

333 ebd, S. 3

334 *Bescheid der Staatsanwaltschaft München I vom 11. 8. 2017, betreffend die Strafanzeige vom 11. 4. 2017 gegen Karl-Heinz Arians u. a. wegen falscher uneidlicher Aussage*, S. 18

335 Vorgesehen sind Freiheitsstrafen von sechs Monaten bis zu fünf Jahren, in minder schweren Fällen Freiheitsstrafe bis zu drei Jahren oder Geldstrafe. Schon der Versuch ist strafbar.

336 BVerfG NJW 1994, 784. Eckermann zitiert ferner aus einem Urteil des Bundesgerichtshofs vom 21. 4. 1988: *Hat danach die Staatsanwaltschaft nach Bejahung zureichender tatsächlicher Anhaltspunkte grundsätzlich nicht die Wahl zwischen mehreren Handlungsalternativen, ist sie vielmehr im Blick auf den dann einsetzenden Verfolgungszwang zum Einschreiten verpflichtet, so liegt die* **Entscheidung, ob und gegen wen ein Ermittlungsverfahren einzuleiten ist,** *entgegen der Auffassung der Revision* **nicht im Ermessen der Strafverfolgungsbehörde.** *Insoweit gilt nichts anderes als für die Entschließung über die Anklageerhebung (§ 170 Abs. 1 StPO), für die der Staatsanwaltschaft nach der Rechtsprechung des Senats ebenfalls kein Ermessen eingeräumt ist.* [Hervorhebungen PM]

337 Rechtsbeugung kann nicht nur durch Richter, sondern auch durch Staatsanwälte (*andere Amtsträger*) begangen werden.

338 Es gibt auch ein konkretes Indiz für den Eingriff Dienstvorgesetzter in den Fall: Im Mai 2017 bestätigte eine Sprecherin der Staatsanwaltschaft München I, dass ein Ermittlungsverfahren gegen mehrere Zeugen des UA Modellbau eingeleitet worden sei. Es bestehe der Verdacht der Falschaussage. Vgl. die Online-Ausgabe der *Abendzeitung München* vom 31. 5. 2017 – http://www.abendzeitungmuenchen.de/inhalt.systematische-behinderung-modellbau-affaere-staatsanwaltschaft-ermittelt-gegenzeugen.03a3733e-471b-4192-a77a-4edb59189018.html, abgerufen am 23.6.2020
Mehrere Zeitungen griffen die Meldung auf, ohne dass die Staatsanwaltschaft sie korrigiert hätte. Eine Rückstufung von Ermittlungen zu Vorermittlungen durch eine Staatsanwaltschaft wäre verfahrensmäßiger Unfug. Es drängt sich der Verdacht auf, dass diese ungewöhnliche Verfahrensweise zur Erweckung des Anscheins bloßer *Vorermittlungen* nachträglich von oben angeordnet wurde.

339 *Versanden* bezeichnet nur das Ergebnis. In Wirklichkeit verlief die Aktion dramatischer, als dieses Wort klingt: über Ignorieren, nach scharfem Nachfragen durch Eckermann ablenken, und so weiter. In den Ablehnungsbescheiden wird die

Expertise von Oberstaatsanwalt W*** inklusive aller rhetorischen Tricks seitenlang direkt zitiert.

340 Entsprechend dem Ergebnis der Landtagswahl 2018

341 Die Besorgnis der Befangenheit gilt bereits, wenn ein äußerlicher Grund gegen die Unparteilichkeit des Richters spricht. Hierbei kommt es auf die Sicht eines *verständigen Betrachters* an, nicht darauf, ob der Ablehnende den Richter oder dieser sich selbst für befangen hält. s.a. §§ 22 ff. StPO, §§ 41 ff. ZPO, § 54 VwGO

342 E-Mail der Leiterin des Büros des Ausschusses für Verfassung, Recht, Parlamentsfragen und Integration an Dieter Eckermann vom 22.10.2019

343 Gedächtnisprotokoll der Autorin, die bei der Sitzung anwesend war

344 aufgrund des *Inbegriffs der Verhandlung*, vgl. § 261 StPO

345 https://de.wikipedia.org/wiki/Verfassungsprozessrecht_(Deutschland)#Organstreitverfahren, abgerufen am 29.10.2019

346 S. a. Kapitel *Die Vierte und die Fünfte Gewalt*, S. 153

347 Diese Anfrage wurde am 15.10.2014 vom Landtagsplenum abgelehnt (LT-Drs 17/3480). Zur Vorgeschichte vgl. BayVerfGH München, Entscheidung v. 26.2.2019 – Vf. 51-IVa-17
https://www.gesetze-bayern.de/Content/Document/Y-300-Z-BECKRS-B-2019-N-2632.

348 *Christine Haderthauer MdL – Staatsministerin – Leiterin der Bayerischen Staatskanzlei – Staatsministerin für Bundesangelegenheiten und Sonderaufgaben*

349 Antrag Dr. iur. h.c. Gerhard Strate vom 31.7.2017, S. 2

350 Verfassung des Freistaates Bayern, Art. 13, Abs. 2: [1]*Die Abgeordneten sind Vertreter des Volkes, nicht nur einer Partei.* [2]*Sie sind nur ihrem Gewissen verantwortlich und an Aufträge nicht gebunden.*

351 Verfassung des Freistaates Bayern, Art. 13 Abs. 1: *Parlamentarische Opposition ist ein grundlegender Bestandteil der parlamentarischen Demokratie.* Abs. 2: [1]*Die Fraktionen und die Mitglieder des Landtags, welche die Staatsregierung nicht stützen, haben das Recht auf ihrer Stellung entsprechende Wirkungsmöglichkeiten in Parlament und Öffentlichkeit.* [2]*Sie haben Anspruch auf eine zur Erfüllung ihrer besonderen Aufgaben erforderliche Ausstattung.*

352 Antrag Dr. iur. h.c. Gerhard Strate vom 31.7.2017, S. 15

353 Entscheidung des Bayerischen Verfassungsgerichtshofs vom 26.2.2019. https://www.bayern.verfassungsgerichtshof.de/media/images/bayverfgh/51-iva-17-entscheidung.pdf, abgerufen am 20.11.2019

354 E-Mail Dr. Birgit Reese an PM vom 6.1.2019

355 Auch Dr. Hubert Haderthauer hatte in jenen Wochen 2014 erfolgreich mit Unterlassungsaufforderungen operiert. Erst als sein Anwalt den Landtagskorrespondenten von *dpa*, *SZ*, *BR* sowie *ZDF* die Berichterstattung untersagen wollte, scheiterte die Strategie. Das war am 3.7.2014, also fast einen Monat nach der Unterlassungsaufforderung von Christine Haderthauer. Bis dahin galt die Diagnose des Journalisten Helmut Reister: »Es gibt nicht viele Medienhäuser, die es auf einen Krieg mit der Staatskanzlei ankommen lassen«, s. Kapitel S. *Lügen – Drohen – Mitleid erregen*, S. 153.

356 Gespräch Dr. Peter Bauer mit der Autorin am 1. 8. 2019

357 E-Mail von Dr. Christine Bollwein an die Autorin, 10. 1. 2017

358 Vgl. § 5 Abs. 2 S. 1, § 3 Abs. 1 S. 1 Nr. 2 Bundesärzteordnung – https://www.gesetze-im-internet.de/b_o/BJNR018570961.html

359 https://www.abendzeitung-muenchen.de/inhalt.suspendierung-aufgehoben-hubert-haderthauer-geheimnis-um-seinen-neuen-job.b51c19cc-05fa-4e12-b1fc-0e9088acf5b1.html, abgerufen am 23. 11. 2019

360 https://www.spiegel.de/politik/deutschland/christine-haderthauer-ermittlungen-eingestellt-a-1060770.html, abgerufen am 3. 8. 2019

361 Ein nach Ablauf der Einspruchsfrist oder Verzicht auf Einspruchseinlegung rechtskräftiger Strafbefehl steht einem rechtskräftigen Urteil gleich (§ 410 Abs. 3 StPO). Das gilt unabhängig davon, dass man dies bei einem Strafmaß von nicht mehr als 90 Tagessätzen nach außen verschweigen darf und die Strafe nicht in ein Führungszeugnis einzutragen ist (wohl aber ins Bundeszentralregister, das sogenannte Vorstrafenregister). vgl. § 32 Abs. 2 Nr. 5 a) BZRG – https://dejure.org/gesetze/BZRG/32.html

362 https://www.bayern.de/staatsregierung/staatskanzlei/leiter-staatskanzlei-staatsminister-fuer-bundesangelegenheiten/staatsminister-dr-florian-herrmann/

363 https://www.br.de/nachrichten/bayern/kerstin-schreyer-die-hemdsaermelige-wechselt-das-ministerium,RpeSnE3

364 Telefongespräch Dr. Peter Bauer mit der Autorin am 17. 3. 2020

365 Gespräch Dr. Peter Bauer mit der Autorin am 1. 8. 2019

366 ebd.

367 E-Mail Dieter Eckermann an die Autorin am 20. 11. 2019

368 Theodor W. Adorno, *Minima Moralia. Reflexionen aus dem beschädigten Leben*, Nr. 6. Suhrkamp: © Frankfurt a. M. 1951 (geschrieben 1944).

369 https://www.gesetze-im-internet.de/gg/art_5.html

370 https://www.badsk.de/bayerische-akademie-der-schönen-künste/satzung/seite

371 So hatte z. B. die Literaturklasse unserer Akademie damals 50 sogenannte Ordentliche Mitglieder, von denen 20 über 75 Jahre alt waren. Dazu kamen 39 sogenannte Korrespondierende Mitglieder (Künstler, die im Ausland lebten) und einige Ehrenmitglieder (ältere Herren, die sich um die Kunst oder die Akademie verdient gemacht hatten). Korrespondierende und Ehrenmitglieder hatten kein Stimmrecht.

372 https://www.badsk.de/bayerische-akademie-der-schönen-künste/satzung/seite

373 Eingeladen habe ich Norbert Gstrein, Alban Nikolai Herbst, Wolfgang Hegewald, Christian Kracht, Sibylle Lewitscharoff, Georg M. Oswald, Marie-Luise Scherer und Ingried Wohllaib. Herbst und Oswald sagten später aus privaten Gründen ab. Auch einen verstorbenen Autor habe ich vorgestellt, Karl Emil Franzos (1848–1904) mit seinem Roman *Der Pojaz*.

374 *Artikel 1* von Jan-Friedrich Conrad

375 Zusammenhang: *Als Problem an der Veranstaltung wird gesehen, dass es sich um eine Buchvorstellung handelt. Buchvorstellungen macht die Akademie nicht.* Bei jenem Veranstaltungsvorschlag war es um die in Moskau frisch erschienenen Memoiren des korrespondierenden Mitglieds Wladimir Woinowitsch gegangen, die allerdings noch gar nicht aus dem Russischen übersetzt gewesen waren, weshalb der Vorschlag ohnehin keine Zustimmung fand. – Protokoll zur Abteilungssitzung Literatur der Bayerischen Akademie der Schönen Künste vom 13. 4. 2010. Das Protokoll trägt das Datum 21. 5. 2010.
Übrigens steht über jedem Sitzungsprotokoll fettgedruckt: **Sitzungsprotokolle sind vertraulich zu behandeln**! Diese Aufforderung hat den nachvollziehbaren Grund, die Ehre von Personen zu schützen, die bei Zuwahlabstimmungen durchgefallen sind. Darüber hinaus kann ich keinen Sinn erkennen, denn was hätte die Akademie zu verheimlichen? Dispute sind immer ein Zeichen von lebendigem intellektuellem Leben. Umgekehrt schützt die Geheimhaltung unsaubere Machenschaften, wie unser Beispiel zeigt. Ich meine, dass Transparenz jedenfalls hier wichtiger ist als Vertraulichkeit, denn die Akademie ist eine Körperschaft des öffentlichen Rechts und nicht das Privatreich der Funktionäre.

376 Das Direktorium besteht aus dem Präsidenten und den Klassensprechern der fünf Abteilungen.

377 Ursprünglich war eine *Buchvorstellung* die allererste Vorstellung eines neuen Titels durch den Verlag. Die Unterscheidung zur Dichterlesung hat sich aber verwischt, da beide Formate darin bestehen, dass eine Gewährsperson (Verleger*in, Buchhändler*in etc.) dem Publikum ein *Buch* und seinen Autor *vorstellt*, worauf der Autor aus diesem Buch liest. *Dichter* laut Duden: Verfasser eines sprachlichen Kunstwerks. Heute ist auch der nüchternere Ausdruck *Autor* gebräuchlich.

378 Nebenbei ein Beleg dafür, dass es unmöglich ist, sich durch pure Vereinszugehörigkeit zu veredeln. Wer das versucht, beschädigt im Krisenfall nicht nur sich selbst, sondern auch den betreffenden Verein und wertet sich dadurch doppelt ab. Ohne individuelle Verantwortung ist Qualität nicht zu haben.

379 *Süddeutsche Zeitung* vom 2. 2. 2020.
https://www.sueddeutsche.de/panorama/weinstein-prozess-vergewaltigung-metoo-jessica-mann-1.4780804, abgerufen am 5. 4. 2020

380 Ronan Farrow, *Durchbruch*. Hamburg: Rowohlt 2019

381 Opportunismus scheint ein harter Vorwurf zu sein. Schließlich gibt es keine Pflicht zum Widerstand, Gehorsam ist Privatsache, und die künstlerische Freiheit in einer Akademie der Künste muss logisch auch die Freiheit zum Gehorsam enthalten. Die Frage ist, ob es den Zielsetzungen der Institution entspricht, wenn eine Gehorsamsmehrheit billigt, dass die künstlerische Freiheit auch nur einer Künstlerin beschränkt wird. Ich denke, nein. Denn hier verletzt man die Berufung, *für die Freiheit und Würde der Kunst einzutreten*, mutmaßlich aus Bequemlichkeit oder Eigennutz. Ich werde diese These später belegen.

382 Friedrich Denk: »*Buchvorstellungen macht die Akademie nicht.*« *Wie sich in der Bayerischen Akademie der Schönen Künste der Präsident, ein Abteilungsdirektor und bis zu 22 Mitglieder im Jahr 2011 monatelang um eine »Regel« stritten.* November 2011. Im Folgenden *Denk-Dokumentation* genannt.

383 Buchhändler haben tatsächlich ein kommerzielles Motiv, sie wollen Bücher verkaufen. Eine Buchvorstellung in der Akademie hingegen dient dem künstlerischen Diskurs und darf Werke auch problematisieren.

384 vgl. E-Mail des Präsidenten vom 24. 11. 2010: *Buchvorstellungen sind vom Direktorium in der Akademie ausgeschlossen worden.*

385 Den Akademieabend über die Problematik des Schlüsselromans habe ich am 11. 5. 2011 in der Bayerischen Akademie der Schönen Künste gehalten. In einem kurzen Nachsatz wandte ich mich an das Publikum: Dies sei mein letzter Auftritt auf dieser Bühne, da neuerdings eine »Regel« gelte, die Buchvorstellungen in der Akademie verbiete.

386 zit. nach Elisabeth Young-Bruehl, *Hannah Arendt: Leben, Werk und Zeit*. Frankfurt: Fischer, 2004, Position 9620

387 Es ist immer heikel, über die Psyche von Gruppen zu sprechen, doch im Ergebnis lief es auf diese Zuerkennung hinaus. Mehr dazu im Kapitel *Der Elefant in der Akademie*, S. 288

388 Der Kollege Friedrich Denk hat Protokoll geführt und zitiert den Satz in seiner *Denk-Dokumentation*, S. 1.

389 PM: *Kurze Umfrage an die Mitglieder der Literaturklasse der Bayerischen Akademie der Schönen Künste* / 4. 1. 2011. Vollständig zitiert in der *Denk-Dokumentation*, S. 3 f.

390 Protokoll der Autorin, mitgeschrieben direkt am 18. 1. 2011. Im offiziellen Protokoll vom 3. 3. 2011, unterschrieben von Direktor F*** und der Referentin Literatur, steht zu dieser Diskussion: *Herr F*** findet die Übereinkunft [sic!] nach wie vor richtig, weil die Akademie nicht der Ort für Buchvorstellungen ist. [...] Herr B*** [Präsident] verspricht, das Thema beim Neujahrsempfang der Baur-Stiftung vorzutragen und noch einmal im Direktorium zu besprechen.* Bayerische Akademie der Schönen Künste, Protokoll über die Sitzung der Abteilung Literatur am 18. 1. 2011, 15 Uhr, S. 3 unter *Verschiedenes*

391 *Luft nach oben*. Interview mit dem neuen Präsidenten der Bayerischen Akademie der Schönen Künste. *Süddeutsche Zeitung* vom 5. 7. 2019

392 *Memorandum* von Petra Morsbach für die Direktoren der Bayerischen Akademie der Schönen Künste vom 29. 6. 2011. Kopien an Generalsekretärin, Referenten und Ordentliche Mitglieder. Vollständig zitiert in der *Denk-Dokumentation*, S. 7 ff.

393 *Denk-Dokumentation*, S. 12

394 Stark gekürzt zit. in *Denk-Dokumentation*, S. 11

395 Brief des Präsidenten an die Mitglieder der Literaturabteilung unserer Akademie vom 12. 7. 2011, S. 2. Vollständig zit. in *Denk-Dokumentation*, S. 17 ff.

396 ebd., zit. nach *Denk-Dokumentation*, S. 17

397 ebd.

398 ebd.

399 ebd., zit. nach *Denk-Dokumentation*, S. 18

400 ebd., zit. nach *Denk-Dokumentation*, S. 18

401 ebd., zit. nach *Denk-Dokumentation*, S. 21. Begründet wurde die *tote Hose* u. a. damit, dass die Mitglieder der Literaturklasse die vom Präsidenten konzipierte Veranstaltungsreihe über *Goethes Farbenlehre* nicht besucht hatten.

402 Von dieser »Attacke« hatte ich nichts gewusst, allerdings ist sie von erheblicher Komik: Nachdem der Präsident die Energie und Kreativität von dreißig Schriftstellern, die der Akademie als Gratis-Software zur Verfügung stand, blockiert hatte, behauptete er anscheinend gegenüber dem Ministerium, der staatliche Zuschuss von einer Million Euro pro Jahr reiche für eine vernünftige Akademiearbeit nicht aus. Ebenfalls komisch ist, dass er von uns, den Blockierten, Solidarität erwartete.

403 Brief des Präsidenten an die Mitglieder der Literaturabteilung unserer Akademie vom 12. 7. 2011 S. 1, zit. nach *Denk-Dokumentation*, S. 17

404 Sigmund Freud sprach von *Verdrängung* und *Verleugnung*, wobei *Verleugnung* bewusstseinsnäher war.

405 § 187 StGB, s.a. https://de.wikipedia.org/wiki/Verleumdung_(Deutschland), abgerufen am 19. 11. 2019

406 S. 1, zit. nach *Denk-Dokumentation*, S. 17

407 Kommentar eines Juristen: Einen Strafantrag hätte die Staatsanwaltschaft wohl mangels öffentlichen Interesses auf den Privatklageweg verwiesen, und bei Privatklagen vor dem Amtsgericht liege die Erfolgsquote erfahrungsgemäß nahe null.

408 Ich habe es versucht, indem ich mich am 13. 10. 2011 in zwei persönlichen E-Mails (d. h. ohne erweiterten Verteiler) an die Professoren B*** und F*** wandte. Ihnen schrieb ich, ich hätte auf ihre Schreiben nicht früher geantwortet, da ich sie für dem Affekt geschuldet hielt. Nachdem ich aber von den fortgesetzten Vorwürfen der Akademieleitung gegen die Petitionsunterzeichner und mich in der Sitzung vom 19. 9. 2011 gehört hätte, müsse ich eine Richtigstellung fordern. Prof. F*** antwortete am selben Tag, mir sei der Unterschied zwischen *drastischer Umformulierung* und *gefälschten Zitaten* offenbar nicht bewusst. (Dass nichts umformuliert war, hatte er vergessen). *Und übrigens: im Affekt formuliere ich weder Briefe noch Mails.* – Prof. B*** antwortete nicht. Von einem weiteren Versuch, eine Richtigstellung beim Direktorium zu erlangen, wird später die Rede sein (s. Kapitel *Der Elefant in der Akademie*, S. 288).

409 Zit. nach *Denk-Dokumentation* S. 13 f.

410 ebd.

411 E-Mail von Ludwig Steinherr, zit. nach *Denk-Dokumentation* S. 15

412 Der Rundbrief des Präsidenten trägt das Datum 12. 7. 2011, war aber als Postsendung einen Tag unterwegs gewesen.

413 E-Mail Ludwig Steinherr vom 13. 7. 2011 an die Mitglieder der Akademie, zit. nach *Denk-Dokumentation* S. 22

414 Näheres im Kapitel *Der Elefant in der Akademie*, S. 288

415 Friedrich Denk: Ablauf der Sondersitzung der Literaturabteilung am Montag 19. 9. 2011, 16. 00 Uhr, S. 2

416 E-Mail Prof. Wolfgang Frühwald an Ludwig Steinherr, von diesem zitiert in einer E-Mail an Präsident B*** vom 25. 9. 2011. *Denk-Dokumentation* S. 44

417 E-Mail Prof. B*** an Ludwig Steinherr vom 26.9.2011. Zit. nach *Denk-Dokumentation* S. 44

418 E-Mail Präsident B*** an die fünf Akademiemitglieder vom 25.10.2011. zit. nach *Denk-Dokumentation* S. 43

419 Gemeinsamer Brief von fünf Mitgliedern an die Akademieleitung am 24.10.2011. Zit. nach *Denk-Dokumentation,* S. 47

420 Protokoll der Abteilungssitzung Literatur vom 8.2.2017. Im Kapitel *Der Elefant in der Akademie* (S. 288) mehr dazu

421 https://de.wikipedia.org/wiki/Grundrechte#Ausstrahlungswirkung_und_mittelbare_Drittwirkung

422 E-Mail von Dr. Bernd Hüpers an die Autorin vom 2.9.2019

423 http://www.servat.unibe.ch/dfr/bv035079.html#Rn002

424 Deutsche Akademie für Sprache und Dichtung: dort § 15
https://www.deutscheakademie.de/de/akademie/satzung
Berliner Akademie der Künste: dort § 6. https://www.adk.de/de/akademie/pdf/Satzung_der_AdK.pdf

425 https://www.badsk.de/presse/mitteilungen/podiumsdiskussion-was-darf-die-kunst-21.9.2018, abgerufen am 4.6.2020

426 Brief Literaturdirektor H*** an PM, 21.12.2011

427 ebd.

428 E-Mail PM an Direktor H***, 25.12.2011

429 Protokoll vom 8.2.2017 über die Sitzung der Abteilung Literatur am 9.1.2017, S. 2

430 In der Urform: *Buchvorstellungen macht die Akademie nicht.*

431 Zur Erinnerung: *Die Akademie ist berufen, die Entwicklung der Künste ständig zu beobachten, in jeder ihr geeignet scheinenden Weise zu fördern oder Vorschläge zu ihrer Förderung zu machen. Sie hat ferner die Aufgabe, einen Beitrag zur geistigen Auseinandersetzung zwischen den Künsten sowie zwischen Kunst und Gesellschaft zu leisten und für die Würde der Kunst einzutreten.*

432 *Kunst und Wissenschaft, Forschung und Lehre sind frei.*

433 Protokoll vom 13.9.2017 über diese Sitzung am 19.4.2017, S. 3

434 Søren Kierkegaard, *Eine literarische Anzeige.* Aus dem Dänischen von Emanuel Hirsch. In: *Gesammelte Werke,* Bd. 17. Diederichs Verlag: Düsseldorf, Köln 1954, S. 111.

435 Diese Wahrheit der Sprache habe ich in meinem schon erwähnten Essay *Warum Fräulein Laura freundlich war* anhand literarischer Werke untersucht (s. a. S. 32). Mit *Wahrheit* meine ich die tiefste (oft unbewusste) Wahrnehmung, zu der ein Mensch fähig ist. Jeder hat »seine« Wahrheit. Doch auf rätselhafte Weise ähneln sich diese tiefen, individuellen Wahrheiten mehr als der gesellschaftliche Konsens, sogar über die Grenzen von Zeit und Ort hinweg.

436 E-Mail Dieter Eckermann an PM vom 26.12.2019

437 *Demokratie braucht Whistleblower – und muss sie schützen.* Kolumne von Heribert Prantl in der *Süddeutschen Zeitung* vom 11. 10. 2019

438 https://www.whistleblower-net.de/whistleblowing/

439 *So erreichen Sie das Investigativteam der Süddeutschen Zeitung* – https://www.sueddeutsche.de/projekte/kontakt/

440 Zit. nach Elisabeth Young-Bruehl, *Hannah Arendt: Leben, Werk und Zeit.* Frankfurt: Fischer, 2004

441 Vorrede zu *Theologisch-politische Abhandlung*, übersetzt von Julius Heinrich von Kirchmann, Berlin: Verlag von L. Heimann, 1870. Original auf Latein: *Tractatus theologico-politicus*, Amsterdam 1670

442 Juristisch gesehen sind Grundrechte jene Abwehrrechte des Bürgers gegen den Staat, die in den ersten 19 Artikeln unseres Grundgesetzes niedergelegt sind. Da in unseren Fällen nicht der Staat der Übeltäter war, handelte es sich formal nicht um Grundrechtsverletzungen. Daraus folgt aber nicht, dass die Diskussion über Verletzung und Wirkung von Grundrechten den Verfassungsgerichten vorbehalten wäre. Im Gegenteil: Die Verfassung liefert eine Wertorientierung für Behörden, Gerichte und Bevölkerung. Erstrebt wird, dass die Bürger ihre Konflikte unter Beachtung dieser Werte selber lösen.

TEXTNACHWEISE

Das Buch Groër: Alte Sünden
Hubertus Czernin, *Das Buch Groër*, Wieser Verlag Klagenfurt, 2., verbesserte Auflage, Juni 1998

Der Fall Haderthauer: Stresstest
1. *Schlussbericht*: https://www.bayern.landtag.de/fileadmin/Internet_Dokumente/Sonstiges_A/UA-Modellbau-Schlussbericht-berichtigt.pdf, abgerufen am 12. 2. 2019
2. *Minderheitenbericht SPD und Grüne*: ebd., S. 95–168
3. *Minderheitenbericht der Freien Wähler* (hier FW-Minderheitenbericht genannt): https://www.bayern.landtag.de/fileadmin/Internet_Dokumente/Sonstiges_A/UA_Modellbau_Minderheitenbericht.pdf, abgerufen am 12. 2. 2019

Bericht aus einer Akademie: Sturm im Reagenzglas
Privatarchiv sowie
Friedrich Denk: »*Buchvorstellungen macht die Akademie nicht.« Wie sich in der Bayerischen Akademie der Schönen Künste der Präsident, ein Abteilungsdirektor und bis zu 22 Mitglieder im Jahr 2011 monatelang um eine »Regel« stritten.* Interne Dokumentation vom November 2011 für die Akademiemitglieder. In den Anmerkungen *Denk-Dokumentation* genannt.

ZITATNACHWEIS

S. 219: Theodor W. Adorno, *Minima Moralia. Reflexionen aus dem beschädigten Leben*, © Suhrkamp Verlag Frankfurt a. M. 1951. Alle Rechte bei und vorbehalten durch Suhrkamp Verlag Berlin.

DETAILLIERTES INHALTSVERZEICHNIS

Vorbemerkung aus gegebenem Anlass 9

Vorwort 11

Eine Erfahrung 11 – Kein Einzelfall 12 – Die Frage 13 – Ein Vorhaben und eine These 14 – Versuchsanordnung 14 – Versuchsreihe: drei Beispiele 15 – Erster Fall: ein Überblick 16 – Zweiter Fall: Taktik und Gewissen 16 – Dritter Fall: die Binnenperspektive 17 – Relevanz 18 – Zielgruppe 19 – Grenzen der Arbeit 20 – Warum ein Essay? 20

DIE PRAXIS 23

Das Buch Groër: Alte Sünden 25

Der Vorgang 25 – Ein Missbrauchsvorwurf 27 – Erste Reaktion: *Wo sind wir hingekommen?* 29 – Zwei Aussagen 30 – Lügen die Weihbischöfe? 32 – Angriff und Gestus 33 – Der narzisstische Wutbrief 34 – Die Kontroverse geht weiter 36 – Die Kontroverse wird grundsätzlich 38 – Die Bischofskonferenz 41 – Hans Hermann Groër meldet sich zu Wort 45 – Eine Karriere 47 – Frömmigkeit 49 – Theoretischer Exkurs: Pädosexualität 51 – Ein Triebschicksal 55 – Introspektion und Konfrontation 59 – Was weiter geschah 63 – Ursache und Wirkung 64 – Zwischenbilanz: die *falsche Alternative* 65 – Automatismen 67 – Sprachliche Wege 69 – Das eingebildete Ich und die verpönte Macht 71 – Tabu im Licht 73 – Zwischenergebnis 74 – Interne Korrespondenz I – Pater Emmanuel 75 – Bedeutung und Wirkung 79 – Kurswechsel in Halbwahrheit 81 – Pseudowahrheit 82 – Irdische Tatsachen 84 – Exkurs: Pilatus-Attitüde und *plausible deniability* 87 – Abt Clemens Lashofer 87 – Wahrheit von unten 89 – Die Aussprache 91 – Der Machtmissbraucher als Betrüger 93 – Korrekturen 94 – Interne Korrespondenz II – Pater Udo Fischer **96** – Solidarität **101** – Interne Korrespondenz III – Die Göttweiger Revolte **103** – Interne Korrespondenz IV – Die Bischöfe **104** – Bischöfe in der Zwickmühle **109** – Bischöfliche Erklärung **110** – Die Apostolische Visitation **113** – Aufräumen nach der Visitation **115** – Techniken der Entschuldigung **118** – Der Diplomat: Kardinal Schönborn **119** – Der Kardinal als Manager **121** – Bilanz **124** – Überraschender Nachsatz **126**

Der Fall Haderthauer: Stresstest **131**
Sapor Modellbau GbR – eine kurze Firmengeschichte **132** – Das Problem **138** – Ein Vermerk **139** – Das Beamten-Dilemma **142** – Beamten-Dilemma II: der konkrete Fall **145** – Die Missstände werden vertuscht I **147** – Warum die Sache aufflog **148** – Die Vierte und die Fünfte Gewalt **151** – Lügen – Drohen – Mitleid erregen **151** – Der Untersuchungsausschuss **154** – Ergebnisse **156** – Die Rolle der Opposition **159** – Eine Ausnahme **161** – Zwei Widerständler **161** – Hinter den Kulissen **162** – Eine Schlüsselsituation **164** – Weitermachen **165** – Psychologische Zwischenbemerkung **167** – Symptome: Vorwürfe und Wutbriefe **170** – Ende, aber kein Abschluss: Der FW-Minderheitenbericht **173** – Minikrimi I: Verschwundene Aufzeichnungen **175** – Minikrimi II – Der Geheimhaltungsbeschluss Nr. 48 **179** – Der FW-Minderheitenbericht auf dem Prüfstand **184** – Was hat es gebracht? **185** – Eine Strafanzeige **187** – Die Taktik der Überkomplexität **190** – Das Richter-Dilemma **192** – Das Regierungs-Dilemma **193** – Die Staatsanwaltschaft antwortet **193** – Ein Staatsanwaltsschreiben I – Rhetorik **194** – Ein Staatsanwaltsschreiben II – Argumentation **197** – Ein Staatsanwaltsschreiben III – Politik **200** – Wirkung **201** – Letzte Runde **202** – Die Petition **204** – Die Organklage **206** – Ein Stresstest **210** – Den Elefanten sichtbar machen **211** – Was folgt daraus? **213** – Am Ende der Affäre **215**

Bericht aus einer Akademie:
Sturm im Reagenzglas **219**
Die Binnensicht **219** – Parabel **220** – Bedeutung **222** – Schauplatz **223** – Der Sinn der Institution **225** – Die Praxis **226** – Der Stil **227** – Die Schraubenregel **229** – Sprachtricks des Missbrauchs **232** – Whodun-

nit 233 – Überlegungen am Boden 235 – Eine Perspektive finden 237 – Kurze Bemerkung zur Dokumentation 239 – Die Auseinandersetzung beginnt: Weitere Varianten des destruktiven Diskurses 240 – Die Regel wird angewandt 243 – Schraube X – ein paar Bemerkungen über Kunst 244 – Fehlerkatalog: I – Leichtfertigkeit 246 – Fehlerkatalog: II – Selbstidealisierung und verleugnete Angst 247 – Fehlerkatalog: III – Hochmut und Einzelgängertum 249 – Maßnahme I: Die Umfrage 249 – Wirkung der Umfrage I – lebhafte Reaktionen 250 – Psychokrimi I – erster kleiner Wutbrief 252 – Wirkung der Umfrage II – eine turbulente Diskussion 253 – Fehlerkatalog: IV – Heftigkeit 254 – Fehlerkatalog: V – Unstrukturiertheit und Biodiskurs 255 – Wirkung der Umfrage II: Die »Regel« wird vom Direktorium beschlossen 256 – Einwände, Zweifel, Philosophie und eine Idee 258 – Die übergeordnete Fragestellung und das Experiment 262 – Maßnahme II – Das Memorandum 264 – Maßnahme III – Die Petition 265 – Die Reaktion: Zwei Wutbriefe 266 – Psychologische Überlegung 271 – Verleumdung 272 – Exkurs I: Umgang mit Wutbriefen 273 – Diskussion nach Maßnahme III 275 – Erfolg von Maßnahme III 279 – Fehlerkatalog: VI – Passivität 280 – Wie es weiterging 280 – Juristischer Exkurs 282 – Was tun? 287 – Der Elefant in der Akademie 288 – Resümee 294

NACHWORT 297

Antrieb 297 – Erforschung 298 – Ergebnisse 300 – Psychologischer Exkurs (Paradoxien) 301 – Philosophisch-physikalischer Exkurs (Spielidee) 303 – Fragen zur Balance 304 – Zurück zur Praxis: Regularien und menschlicher Faktor 305 – Widerstand muss nicht heroisch sein 307 – Schwere Fälle 308 – Kurze Anmerkung zum Whistleblowing 309 – Mittlere Fälle 310 – Abschlussrätsel 310

DER KATALOG:
33 EMPFEHLUNGEN UND ÜBERLEGUNGEN   313

Grundsätzliches 314 – Handeln 315 – Mögliche Reaktionen 316 – Techniken der Macht 317 – Zweite Runde: Vor der Eskalation 319 – Eskalation: Weitere Techniken der Macht 320 – Letzte Stufe 321 – Ergebnis 321 – Danach 322

CORONA-NACHBEMERKUNG   323
DANK   326

ANHANG   327
Anmerkungen 329 – Textnachweise 356 – Zitatnachweis 357 – Detailliertes Inhaltsverzeichnis 358

Penguin Random House Verlagsgruppe FSC® N001967

3. Auflage
Copyright © 2020 Penguin Verlag
in der Penguin Random House Verlagsgruppe GmbH,
Neumarkter Straße 28, 81673 München

Umschlaggestaltung: Sabine Kwauka
Umschlagabbildung: © shuttertock / Robert Adrian Hillman
Satz: GGP Media GmbH, Pößneck
Druck und Bindung: GGP Media GmbH, Pößneck
Printed in Germany
ISBN 978-3-328-60074-9
www.penguin-verlag.de

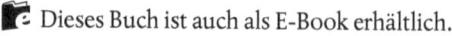 Dieses Buch ist auch als E-Book erhältlich.

Hubertus Czernin
Kleine Reihe /
Das Buch Groër

Eine Kirchenchronik

Originalausgabe 1998

240 Seiten, gebunden,
Fadenheftung, Lesebändchen
ISBN: 9783851292553

Die von Hubertus Czernin anhand von vielen, auch bisher unveröffentlichten, Originaldokumenten erstellte Chronik der österreichischen Kirchenkrise zeichnet deren Verlauf nach, vom Fall Groër – jenem seltsamen Charismatiker, der die österreichische Kirche in Richtung eines neuen und autoritären Fundamentalismus führen wollte, bis seine sexuellen Belästigungen und Mißbräuche allzu öffentlich wurden –, vom Widerspruch und Widerstand dagegen bis zum Kirchenvolksbegehren und der späten Dialogbereitschaft der Bischofskonferenz.

www.wieser-verlag.com

Petra Morsbach

Warum Fräulein Laura freundlich war.

Über die Wahrheit des Erzählens.

Taschenbuch, 184 Seiten
ISBN: 978-3752805956

Warum ist Marcel Reich-Ranicki in seiner Autobiographie *Mein Leben* weniger aufrichtig, als er glaubt? Liefert uns Alfred Andersch so viele Details seiner Schulstunde in *Der Vater eines Mörders*, um uns in die Irre zu führen? Und welche Wahrheit tritt uns aus Günter Grass' längst kanonisierter *Blechtrommel* entgegen, die scheinbar mustergültig das »Dritte Reich« bewältigt hat?
Wie viele Autoren täuschen diese drei sich und ihre Leser. Und wie alle täuschen sie nicht gut genug: Es gibt eine Wahrheit des Erzählens, die mehr zu wissen scheint als der Erzähler selbst. Dieser Wahrheit ist die Romanautorin Petra Morsbach auf der Spur. In ihrem unbestechlichen und präzisen Essay gewinnt Petra Morsbach provokante Erkenntnisse über die uns scheinbar so wohlvertrauten Bücher, und manch einer wird sein festes Urteil revidieren müssen.

BoD 2018, www.bod.de